L'EMPREINTE

Alexandria
Marzano-Lesnevich

L'EMPREINTE

Traduit de l'anglais (États-Unis)
par Héloïse Esquié

Directeurs de collection : Arnaud Hofmarcher
et Marie Misandeau
Coordination éditoriale : Pierre Delacolonge

Titre original : *The Fact of a Body, a Murder and a Memoir*
Éditeur original : Flatiron Books
© Alexandria Marzano-Lesnevich, 2017

© Sonatine Éditions, 2019, pour la traduction française
Sonatine Éditions
32, rue Washington
75008 Paris
lisezsonatine.com

Ouvrage réalisé par Cursives à Paris

ISBN 978-2-35584-692-2
N° d'édition : 692 – Dépôt légal : janvier 2019

Pour mes parents

NOTE SUR LES SOURCES

J'ai reconstitué la vie de Ricky Langley en m'appuyant sur un mélange de documents des tribunaux se trouvant dans le domaine public, d'articles de journaux et de reportages télévisés et, par endroits, sur une pièce de théâtre inspirée d'entretiens. Avec une telle abondance de documentation, il y a de multiples occurrences dans lesquelles je me suis trouvée confrontée à deux ou davantage d'informations contradictoires, et j'ai dû en choisir une afin de façonner une narration cohérente. À bien d'autres occasions, j'ai pris la décision d'inclure les informations conflictuelles, glissements et ellipses, et de mettre en lumière ces contradictions et lacunes. Les informations sur mes sources sont détaillées dans la section « Sources consultées », située à la fin de cet ouvrage.

Pour chaque événement consigné ici, je dispose au minimum de la garantie d'un témoin et de sa description des faits ; le cas échéant, il s'agit d'une combinaison construite à partir de plusieurs récits, ainsi que je le détaille dans la section « Sources consultées ». Chaque fois que je suis partie d'une retranscription ou d'un procès-verbal, j'ai réécrit les dialogues afin de préserver la clarté et le rythme du récit. Une bonne part des événements que je rapporte se sont produits sous l'œil du public et les feux des médias, mais j'ai néanmoins changé quelques noms. Les deux voyages de recherche qui forment la colonne vertébrale de la troisième partie du livre sont en fait une quantité de voyages entrepris sur plusieurs années. Je les ai condensés, mais les événements décrits se sont produits tels quels.

Si je n'ai inventé ou modifié aucun événement, m'appuyant au contraire sur la documentation qui m'a servi de matière première pour ce livre, j'ai par endroits superposé mon imagination sur les faits bruts du passé afin de leur redonner vie. Je précise où dans la section « Sources consultées », à la fin du livre. Dans tous les cas, ce qui est présenté ici est mon interprétation des faits, la lecture que j'en propose, ma tentative de reconstituer cette histoire.

Pour toutes ces raisons, il s'agit d'un livre sur ce qui s'est produit, oui, mais aussi d'un livre sur ce que nous faisons de ce qui s'est produit. Il parle d'un meurtre, il parle de ma famille, il parle d'autres familles dont les vies ont été bouleversées par le meurtre. Mais plus que ça, bien plus que ça, il s'agit d'un livre sur la façon dont nous comprenons nos vies, le passé, sur la façon dont nous nous comprenons les uns les autres. Pour y parvenir, nous créons tous des histoires.

MENTION LÉGALE

PROLOGUE

Il est toujours possible que la solution d'un mystère
en résolve un autre.
Truman Capote, *De sang-froid*

C'était juste notre Ricky, vous savez.
Darlene Langley, sœur de Ricky Langley

En droit, il existe un principe nommé cause adéquate, enseigné aux étudiants de cinquième année par le biais de l'affaire *Palsgraf vs Long Island Railroad Co.* Une femme se tient à un bout d'un quai de gare. Nous sommes en 1924, et Helen Palsgraf emmène ses deux petites filles à Rockaway Beach pour l'après-midi. La journée est très chaude, et on étouffe dans la maison de brique semblable à toutes les autres dans laquelle vivent les fillettes, leur grand frère et leurs parents. Il n'y a pas école, rien à faire, et les fillettes ont pleurniché toute la journée, c'est pourquoi Helen a finalement décidé de les emmener à la plage. Peut-être porte-t-elle une robe de coton par-dessus son maillot de bain et un chapeau de paille à large bord pour se protéger du soleil. Pour l'heure, elle est adossée à l'un des poteaux du quai et s'évente avec son chapeau. À quelques mètres, les filles jouent ensemble avec une poupée apportée par l'une d'entre elles. Helen les regarde paresseusement.

À l'autre bout du quai, à dix mètres de là, un jeune homme court pour attraper le train qui est en train de démarrer, un express pour le quartier de Jamaica, dans le Queens. Peut-être a-t-il prévu d'y retrouver ses copains pour une soirée de bamboche. Ils boiront de la bière ; ils iront voir un concert ; ils danseront avec des jolies filles. Peut-être même embrassera-t-il celle dont son cousin lui a parlé, une beauté du Connecticut. Il est accompagné de deux autres jeunes hommes, et ils courent tous en direction du train, mais celui qui nous occupe porte sous son bras un mince paquet enveloppé dans du papier journal, de quarante centimètres de long.

Le train a déjà commencé à quitter la gare, et ses larges roues métalliques tournent de plus en plus vite, mais l'homme ne veut pas rater sa soirée. Il court plus vite. Peut-il y arriver ?

Le train s'éloigne. Il y a un espace entre le marchepied et le quai à présent.

L'homme saute.

Dans le train, un contrôleur se penche pour le prendre par les bras et le hisser à bord. Sur le quai, un porteur le pousse. L'homme parvient à monter dans le train sain et sauf.

Mais le paquet tombe – et lorsqu'il touche le sol, il explose. Il contenait des feux d'artifice.

Le lendemain matin, le journal parle de dizaines de blessés. Les cheveux d'une adolescente ont pris feu. Une mère et une fille ont été entaillées partout sur les bras et les jambes. Et à l'autre bout du quai, une grosse balance métallique employée pour peser les bagages a vacillé dangereusement. La femme qui se tenait dessous, un grand chapeau de paille à la main, a hurlé. La balance est tombée.

Lorsque Mme Palsgraf se remet, elle porte plainte contre la compagnie de chemin de fer pour ses blessures.

Quelle est la cause desdites blessures ? Commençons par la chute de la balance : c'est ce qu'en droit, on appelle la *cause directe* : si la balance n'était pas tombée, Mme Palsgraf n'aurait pas été blessée.

Mais il y a un problème. Une balance ne tombe pas comme ça. C'est l'explosion qui a causé la chute.

Et les explosions ne se produisent pas comme ça. Ce sont les feux d'artifice du jeune homme qui ont causé celle-ci.

Mais les feux d'artifice ne se déclenchent pas comme ça. Le porteur, en poussant le jeune homme, a fait que celui-ci a laissé échapper ses feux d'artifice. La blessure doit être de la responsabilité du porteur – et par conséquent de la compagnie de chemin de fer qui l'emploie.

Toutes ces causes possibles sont des causes directes. Les causes directes se multiplient à l'infini. L'idée de cause adéquate apporte une solution. Le travail de la justice consiste à déterminer la source de l'histoire, afin d'assigner les responsabilités. La cause adéquate est la seule qui compte vraiment du point de vue de la loi.

La seule qui fait que l'histoire est ce qu'elle est.

Dans mon souvenir, il y a une salle obscure à la gueule ouverte, telle une grotte, avec des barreaux fluorescents qui luisent faiblement au centre de l'orifice. Sur les murs, des rangées de livres reliés de cuir du sol au plafond, les couleurs ternes de leurs tranches font alterner le bleu d'un vieux drapeau, le vert de l'océan, le rouge du sang séché. Les livres sont des registres légaux, les mêmes ouvrages que l'on retrouve dans la bibliothèque de tous les cabinets d'avocats du pays, qui contiennent des décisions de justice datant d'il y a des décennies. Chacun d'entre eux contient d'innombrables histoires, d'innombrables vies, qui a fait quoi, et qui on a fait payer.

Imaginez-moi dans cette salle. En juin 2003, à l'âge de vingt-cinq ans. La semaine dernière, voûtée dans le box d'une bibliothèque qui sentait le vieux bois, j'ai consacré mes journées à passer des épreuves de six heures pour sanctionner ma première année à la fac de droit de Harvard. Hier, j'ai pris un avion qui m'a amenée au sud de La Nouvelle-Orléans, et quand je suis sortie, j'ai eu l'impression de me prendre une grande claque d'air chaud. Je suis venue dans le Sud pour lutter contre la peine de mort en effectuant un stage dans un cabinet d'avocats qui représente des individus accusés de meurtre. Je suis fière de ce travail que je me propose de faire, et en même temps, j'ai peur. Ma connaissance du droit vient exclusivement des livres, et des histoires de clients que mes parents, tous deux avocats, me racontaient dans mon enfance. Il s'agissait de batailles pour la garde d'enfants, d'erreurs médicales, d'une chute accidentelle, une fois d'un meurtre, mais rien de comparable à des affaires où la peine de mort était en jeu. Rien de semblable à ce que j'imagine trouver à La Nouvelle-Orléans, en pleine vague de crimes, cet été. Au journal télévisé, hier soir, j'ai vu les bandes jaunes de la police sur une porte fermée. Ce matin, sur Baronne Street, dans les boîtes à journaux, des gros titres en noir : un meurtre. Sur les étagères de la bibliothèque, sous les registres d'affaires, sont posés des livrets photocopiés, protégés par des feuilles plastifiées et reliés avec des anneaux de plastique. Ils détaillent les étapes suivies par l'État avant de procéder à une exécution, je le sais. Dans cette salle, on défend des vies.

Je m'agite sur ma chaise pliante en métal. Le tailleur marron que j'ai apporté est trop chaud pour La Nouvelle-Orléans ; je sens déjà la transpiration commencer à perler sur mon front. C'est ce qui m'occupe en cet instant : mes vêtements inadaptés, l'inconfort physique qu'ils me causent.

Une femme va s'installer au bout de la table de conférence et nous présente une cassette vidéo, à moi et aux autres stagiaires. Sûre d'elle, posée, elle est vêtue d'une simple jupe noire et d'un chemisier blanc qui parvient miraculeusement à rester impeccable dans la chaleur.

« Voici les aveux de l'homme dont nous venons de terminer le deuxième procès, enregistrés en 1992 », dit-elle. Elle a un léger accent anglais, et les cheveux remontés comme une héroïne des sœurs Brontë. « Il y a neuf ans, il a été condamné à mort, mais cette fois le jury a opté pour la perpétuité. Pouvez-vous éteindre la lumière ? » demande-t-elle à un autre avocat.

Cause directe, alors : cette vidéo. Si je n'avais pas vu le visage de cet homme à l'écran – si je ne l'avais pas entendu décrire ce qu'il avait fait – il aurait pu rester pour moi un simple nom.

Cause directe : elle me montre la vidéo. Douze ans se sont désormais écoulés depuis ce jour dans le cabinet d'avocats, et je voudrais revenir en arrière et lui dire : *Non, il n'est pas mon client, il ne sera jamais mon client, je n'ai pas besoin de voir cette vidéo.* L'enfant qu'il a tué est déjà mort. L'homme a déjà été condamné pour meurtre. Tout ce qui s'est passé est déjà terminé. Je n'ai pas besoin de voir cette vidéo.

Ou remonter encore plus loin. Cause directe : j'aurais pu choisir de ne jamais me rendre dans le Sud, dans ces bureaux. J'aurais pu choisir de ne jamais me confronter à ce que je croyais, de ne jamais le remettre en question. J'aurais pu laisser dormir mon passé, sans jamais le remuer.

Et si je n'étais jamais allée en fac de droit ? Et si je n'avais jamais trouvé un livre sur la fac de droit dans la bibliothèque de mon père un après-midi de mes treize ans, alors que je manquais l'école pour cause de maladie ? Le mois où j'ai lu et relu ce livre, le mois où j'ai rêvé mon avenir, un petit garçon blond a frappé à la porte de la maison de ses voisins en Louisiane. L'homme de la vidéo lui a ouvert.

À ce jour, j'ai passé plus de dix ans avec son histoire, une histoire que, si les choses avaient tourné juste un peu autrement, j'aurais pu ne jamais découvrir. J'ai lu la retranscription de ses aveux filmés ainsi que la retranscription des autres aveux qu'il a faits de si nombreuses fois que j'en ai perdu le compte. En partant de là, j'ai retrouvé la maison où il habitait et où il a tué le petit garçon blond, et la station-service où il travaillait et où il a ensuite été arrêté. D'après les retranscriptions, et en visitant les lieux, en Louisiane, où les événements principaux de la vie de cet homme ont pris place, j'ai imaginé sa mère, ses sœurs, la mère du petit garçon, tous les personnages du passé. Et j'ai fait la longue route, la route solitaire de La Nouvelle-Orléans au pénitencier d'État de Louisiane, Angola. Je me suis assise en face de cet homme, le meurtrier, dans un parloir, et j'ai regardé cet homme dans les yeux, les mêmes yeux que sur la vidéo.

Cette vidéo m'a amenée à réexaminer tout ce que je croyais, non seulement au sujet du droit, mais au sujet de ma famille et de mon passé. Il aurait peut-être mieux valu pour moi que je ne la voie jamais. Il aurait peut-être mieux valu pour moi que ma vie puisse demeurer dans la période d'avant, plus simple.

Elle enfonce la cassette dans le magnétoscope et recule. L'écran de la vieille télévision massive clignote. Un homme assis apparaît lentement. Teint pâle, mâchoire carrée, oreilles décollées. Des lunettes rondes épaisses, en cul de bouteille. Un uniforme orange. Les mains menottées sur les genoux.

« Votre nom, commande une voix grave, hors champ.

– Ricky Langley », dit l'homme.

PREMIÈRE PARTIE

LE CRIME

1

Louisiane, 1992

L e petit garçon porte un pantalon de survêtement de la couleur d'un lac de Louisiane. Le rapport de police indiquera qu'il était bleu, rien de plus, mais dans toutes les descriptions que sa mère en fera par la suite, elle précisera bien qu'il était turquoise, ou bleu canard. Aux pieds, il a les chaussures de marche boueuses que portent tous les petits garçons de cette partie de l'État, idéales pour jouer dans les bois. Dans son petit poing, il serre un fusil à balles BB qui fait la moitié de sa taille. Une arme de la marque Daisy, avec un long canon en plastique marron qu'il a si bien astiqué qu'il brille autant que du métal véritable. Fils unique d'une mère célibataire, Jeremy Guillory a l'habitude de déménager souvent, de dormir dans des chambres qui ne sont pas la sienne. Les amis de sa mère louent tous des maisons dans la même voie sans issue, que le propriétaire baptise Watson Road chaque fois qu'il veut justifier une augmentation des loyers mais, en fait, l'impasse ne porte pas de nom, et même la police municipale aura besoin d'indications pour la situer. Les habitants de la petite ville, originaires de l'Iowa, lui ont donné le nom de leur État natal mais, comme ils voulaient tout de même un nouveau départ, ils prononcent *Io-way*, même s'ils n'ont pas modifié l'orthographe. Ça a toujours été un endroit où l'on venait pour repartir de zéro, toujours un endroit où l'on ne parvenait pas tout à fait à se défaire du passé. Un mois, le petit garçon et sa mère dorment chez celui qui a réussi à payer la facture d'électricité, le suivant, chez celle qui ne s'est pas encore fait couper le gaz. Mais où qu'il atterrisse, l'enfant apporte son fusil à balles BB. C'est son bien le plus cher.

La première semaine de février n'est pas finie. Les feuilles d'arbres sont déjà vertes et abondantes mais, la nuit, la température chute. Lorilei, la mère de Jeremy, ne travaille pas. Elle a loué une maison pour son fils et elle – leur première – mais l'électricité a été coupée. Son frère Richard occupe une vaste propriété en haut de la colline, mais elle ne dort pas chez lui. Non, Lorilei et Jeremy sont hébergés par Melissa, une amie, avec le compagnon de celle-ci, Michael, et leur bébé. Le bébé a deux ans ; il est assez grand pour vouloir jouer avec le petit garçon, et il hurle quand il n'obtient pas satisfaction.

Aujourd'hui, le bébé pleure. Jeremy, six ans, vient de descendre du car de ramassage scolaire jaune qui l'a ramené de la maternelle. Il prend son goûter à la hâte, et il rêve de s'échapper du boucan. Il pourrait si bien s'amuser dans les bois.

Au bout de l'impasse, il y a une maison blanche un peu délabrée et, derrière, un taillis. La végétation y est dense, des arbres à feuilles caduques, tels qu'on en trouve dans les marais : les feuilles en putréfaction se mêlent à la terre et le tout s'enfonce doucement sous les pieds du petit garçon. Même si la futaie est toute petite, avec une seule ravine semblable à une cicatrice dans le sol, une seule cachette pour jouer à la guerre ou rêver de se planquer pour l'éternité, ce bois est le terrain de jeu préféré de Jeremy.

Il demande le fusil à balles BB à sa mère. Elle le descend de l'étagère où elle le range pour le tenir hors de portée du bébé et le lui donne. Jeremy se rue dehors. Deux enfants d'à peu près son âge, un petit garçon, Joey, et une petite fille, June, vivent dans la maison blanche à côté du bois ; Jeremy ne déteste pas partir à l'aventure en solitaire, mais il s'amuse davantage quand Joey peut venir avec lui. Il va frapper à leur porte.

Un homme ouvre. Il porte des lunettes épaisses. Il a une petite tête et de grandes oreilles en feuilles de chou. À vingt-six ans, Ricky Joseph Langley ne pèse que soixante-trois kilos, et il est frêle pour un adulte – mais tout de même beaucoup plus grand que le petit garçon. Lui aussi, il a grandi dans cette ville. En ce moment, il loue une chambre aux parents de Joey et June, qu'il a rencontrés lorsqu'il a commencé à travailler au Fuel Stop, sur la nationale, avec la mère, Pearl. Il est censé leur verser cinquante dollars par semaine, mais il n'a jamais réussi à mettre suffisamment d'argent de côté. Pour compenser, il fait du baby-sitting. Il y a quelques jours, d'ailleurs, il a gardé Joey et Jeremy. Il leur a apporté du savon pendant qu'ils prenaient leur bain.

« Joey est là ? demande Jeremy.

– Non, réplique Ricky. Ils sont allés à la pêche. » C'est vrai. Il y a vingt minutes à peine, le père de Joey et son fils ont pris les cannes à pêche et ils sont partis pour le lac en voiture. Ils ne reviendront pas de l'après-midi. « Ils ne vont pas tarder à rentrer, dit Ricky. Tu peux attendre ici, si tu veux. »

Jeremy vient jouer dans cette maison toutes les semaines. Il connaît Ricky. Toutefois, il hésite.

« Allez, viens, entre donc », répète Ricky.

Il ouvre plus grand la porte et s'écarte. Jeremy passe le seuil, cale soigneusement son fusil à balles BB contre un mur près de l'entrée, et monte l'escalier pour se rendre dans la chambre de Joey. Il s'assoit par terre, en tailleur, et se met à jouer.

Ricky monte après lui. Il veut seulement regarder Jeremy jouer – plus tard, c'est ce qu'il dira, ce qu'il jurera. Mais, à l'observer, quelque chose change à l'intérieur de lui et, à partir de cet instant, c'est comme s'il évoluait dans un rêve. Il s'approche de Jeremy, par-derrière, passe son avant-bras autour du cou de l'enfant, et le soulève. Jeremy se débat avec une telle vigueur qu'il en perd ses chaussures. Ricky serre plus fort.

Jeremy cesse de respirer.

Peut-être, maintenant, Ricky le touche-t-il ; peut-être maintenant peut-il s'avouer ce qu'il a désiré depuis qu'il a vu Jeremy dans la baignoire. Peut-être n'en fait-il rien. Dans tout ce qui découlera de cet instant, les trois procès, les trois aveux enregistrés en vidéo, les tests ADN, la sérologie, l'analyse des fluides corporels, le témoignage des psychiatres et les vérités répétées et encore répétées sous serment, personne à part Ricky ne le saura jamais avec certitude.

Ricky ramasse Jeremy, il le prend dans ses bras comme s'il était simplement endormi et le porte dans sa propre chambre. Il l'allonge sur le matelas. Il recouvre Jeremy – non, c'est un corps à présent ; il recouvre le corps – d'une couette bleue à l'effigie de Dick Tracy, détective. Puis il s'assoit au bord du lit et caresse les cheveux blonds.

En bas, on frappe à la porte. Il descend ouvrir. Une jeune femme se tient dans l'entrée. Elle a les cheveux châtains qu'ont souvent en grandissant les enfants blonds.

« Vous avez vu mon fils ? »

Au moment où elle pose cette question, Lorilei est enceinte de trois mois.

« C'est qui, votre fils ? demande-t-il.

– Jeremy, répond-elle, et Ricky réalise qu'il le savait déjà.

– Non. Je l'ai pas vu. »

Elle soupire.

« Bon, peut-être qu'il est allé chez mon frère.

– Peut-être, acquiesce Ricky. Vous voulez entrer ? Vous pouvez utiliser notre téléphone. Pour appeler votre frère.

– Merci. »

Lorilei passe la porte. À sa droite, appuyé contre le mur, il y a un fusil à balles BB de marque Daisy, avec un long canon marron bien lustré.

Mais elle tourne à gauche. Elle ne voit pas le fusil. Il lui indique le téléphone et elle compose le numéro. Elle cherche son fils.

AVEUX ENREGISTRÉS DE RICKY JOSEPH LANGLEY, 1992

Q : Savez-vous pourquoi vous avez tué Jeremy ?

R : Non. J'ai pas, j'aurais jamais cru que je pourrais faire un truc pareil, je veux dire, c'est la première fois.

Q : Et qu'est-ce qui vous a décidé à le faire ?

R : Je saurais pas vous dire. J'arrête pas de retourner ça dans mon crâne, essayer de piger, vous savez. D'un côté, je sais que je l'ai fait, mais en même temps c'est comme si... Comme un fait divers dans le journal.

Q : Pour vous, c'est un peu comme un rêve, Ricky ?

R : Sans doute. Je saurais pas vraiment... Je sais pas comment je suis censé me comporter.

Q : Mais vous savez que vous l'avez tué ?

R : Oui.

Q : Et vous avez eu des problèmes avec les enfants par le passé.

R : Oui.

Q : Vous voulez m'en dire plus ?

R : C'est juste que… je ne peux pas expliquer. Je suppose que c'est mon destin, OK, c'est vrai.

2

New Jersey, 1983

Neuf ans avant que Ricky Langley ne tue Jeremy Guillory, alors qu'il n'a encore que dix-huit ans et moi cinq, mes parents achètent une maison victorienne perchée sur le sommet d'une colline dans la ville de Tenafly, dans le New Jersey. Dans la rue, toutes les pelouses sont entretenues avec soin, mais notre bâtisse grise est entourée d'herbes hautes et, d'un côté du porche, le bois a commencé à pourrir. La maison est abandonnée depuis six ans. L'après-midi où nous emménageons, le petit garçon des voisins nous observe, planté dans l'herbe à côté du perron. Des cheveux blonds coupés sommairement au bol, un jean délavé et déchiré comme ma mère refuse de m'en laisser porter. Derrière lui, une maison en pierre grise, toutes les fenêtres plongées dans le noir. De temps à autre, un chat traverse l'allée qui sépare son jardin du nôtre pour s'approcher de lui ; le garçon se penche pour lui gratter la tête avant que l'animal ne reparte d'une allure nonchalante. On dirait qu'il y a beaucoup de chats dans les parages. Le garçon nous regarde faire des allers-retours entre le camion de déménagement et notre nouvelle maison, mes deux sœurs, mon frère et moi ; nous portons nos caisses de peluches, et des piles hasardeuses de briques en carton avec lesquelles nous construirons des châteaux forts. Ici, nous a promis mon père, nous aurons une salle de jeux rien que pour nous.

Finalement, le petit voisin me hèle. Je vais m'accroupir devant la balustrade. Les piquets blancs qui entourent le porche lui strient la figure comme des barreaux de prison dans une bande dessinée.

«Comment tu t'appelles?» demande-t-il.

Je le lui dis.

«Vous emménagez là?»

Il a l'air d'être une classe au-dessus de moi, peut-être deux. J'aimerais bien faire une réponse spirituelle, mais tout ce qui sort c'est :

«Oui.»

Il mastique quelque chose sans me quitter des yeux. J'aperçois un éclair rose. Un chewing-gum.

«Le papa qui vivait là a étranglé la maman. Dans la cuisine, ajoute-t-il.

– Elle est morte?»

Ce n'est que récemment que j'ai appris ce mot.

«Non.»

Il met ses mains dans ses poches et me regarde en mâchant son chewing-gum. Nous restons silencieux pendant quelques instants. Puis ma mère m'appelle.

«J'arrive.»

Plus tard, lorsque j'apporte un carton de cuillers en bois et de saladiers dans la cuisine, je ne vois que cette scène : le père en train de pousser sa femme contre le plan de travail en Formica orange couvert de taches, les mains autour de son cou, tentant de l'essorer de ce qu'il lui reste d'énergie vitale comme si elle n'était qu'un torchon sale. Lorsque je me rendrai à ma nouvelle école, il se trouvera que leur petite fille sera dans ma classe de maternelle. Elle aura les cheveux châtain clair coupés à la Jeanne d'Arc, elle voudra devenir dentiste, et je ne serai jamais capable de croiser son regard sans me demander si elle a tout vu. Mais c'est une bonne école, l'une des meilleures de l'État. La maison, marquée par son passé, ne coûte pas cher, et avec quatre enfants à nourrir avec le seul salaire de mon père, avocat public, mes parents en ont bien besoin. Il y a une pelouse qui s'étale comme un tapis et suffisamment de chambres à l'étage pour nous six : mes parents prendront la grande, en haut de l'escalier, mon frère jumeau, Andy, et ma plus petite sœur, Elize, en auront chacun une plus petite un peu plus loin dans le couloir. Ma sœur cadette, Nicola, et moi, nous partagerons la chambre du fond. Les longs couloirs de la maison – parfaits pour jouer à la balle – lui donnent un aspect majestueux. Majestueuse, elle l'était autrefois : les officiers y avaient pris leurs quartiers pendant la guerre d'Indépendance, m'explique mon père, tandis que la maison en pierre du petit voisin n'était alors qu'une grange. J'aime beaucoup imaginer des têtes de chevaux dépasser des nombreuses petites fenêtres de la maison en pierre, voir les mâchoires des chevaux triturer leur foin comme le petit garçon lorsqu'il mastique son chewing-gum.

La grande maison est dans un état de délabrement certain. L'élément le mieux conservé est l'escalier raide en bois qui part du vestibule. Une fois que les officiers ont quitté la maison, nous dit mon père, une famille s'est installée là, suivie de deux générations avant nous. L'un de ces pères du temps jadis a construit l'escalier à partir d'un kit acheté sur le catalogue Sears Roebuck. Il est encore en bon état, laqué, les poteaux finement ouvragés ne sont même pas rayés. D'ici à deux ou trois ans, lorsque nous finirons par adopter un corniaud noir aux oreilles joyeusement dressées – à la condition que mon père ait le droit de le baptiser

Cowboy –, le chien se fera les crocs sur ces poteaux. Chaque fois, mon père paiera un ouvrier pour qu'il réalise sur un tour à bois une copie à l'identique de la pièce endommagée. Des années plus tard, lorsque nous serons adultes, mes sœurs et moi, à notre tour, nous prendrons chacune un chien, et lorsque nous rendrons visite à mes parents vieillissants dans cette maison, les chiots, eux aussi, mordilleront les poteaux. Chaque fois, mon père ira trouver le même ouvrier, avec son tour à bois, un vieillard à présent, et lui fera remplacer minutieusement les poteaux, un par un. Comme si, ayant hérité l'escalier des pères venus avant lui, il avait aussi reçu d'eux la responsabilité de le maintenir en bon état.

Mais le reste de la maison en a pris un coup. Par endroits, le toit se déplume : des bardeaux se sont détachés telle de la fourrure sous l'effet de la gale. À l'intérieur, certaines des cloisons sont trouées, et l'on peut voir le squelette de la maison, ses poutres. De grandes bulles de linoléum vert gonflent le sol de la cuisine. Elles émettent un craquement lorsque je marche dessus, mais même en sautant à pieds joints, je ne peux les faire éclater.

Mon père engage trois garçons d'une fac d'architecture des environs. Ils ont besoin d'argent et un peu de sciure ne leur fait pas peur. L'un d'entre eux, Greg, fait la joie de mon père en cherchant le moyen d'ajouter des dentelles de bois à la maison : des volutes de cinq centimètres d'épaisseur qu'il va découper et fixer sur le toit. Elles me rappellent le glaçage d'un gâteau. Greg a une idée. Il veut rebâtir la maison dans le style qu'on appelle « gothique rural », avec un luxe de fioritures réalisées à la main.

Mon père a toujours aimé les grands rêves, et Greg se retrouve aussi sec à la tête du groupe. Svelte et bronzé, il a une tignasse bouclée que le soleil éclaircit de plus en plus au fil de l'été. Mon frère jumeau avait le même genre de boucles quand il était petit. À présent, ses cheveux ont foncé, il préfère les couper ras, et lorsqu'il se met torse nu sur la plage il y a en travers de son ventre une estafilade que je comprends sans la comprendre. Il était malade lorsque nous sommes nés ; il lui arrive encore d'être malade. Même si nous n'avons pas encore défait nos cartons, même si nous ne sommes pas installés, mes parents ont déjà un sac en toile bleu tout prêt dans le placard du haut au cas où ils aient besoin de l'emmener à l'hôpital, pour des raisons que j'ignore, même si je sais, d'instinct, qu'il vaut mieux ne pas poser la question. Avec sa coupe en brosse qui souligne l'ossature fine de son visage, avec ses côtes qui ressortent par-dessus la cicatrice, ses tennis blanches de banlieusard lui donnent l'air d'un enfant adopté, réfugié de quelque guerre oubliée.

Les jeunes architectes, eux, sont magnifiques. Greg escalade les pans escarpés du toit. Ses amis grimpent à de hautes échelles placées devant les fenêtres. Ils fendent l'air comme les dauphins fendent l'eau, sans se laisser ralentir par les mètres rubans et les clefs à molette qui pendent à la ceinture de leurs shorts en jean. Les outils traînent derrière eux, comme si, pareils à moi, ils ne pouvaient rien faire d'autre que suivre les garçons. Le soir, je les regarde de la pelouse, bercée par le chant des grillons qui nous encerclent. Parfois, lorsqu'ils restent tard, Greg perce pour moi des trous dans le couvercle d'un bocal et, lorsque je lui rapporte les lucioles que j'ai attrapées, il me félicite. « Elle est jolie, celle-là, dit-il. Sa lumière est superbe, tu ne trouves pas ? » J'aime tant la lueur des lucioles qu'un soir, au lieu de relâcher mes prises, j'installe le bocal sur ma table de nuit. Mais au matin, les lucioles ne sont plus que de banals insectes ; elles n'émettent plus la moindre lumière.

Un jour, mon père confie un jeu de clefs à Greg et le gratifie d'une tape dans le dos. Ils passent en revue des listes sur des blocs-notes qui se matérialisent soudain entre les mains des garçons, puis hochent la tête et se serrent la main sur l'allée gravillonnée. Mes parents préparent nos valises et nous emmènent rendre visite à des parents de ma mère, en France. À notre retour, nous aurons une maison toute neuve. La bâtisse aura été nettoyée de son passé.

Seule une artère principale mène à Tenafly. Elle commence à l'autre bout de la ville par rapport à notre maison, et descend paresseusement une grande colline, en zigzag. Là, les bordures surélevées de la route offrent un surplomb généreux aux arbres qui ont tout l'espace pour s'étendre à loisir. Sous les frondaisons s'étalent d'immenses pelouses magnifiquement entretenues avec des maisons à colonnes blanches et des portails en acier. De minuscules pontons en pierre traversent des ruisseaux artificiels.

La route se fait plus étroite. L'ancien lycée de la ville est désormais un funérarium, les classes ont été transformées en salles d'exposition des corps. Juste à côté se dresse l'église catholique. Et juste après, une série de voies de chemin de fer. Le train a cessé de passer en ville des décennies avant notre installation; d'ici à mon diplôme à l'université, j'aurai vu l'ancienne gare, de kiosque à journaux, devenir un salon de coiffure, puis un café qui sert des sandwichs bio à dix dollars et des cafés à quatre dollars. Mais, enfant, je retiens systématiquement mon souffle lorsque les rails accrochent les pneus de la voiture. Puis j'effleure la vitre du bout du doigt, au cas où des fantômes trouvent une faille dans ma relation au monde matériel, une ouverture.

Les rails laissent repartir la voiture, et à partir de là, la ville se transforme. Un immeuble isolé plein de logements individuels, incongru dans une ville si ouvertement destinée aux familles. Un magnolia se dresse sur sa pelouse : les fleurs pâles, souples de l'arbre se détachent, belles et étranges, sur les chênes et les ormes du Nord-Est. Puis les terrains rétrécissent, il n'y a plus qu'une allée entre les maisons. Une seconde colline apparaît, moitié moins haute que la première, à peine. Au sommet, notre maison victorienne, majestueuse. Après celle-ci, la route débouche sur une autre ville, qui possède un taux de criminalité qui fait défaut à la nôtre et un pourcentage d'échec scolaire que nous nous répétons à mi-voix, en guise d'avertissement.

3

Louisiane, 1992

C hez son frère, la ligne est occupée, un *bip-bip-bip* incessant. Lorilei est fatiguée. Elle n'a pas envie de marcher jusque chez lui. Richard a installé une clôture blanche tout autour de son jardin, comme pour se mettre à l'écart de toutes les familles moins bien loties que la sienne. À l'écart des maisons comme celle de Lorilei, qui ne parvient même pas à payer l'électricité. Elle l'exaspère, cette clôture. La porte est à l'autre bout de la maison, et pour l'atteindre, elle doit faire tout le tour, tout le tour du joli jardin, avec ses piquets blancs flambant neufs et les jouets et les vélos de ses enfants. Mais elle n'a pas le choix, Jeremy a disparu, alors elle remercie l'homme de l'avoir laissée utiliser son téléphone, remonte la fermeture Éclair de son sweat à capuche, et se met en route. Devant chez Richard, il y a un trottoir, mais ici, le bourrelet sur le bord du bitume est hérissé de mauvaises herbes et une simple entaille dans la terre humide tient lieu de caniveau. Lorilei – vingt-neuf ans, un peu ronde bien que sa grossesse ne se voie pas encore – plonge les poings dans les poches de son jean pour se réchauffer et enfonce la tête dans les épaules. De minces baskets qui collent à la boue de février, qui ne valent rien pour marcher. Elle comptait passer une soirée tranquille à la maison, juste avec Melissa et les enfants.

Le soleil laisse des traînées orange et rouge en travers de l'horizon. Il n'est pas tout à fait 18 heures, et il règne un silence sinistre dans la rue. Les maisons qu'elle dépasse l'une après l'autre ont les stores baissés, les lattes pressées l'une contre l'autre, telles des lèvres blanches et pincées. Derrière, des familles s'installent à la table du dîner. Dans un jardin, un tricycle en plastique est renversé, pédales en l'air, prêt à partir pour nulle part. Elle a appris à faire du tricycle à Jeremy quand il avait trois ans, et le journal local a publié une photo d'eux deux : elle est penchée sur le petit garçon, ses mains sur les petites lunes dures de ses épaules, et ils font un grand sourire à l'objectif. Lorilei Guillory et son fils, Jeremy Guillory. En ville, tout le monde savait que ce nom de famille était le sien. Qu'il n'y avait pas d'homme.

Elle repense, brusquement, à Richard et elle quand ils étaient petits, comme ils pédalaient jusqu'au virage, repense aux heures qui s'étiraient devant eux telle la course du soleil.

La colline sur laquelle il habite se trouve à l'ouest, et au loin, elle aperçoit son ranch. Une balançoire pneu pour son fils et sa fille, suspendue à un chêne. La cabane à outils de Richard. Et une voiture dans l'allée – rouge, elle appartient à Mary, la femme de Richard. Lorsqu'elle l'a eue au téléphone ce matin, Mary a dit qu'elle comptait aller faire des courses dans la soirée, et que quand Jeremy verrait sa voiture s'arrêter, il n'aurait qu'à la rejoindre : elle l'emmènerait. Jeremy était tellement excité en entendant ça qu'elle n'avait pas pu dire non. C'est dur pour elle, que Mary soit celle qui a la voiture, et l'argent, que ce soit elle qui l'emmène faire des courses. Néanmoins, elle espère que c'est là qu'il se trouve à présent.

Mais lorsque Mary ouvre la porte, son rouge à lèvres fraîchement appliqué, Lorilei comprend tout de suite à son regard vide
qu'il n'est pas là. Elle pose tout de même la question.

« Je ne l'ai pas vu, répond Mary. Et je m'apprêtais juste à sortir. »

C'est à cet instant que Lorilei comprend qu'il doit s'être perdu.

Dix minutes plus tard, elle a emprunté la voiture de Mary
et s'est rendue à la lisière des bois, les phares pointés vers les
fourrés. Il fait presque noir à présent. Jeremy sait qu'il doit rentrer avant la nuit, en principe. Lorsqu'elle se gare, la lumière des
phares éclaire la carcasse rouillée d'un 4 × 4. Parfois, Jeremy et le
fils Lawson, Joey, s'installent sur l'épave et tirent dans les bois
pendant des heures avec leurs fusils à balles BB. Mais pour l'instant, il n'y a personne et les bois sont plongés dans un silence
total. Elle sort de la voiture et s'appuie contre le vieux 4 × 4.

« Jeremy ! appelle-t-elle. Jeremy, c'est maman ! Tu m'entends ?
Jeremy ! »

Rien ne trouble le silence. Pas même un oiseau.

« Jeremy ! »

Elle entend une voiture se garer derrière elle.

« Tout va bien, Lori ? »

Terry Lawson, le père de Joey, est au volant. Il est accompagné
de deux voisins.

« Jeremy a disparu », s'entend répondre Lorilei.

Sa voix tremble.

Les hommes prennent des lampes torches dans le coffre et
s'enfoncent dans les bois.

C'est là que, par la suite, sa mémoire se bloque.

Mais l'enregistrement de la caserne des pompiers montre que
le premier appel a été reçu à 18 h 44. L'appelante déclare s'appeler

Lorilei Guillory, mère du petit garçon dont elle signale la disparition. L'opérateur note ses coordonnées et promet d'envoyer une voiture de patrouille à Iowa.

« Io-way, précise Lorilei au téléphone. S'il vous plaît. Savez où ça se trouve ?

– Oui, m'dame. Io-way. »

Le second appel arrive à 18 h 57. L'appelant est un jeune homme, qui explique qu'ils n'ont vu personne et demande : quand la police va-t-elle arriver ? La mère du petit garçon vient de les appeler de chez lui, mais il sait qu'il est facile de se perdre par ici, quand on n'est pas du coin.

« Y a deux routes parallèles, ici, précise-t-il. Celle-ci, on l'appelle Watson Road, mais elle a pas vraiment de nom. C'est celle-ci qu'il vous faut chercher. La maison blanche, à un étage. »

Ils la reconnaîtront, dit-il, grâce à la machine à laver dans la cour et l'escalier derrière qui donne sur les bois.

« J'vais vous donner le numéro de téléphone, au cas où vous vous perdiez.

– Votre nom, s'il vous plaît, monsieur ?

– Ricky Langley », réplique l'appelant.

Ce soir-là, Lorilei est assise sous le porche de la maison blanche et, dans au moins l'un des récits des recherches pour retrouver son fils, il est fait mention de ce qui se produit alors. Au départ, la rue est plongée dans le noir complet – il n'y a pas de réverbères par ici – mais elle s'éclaire peu à peu à mesure que les voitures de patrouille affluent, de plus en plus nombreuses. Au loin, elle entend les hommes qui s'interpellent, le moteur d'une camionnette qui tourne au ralenti. Elle sait qu'ils sont tout près, mais le son lui paraît très distant, étouffé.

C'est comme les feuilles détrempées, pourrissantes de la ravine où joue tout le temps Jeremy, qui rendent tout spongieux. Il en revient toujours tout sale, mais ce soir, elle doit se réjouir qu'elles soient meubles. Elle doit penser à lui, là-bas, la joue fripée par les brindilles, telles des marques d'oreiller, à ses cheveux qui lui retombent dans les yeux lorsqu'il a trop sommeil pour les rabattre en arrière. Jeremy dort comme un chiot, sur le flanc, les bras et les jambes étalés devant lui. Sa bouche rose entrouverte, les petites bouffées d'air qu'il prend. Elle le regardait toujours respirer quand il était bébé. Toutes les jeunes mères font ça, suppose-t-elle, mais pour elle c'était toujours un miracle, qu'il continue de respirer comme ça.

Elle écarte cette pensée. Dans le bosquet, plus loin, les lampes torches de l'équipe de recherche s'entrecroisent comme un jeu de ficelles, et elle regarde les dessins qui changent. Richard dit que, dans la matinée, ils vont faire venir des hélicoptères. Pourquoi ils ne les font pas venir maintenant, quand son petit garçon est perdu tout seul dans le froid et l'obscurité, elle l'ignore.

« Voulez un verre ? »

Elle lève les yeux et l'homme de cet après-midi se tient au coin du porche. Il lui faut quelques secondes pour le reconnaître. L'après-midi semble si loin. Avant, avant tout cela.

« Ricky, c'est ça ?

– Oui, m'dame. »

Il a une bouteille à la main, qu'il lève dans sa direction, en guise d'invite. Derrière lui, la pénombre des bois est pareille à un brouillard. On croirait qu'il sort du néant.

Lorilei ne boit pas. Elle n'a pas bu un verre depuis des années. Autrefois, elle picolait sec, avec à la clef des arrestations qui lui ont valu un passage dans le journal local, « L. Guillory », tout court, sur le registre de la police. Mais à la naissance de Jeremy, elle s'est reprise en main. Elle voulait assurer, pour lui. Maintenant, il y a un autre bébé auquel il faut penser : elle est enceinte de trois mois.

Mais elle est affreusement inquiète pour Jeremy, et cette bouteille est séduisante, avec sa couleur ambrée qui chatoie à la lumière. Jeremy a fait une sortie scolaire avec sa classe de maternelle, aujourd'hui. Ils sont allés au muséum d'histoire naturelle de Lake Charles. Elle a fait la même excursion à son âge, et peut-être le chaud reflet moiré de l'alcool lui rappelle-t-il les résines fossiles qu'elle y a vues à l'époque. C'est une nuit étrange : Jeremy disparu, tous les voisins dehors, à sa recherche, une nuit hors du temps. Une nuit qui pourrait durer une éternité, suspendue tel un insecte pris dans l'ambre, Jeremy pour toujours caché quelque part, dans l'immensité, elle pour toujours sous ce porche, à l'attendre. Il faut simplement qu'elle survive à cette nuit.

Elle prend la bouteille. Il reste sept centimètres d'alcool. Le liquide glisse le long de sa gorge, se roule dans son ventre, bien chaud.

La deuxième gorgée est suave. La troisième.

« J'suis désolé qu'ils aient pas trouvé vot' fils », dit Ricky.

À la lumière crue de l'ampoule du porche, ses lunettes semblent opaques.

Elle ne réplique rien.

« En tout cas, y a du monde qui cherche, c'est sûr », dit-il.

Lorilei est fatiguée. Elle n'a pas envie de parler. Alors elle se tait. Elle se contente de s'appuyer contre les marches du perron pendant un long moment, les yeux fermés lorsqu'elle ne peut pas supporter le silence, les yeux ouverts lorsqu'elle ne peut pas supporter l'obscurité. Elle finit la bouteille sans même s'en apercevoir. L'homme reste sur le bord de la pelouse, les mains dans les poches de son pantalon à pinces, sans rien dire. Ce n'est pas une compagnie désagréable. Ils pourraient presque être amis.

Par la suite, elle ne sera pas en mesure de dire combien de temps s'est écoulé avant qu'il se racle la gorge, poliment, comme s'il avait peur de la déranger.

« Bon, dit-il alors. Je ferais mieux de rentrer. J'espère vraiment qu'ils vont le retrouver. »

4

New Jersey, 1983

Une fois que nous sommes installés dans la nouvelle maison, mon père quitte son travail d'avocat public et s'installe à son compte dans la ville voisine de Teaneck, où il déniche une autre bâtisse victorienne en pierre grise, dont il loue le rez-de-chaussée pour y établir son cabinet. Il achète un morceau de bois laqué noir de quarante-cinq centimètres sur vingt, sur lequel il fait graver son nom, précédé du titre pour lequel il a tant trimé : MAÎTRE ANDREW ROBERT LESNEVICH. Cette plaque sera la première d'une longue série. Il l'accroche à la porte et attend qu'arrivent les affaires.

Et elles finissent par arriver, avec la parade de malchanceux et de malavisés qui représentent la charge de travail de n'importe quel avocat de petite ville. Il y a la femme au foyer au penchant secret pour la boisson, qui prend le volant et refuse d'admettre que ce n'est pas seulement la fatigue qui la fait dodeliner de la tête. Il y a le vieil homme qui glisse et fait une chute dans l'entrée verglacée d'une boutique du centre-ville, et l'adolescente virtuose du vol à la tire que ses mains, toujours si rapides, finissent par trahir. Mon père n'est pas cancanier ; on peut lui faire confiance, et il aime sa position, un pied dans l'enchevêtrement de la vie de chacun. On a besoin de lui, mais pas de trop près. Et surtout, on l'admire. De ses années dans l'aviation, il a gardé l'habitude de se tenir excessivement droit en toutes circonstances, une posture qui lui permet d'accueillir les histoires des autres avec aisance et autorité, sans se laisser démonter.

Le droit n'était pas son premier choix. Quand il était petit, il rêvait de piloter des avions de combat. Son père avait été perdu en mer lors de la Seconde Guerre mondiale. Sa mère n'avait jamais plus ne serait-ce que dîné avec un autre homme, et l'héritage paternel faisait qu'une carrière militaire lui apparaissait comme un dû. Il avait les pieds plats, il était daltonien, il mesurait 1,93 mètre – il ne serait jamais pilote de chasse, en fin de compte. Mais il jouait bien au tennis. Il est entré dans l'aviation et a passé la guerre du Viêt Nam assis à un bureau en bois sous les tropiques, à s'assouplir le poignet en tamponnant encore et encore des papiers avant de les signer en trois exemplaires, se tenant prêt à battre l'armée de terre et les marines sur les courts. Lorsqu'il a terminé son service actif, la question de son avenir s'est profilée. Il avait étudié la géologie à la fac, il avait préparé un master de psychologie. Il pouvait reprendre ses études. Peut-être pouvait-il devenir scientifique. Peut-être enseignant.

Mais il n'avait pas davantage envie de rester assis derrière une paillasse que derrière un bureau. S'il ne pouvait pas être pilote d'élite, il lui fallait pour s'épanouir une scène politique. Il voulait se dresser devant des auditoires fournis et leur faire savoir que le petit Andrew, l'orphelin de père de Cliffside Park, New Jersey, avait réussi dans la vie.

Lorsque mon père arrive à cette partie de son histoire, une histoire que je l'entends souvent raconter, sa voix grave se fait plus insistante, son débit plus rythmé. Mon père est un conteur hors pair. Il raconte des histoires à des jurys pour gagner sa vie, et il nous en raconte, à nous, autour d'une épaisse table en Formica blanc si grande qu'il l'a trouvée au rabais : aucune autre famille n'en voulait, dit-il. Elle est parfaite pour nous. Mon père s'assoit d'un côté, flanqué de deux d'entre nous, ma mère de l'autre, flanquée des deux autres. Les bords de la table sont arrondis pour qu'Elize, la plus jeune, qui apprend tout juste à marcher, ne se fasse pas mal lorsqu'elle se cogne dedans. Autour de la table, nous sommes le public de mon père, et le texte, c'est sa vie. En l'écoutant, enfant, j'imagine toujours qu'il parle littéralement lorsqu'il décrit une fourche sur la route : une route à une seule voie, quelque part dans l'est du Missouri, pas de voitures si ce n'est la sienne, le faisceau jaune des phares dans l'obscurité pour seul guide. C'est la nuit, l'heure des rêves et des grandes décisions, et le ciel de velours au-dessus de sa tête est constellé de lueurs. Assis au volant, mon père voit la route devant lui se scinder. À sa gauche, l'ouest. Un coup de volant sur la gauche le libérera de l'emprise de sa mère. Il le sauvera de la dépression qui a commencé à le hanter aussi sûrement qu'elle la hante, elle, le sauvera de son lien avec elle, lien qui, à cause de la mort de son père, semble inextricable, prédestiné, comme si sa vie s'était jouée avant qu'il ait quitté le berceau. À l'ouest, c'est la Californie, où il aura une vie aussi solide et stable que les roches qu'il étudiait autrefois. Il sera enseignant, oui, mais peut-être aussi politicien. Il se sentira aimé. Il sera heureux.

« Mais au lieu de ça – il termine toujours ainsi lorsqu'il raconte cette histoire –, je savais que ma mère avait besoin de moi. J'ai tourné à droite. Je suis rentré dans le New Jersey. Et là, j'ai rencontré votre mère. »

Tout cela suite à un unique virage : sa mère, notre mère, nous quatre, les enfants, et maintenant ce cabinet gris, où il travaille à la lueur d'une grande lampe de bureau en métal qui appartenait autrefois à son oncle. Une grande porte-fenêtre donne sur le porche. Les nuits où il oublie de baisser les stores, nous pouvons nous poster sous le porche et deviner la silhouette de sa tête penchée qui se découpe dans la pénombre. Un soir, ma mère appelle le bureau à plusieurs reprises et, n'obtenant pas de réponse, nous fait tous monter en voiture et s'y rend – un signe sans équivoque de sa nervosité, car ma mère, la New-Yorkaise pure souche née à Astoria, dans le Queens, n'a consenti à apprendre à conduire qu'à l'âge de trente-huit ans, et ne perdra jamais sa raideur lorsqu'elle tient le volant, les mains scrupuleusement à 10 h 10, comme on le lui a appris. Un jour, quand ils auront de l'argent, elle prendra l'habitude d'appeler une voiture pour ses déplacements. Mais pour l'instant, conduire de nuit est encore pire que de jour, et elle se courbe en avant, poitrine contre le volant, pour s'y accrocher comme à un gilet de sauvetage.

Lorsque nous arrivons au bureau, toutes les fenêtres sont plongées dans le noir, il n'y a pas signe de mon père. « Restez là, recommande ma mère à Andy, mes sœurs et moi. Ne bougez pas. » C'est inhabituel. Mes parents ne nous laissent pour ainsi dire jamais dans la voiture. À moins que mes grands-parents ne viennent nous garder, ils ne nous laissent jamais nulle part. Nous sommes allés partout avec eux : dans les arrière-salles des tribunaux, dans les restaurants chics. Il y a une photo d'Andy et moi à trois ans, main dans la main sur le tapis rouge des marches du Metropolitan Opera, moi en robe blanche à fanfreluches, les boucles d'Andy éclairées par-derrière sur son costume bleu pâle. Mais ce soir, nous restons dans la voiture.

C'est une soirée douce de début d'automne, et les vitres sont baissées. L'air est un peu collant, les feuilles mortes dégageant une moiteur lourde autour de nous. À la lueur d'un lampadaire, nous regardons notre mère monter les marches du perron et appuyer sur la sonnette. Elle attend. Pas de réponse. Elle appuie de nouveau. Rien. Elle cogne à la porte-fenêtre et appelle : « Drew ! Drew ! » Sa voix devient plus forte et plus aiguë chaque fois qu'elle répète son nom.

Lorsque je serai plus proche de l'âge auquel elle s'est tenue sur ce perron que de l'âge auquel je l'ai attendue en l'observant dans la voiture, je reviendrai à cet instant. Je comprendrai alors les peurs que cette soirée renfermait pour elle. Peut-être était-il finalement parti ainsi qu'il menaçait de le faire par certaines nuits obscures, des nuits où il pestait contre le choix qu'il avait fait sur une route solitaire du Missouri, le choix qui l'avait coincé dans cette histoire avec nous. Des nuits qu'il passait seul, attablé devant la table de Formica blanc, à finir la bouteille de vin que lui et ma mère avaient entamée pour le dîner, avant d'en ouvrir une autre pour lui tout seul. Ces nuits où il jurait que nous serions mieux sans lui. Ces nuits où il jurait qu'il vaudrait mieux, pour nous, qu'il soit mort.

Mais ce soir-là, tandis que j'observe ma mère sur le perron, tandis que je l'entends l'appeler par son nom et que j'entends le silence qui lui répond, la seule crainte qui me vient à l'esprit, c'est qu'il soit mort non de sa main, mais par un coup du sort. Il a perdu son père quand il était bébé. Il a perdu son oncle, qui l'a en partie élevé, d'une crise cardiaque précoce. Chaque mois de mars, lorsque nous l'embrassons sur la joue et lui souhaitons son anniversaire, s'il a bu un peu de vin, il secoue la tête et dit à quel point il est surpris d'être encore en vie. Il répète cette phrase année après année, jusqu'à ce qu'une partie de moi, je suppose, se mette à partager sa surprise.

Ce soir-là, il finit par ouvrir la porte, et à la lueur du réverbère, je vois le visage de ma mère se détendre en un mélange de joie et de soulagement : l'aventure continue, il est toujours à ses côtés, elle en remercie le ciel. Ils reviennent à la voiture main dans la main. Elle est rayonnante. « Salut, les enfants, dit-il. Je m'étais endormi à mon bureau. » Sa cravate pendouille, desserrée, à son cou. Il se frotte les yeux puis sourit à son tour. Ma mère l'embrasse et lui passe les clefs. Pour l'instant, il va nous ramener à la maison. Ils trouveront un moyen de récupérer l'autre voiture dans la matinée.

Le deuil prend racine à l'intérieur des êtres. Mais je ne vois pas sa marque sur mes parents au départ, pas jusqu'à une aveuglante journée d'été, neuf mois plus tard. Je suis en train de lire la collection de vieux Nancy Drew à couverture brochée de ma mère, fière d'avoir dépassé le stade des livres d'images qu'elle lit encore à mes petites sœurs. Aujourd'hui, c'est *The Secret in the Old Attic*. J'ai escaladé la balançoire au fond du jardin et je suis allongée sur la petite plate-forme en bois au sommet, le livre ouvert sur la poitrine, protégeant d'une main la page du soleil vif. Cette position, c'est une expérience. Je suis encore en train de me familiariser avec notre nouvelle maison, de découvrir tous les petits coins où je m'installerai pour lire. Mais les barreaux me rentrent dans le dos, des échardes traversent mon tee-shirt, et je n'arrive pas à me mettre à l'aise. Nous devrions déjà avoir terminé d'enduire la balançoire de polyuréthane, mais ce n'est pas le cas. En effet, tous les dimanches après-midi où mon père décide que la balançoire sera notre tâche du jour, ma mère nous habille de vieilles salopettes OshKosh et nous donne, à moi, à mon frère Andy et à ma sœur Nicola, de petits seaux et de petits pinceaux, mais c'est nos mains que nous peinturlurons du gel transparent, au lieu des poteaux métalliques. Lorsque le gel devient poisseux, nous pressons nos mains l'une contre l'autre. Collées ! Alors mon père nous emmène à marche forcée dans la salle de bains de la taille d'un placard, derrière la cuisine, et je tends mes mains sous le robinet tandis qu'il verse du diluant. « Frotte », dit-il, et je m'exécute, et peu à peu, à travers la chaleur, les démangeaisons et l'humidité, je sens mes mains commencer à se décoller, et ma peau me revenir.

C'est un plaisir, cet instant. Je continue à coller mes mains l'une contre l'autre pour le plaisir de le sentir debout derrière moi, ses bras sur les miens. Même des années plus tard, j'aimerai l'odeur métallique du diluant. Et il doit les aimer lui aussi, ces moments, parce que même si nous n'avançons pas du tout sur la balançoire, il ne se fâche pas. Ce sera l'été le plus cher à son cœur, cet été où nous retapons cette maison tous ensemble.

Les échelons du dessous sont déjà enduits de vernis et, allongée au sommet, je sens remonter leurs effluves vinaigrés, âcres. Au-dessous de mon short, le soleil me brûle les mollets. Je gratte une piqûre de moustique sur ma cuisse et tourne la page. En contrebas, le jardin se bombe, puis plonge. Il a l'air presque plat, vu d'ici, mais au loin la maison grise se dresse sur le sommet de la colline, avec sa peinture encore flambant neuve. Notre jardin est le plus long du quartier. Derrière la balançoire, il y a un bout de terrain non exploité, qui fait une vingtaine de mètres de large, avec des pommiers sauvages et une montagne d'herbe coupée qui dégage une odeur de pourriture un peu sucrée. Parfois, je plonge dedans et je sens mon visage s'enfoncer dans l'herbe morte, la terre céder sous moi tel un nuage. Nous appelons cette zone « les bois », et toute notre enfance, nous projetterons d'y bâtir des fortins et des cachettes, mais nous ne le ferons jamais. Dans les périodes de vaches maigres, mes parents s'installeront à la table de la cuisine pour discuter de la meilleure façon de vendre les bois, mais aucun acheteur ne se matérialisera jamais.

Tandis que je lis, m'efforçant de préserver la netteté des mots sur la page – j'ai besoin de lunettes, mais personne ne le sait encore –, mon père tond la pelouse avec une tondeuse autoportée rouge que nous appelons son tracteur. Il aime presque autant le jardin qu'il aime la maison et, depuis que nous sommes installés ici, il s'est mis à porter des jeans Wrangler évasés en bas avec des bottes et un chapeau de cow-boy en daim à larges bords qui le protège du soleil tandis qu'il coupe l'herbe en lignes bien droites. Un cow-boy du New Jersey, pour l'instant du moins. Pendant toute mon enfance, il ira de réinvention en réinvention, s'extirpant d'une nouvelle identité toutes les quelques années : les années opéra, les années golf, avec leurs tissus écossais, les années où la voix de Cole Porter fait swinguer toute la maison et où l'on voit apparaître un smoking blanc. Pour l'heure, un radio-cassette posé par terre déverse des notes de guitare nasillardes. Mon frère, Andy, grimpe sur le pneu qui est suspendu au grand chêne par une corde. Nous avons beau être jumeaux, il fait une tête et dix kilos de moins que moi, il est tellement maigre que des inconnus se retournent sur lui au supermarché. À présent, il se jette à plat ventre au centre de la balançoire.

Ma mère sort de la maison en courant. Elle pousse des gémissements.

Elle a dû regarder par la baie vitrée de sa chambre juste au moment où mon frère a touché le pneu et voir ses membres passer au travers. Elle file sur la pelouse, pieds nus, hystérique, la ceinture de son peignoir rose traîne derrière elle. Alors qu'elle court vers mon frère, qui a commencé à se redresser à présent – il ne sait pas où est le problème, mais il a compris qu'il lui faut remuer – mon père l'intercepte au passage. Il l'agrippe, fait cesser le tumulte de son corps, et plaque ses bras contre ses flancs. Il remue les lèvres, il essuie ses larmes, mais je suis trop loin pour entendre ce qu'il dit.

Je me contente de les fixer du regard.

Je pose mon livre et me redresse sur la balançoire. Mon frère s'extirpe du pneu, se plante, immobile, sous l'arbre, et les fixe du regard, lui aussi.

Cette scène n'est pas normale. Nous n'avons jamais vu pleurer ma mère. Mon père est celui qui parfois nous appelle dans sa chambre, où nous le trouvons à plat ventre sur l'immense lit de mes parents. C'est lui qui nous dit alors que nous ne l'aimons pas, que nous voulons qu'il disparaisse. Que ce serait mieux pour nous qu'il soit mort.

Et dans ces cas, elle le serre dans ses bras, elle est le ciment qui nous permet de rester unis. Sauf qu'à présent, elle sanglote.

Elle finit par lever les yeux et s'aperçoit de notre présence, de nos regards médusés. Elle s'essuie les yeux.

« Ça va, c'est passé, dit-elle. C'est juste que j'ai cru que... »

Mon père lui coupe la parole.

« Elle va bien, maintenant. »

Il lui passe un bras autour de l'épaule, elle lui passe un bras autour de la taille et ils rentrent dans la maison, ensemble.

5

Louisiane, 1992

L orsque l'aube du 8 octobre se lève sur la Louisiane, une seule voiture de patrouille est stationnée devant la maison blanche décrépite dans la ville d'Iowa. Il s'agit du véhicule de l'agent Calton Pitre. Celui-ci a déjà à son actif quinze ans de service dans les bureaux du shérif de la commune de Calcasieu, et il y restera encore dix ans, en tout un quart de siècle comme shérif adjoint dans le même agrégat de petites villes du Sud-Ouest où il a grandi. Pitre était à son bureau à Lake Charles au moment du coup de téléphone signalant la disparition du petit garçon. Même dix ans plus tard, il sera incapable d'expliquer pourquoi cet appel lui a fait si peur. Mais il a un petit garçon, lui aussi, du même âge que Jeremy. Et, dix ans plus tard, lorsque son fils sera adolescent, et que les avocats l'appelleront pour lui demander de témoigner une seconde fois, ils n'auront pas besoin de lui rafraîchir la mémoire : le nom de Jeremy y sera encore gravé. Lorsqu'ils ont retrouvé l'enfant, il portait un petit tee-shirt Fruit of the Loom blanc, dira-t-il aux avocats. Ils ont découpé des ronds de tissu dans ce tee-shirt pour rechercher la présence de sperme.

Son fils portait des tee-shirts Fruit of the Loom, lui aussi.

Même si son service était sur le point de se terminer lorsque l'appel est arrivé, il a tout de même répondu présent, et il est arrivé à Iowa juste au coucher du soleil. Il y avait des dizaines de gens dans la rue. Des parents du quartier, mais aussi les pompiers de LeBleu, une bourgade voisine. Cinquante ou soixante personnes, et Pitre a vu immédiatement qu'il n'y avait pas de responsable. Ils n'avaient pas beaucoup de temps. Ils auraient beau lancer les recherches, il leur faudrait s'interrompre lorsque la nuit serait tout à fait tombée.

Les pompiers sont partis dans les bois. Pitre s'est rendu à la maison blanche d'où sont provenus les appels d'urgence – il y en a eu deux : la mère du petit, qui pleurait, puis, quelques minutes plus tard, un jeune homme qui s'est présenté comme un locataire de la maison et qui rappelait pour s'assurer que l'opérateur savait bien où se trouvait la rue. Il a demandé à emprunter le téléphone.

Une femme l'a fait entrer. C'était chez elle, a-t-elle dit. Elle lui a indiqué le téléphone, et elle est retournée regarder la télévision. Une demi-douzaine d'enfants étaient assis par terre en tailleur dans le salon et sur le fauteuil était installé un jeune homme brun à lunettes qui s'est tourné vers lui et l'a salué d'un simple signe de tête. Ils regardaient une série policière quelconque ; Pitre n'a pas reconnu laquelle. Il a expliqué à son chef que les recherches nécessitaient un centre de commandement, une ligne téléphonique ; quelqu'un allait devoir prendre la tête des opérations. Ils avaient besoin de davantage d'hommes. Mais le chef a refusé de s'engager à quoi que ce soit – ce secteur n'était-il pas sous la responsabilité de LeBleu ? Ou d'Iowa ? Frustré, Pitre est ressorti dans la rue.

Bien vite, il est retourné dans la maison pour appeler une seconde fois. Les bois constituaient un terrain difficile. Le long de la façade nord de la maison courait une ravine et ce qui ressemblait à un canal. Il leur fallait un 4×4. Peut-être un Zodiac.

La troisième fois qu'il est rentré dans la maison blanche pour appeler son chef, en voyant l'homme brun qui regardait encore la télévision, assis sur son fauteuil, Calton a eu une idée.

« Vous connaissez la région ? a-t-il demandé.

– Ça, oui, a fait l'homme.

– Vous pouvez me faire un plan ? »

L'homme a pris le carnet à spirale de 7,5 × 12,7 centimètres que lui a présenté Pitre et il a soigneusement tracé les contours des différentes zones bordant la maison blanche, avec des hachures pour délimiter les bois. Il a également reproduit le labyrinthe de ruelles. L'itinéraire pour rejoindre la Nationale 90.

« Dites-moi s'il y a des trucs qui ne sont pas clairs, a dit l'homme.

– Merci, » a dit Pitre.

PROCÈS-VERBAL D'AUDIENCE, 2003

Q : Et comment vous a semblé le jeune homme ?

R : Il était très calme, il était parfaitement calme.

Q : Vous le voyez dans cette salle d'audience ?

R : Oui.

Q : Voulez-vous le montrer du doigt et décrire sa tenue ?

R : Il porte des lunettes, et une chemise bleu clair avec une cravate.

Q : Monsieur le juge, veuillez noter dans le rapport que le témoin a identifié l'accusé.

Les équipes de recherche, les policiers en 4×4 et les pompiers n'ont rien trouvé. Ils avaient besoin d'une drague pour sonder le canal, mais pour cela, il faudrait attendre le matin. Les parents ont récupéré leurs enfants et sont rentrés chez eux, reprenant leur chemin par les ruelles en s'éclairant à l'aide des lampes torches qu'ils avaient auparavant braquées dans les bois. Ils tenaient les petits par la main, ne serait-ce que pour traverser le jardin de quelqu'un.

Pitre est resté. Il n'arrêtait pas de penser au petit garçon. La photo d'école de l'enfant était fixée sur son porte-bloc – cheveux blonds, yeux bleus, sourire et dents du bonheur. C'est l'oncle, un certain Richard, qui la lui avait confiée. Assis au volant de sa voiture, il faisait des appels de phares en direction des bois. Une fois, deux fois, trois fois. Puis il s'arrêtait et attendait. Une fois, deux fois, trois fois, de nouveau. Attendre. Les bois étaient plongés dans l'obscurité, le seul mouvement perceptible était l'ondulation des feuilles noires dans le vent. Il a refait un appel de phares. Puis un autre. Chaque fois qu'il se disait qu'il était temps de rentrer à la maison pour dormir un peu, il imaginait la tête blonde du garçonnet, d'après la photo, contre les feuilles, l'enfant commençant tout juste à se réveiller d'un sommeil profond, ouvrant doucement les yeux comme le faisait son propre fils. C'est alors que le petit verrait les appels de phares. C'est comme ça qu'il saurait dans quelle direction aller. Et si Pitre allait s'arrêter avant que le petit garçon se réveille enfin ?

Mais en définitive, il a commencé à piquer du nez, lui aussi. La journée du lendemain promettait d'être longue. Pitre est rentré chez lui, il a déposé un baiser sur le front de son fils endormi, un baiser sur la joue de sa femme endormie. Il a dormi, lui aussi.

À présent, à la première lueur du jour, il est de retour. Assis au volant de sa voiture de patrouille, il boit son café à petites gorgées en regardant les mères du quartier qui reviennent participer aux recherches.

Elles ont l'air épuisé, certaines sont encore en peignoir. Une femme porte un manteau d'hiver boutonné jusqu'au cou par-dessus un pantalon de pyjama et des pantoufles. La rumeur se répand à toute vitesse : Pas de nouvelles, on n'a pas retrouvé le petit Guillory. Aussi rapide qu'un écho arrive la réponse : Il est seulement perdu, il doit seulement s'être perdu. On va le retrouver. Une femme se poste au bord de la route, là où le bitume laisse la place à l'herbe – à l'endroit où, dans un autre quartier de la ville, celui où les rues portent des noms, il y aurait un trottoir – et répartit les mères en équipes, d'une voix forte. Une autre pense à frapper à la porte de la maison blanche pour demander s'il reste du café du stock que leur a fait parvenir le Fuel Stop de la nationale la veille au soir.

Personne ne leur ouvre. Ricky Langley et Pearl Lawson, sa propriétaire, sont déjà montés dans la voiture de Pearl. Il est attendu pour son service au Fuel Stop, et les matins où elle est de service également, elle l'emmène. Pearl est une des responsables du personnel, et elle tient parfois la caisse pour les camionneurs. On lui fait suffisamment confiance pour la laisser manipuler l'argent. Ricky est à l'entretien. En général, ils bavardent à leur aise, mais ce matin, ils restent silencieux. La matinée est froide, voilée d'une fine bruine grise, et Ricky s'est frotté les mains pour se réchauffer en attendant qu'elle déverrouille les portières. Il s'est glissé à l'avant. Il a jeté le sac de linge qu'il a apporté sur le siège arrière, et à présent, il garde les yeux fixés sur ses genoux. Pearl ne le regarde pas, elle non plus, ils sont comme un couple en pleine guerre froide.

Hier soir, tandis que la rumeur de la disparition d'un enfant se répandait dans le quartier, lorsque les mères ont commencé à arriver pour aider, elles se sont réunies dans la rue devant la maison Lawson et elles ont décidé que pendant qu'elles partaient faire les recherches, le locataire des Lawson, Ricky, garderait les enfants, comme il le faisait souvent pour les deux petits de Pearl et de son mari, Terry. Les enfants ont regardé la télévision avec Ricky dans le salon, puis ils sont montés dans sa chambre pour jouer.

Mais tard dans la nuit, après que la dernière fillette a été récupérée par sa mère, et une fois que même les policiers s'en sont allés, ne laissant qu'une voiture de patrouille devant la maison qui éclairait régulièrement le ciel de ses phares, Ricky est descendu au rez-de-chaussée, et il a trouvé Pearl à la table de la cuisine. Il portait un panier de linge sale. La machine à laver était dehors, dans la cour, reliée à la maison par un tuyau. Mais elle l'a regardé avec une telle gravité qu'il s'est arrêté dans son élan et a posé le panier. Elle était déjà en chemise de nuit, une tasse de thé devant elle. Terry et elle dormaient sur un matelas dans le salon depuis que Ricky s'était installé avec eux. Ils lui louaient la chambre.

« Tu sais, Ricky, a-t-elle dit d'une voix égale, les yeux baissés sur son thé comme si elle essayait d'ôter de la pesanteur à ses mots, peut-être que tu ferais mieux de quitter la ville pour quelques jours. Juste le temps que ça se tasse. »

Pearl savait, Ricky le jurerait plus tard, qu'il avait fait de la prison pour pédophilie. Elle l'avait accueilli chez elle lorsqu'il était en liberté conditionnelle pour sa condamnation en Géorgie. Au moment de leur rencontre, ils vivaient tous deux dans un motel à la semaine délabré près du Fuel Stop. Pearl, Terry et leurs deux enfants s'entassaient dans la même chambre. Ricky ne connaissait personne, alors il s'efforçait de payer la sienne tout seul. Pearl et Ricky se voyaient pendant les pauses au Fuel Stop, au Lavomatic et à la machine à glaçons du motel, et lorsqu'ils réglaient leur note au guichet. Un soir, alors qu'ils étaient tous deux dans le parking devant les portes du motel, Pearl avait eu une idée. Avec son mari, ils voulaient louer une maison à Iowa. Mais pour payer le loyer, il leur faudrait travailler plus, or ils n'avaient personne pour garder June et Joey. Peut-être pouvaient-ils conjuguer leurs efforts.

C'était deux mois plus tôt. Et Ricky n'a jamais touché les enfants des Lawson. C'est une promesse qu'il s'est faite à lui-même. Une promesse qu'il a tenue.

À présent, elle lui a demandé de partir.

C'est pourquoi Ricky a apporté un sac en tissu avec ses vêtements propres ce matin, et aussi le sac de linge sale, avec les vêtements qu'il portait hier, qu'il avait l'intention de laver la nuit dernière. Ils débouchent dans la rue, et Pearl baisse sa vitre pour saluer Pitre d'un signe de tête avant qu'ils ne dépassent le barrage de police.

Pitre lui rend son salut. Il reconnaît Pearl. Hier soir, elle lui a indiqué le téléphone et elle s'est occupée de distribuer le café que le Fuel Stop avait donné. Et il reconnaît Ricky, le jeune homme qui a dessiné le plan désormais fixé sur son bloc-notes. Le soleil est encore en train de se lever, les parents fourbus continuent d'arriver au compte-gouttes, mais une fois que suffisamment de volontaires seront réunis, Pitre se servira du plan pour les répartir en équipes. Ils vont battre le bois, zone par zone, et il éliminera les portions parcourues au fur et à mesure. Ils vont trouver l'enfant. Il en est sûr.

Plus tard, dans la soirée, lorsque Ricky a terminé son service au Fuel Stop, pour la première fois depuis qu'il a emménagé avec les Lawson, il ne rentre pas à la maison blanche dans laquelle il est tellement fier d'habiter. Sa première chambre bien à lui. La chambre où, à présent, dans le placard, est coincé le corps de Jeremy Guillory, debout, raide, enveloppé dans la couverture bleue du lit de Ricky, un sac-poubelle blanc recouvrant sa tête et ses épaules. Les chaussures de marche qui sont tombées pendant que Ricky l'étranglait rangées proprement à ses pieds. Le fusil à balles BB placé à côté de lui. Ricky l'a caché là et il a fermé la porte du placard avant que les autres enfants n'entrent dans la chambre. Le petit garçon a une chaussette dans la bouche, désormais, un morceau de fil de pêche autour du cou sur lequel Ricky a tiré de toutes ses forces. Parce qu'il n'arrêtait pas de faire des gargouillis.

Au lieu de rentrer, Ricky monte dans la voiture de son père qui l'emmène au mobile home de ses parents, dans un autre quartier d'Iowa. Il est stationné sur un immense terrain plat. L'herbe entre les parcelles est rase, piétinée. Ses parents vivent dans un mobile home blanc monobloc. Quand il était petit, ils avaient une maison dans la ville voisine de Hecker, que son père, Alcide, avait bâtie, mais dans les années qui ont suivi, le prix des soins médicaux de sa mère, Bessie, les a forcés à se défaire du terrain, et ils se sont installés dans ce camping alors que Ricky et son petit frère, Jamie, vivaient encore chez eux. Il frappe à la porte couleur ivoire.

Bessie ouvre. Elle se déplace avec lenteur. Vingt ans se sont écoulés depuis que les médecins l'ont amputée d'une jambe, et elle marche toujours à l'aide d'une unique béquille en mauvais état. Difficile à manœuvrer dans cet espace exigu. Il lui adresse un signe de tête, un salut rapide, un peu raide, et se dirige droit vers la machine à laver tout au fond de la caravane. Ouvre son sac de linge sale. Lève le couvercle de la machine et fourre son pantalon en toile tout au fond. Le pantalon qu'il portait hier lorsqu'il a étranglé Jeremy. Verse de la lessive directement dessus. Il y a peut-être du sperme dessus, peut-être pas. En tout cas jusqu'au moment où l'eau se répand dans le tambour.

C'est seulement à ce moment-là que Ricky se retourne et dit bonjour à Bessie.

C'est le soir. Cela fait déjà des heures qu'elle boit. Elle se soulève et se traîne péniblement jusqu'à la table de la cuisine, se frayant un chemin à travers l'espace confiné. Elle se laisse tomber lourdement, et sa robe d'intérieur rose à petites fleurs bleues se gonfle sur ses cuisses volumineuses. Alcide écarte les factures qui jonchent la table et s'assoit à son tour.

Ricky parcourt des yeux la petite pièce obscure, miteuse. Il remarque les factures. Il remarque la croûte de crasse sur les surfaces de la kitchenette, la vaisselle sale dans l'évier. L'ampoule au-dessus de la cuisinière, qui a grillé, mais n'a pas été remplacée. Il y a une odeur âcre de renfermé, un relent aigre de l'alcool qu'a bu Bessie. Il déteste. Il déteste tout cela. Il détestait cet endroit quand il y habitait, et il le déteste encore plus maintenant qu'il voit clairement ce qu'il a quitté.

Dans le coin est posée une petite télévision, placée de façon à pouvoir être regardée aussi bien de la table de la cuisine que du canapé marron appuyé contre un des murs. Elle est éteinte, mais encore chaude sous les doigts. Bessie et Alcide l'ont regardée toute la journée, sachant que Ricky allait venir. Ils ont vu la maison blanche où il habite, inondée par les éclairages crus et fantomatiques des projecteurs, ils ont vu le QG de fortune installé devant la maison pour les recherches. Ils ont entendu le journaliste expliquer qu'un petit garçon a disparu, ils ont vu la photo d'école de l'enfant projetée à l'écran. Lorsque la caméra a montré la mère du petit, elle pleurait.

Bessie sait qu'Alcide ne dira pas un mot de ce qu'ils ont vu. Les grands discours, ce n'est pas son fort, en particulier lorsque son fils aîné est concerné. Il faudra donc qu'elle s'en charge. Elle prend la main de son fils dans la sienne, à travers la table. La main de Ricky est fraîche, molle. Il ne lui rend pas sa pression.

« Ricky », commence-t-elle, puis elle s'interrompt.

Ricky attend.

« Tu n'as rien à voir dans la disparition de ce petit garçon, si ? »

L'instant précédant le moment où elle pose cette question, que se passe-t-il dans l'esprit d'une mère ? Son fils s'est présenté à la porte de son mobile home, ce fils que, maintenant qu'il est grand et qu'il a déménagé, elle ne voit plus que rarement. Elle aime son fils. Elle l'a aimé avant même sa naissance, depuis qu'elle s'est battue contre l'avis des médecins pour qu'il puisse naître, cet enfant qui a eu tant de problèmes. Cet enfant qui a essayé de se suicider à plus de reprises qu'elle n'en peut compter et qui a déjà été condamné deux fois pour atteintes sexuelles sur des enfants. Bessie a confié un jour à une assistante sociale qu'elle avait l'impression qu'elle ne pouvait pas le laisser cinq minutes sans qu'il aille tripoter quelqu'un.

Ricky est un adulte, maintenant. Elle n'a plus de prise sur sa vie. Un petit garçon a disparu dans la rue où il habite.

Elle pose la question.

« Non », répond-il.

Le silence dans lequel elle retombe à présent, est-il le doux silence reconnaissant de la crédulité ? Ou est-il aussi noir et traître que la nuit qui tombe à présent derrière la porte de la caravane, recouvrant d'un manteau d'échec la deuxième journée de recherches, recouvrant les bois obscurs et humides, et l'absence de corps sur leur sol ? Le silence en dissimule-t-il aussi long que les ténèbres ?

« J'suis sûr qu'il est dans les bois, le petit, dit Ricky. Y vont le retrouver », dit-il, et tous trois, l'homme, la femme et l'enfant qu'ils ont conçu, restent ensemble tandis que tombe la deuxième nuit.

6

New Jersey, 1984

L a robe d'intérieur dont j'ai affublé Bessie dans cette scène
– rose, avec des petites fleurs bleues, un col à smocks,
avec une applique de dentelle, la robe qui se gonfle sur ses
cuisses lorsqu'elle se laisse tomber lourdement dans sa chaise
pour faire face à son fils – ne se trouve dans aucun des comptes
rendus du procès, dans aucun dossier. Il s'agit de la robe de ma
grand-mère. Lorsque j'essaie de me représenter Bessie, j'imagine
ma grand-mère ; ces deux femmes vont s'avérer être liées par
tant de choses. Dans ma mémoire, ma grand-mère porte cette
robe, assise sur un banc en osier blanc sous le porche de notre
maison victorienne, mon grand-père à côté d'elle. C'est la fin de
l'après-midi d'un samedi de printemps, le soleil hésite encore à
commencer sa descente paresseuse, la lumière vive du jour a
baissé d'un ton. La peinture grise du porche brille à la timide
lueur d'un ciel nuageux.

Nous jouons aux dames, et c'est mon tour. Je suis assise sur un
fauteuil en osier en face de mes grands-parents, le damier est posé
sur une table entre nous. J'ai les pions rouges ; ils ont les noirs, et
à côté de moi, il y a un petit tas de pions noirs, remportés avec
toutes mes dames. Chaque fois que mon grand-père avance une
pièce, ma grand-mère pousse un petit gloussement avant même
qu'il ait le temps de retirer sa main du plastique. « Jimmy... »,

dit-elle. Mon grand-père soupire et déplace le pion vers un emplacement où je peux le prendre. J'aimerais bien qu'elle arrête son manège, mais je suis tout de même fière de gagner.

De plus en plus souvent, mon père prend la voiture et part chercher mes grands-parents à New York afin de les ramener à Tenafly, pour qu'ils puissent nous garder. Son cabinet d'avocats commence à décoller, et soudain il y a un calendrier sur le mur de la chambre de mes parents, avec des dates encerclées au feutre noir, et un panneau de liège où sont épinglées des places de spectacles de danse et d'opéra. Pendant que je joue aux dames avec mes grands-parents, ma mère s'habille à l'étage. Ce soir, ils vont voir *Tosca*, et des voix de baryton enflent et braient à travers les haut-parleurs que mon père a suspendus dans toute la maison.

Tandis que le soleil se couche, j'en ai assez d'être assise avec mes grands-parents et je quitte le porche pour monter à la chambre de ma mère par le vieil escalier. J'ai la poitrine serrée ; je ne veux pas qu'elle s'en aille, je ne veux pas qu'on me laisse avec mes grands-parents pour la nuit. Mes parents sont en retard – ils sont toujours en retard – et mon père est dans le couloir devant la chambre en slip blanc, choisissant une cravate sur le portemanteau dans le placard. Dans la chambre, ma sœur cadette, Nicola, couchée à plat ventre sur le lit de mes parents, regarde ma mère s'habiller. Elle se tortille pour enfiler ses collants gainants. Jamais de soutien-gorge – ma mère, avec sa poitrine plate comme la mienne le sera plus tard, déteste les soutiens-gorge. Elle a encore dans les cheveux des bigoudis qui viennent de la boîte en plastique blanc posée sur la commode. Même si ma mère a passé son adolescence à prendre le métro pour Coney Island avec un flacon d'huile d'amande douce dont elle s'enduisait la peau et un réflecteur solaire artisanal en aluminium, et même si elle et Andy brunissent dès les premiers jours de l'été tel du pain d'épice, la peau de son visage est parfaitement intacte. À mes vingt-cinq ans, j'aurai plus de rides qu'elle à cinquante ans passés. C'est l'avantage de ses gènes italiens, dit-elle. Un avantage, ajoute-t-elle, qui vient avec la malédiction de ses cheveux.

Chaque matin de mon enfance, elle se lisse les cheveux avec des rouleaux chauffants pour obtenir le carré bouffant à la Jackie O. qu'elle a adopté dans son adolescence, la seule coiffure, jure-t-elle, qui convient à la texture de ses cheveux. C'est mon père qui est chargé de mettre le jeu de bigoudis dans la valise lorsqu'ils partent en voyage. Ma mère prétend qu'elle s'est irrémédiablement abîmé les cheveux avec de la soude caustique quand elle était ado, en essayant de les décrêper. Un jour, lors d'un voyage familial en Jamaïque, je l'accompagnerai dans un salon de coiffure, et je verrai deux femmes rire en aparté sous les séchoirs, en nous observant. L'une d'entre elles viendra nous voir. « On dirait que ta maman a couché avec un Noir », dira-t-elle à ma mère, en hochant la tête avec insistance.

Ma mère éclatera de rire. « Mon père est italien, dira-t-elle. Vincent Jimmy Marzano, d'Astoria, dans le Queens. Difficile de faire plus italien, pas vrai ? »

La femme haussera les sourcils et se mettra à fixer des yeux mes boucles brunes. « Eh bien, dans ce cas, c'est *toi* qui as dû coucher avec un Noir ! » Une fois de plus, ma mère éclatera de rire.

À présent elle est debout devant la commode que mon père lui a fait faire sur mesure, avec ses tiroirs encore presque vides mais sa taille qui en fait une sorte de promesse, et elle choisit un collier qu'il lui a offert, un sautoir de perles noir ébène et rose quartz qui s'entrelacent en une grande fleur juste en dessous de sa gorge. Elle me fait signe d'approcher, et je viens me poster derrière elle. Elle relève ses cheveux de son cou et j'attache le fermoir du collier. Je suis presque aussi grande qu'elle. J'ai ses cheveux, son amour des livres, son sourire. Plus tard, j'aurai ses hanches, son nez, sa détermination, sa taille. Lorsque j'ai fini, elle se tourne vers moi, les yeux brillants.

C'est une soirée rare, une soirée magique. Les autres soirs, elle s'habille seule, mon père n'est pas dans le couloir, il est parti quelque part dans l'obscurité, il a pris la voiture et quitté notre allée en faisant crisser ses pneus, à toute vitesse. L'un de ces soirs, mon frère entrera dans la chambre et l'observera en silence tandis que ma sœur et moi sommes allongées sur le lit. « Qui est-ce que tu aimes le plus ? demandera-t-il brusquement. Papa ou nous ? » Par ses mots il s'approchera dangereusement de formuler ce qui ne saurait jamais l'être : qu'il y a un choix à faire.

Mais pas ce soir. Cette soirée est magnifique. Ma mère tamponne son rouge à lèvres. Mon père noue sa cravate et lisse sa veste aux épaules, puis il lui prend la main. Au moment où ils sortent, ils ne font qu'un, laissant derrière eux un nuage de parfum et d'after-shave qui les suit tel un souvenir.

Plus tard ce même soir, maintenant, peut-être 10 heures. L'obscurité est à son comble, le monde dehors est assourdi, seule paraît de temps à autre la lueur des phares d'une voiture qui passe devant la fenêtre de la salle de jeux, en route pour une destination lointaine, impossible à connaître. Ma grand-mère est couchée à quelques dizaines de centimètres de la fenêtre, sur un canapé-lit vert au matelas grumeleux. De l'autre côté de la porte de la salle de jeux, il y a l'escalier qu'elle vient de descendre, une fois que mon grand-père et elle nous ont mis au lit et bordés. À présent, la maison est silencieuse, on devine seulement le murmure du ventilateur du grenier et la faible lueur jaune des veilleuses qui s'étire dans le couloir. Le ventilateur doit rester allumé – mon père y tient – mais dans la longue pièce boisée avec ses seaux pleins de nos blocs de bois et ses étagères chargées de bandes dessinées, ma grand-mère frissonne. Elle s'enroule dans un plaid, une petite couverture en laine rose qu'elle a tricotée au crochet pour ma naissance. Elle et mon grand-père se sont couchés en même temps. Mais maintenant elle est toute seule.

L'escalier gémit, le son d'une seule marche.

Les mailles de la couverture sont lâches et laissent passer l'air, et la laine lui gratte la peau. Elle se tourne et la serre plus étroitement contre elle. Elle ne peut pas se réchauffer sans le corps de mon grand-père à côté d'elle. Chaque nuit depuis leur mariage, ils ont dormi ensemble. Dans six ans, mes parents organiseront une fête pour leur cinquantième anniversaire dans un restaurant de New York, et nous nous rassemblerons pour célébrer la simple réussite des jours, de toutes ces nuits accumulées. À présent, elle cherche la carte de prière à l'effigie de la Vierge Marie qu'elle a glissée près de son oreiller. La carte montre la Bonne Mère les yeux mi-clos, en paix, les mains jointes, dans sa constance. Au dos de la carte est inscrit le nom de la mère de ma grand-mère. Chaque nuit, depuis que sa mère est morte, il y a des dizaines d'années, elle garde cette carte près de sa tête. Elle touche sa surface fraîche, plastifiée, dit bonsoir à sa mère. Ma grand-mère sait où elle ira quand elle mourra. Elle appelle ce lieu sa véritable demeure.

L'escalier gémit de nouveau, un corps monte les marches.

C'est mon grand-père qui porte un Sonotone, pas ma grand-mère. Elle doit entendre les marches, elle doit entendre la respiration haletante, lourde, de mon grand-père tandis qu'il monte les marches. Sait-elle où il va ? Sait-elle ce qu'il va y faire ?

L'escalier fait toujours la fierté de mon père. Il raconte son histoire à tous les visiteurs et lustre toujours la rampe avec amour. Sur le mur d'en face sont accrochées des photos encadrées de notre famille, disposées à rebours, de sorte qu'en montant les escaliers on remonte aussi le temps. D'abord nous sourions pour le portrait de l'école avec nos cols empesés et nos nattes trop serrées, puis nous roucoulons sur le dos, bébés. Ensuite vient ma mère, jeune, avec ses perles et son carré bouffant, et mon père, petit garçon blond le nez appuyé contre un grillage, regardant avidement au-delà du champ. En dessous des photos, agrafée aux marches, une bande de velours bordeaux qui tient lieu de tapis, mais elle glisse dangereusement tandis que le bois ancien proteste.

L'escalier grinçait si fort que j'entendais ses gémissements du fond de la maison, de la chambre que je partageais avec Nicola. Aux aguets, je me représentais mon grand-père en train de monter : la façon dont il était forcé de tourner le dos au mur de photos, d'agripper la rampe à deux mains et de grimper en crabe. La façon dont ses doigts épais se cramponnaient au bois, puis l'angine de poitrine qui figeait sa bouche en un trait sinistre de surprise, ses doigts qui se serraient davantage, ses bras qui se bloquaient tandis qu'il respirait pour calmer la douleur. Si seulement il peut supporter cette crise, ce pourrait être la dernière. C'est de la même façon qu'il surmonte la réalité de sa vieillesse : en s'arc-boutant contre la pression du temps, semblant toujours espérer à demi qu'un jour sa jeunesse lui sera restituée, qu'il aura de nouveau l'avenir devant lui.

Ma grand-mère porte des robes d'intérieur et chaque soir, elle enroule ses courtes boucles grises sur des rouleaux en mousse qu'elle néglige parfois de retirer au matin. Mais mon grand-père continue de repasser ses pantalons en marquant un pli vertical impeccable, et se coiffe d'une casquette en tweed assortie. Il vernit toujours parfaitement sa canne, qu'il laisse près de la porte d'entrée pour ses excursions quotidiennes. D'ici un an ou deux – et encore un an avant que je me mette à sortir d'une pièce aussitôt que mon grand-père y entre –, j'attendrai qu'ils soient seuls tous les deux dans la cuisine de mes parents. Puis je leur demanderai si, vieux comme ils le sont, ils se sont habitués à l'idée de mourir.

Lorsque je pose cette question, je suis une fillette de huit ans, extrêmement sérieuse. Je pense souvent à la mort, j'ai commencé à comprendre que le silence de ma mère, les crises de mon père – tout cela signifie qu'il y a quelque chose qui ne va pas, quelque chose qui a à voir avec le sac en toile bleu qu'ils gardent toujours prêt pour mon frère, à voir avec le fait que le faire-part de naissance de mes sœurs est accroché au mur, mais pas celui de mon frère et moi. Par moments j'ai le sentiment étrange, sans appel, qu'il manque quelqu'un.

Cela ne peut pas être vrai – nous sommes quatre, nous avons toujours été quatre. Mais par moments, cette idée – la mort – me coupe le souffle.

Alors je leur demande. Y sont-ils déjà habitués ?

À ma question, ma grand-mère tressaillira et agitera les mains devant son visage, comme si elle essayait de chasser cette idée de mon esprit. Mais mon grand-père plantera ses yeux dans les miens, ses yeux marron foncé comme ceux de ma mère. « Non, dira-t-il calmement. La peur ne disparaît jamais. »

Ma grand-mère s'étranglera. Elle me prendra par les épaules, d'une main ferme, comme si en me détournant de lui elle pouvait me détourner du fait que j'ai compris que ce qu'il dit est vrai.

Mais je sentirai ma poitrine s'immobiliser, non pas sous l'effet de l'angoisse, mais d'une gratitude immense, soudaine, envers lui. Gratitude pour m'avoir reconnue pour celle que je suis, pour avoir reconnu le sérieux de ma question.

Aussi, avant que mon grand-père ne monte les dernières marches de l'escalier, avant qu'il ne parvienne à nos chambres, sachez ceci : il n'était pas entièrement mauvais. C'était un homme passionné par la puissance des récits, un homme qui, lorsque ma mère et ses frères étaient petits, rapportait chez eux un projecteur du studio où il travaillait comme monteur et les ravissait en transformant leur salon en salle de cinéma. Il savait faire rire les enfants, et il avait toujours dans la poche une sucette ou un petit chien mécanique acheté au bazar. C'était le premier artiste que j'aie jamais connu, un peintre, et un sculpteur. Il m'a appris à dessiner. Il m'a appris ce que cela signifiait de regarder vers l'intérieur de soi, d'être silencieux et recueilli parmi la clameur du monde. Nous avions cela en commun, lui et moi. Nous étions les seuls de ma famille à être ainsi. Je l'aimais. De cet amour familial, cet amour qu'on ne remet pas en question.

Tandis que ma grand-mère est allongée dans son lit à demi vide, en 1984, et que mon grand-père fait une pause dans l'escalier, il reste encore une chance. Peut-être cette nuit, à l'inverse de toutes les nuits qui sont venues auparavant, mon grand-père va-t-il faire demi-tour. Il va redescendre les marches et il laissera à ma grand-mère une histoire de son mariage – une histoire de sa vie – qui n'inclut pas d'avoir entendu son ascension. Il me laissera à mon lit d'enfant, et laissera ma sœur au sien, ces lits dans lesquels nous sommes toutes deux pour l'instant couchées en silence, aux aguets. Nous savons toutes deux ce que nous guettons, mais nous n'en avons jamais parlé tout haut.

Ou peut-être ce soir, à l'inverse de toutes les nuits qui sont venues auparavant, ma grand-mère lâchera-t-elle sa carte de prière, ouvrira-t-elle les yeux et se lèvera-t-elle pour s'approcher du son qu'elle ne peut pas ne pas entendre...

Mais non. L'escalier.

Ma grand-mère dans son lit, ma sœur dans le sien, moi dans le mien, nous tendons l'oreille.

Louisiane, 1992

Par la suite, Lanelle Trahan, la supérieure de Pearl et Ricky au Fuel Stop, dira qu'elle a su dès la nuit de la disparition de Jeremy que c'était Ricky qui avait fait le coup. Elle tenait la caisse ce soir-là : elle tapait le prix des cafés XL et des tickets à gratter, et allumait les pompes diesel à l'intention des camionneurs qui descendaient de leur cabine pour payer en liquide, traversant le parking de la station-service les jambes un peu arquées après de si longues heures de route. Un pompier volontaire était passé et, en lui tendant un billet de cinq dollars froissé pour un paquet de cigarettes et un café, avait dit :

« La nuit va être longue.

– Ah bon ? » avait interrogé Lanelle, pour faire la conversation.

Et l'homme avait expliqué que oui, un petit garçon avait disparu sur Watson Road, à Iowa, et on avait convoqué sa caserne et une autre. Des parents de toute la commune se présentaient pour donner un coup de main, ayant appris la nouvelle aux infos du soir.

« C'est une grande battue, avait dit l'homme. Énorme. Ils vont ramener des chiens. »

Le fils de Pearl, Joey. C'est à lui que Lanelle a d'abord pensé. Lui qu'elle a cru disparu. Joey jouait tout le temps dans les bois et de temps en temps, en prenant son service, Pearl se plaignait qu'il s'était blessé, perdu ou pire. Bon Dieu, s'est dit Lanelle, elle doit avoir tellement peur. Lorsque l'heure de sa pause cigarette est arrivée, Lanelle a appelé le propriétaire du Fuel Stop pour lui demander si elle pouvait apporter quelques Thermos de café et un ou deux paquets de gobelets en plastique aux volontaires qui participaient aux recherches.

« J'y vois pas d'inconvénients, avait-il dit. Une fois qu't'as fini ton service. »

Il était donc plus de 10 heures, il faisait nuit noire, lorsque Lanelle a fini par arriver chez Pearl. Une rangée de voitures de patrouille, les phares tel un cordon de sécurité, bloquaient la route, mais elle s'est faufilée à côté de l'une d'entre elles et a baissé sa vitre – faisant entrer l'air de la nuit de février, un froid désagréable – et elle a expliqué à l'agent de police aux cheveux coupés en brosse, à peine sorti de l'enfance lui-même, qu'elle apportait du café. Il l'a laissée passer.

Dans la lueur des phares, la maison se nimbait d'une blancheur spectrale, les zones où la peinture s'écaillait et se défraîchissait lui donnant une forme menaçante, comme si la maison n'était que la peau d'une créature tapie à l'intérieur. L'arrière disparaissait dans les ténèbres des bois.

La porte principale n'était pas fermée à clef, et Lanelle est entrée sans frapper. Ricky était en train de balayer la cuisine. « Salut, Ricky », a-t-elle dit, mais il a continué de passer ses petits coups rapides, sans répondre. Ils ne s'étaient jamais entendus. Elle a remarqué la télévision qui braillait à tue-tête dans le salon en posant les Thermos sur la table de la cuisine. Affalée sur le canapé marron usé, Pearl regardait l'écran, sur lequel s'étalait la maison blanche, tout éclairée. Le spectacle a déstabilisé Lanelle, comme si elle se regardait d'en haut. Elle s'est assise à côté de Pearl.

« Pearl, a-t-elle dit doucement. Ils ont retrouvé Joey ?

– C'est pas Joey qui a disparu. Il est en haut. Ricky s'est occupé de garder les enfants. C'est un petit garçon qui vit dans la rue. Un copain de Joey. »

Elle a reporté son attention sur le poste de télévision. Lanelle a attendu un long moment, mais visiblement, Pearl n'avait pas l'intention d'ajouter quoi que ce soit.

Si ç'avait été sa rue qui avait été illuminée de torches, vous pouvez parier que Lanelle aurait été dehors avec les autres. Mais Pearl se comportait comme s'il ne se passait rien d'extraordinaire.

« J'ai apporté du café pour les volontaires, a dit Lanelle. Le patron a dit qu'on pouvait en prendre.

– Merci.

– Bon, a dit Lanelle. Tiens, si j'allais jeter un œil à l'étage. Je vais voir comment vont Joey et June. »

Peut-être le petit garçon disparu se cachait-il simplement là-haut, a-t-elle pensé. Peut-être était-ce juste un petit jeu d'enfants. Les gamins de cet âge, quand ils trouvaient une bonne planque pour jouer à cache-cache, parfois, c'était impossible de les en faire sortir.

« Si tu veux », a dit Pearl.

Alors Lanelle s'est levée, et elle a voulu faire ce qu'elle avait dit. La maison était disposée un peu bizarrement, elle le savait, et pour rejoindre l'escalier, il fallait d'abord traverser la salle de bains derrière la cuisine.

PROCÈS-VERBAL D'AUDIENCE, 2003

Q : Que s'est-il passé ?

R : Je me suis dirigée vers l'escalier et Ricky s'est précipité devant moi.

Q : D'accord.

R : Il s'est précipité devant moi pour me barrer le chemin, et il a refusé de me laisser monter. Il m'a dit que je ne pouvais pas monter. Il ne voulait pas que je monte. Et il s'est mis en colère. Quand Ricky se mettait en colère, ça se voyait. Ce n'était pas la première fois que je le mettais en colère. Il devenait rouge comme une pivoine et ses yeux jetaient des éclairs.

Arrêtez un peu la scène. Ricky est dans l'escalier, des éclairs dans les yeux, la veine de son front ressortie et le visage cramoisi. Il écarte les bras pour lui bloquer le passage à l'aide du balai, une main serrée autour du manche comme s'il allait la frapper. Lanelle est sur la marche du dessous, toujours dans son polo vert du Fuel Stop, le maquillage défraîchi de fin de journée, les cheveux sentant un peu la cigarette et les vapeurs de diesel.

La journée a été longue. Elle a travaillé de longues heures. Elle devrait être chez elle, à présent, en train de se détendre, pas ici, chez cette pauvre Pearl.

C'est à ce moment-là, dira-t-elle plus tard, que Lanelle a *su*. Il y avait quelque chose de bizarre chez Ricky. Il y avait toujours eu quelque chose de bizarre chez lui. Même si personne ne voulait le dire tout haut.

Lanelle a fait demi-tour et est allée dire à Pearl que Ricky refusait de la laisser monter.

«Bah, c'est Ricky, il est comme ça, a dit Pearl. Il a déjà fouillé là-haut. Y a pas à chercher plus loin. Il fait son Ricky, c'est tout.»

Lanelle a compris ce qu'elle voulait dire. Une vie entière passée à être pris pour bizarre pouvait suffire à rendre un homme bizarre. Mais il y avait quelque chose qui clochait.

Alors Lanelle est sortie dans la rue et elle a tapoté à la vitre de la première voiture de patrouille qu'elle a vue. Il n'y avait pas encore de poste de commande ; les policiers faisaient tout depuis le siège avant de leurs véhicules.

« Dites, les gars, la maison de Pearl, vous l'avez fouillée ?

– Pardon, m'dame ? a demandé l'agent.

– La maison blanche. Juste là. Vous l'avez fouillée ? »

L'agent de police a consulté son porte-bloc.

« La propriétaire nous a dit qu'un certain Ricky l'avait fouillée.

– Et vous vous contentez de ça ?

– Oui, m'dame. »

Par la suite, elle ne serait jamais tout à fait capable de s'expliquer à elle-même la raison pour laquelle elle n'avait pas fait demi-tour, écarté Ricky de force pour monter fouiller elle-même. Bien sûr, on dirait ensuite que cela aurait été déjà trop tard, de toute façon, que le petit garçon était mort sur le coup, et que tout ce qu'il y avait dans ce placard – tout ce que Ricky l'empêchait de trouver – c'était un corps.

Mais elle continuerait tout de même à y repenser. Pendant des années, elle y repenserait.

Sur le moment, elle a simplement dit aux policiers qu'elle était à leur disposition pour aider. Ils l'ont envoyée dans les bois avec les pompiers de LeBleu, et elle y est restée jusque tard dans la nuit, à éclairer avec sa lampe torche des feuilles mortes d'un marron boueux qui miroitaient dans l'humidité, à regarder la lueur qui s'y réfléchissait, à guetter une couleur qui jure sur les autres. Elle a parcouru les berges de la ravine, s'est penchée pour regarder le fond ; elle ne s'attendait pas vraiment à y trouver un petit garçon, mais elle regardait, elle regardait tout de même.

Au matin, elle était de retour au Fuel Stop, en train de nettoyer les Thermos qu'elle avait empruntés. Et Ricky était là. Toute la journée, tandis qu'elle rendait la monnaie aux camionneurs en les saluant d'un signe de tête, elle n'a pas cessé de se surprendre à regarder à travers les vitrines en verre poli au bout du relais routier pour observer Ricky en train de traverser le parking. C'était son visage qu'elle observait. Ce visage plissé comme celui d'un petit chien. Avait-il l'air normal ? Enfin, normal, pour Ricky ? Ou avait-il l'air d'un homme qui a quelque chose à cacher ? Et ses mains – avaient-elles l'air capables de faire du mal à un enfant ? Ce n'était pas le genre de choses que l'on peut confier à qui que ce soit, ce qu'elle ressentait, mais il y avait quelque chose qui clochait, elle en était sûre.

PROCÈS-VERBAL D'AUDIENCE, 2003

R : Moi, en tout cas, quand je reçois des gens en qui je n'ai pas pleinement confiance, je cache mes bijoux dans ma chambre. Et je verrouille la porte pour qu'ils ne puissent pas entrer.
Q : Donc vous êtes méfiante ?
R : C'est ça. Parce que je ne veux pas qu'ils y entrent, vous savez, pour une raison ou pour une autre. Je cache mes bijoux.
Q : OK.
R : Alors c'est pour ça que Ricky a éveillé mes soupçons, quand il n'a pas voulu me laisser monter.

Elle savait ce que ça signifiait. Ricky avait quelque chose à cacher.

Il n'y a aucun moyen de savoir, en cet instant, pendant que Lanelle rend la monnaie aux camionneurs, pendant que Pearl essuie les comptoirs du Fuel Stop, pendant que Ricky jette son sac de linge sale sur son épaule pour l'emporter chez ses parents, que dans trois mois, une fois que le corps de Jeremy aura été retrouvé dans le placard, une fois que Ricky aura été menotté et incarcéré dans la prison de la commune, une fois que tous les journaux de l'État auront passé en une la même photo en noir et blanc du croque-mitaine pédophile qui a assassiné un petit garçon, une fois que la maison des Lawson sera devenue le QG de la police, qui aura recouvert le placard et toute la chambre de Ricky de ruban adhésif jaune, une fois que tous les biens de Ricky récupérés dans la chambre auront été placés dans des sachets de plastique marqués PREUVE, et une fois que le corps de Jeremy aura été emballé dans une housse hermétiquement fermée et emporté à la morgue – il n'y a aucun moyen de savoir à ce moment-là que, dans trois mois, Terry Lawson – le mari de Pearl, le père de Joey et June – emmènera son fils, un après-midi, faire un tour à moto.

Il ne reste aucune trace de ce que dit Terry Lawson cet après-midi-là. Peut-être dit-il : « Viens, on va faire un tour au lac, fiston. » Peut-être : « Tu viens au magasin avec moi ? Ça nous fera une balade. » Peut-être : « T'as pas envie d'une glace ? » Il donne la main au petit garçon et l'aide à enfourcher la bécane, à bien placer ses jambes de chaque côté de l'engin.

Après quoi cette moto fonce tout droit dans le deuxième wagon d'un train Amtrak, et les tue tous les deux.

Le *deuxième* wagon.

Terry Lawson pilotait sa moto. Son fils derrière lui, agrippé à sa taille. Des témoins affirment que la vue était dégagée – que le train était visible « à plus d'un kilomètre » – et qu'il a émis un fort coup de sifflet juste avant l'impact. Comment se débrouille-t-on pour rentrer dans le deuxième wagon d'un train ? Le premier, peut-être, on peut ne pas le voir venir, et le heurter de plein fouet. Mais comment rentre-t-on dans le *deuxième* wagon ?

Il y a tant de choses que les personnages de cette histoire ne peuvent pas encore savoir, tant de choses qui se profilent dans les dossiers du procès encore à venir. En feuilletant les procès-verbaux, je regarde Lanelle allumer la pompe pour un autre camion et observer Ricky par la vitre. Je regarde Pearl aller remplir les pots de crème. Je regarde Ricky essayer d'arrêter une voiture qui passe pour se faire déposer.

Pendant encore trois jours, le corps de Jeremy restera coincé dans le placard tandis que Joey et June jouent dans le couloir juste en face. Durant encore trois jours, Pearl et Terry Lawson vont border leurs enfants dans leur lit le soir, les réveiller le matin et les préparer pour l'école, et, pendant tout ce temps, le corps de Jeremy sera là, de l'autre côté du couloir, tout droit, enveloppé dans la couette bleue à l'effigie de Dick Tracy, ses chaussures de marche et son fusil à balles BB rangés proprement à ses pieds.

À la table, les adultes boivent leur café, les enfants leur lait et dans trois mois, le père, Terry, sera mort. Le petit garçon, Joey, également.

Par la suite, certains allégueront que Terry pratiquait des attouchements sur June. Rien qui ait jamais été prouvé.

Je tente d'étudier le passé, je tente de lire entre les lignes de son texte – de voir Terry tandis qu'il se ressert du café et s'assoit devant les bols que Ricky a sortis pour les céréales des enfants. Où étaient ses mains la nuit dernière ? Lui et Pearl ont renoncé à leur chambre.

Et Pearl, regardez-la maintenant, tandis qu'elle ouvre le frigo et rappelle à Joey de terminer son petit déjeuner. Que voit-elle ? Que voit-elle, ou qu'est-elle en mesure de voir ? De quoi détourne-t-elle le regard ? Ne savait-elle pas que le corps de Jeremy était là ? Trois *jours*.

Puis Terry et Joey meurent. Et Pearl emmène June, et disparaît.

8

New Jersey, 1985

D es semaines passent, des mois, une année. Le souvenir de cet étrange après-midi à contre-courant où ma mère a traversé le jardin en pleurant, et le son de mon grand-père montant l'escalier la nuit demeurent en moi tel un cocon d'été, bien protégé contre la chaleur. Je retiens mon souffle de l'intérieur, tentant d'empêcher ce qui y couve de prendre feu.

Le jour de Pâques, juste avant que nous partions tous chez mes grands-parents nous installer autour de la grande table en bois pour les *manicotti* que mon grand-père a préparés et les minces tranches de bœuf qu'il a roulées et liées avec une ficelle, comme des paquets cadeaux, mes parents nous donnent toujours des paniers contenant chacun un œuf. Leurs coquilles sont blanches et faites de sucre, avec des raccords en sucre coloré et en relief, tel un glaçage. À l'intérieur, de minuscules scènes faites de sucre elles aussi : un poussin qui piaule dans son nid ou un lapin avec un panier. Chaque scène est une petite œuvre délicate, finement ouvragée. Mais la coquille, bien qu'elle soit en sucre, n'est pas fragile. Elle est dense, et dure.

Le silence fonctionne de la sorte. Il n'est pas fragile. Il protège les moments resplendissants et aussi les moments perturbants. Comme les fois où j'ai la gorge sèche au milieu de la nuit et dois braver l'escalier plongé dans la pénombre pour descendre me chercher un verre d'eau à la cuisine. Là, je trouve mon père assis à la table blanche. Il y a un grand saladier de chips à côté de lui. Une bouteille de vin vide, et une autre entamée. Des emballages de cornets de glace jonchent le sol à ses pieds. La télévision passe une émission d'information à tue-tête. Il fait un petit sourire lorsque j'entre dans la pièce.

« Ça va, ma chérie ? » dit-il.

Il n'est jamais aussi doux qu'en ces moments-là, alors parfois je lui dis. « J'ai fait un cauchemar », je lui dis. Je rêve souvent que des sorcières viennent me traquer dans mon sommeil.

« Retourne te coucher, dit-il. Je t'aime. Viens là », et je vais déposer un baiser sur sa joue.

C'est comme ça qu'il est le mieux, plus gentil qu'à n'importe quel moment de la journée. Mais je sais qu'il ne se souviendra de rien au matin. Au matin, ces instants se seront brouillés et mués en un rêve lointain, irréel.

Le matin clair, solide. Le matin, il s'agit d'agir. Il achète un nouveau jeu de haut-parleurs et les branche dans toute la maison de sorte que la cuisine est commandée par un bouton, le salon par un autre, le tout sur le même ampli. Il cire ses chaussures à l'étage et refuse de prendre les coups de téléphone de ses créanciers, et passe de l'opéra à tue-tête dans toute la maison, parfois si fort que ça me fait mal aux oreilles. Assis dans la cuisine, lui et ma mère planifient des soirées, des soirées qui contribueront à faire connaître le nom de mon père dans cette nouvelle ville, et ma mère m'apprend à séparer les feuilles d'une endive et à étaler du brie au milieu de chacune d'entre elles, à disposer un monticule de crème aigre sur des crackers et à placer une parfaite cuillerée de caviar au centre. Dans les soirées, les sourires sont pleins de dents, durs, et tout le monde a une haleine qui sent le vin.

Cet été-là, mon père décide de se présenter aux élections municipales. Ils nous font faire des tee-shirts pour la parade du 4 Juillet : des tee-shirts rouges assortis avec des lettres thermocollantes disant : MON PAPA À LA MAIRIE. Celui de ma mère est de la même couleur, mais dit : DREW. Sur le portrait qu'on tire de nous lors de la parade, nous clignons des yeux au soleil, nos tee-shirts rouges rentrés dans nos shorts taille haute. Ma sœur Nicola agite un petit drapeau américain. Je me tiens un peu à l'écart, et le reflet du soleil sur mes lunettes cache mes yeux. Mes boucles sont coupées trop court ; elles frisottent autour de ma tête. Un bras en travers de la poitrine, je ne souris pas. Je tiens mon coude de mon autre main, comme si je me cramponnais.

Je suis immobile et tendue comme une chrysalide, cet été-là. Est-ce que je pressens que le silence ne peut pas durer ? Est-ce que c'est cela que j'attends ? Les après-midi où mon père tond la pelouse, l'air s'épaissit soudain d'une poussière verte et fraîche de brins d'herbe coupée, avec une odeur âcre, un relent de moisi, vivant et lourd. C'est comme ça que je ressens l'attente. Elle m'encombre les poumons. Elle pèse sur ma poitrine.

Puis l'été fait une embardée et entame sa longue descente. Dans le potager qu'a planté mon père sur le bord de la pelouse, le basilic monte en flèche, fier et résistant. Les treillis de haricots se cambrent, gonflés de lourdes cosses, et les rangées bien nettes de laitues s'arrondissent à plaisir. Le maïs se dresse bien droit et les tournesols se courbent. Les tournesols, nous en coupons une tête à la fois, et ma mère la fait rôtir à plat dans le four jusqu'à ce que les graines emplissent la cuisine de leur odeur de noisette. Chaque soir, en ce moment, le repas que nous partageons vient du jardin et nous faisons la course avec la récolte abondante, pour tenter de limiter l'inévitable gaspillage.

L'un de ces soirs, ma mère est assise au bout de la table de pique-nique, dans un pull blanc sans manches, les bras bronzés. Enfant, j'attrape des coups de soleil, mais un jour, vers mes trente ans, quel que soit le nombre de fois dans la journée où je me passe de la crème solaire, ma peau se mettra soudain à brunir facilement, comme si elle s'inscrivait dans sa lignée. Mon père est assis en face d'elle, dans un fauteuil que nous avons approché de la table. Avec mon frère et mes sœurs, nous sommes installés sur les bancs, deux de chaque côté. À nous six, nous tenons parfaitement autour de cette table. J'ai commencé à remarquer ça : que nous sommes parfaitement adaptés à nos biens ; tout est prévu pour six, et il n'y a jamais de place en trop. Ma mère remplit nos assiettes de pâtes, de sauce pesto, de lamelles de courgettes parsemées de parmesan et d'origan. Les goûts, parfumés, vifs et nets, sont aussi invariables qu'une prière : les saveurs de l'été dernier, et de l'été d'avant, des étés à venir.

Mais cette fois, elle pose la cuiller de service et promène son regard sur nous.

Son entrée en matière – les mots qu'elle emploie – m'échappe. Mon père est à la fois le ballast et le brisant de la maison, le récif déchiqueté et la vague qui s'écrase dessus et, enfant, je ne suis sensible qu'à ce qu'il dit et à ses humeurs, et jamais à ma mère, plus constante. C'est à lui qu'il revient de présider la table du dîner – c'est la cour où il nous explique le monde, où il nous parle de politique, des autres pays, et des valeurs qu'il veut nous transmettre. Ma mère est plutôt silencieuse. Des années vont passer avant que je comprenne, avec un déclic, lorsque mon propre monde deviendra net à mes yeux, l'étendue de son intelligence.

« Tu m'écoutes ? me demande-t-elle ce soir-là. Votre père et moi, nous avons quelque chose à vous dire. »

Quel terrible sérieux dans cette phrase. Elle annonce sa gravité avec un éclat trop vif. Quelque chose dans sa voix me dit que, quoi qu'elle ait à dire, je n'en veux pas. L'atmosphère est déjà saturée de non-dits, je suis déjà trop pleine de mon propre secret. Une boule se forme dans ma gorge. Ne voit-elle pas que cette soirée est une soirée de légèreté, ne sent-elle pas la brise douce et le rougeoiement du soleil qui se couche ? Les violons de Vivaldi s'élèvent des enceintes que mon père a suspendues dans les arbres. Personne ne se dispute, mon père ne crie pas, et mes grands-parents sont à New York, de l'autre côté du pont.

Ne gâche pas ce moment, je me dis.

« Il faut que j'aille chercher un pull », je lui réponds.

Je m'accroche à cette réponse comme à un trophée, triomphante.

« Tu en as besoin tout de suite ? demande-t-elle.

– J'ai *froid*. »

Elle soupire.

« Dépêche-toi, dans ce cas.

– Moi aussi, j'ai froid, dit ma petite sœur, Elize.

– Prends un pull pour ta sœur, me commande ma mère. Le premier que tu trouves, ça n'a pas d'importance. »

Elle a la voix sèche et forcée – la tension, me dirai-je par la suite, causée par l'effort de retenir encore une minute ce qui l'a déjà été trop longtemps.

La pénombre de la maison se gonfle autour de moi. Dans le noir, tout ce que j'entends, ce sont les mêmes grincements fantomatiques que les murs produisent tout le temps, avec leur écho qui se calme au bout d'un moment, et le ronflement constant du ventilateur du grenier, ses lames de métal qui s'ouvrent et se ferment en haut de l'escalier. Je ne monte jamais cet escalier toute seule dans le noir. J'y prends bien garde. Les soirs où nous dînons dans la cuisine, quand l'un des autres enfants est dans la salle de bains du bas et que ma mère me dit d'aller aux toilettes en haut, je sors de la cuisine et je reste en silence dans l'obscurité de la salle à manger, je compte lentement jusqu'à quarante et je reviens. Parfois, je tape des pieds, d'abord fort, puis moins fort, puis plus fort de nouveau, pour mimer l'allée et venue. Parfois, lorsque je reviens à la table blanche de la cuisine, elle me dit : « C'était rapide. » Alors j'attends plus longtemps la fois d'après. Je ne peux tout bonnement pas lui avouer ce qui m'empêche de monter.

Dans quelques années, en CM2, je serai dans le bureau de la conseillère d'orientation. Ce sera une visite de routine : nous passerons deux par deux, en paires déterminées par l'ordre alphabétique, et avec moi dans la pièce se trouvera l'un des garçons les plus populaires : grand, souple et bronzé, capable de donner un coup de pied parfait dans une balle de foot, et de la faire voler.

« Vous êtes contents d'entrer au collège l'année prochaine ? » demandera la conseillère.

Le garçon la regardera comme si elle était folle. Il sait déjà qu'il ne sera jamais aussi populaire qu'en ce moment.

« Moi je suis super contente, interviendrai-je. Il va y avoir tellement d'enfants ! »

Elle me sourit.

« Je pourrai disparaître, comme ça », j'ajoute.

Disparaître, c'est ce dont je rêve chaque fois que mon grand-père s'assoit sur le bord de mon lit. Ses yeux marron plongent dans les miens, puis il se tord le visage pour cracher ses dents dans la paume de sa main. Il me les tend. Les dents luisent comme une créature marine. Il fait un grand sourire, et sa bouche se transforme en un liseré rose humide autour d'un trou noir qui se resserre au milieu. « Tu vois, dit-il, bien qu'il m'ait montré ce spectacle tant de fois auparavant. Je suis un sorcier. Ne l'oublie pas. Si tu en parles, je viendrai toujours te retrouver. Toujours. Même après ma mort. »

Je détourne la tête et je fixe mon regard sur la jupe jaune d'une poupée qui est aussi une lampe. Son corps illumine la jupe, qui se dissout en une lueur d'un jaune éclatant. Elle brûle dans l'obscurité de la chambre, et tandis qu'il pose ses fausses dents sur ma table de nuit, porte la main sur l'ourlet de ma chemise de nuit, et écarte le tissu de mes jambes soudain froides, je scrute la lumière jaune et je me force à m'abîmer dans la flamme, je me force à m'y dissoudre. Sa main remonte le long de ma jambe. Son autre main défait sa braguette. Je fixe si fort la lumière des yeux qu'autour de moi tout vole en éclats. Je le sens baisser ma culotte. Je sens ses doigts. L'air se défait en molécules. Il fait froid de nouveau entre mes jambes – sa main s'est déplacée – puis sa main est de retour, tenant un épais morceau de sa chair. Il me tient les jambes écartées. Il se frotte contre moi.

Autour de moi, les molécules tournoient. Je sens que je me désagrège avec elles.

Encore aujourd'hui, je déteste la couleur jaune.

Mais enfant, pieds nus dans la salle à manger plongée dans l'obscurité tandis que, dehors, la nuit d'été perd peu à peu son chatoiement, j'ai encore plus peur de ce que ma mère va dire. Alors j'y vais.

Je monte les marches quatre à quatre, tentant de m'empêcher d'écouter les grincements sous mes pas. Je me force à me concentrer sur le ventilateur plutôt que sur l'escalier. Les lames du ventilateur émettent un grondement lent, et son haleine crée un vide froid. La chambre de ma petite sœur ressemble à un grenier, avec son toit mansardé ; en fait, c'est un couloir. Je vais devoir traverser la sienne pour rejoindre la mienne. Comme mon grand-père lorsqu'il monte, la nuit. Sur sa commode, il y a un pull duveteux jaune poussin, les bras repliés derrière telles des ailes. Je m'arrête. La sensation qui me prend en l'observant – sa couleur jaune pâle dans la pénombre, la volonté que je déploie pour rendre mon corps immobile, et vide – durera pour toujours. Puis je prends ma décision : je dirai à ma mère que je n'ai pas tout de suite trouvé de pull. Je lui dirai qu'il m'a fallu chercher. Derrière moi, le petit lit d'Elize. Je suis traversée par la sensation de ce lit contre mon dos. Par la conscience que lui, aussi, se tient ici. Les fois où je suis entrée dans la chambre de ma sœur, où je l'ai vu debout, penché sur elle. Je contrains mon esprit à se vider.

Puis il faut que je coure.

Dans ma chambre, j'attrape un pull bleu, ma couleur préférée. Je retraverse la sienne, passe sous le ventilateur, dévale les marches. Je vole. Je m'arrête enfin dans la salle à manger plongée dans la pénombre, le plancher à lattes lisse et frais sous mes pieds. Mon corps immobile. Dans le silence, le bruit sourd de ma respiration retentit aussi fort que le ventilateur.

J'essaie de gagner du temps, de gagner encore du temps.

Puis je ressors.

Lorsque je débouche sous le porche latéral, ma mère me repère et me fait un signe de la main.

« Qu'est-ce qui t'a pris si longtemps ? lance-t-elle. Viens t'asseoir ! »

Après le plancher lisse, l'herbe me paraît dure. Elle me pique la plante des pieds, la lumière vive du dehors m'arrive comme de très loin. Je me glisse sur le bois craquelé du banc et je tends à ma sœur son pull duveteux. Je suis dans mon corps mais je ne suis pas ici, pas vraiment.

« Votre père et moi, nous avons quelque chose à vous dire », annonce-t-elle.

Cela ne peut pas être à propos de mon grand-père. Elle ne peut pas être au courant. Il y a un autre secret ?

« Vous aviez une sœur, tous les quatre, dit-elle. Elle s'appelait Jacqueline. Quand Andrew et Alexandria sont nés, c'étaient des triplés. » Ma mère n'emploie jamais nos prénoms complets – mon frère, c'est Andy, et moi, même si je déteste ce diminutif, je suis Ali – et les mots qu'elle emploie, autant que leur sens, me disent tout ce qui ne va pas. « Vous vous rappelez que nous avons dit qu'Andrew et Alexandria étaient malades quand ils sont nés ? » Nicola, qui la regarde avec les yeux écarquillés, comme si elle était à l'école, hoche la tête. C'est ce qu'ils nous disent lorsque mon frère s'évanouit : qu'il a été malade quand il était petit, et que c'est juste le contrecoup. C'est ce qu'ils nous disent lorsque la voisine apparaît soudain pour nous garder, et que ma mère sort le sac en toile bleu du placard. « Eh bien, Jacqueline était malade, elle aussi, mais elle l'était trop. Trop petite. Elle est morte quand elle avait cinq mois. »

Un sentiment des plus étranges s'empare de moi. Je le savais déjà.

Plus tard dans la soirée, une fois que mes parents nous ont bordés, je reste éveillée dans le noir, dans la chambre que je partage avec Nicola.

« Ali ? » dit-elle.

Ce soir je la laisse m'appeler comme ça.

« Est-ce qu'on va mourir, nous aussi ?

– Non, je dis. Chut, rendors-toi. On ne va pas mourir.

– Mais elle est morte. »

J'y réfléchis.

« Oui, mais nous, on ne va pas mourir. C'est le genre de mort qui n'arrive que quand on est tout petit. On est grands maintenant. »

J'ai sept ans, et elle en a cinq.

« On ne va pas mourir. »

En disant ces mots, je réalise soudain que je mens. Que nous mourrons, un jour. J'espère qu'elle ne le sait pas. J'espère qu'elle ne comprend pas l'idée d'éternité.

« Promis ? dit-elle.

– Promis. »

Et ma sœur ne dit plus rien après ces mots. Mais je reste long-temps éveillée dans le noir. Comment savais-je pour la petite fille ?

9

Louisiane, 1992

C'est finalement Lorilei qui mène la police à Ricky Langley. Tôt dans la matinée du lundi, alors que son fils n'a pas encore été retrouvé, le shérif lui rend visite chez Melissa et lui demande de venir au poste pour un interrogatoire. Il est aimable, mais ferme. Il leur faut la faire passer au détecteur de mensonges.

Mettons-la pour ce faire dans une petite pièce du commissariat. Au plafond est suspendu un abat-jour comme celui qu'avaient mes parents dans leur cuisine quand j'étais petite, l'abat-jour que l'on voit dans chaque scène d'interrogatoire au cinéma et qui doit éclairer Ricky Langley de sa lumière froide pendant qu'il fait ses aveux devant la caméra. Lorilei n'est pas soupçonnée – « Non, m'dame, nous n'insinuons rien du tout », ne cesse de lui répéter le flic le plus grand, le plus baraqué – mais la vérité, c'est qu'ils n'ont aucun suspect. Pas encore.

Les hommes se présentent : Don Dixon, du bureau délocalisé du FBI, et Donald DeLouche, du bureau du shérif de Calcasieu. « Mais vous pouvez m'appeler "Lucky", dit le plus grand, retirant son chapeau pour lui serrer la main. Tout le monde m'appelle comme ça. »

Tu parles d'une chance, doit-elle se dire. Où est son fils ?

À la table, les voix des hommes sont un mélange de douceur et de tension. Elle ne saurait dire s'ils croient qu'elle a quelque chose à voir avec la disparition de Jeremy. Sans doute est-elle trop fatiguée pour se soucier de ce qu'ils pensent. Qu'on lui ramène son fils, c'est tout ce qu'elle veut.

« Maintenant, m'dame, j'voudrais que vous vous rappeliez tout ce qui s'est passé, aussi précisément que possible. »

Elle soupire.

« Je l'ai déjà dit aux enquêteurs. Je suis allée chez les voisins, puis juste après, je suis allée chez les Lawson. Ils ont un petit garçon et une petite fille ; Jeremy joue avec eux, de temps en temps. Un homme m'a ouvert, et il m'a laissée utiliser le téléphone pour appeler mon frère.

– Vous connaissez son nom ? »

C'est la première fois qu'on lui pose la question. Elle ne le connaissait pas sur le moment, mais maintenant oui. « Ricky Langley », dit-elle.

Lucky se lève, récupère son chapeau sur la table, et sort. Dixon le suit.

Environ une minute plus tard, un autre flic entre dans la pièce. Il est plus jeune que les deux autres, rasé de frais. Il s'assoit sur la chaise qu'a quittée Lucky et l'approche de la table.

« Ne vous en faites pas pour eux, dit-il. Ils vont juste vérifier quelque chose. Je suis l'agent Roberts. Bien. Vous étiez en train de leur parler de l'homme qui a ouvert la porte ? »

Roberts la retient encore pendant des heures, il lui fait passer en revue les détails de la journée. De temps à autre, un autre flic vient le rejoindre. Ensemble, ils retracent le moindre de ses faits et gestes. Finalement, ils la font asseoir dans le bureau du shérif.

C'est là qu'ils lui annoncent qu'ils ont retrouvé son fils. Il est mort.

Vingt-quatre heures auparavant, ce nom, Ricky Langley, n'aurait rien évoqué à Lucky et Dixon. Mais le matin du dimanche 9, tandis que les recherches continuent, ils sont allés ensemble à la chasse à l'oie. Plus tard, peut-être, ils vont se faire enguirlander pour être allés à la chasse tandis qu'un enfant est toujours porté disparu. Plus tard, peut-être, cette simple idée paraîtra un peu bizarre. Mais l'oie rieuse ne passait dans le coin que deux fois par an, et de toute façon, le petit garçon était certainement mort noyé d'ores et déjà.

Tôt dans la matinée, ils avaient installé des appeaux sur des barges qu'ils avaient poussées lentement sur l'eau jusqu'à ce qu'ils entendent le doux jacassement des oiseaux répondant aux appeaux. Puis ils avaient attaché les barges là où elles se trouvaient – à bonne distance de la destination des oies – et creusé dans la vase de la berge deux trous qui leur arrivaient à la poitrine. Et là, tandis qu'ils étaient accroupis côte à côte dans leurs cachettes respectives, main sur leur fusil, un Thermos de café chaud posé entre eux, Dixon s'était mis à regarder le ciel vide bleu-gris et il avait dit à Lucky :

« Qu'est-ce que tu vas faire pour ce petit garçon disparu ? Tu comptes poursuivre les recherches ? »

Dans les trous, il faisait un froid glacial. Il régnait dans l'air une immobilité peu naturelle.

« Au moins pour la journée, avait répliqué Lucky. Mais ils n'ont pas besoin de moi sur place. »

Il avait versé du café dans le couvercle en plastique du Thermos, bu une gorgée.

« Ils draguent le canal, aujourd'hui. Le bureau du shérif s'en occupe.

– Je sais que l'affaire ne dépend pas de moi, avait répliqué Dixon, mais je ne crois pas qu'il soit dans les bois. S'il y était, ils l'auraient déjà trouvé.

– Il s'est noyé, je suis sûr. Beaucoup d'enfants se noient comme ça.

– Dans ce cas, ils l'auraient retrouvé aussi.

– Peut-être », avait répliqué Lucky.

Il ne semblait pas vouloir en dire davantage.

Dixon a attendu un long moment, choisissant ses mots avec soin. Puis il a dit :

« Si vous ne retrouvez pas le corps d'ici demain matin, le FBI va devoir s'impliquer davantage. »

En vertu du Federal Kidnapping Act, adopté après le meurtre du bébé de Charles Lindbergh, au bout de vingt-quatre heures entre en vigueur, pour tout enfant disparu, une présomption selon laquelle il a été emmené dans un autre État. Cela faisait trente-six heures que Jeremy était porté disparu.

Bientôt, l'affaire ne serait plus de la responsabilité de Lucky.

« Je le sais bien, avait répliqué Lucky.

– Ils vont prendre les choses en main.

– Je sais. » Lucky s'était mis à tripoter nerveusement son fusil. Il avait ôté le cran de sûreté, approché le viseur de ses yeux. Toujours pas d'oies en vue. Il avait fait le point sur la cible encore absente. « Très bien. Demain, je convoque la mère. »

Ce soir-là, une fois que Dixon et Lucky ont remballé, bredouilles malgré les longues heures passées dans leur fossé, Lucky s'est arrêté au poste de police en rentrant chez lui. Il pensait terminer quelques paperasses. Se préparer pour l'interrogatoire de la mère le lendemain matin. Il était assis à son bureau, avec pour seul éclairage sa lampe articulée qui jetait sur ses dossiers une chaude lueur jaune, lorsque le téléphone a sonné. En ligne, une contrôleuse judiciaire.

« J'ai entendu parler de votre disparition d'enfant », a-t-elle dit. Elle avait un fort accent nasillard. « Faut que je vous parle d'un homme, il est en liberté conditionnelle en Géorgie pour une affaire de pédophilie. Ce n'est pas vraiment moi qui m'occupe du dossier, en fait – la Géorgie n'a jamais transmis les papiers et la dernière fois que je l'ai vu, c'était en décembre. Puis il a disparu. »

Beaucoup d'hommes se soustrayaient aux obligations de la liberté conditionnelle. Elle avait de bonnes intentions, il le savait, mais ce n'était sans doute rien.

« Quelle est la dernière adresse que vous avez ?

– Laissez-moi vérifier. » Lucky a entendu un bruissement de papiers. « Il habitait chez ses parents à Iowa. » Elle a répété : « Iowa. Vous prononcez ça bizarrement, par chez vous, non ? Ici, ça dit qu'il a une préférence pour les petits garçons de six ans à peu près. Quel âge il a, le petit garçon disparu ? »

Le cœur de Lucky s'est mis à battre la chamade.

« Six ans.

– Vous feriez peut-être bien d'essayer de le retrouver. Il s'appelle Ricky Langley. »

Lorsque Lucky et Dixon se garent dans le parking du Fuel Stop, il est un peu plus de 10 heures ce lundi matin, le ciel est d'un bleu transparent, sans poids. Ils ont un mandat d'arrêt contre Ricky Langley pour s'être soustrait aux obligations de sa liberté conditionnelle en Géorgie ; la signature du juge sur le papier a à peine eu le temps de sécher. Dixon descend de voiture. Sur un tracteur, un jeune homme aux oreilles en feuilles de chou répand des coquillages écrasés sur le sol. Dixon le salue de la main et lui fait signe d'éteindre le moteur.

«Descendez», dit-il. Il regarde l'homme en plissant les yeux. Cheveux bruns, un peu maigrichon, des lunettes. «Je suis l'agent Dixon et voici l'inspecteur DeLouche. Êtes-vous bien Ricky Langley?

– Oui, monsieur.»

Lucky n'a pas encore ouvert la bouche, mais à présent il se dirige droit vers Ricky.

«Vous avez le droit de garder le silence», dit-il. La poussière des coquillages se soulève sous ses pieds. «Vous avez le droit de prendre un avocat. Si vous n'avez pas les moyens d'en engager un, il vous en sera fourni un.» Ricky ne répond rien et Lucky ne s'interrompt pas. «Comprenez-vous ces droits tels que je viens de vous les expliquer?»

Il est maintenant juste à côté de Ricky.

«Oui, m'sieur.

– Nous allons vous poser des questions, dit Lucky. Vous allez venir avec nous.»

Ricky se fige, telle une proie saisie dans la lunette du fusil. Puis il baisse les yeux, ce qui – comme il le dira par la suite – aide Dixon à comprendre qu'ils tiennent le bon numéro. Les coupables, lorsqu'ils sont prêts à avouer, baissent les yeux.

Finalement, Ricky dit :

«Mon manteau est à l'intérieur.

– À l'intérieur de la station-service?

– Oui.

– Très bien, on va aller le chercher.»

Lucky retourne vers la station-service pour prendre le manteau et récupérer les cartes de pointage, qui indiqueront les horaires de Ricky le jour de la disparition de Jeremy. Dixon emmène Ricky à la voiture de patrouille. Il n'hésiterait pas à le menotter sur-le-champ si nécessaire, mais Ricky vient de son plein gré, précédant Dixon de quelques pas. Les hommes marchent d'un pas raide, le corps à la fois remonté et tendu comme un ressort, en alerte, quoique pour des raisons différentes. Le matin de février est froid et sec comme une pièce vide. Lorsqu'ils arrivent à la voiture, Dixon se penche pour ouvrir la portière arrière à Ricky et lui fait signe de monter. Ricky s'exécute. Dixon attache sa ceinture et dit, de nouveau : « Vous avez le droit de garder le silence.» Sa voix est dure. La tête de Ricky plonge de nouveau. « Vous avez le droit de prendre un avocat.» Dixon répète la formule de bout en bout une seconde fois. Cette arrestation se doit d'être irréprochable.

« Vous comprenez ces droits tels que je vous les ai expliqués ?

– Oui », répond Ricky, l'air accablé.

Dixon s'installe au volant. Il regarde Ricky dans le rétroviseur. Dixon remarque, ainsi qu'il y a été formé, la veine jugulaire de Ricky qui cogne légèrement, rapidement, sous le bas de son menton. La tension dans les muscles de chaque côté de son cou. Ricky a les poings serrés. Il a l'air d'un homme rongé par un lourd secret. Il a l'air d'un homme qui donnerait tout pour que cet instant ne soit pas réel.

C'est le moment, décide Dixon.

Il se tourne vers le siège arrière.

« Maintenant, Ricky », dit-il. Il ne voit pas le visage du jeune homme, juste le sommet de son crâne, la touffe de cheveux bruns. « Je veux que tu me regardes dans les yeux, d'homme à homme. »

Ricky ne bouge pas.

« D'homme à homme, Ricky. » Dixon prend bien soin de parler d'une voix égale, sans détour. Avec quelqu'un comme Ricky, quelqu'un qui a été considéré comme bizarre toute sa vie, un paria, un type que personne ne respecte, Dixon sait que la meilleure manière de s'y prendre, c'est de parler calmement. De lui donner l'impression d'être pris au sérieux. « Regarde-moi dans les yeux, Ricky. »

Pendant une fraction de seconde, Ricky lève les yeux. Lorsque Dixon croise son regard, il sait. Les pupilles sont dilatées comme des chevrotines. Dixon le tient.

« Je veux que tu me regardes dans les yeux » – Ricky détourne le regard – « Non, je veux que tu me regardes dans les *yeux*, Ricky, et que tu me dises si tu sais quelque chose au sujet de la disparition de Jeremy Guillory. »

Un frisson parcourt les épaules de Ricky. Comme le spasme d'un corps au moment de capituler.

Puis soudain :

« Je l'ai tué. » Ricky pousse un soupir. « Je l'ai tué, je l'ai tué, je ne sais pas pourquoi je l'ai tué mais je l'ai tué. »

Il s'enfouit la tête dans les mains. Et voilà. Aussi simple que ça. Trois jours, et ça se termine comme ça. Fini.

« Où est le corps ? demande Dixon.

– Dans mon placard. Dans ma chambre. »

Sans un mot, Dixon se retourne et sort de la voiture. Il verrouille la portière derrière lui.

Ce qui laisse Ricky seul dans la voiture de patrouille. Il vient d'avouer un meurtre.

À quoi pense-t-il ? Cette nuit-là – la nuit après qu'il a tué Jeremy –, lorsque tous les parents ont récupéré leur progéniture et sont repartis, lorsque Pearl lui a dit qu'il ferait peut-être mieux de quitter la ville, les yeux baissés comme si elle ne pouvait pas supporter de le regarder, lorsqu'elle est allée se coucher près de son mari sur le matelas dans le salon, Ricky est remonté à sa chambre dans le noir, tout seul. Joey et June étaient endormis dans leur chambre de l'autre côté du couloir. La maison était silencieuse. Ricky s'est assis sur le lit, et il a écouté le silence.

C'était la première fois qu'il était seul depuis des heures, la première fois depuis que Jeremy avait sonné à la porte cet après-midi-là. Il n'a pas réussi à s'endormir – il était trop remonté pour ça – et il n'arrêtait pas de penser à Jeremy. De penser à ses yeux, qui étaient ouverts lorsque Ricky l'avait empoigné, qui s'étaient refermés, comme d'eux-mêmes. Il savait que c'était impossible, mais assis dans sa chambre, sachant le petit garçon dans son placard, il n'arrêtait pas de croire entendre une respiration. Il ne cessait d'imaginer ces yeux en train de s'ouvrir. Quelqu'un l'observait.

À l'arrière de sa chambre, il y avait un escalier qui débouchait droit dans les bois, six mètres plus bas. Si Ricky voulait se débarrasser du corps.

Mais au lieu de ça, au milieu de la nuit, il s'est glissé en bas, à la cuisine, et il a pris un rouleau de papier d'aluminium. Il en a recouvert les deux fenêtres de sa chambre, pour bloquer la lumière.

Il n'aurait su dire de qui il voulait se cacher, quel besoin il avait d'obturer ces fenêtres. C'était juste qu'il avait besoin que le monde rapetisse, qu'il se referme sur lui, qu'il l'enserre étroitement.

C'est ce sentiment qui doit revenir à Ricky en cet instant, dans la voiture de patrouille, avec le clair soleil d'hiver qui cogne par les vitres, l'intérieur du véhicule qui se réchauffe. Si seulement le monde pouvait rester si petit, en suspens. Il reste pris dans cette impression un long moment, il ne saurait dire combien de temps.

Jusqu'à ce que Dixon revienne et dise :

« Direction la maison. »

Cela fait des jours qu'il y a foule dans la rue, des gens, des chiens, des agents de police et des camions remorques pour les vedettes destinées à sonder le fond du canal. Mais lorsque Dixon et Lucky se garent aujourd'hui, la rue est vide. Ricky est menotté à l'arrière, la tête toujours baissée.

« Voilà la maison », dit Lucky. Dixon s'efface de bonne grâce. C'est finalement Lucky qui va boucler l'affaire. « Le petit garçon est là », ajoute-t-il.

Ce n'est pas une question, mais il regarde tout de même Ricky.

Ricky redresse légèrement la tête. Acquiesce.

« Très bien, dit Lucky. Allons-y. »

Lucky n'appelle pas d'ambulance. Il ne se presse pas. Par la suite, il évoquera cet instant à la barre des témoins, il expliquera au jury que bien sûr, il ne s'est pas précipité : il savait que l'enfant était mort. Il le répétera deux fois, comme s'il éprouvait le besoin de justifier cette décision à ses propres yeux. C'est un moment étrange qui ne laisse pas de le torturer, un moment auquel il est toujours étrange pour lui de revenir. Le petit garçon *était* mort. Se dépêcher n'y aurait rien changé. Lucky aurait pu appeler une ambulance, il aurait pu courir à l'intérieur comme un dératé, il aurait même pu éviter la partie de chasse de la veille, et cela n'aurait rien changé : Jeremy était mort. C'est curieux, où l'esprit aime à venir se loger. Curieux, son entêtement à croire qu'il aurait pu changer les choses.

Lucky descend de la voiture.

Le shérif adjoint qui vient avec la caméra vidéo est tellement jeune qu'il a de l'acné sur les joues. Ou du moins c'est comme ça que je le vois maintenant, en lisant la retranscription. Pendant les heures qui vont suivre, cet homme va cadrer toutes leurs découvertes dans le viseur. Il est le seul individu présent à ne rien dire sur la bande, à ne pas réagir, à se contenter d'enregistrer. Il est un mystère, lorsqu'on lit ce dossier, mais pensez un peu à ce qu'il voit. À ce qu'il est forcé de regarder. Je préfère l'imaginer sans expérience en la matière; je préfère me dire qu'il n'en revient pas. Je vois sa peau irritée par la brûlure du rasoir, son cou mince comme celui d'un poulet.

Dixon le jauge d'un coup d'œil, secoue la tête. Déjà, il est monté à la chambre avec les photographes de la police pour faire des clichés de la scène. C'est très bien que les services se mettent à incorporer la vidéo, mais pour l'instant, ça reste à l'état de corvée réservée aux jeunes flics.

« Z-êtes prêt ? » dit Dixon.

Je le vois enfiler des gants en latex et dérouler un sac transparent sur lequel est inscrit : PREUVE. Le gamin a intérêt à avoir déjà vu un cadavre. Il ne manquerait plus qu'un cameraman qui tourne de l'œil.

« Prêt », dit le jeune homme.

Mais ce n'est guère convaincant.

« Je vais chercher le suspect », dit Lucky – soudain, il parle avec une grande correction, maintenant que ses mots vont être enregistrés.

Lorsque Lucky revient, il est accompagné de Ricky, menotté. Ricky traîne les pieds, garde la tête obstinément baissée. Il s'arrête net à la porte d'entrée. Puis il franchit le seuil.

« Vous pouvez lancer l'enregistrement », dit Lucky.

« Ce que j'attends de toi maintenant, reprend Lucky, puis il s'interrompt. Ce que j'attends de toi maintenant, Jeremy... »

(Ce petit lapsus, ce moment où il appelle Ricky par le prénom de sa victime, est le seul signe de nervosité que laisse échapper Lucky. La seule indication de la terrible gravité qu'a pour lui ce moment. Plus tard, le greffier notera : « [sic]. »)

« Nous allons laisser le cameraman te suivre à l'intérieur et je veux que tu m'amènes à la chambre où ça s'est passé. Je veux que tu me montres la chambre où ça s'est passé, et je veux que tu lui montres la chambre, et je veux que tu ne touches à rien, OK ? Je sais qu'il y a des armes à feu dans la maison et, comme je l'ai dit, je veux que tu ne touches à rien. »

Lucky jette un regard interrogateur à Ricky.

« Mmh, mmh », bafouille Ricky.

Ils entrent.

C'est tout juste s'ils tiennent dans la cage d'escalier à trois, le cameraman juste derrière Ricky. Plus tard, sur l'écran de télévision, le film sera sous-exposé, les corps presque des ombres, la chemise noire de Ricky une tache de nuit obscure dans le demi-jour. À cause de l'angle de la caméra, le plafond paraît plus bas. Les murs plus proches. Les hommes montent sans mot dire, une marche après l'autre, d'un pas sans grâce. Ils arrivent à la chambre.

« C'est là ? » demande Lucky.

Ricky hoche la tête, puis se rappelle qu'il est censé répondre à haute voix :

« Oui.

– Tu as quelque chose à ajouter avant qu'on entre ? » demande Lucky à Dixon.

« Oui, donne-moi une minute », fait Dixon. Maintenant qu'ils sont au seuil de l'instant fatidique, peut-être hésite-t-il en fin de compte à céder l'affaire à Lucky. C'est lui qui a trouvé la solution. C'est lui qui a dit à Lucky de se bouger, d'ailleurs, non ? C'est lui qui a obtenu les aveux de Ricky. Ou peut-être veut-il s'assurer, encore une fois, que l'arrestation demeure irréprochable. Quelle que soit la raison, il reprend la procédure de A à Z. Dit : « Ricky, lorsque tu as été arrêté à la station-service et que tu es monté dans la voiture avec moi, est-ce que je t'ai menacé, ou quelque chose du genre ? »

Ricky secoue la tête. Puis :

« Nan, nan.

– Est-ce que j'ai été poli avec toi ?

– Oui.

– Et j'ai simplement dit : "Ricky, regarde-moi dans les yeux, d'homme à homme", et je t'ai informé de tes droits. Et tout ce que tu m'as dit, tu l'as dit volontairement.

– Oui, monsieur.

– Très bien. »

Dixon fait un signe de tête à Lucky. Ils sont prêts.

Les hommes entrent dans la chambre.

« Coupe l'enregistrement », dit Lucky, et le garçon s'exécute gauchement. Puis, à Ricky : « Montre-moi le placard. » Ricky fait mine d'avancer. « Non, ne t'approche pas. Montre-le-moi du doigt. »

Ricky obéit.

« L'enfant est à l'intérieur ? »

C'est de nouveau Dixon. Il connaît la réponse. Il est déjà monté dans cette pièce, lorsque Lucky est allé chercher Ricky. Mais il observe Ricky à présent. Il observe les petites vagues de détresse qui ont commencé à parcourir tout son corps.

« Oui, dit Ricky.

– Il est juste derrière la porte, ou...

– Je l'ai enveloppé dans des couvertures.»

Lucky s'avance et fait signe à Dixon et Ricky de sortir de la pièce. Puis il se rend au placard. La porte est blanche, la peinture écaillée, avec une croûte de saleté. Elle est grande ouverte. À l'intérieur, un tas de couvertures. Pas vraiment de la forme d'un corps. Juste un tas. Il attend de sentir le cameraman derrière lui. Il lui fait un signe de la tête. Le cameraman relance l'enregistrement. Lucky articule chaque mot avec soin, lentement.

«Il est 15 h 35. Nous sommes de retour dans la chambre. Nous sommes le 10 février 1992. Nous sommes de retour dans la chambre de Ricky Langley, à l'angle sud-est de la maison, notre équipe photographique a fini de réaliser les clichés, et nous nous apprêtons à retirer la couverture, ou la couette, ou le textile dans lequel Ricky Langley affirme avoir enroulé le corps.»

Il dirige une lampe torche vers l'intérieur du placard. Le faisceau éclaire le tas d'une lumière jaune. Puis il se déplace sur le côté de façon que la caméra puisse filmer la forme. Lucky entre de nouveau dans le champ, et se penche.

«Nous allons mettre ceci – il s'agit d'un rideau ou d'une descente de lit Titi, je la place dans ce sac.»

À partir de là, on sent une certaine maladresse. Lucky explique absolument tout ce qu'il fait. Il doit vouloir à tout prix faire les choses comme il faut. Il retire une couche de textile après l'autre, et chaque fois, il montre ce qu'il a retiré à la caméra avant de le mettre dans le sac.

Mais vous voyez ce premier sac, qui attend dans un coin d'être mis sous scellés, le sac en plastique sur lequel est inscrit PREUVE, aucun doute sur son contenu? Il y aura une erreur dans son étiquetage et une interversion avec un sac de

vêtements découpés soigneusement sur le corps de Jeremy par
la suite. Vous voyez le sac que remplit ensuite Lucky ? Il y aura
une erreur dans son étiquetage également, et une interversion
avec un sac qui ne contient rien d'une importance décisive.
J'ai vu un extrait de cette vidéo. J'ai regardé Ricky, Lucky et
Dixon monter les marches du perron de la maison Lawson – vu
Ricky, les mains liées, passer la porte par laquelle Jeremy est entré
quelques jours plus tôt. Les aveux que l'on m'a montrés au cabinet
d'avocats, la vidéo qui m'a lancée dans cette histoire, a été filmée
juste après ces scènes, lorsque Dixon et Lucky ont ramené Ricky
au commissariat. Il ressemblait à un lapin, les yeux affolés, les
menottes le retenant simplement attaché à la taille. Le reste de
ses mots m'arrive à travers la temporalité hachée, soudaine, de
la mémoire, comme si mon corps ne pouvait les absorber que par
éclairs, par bouffées violentes entre de longues gorgées de ténèbres.

Seule la retranscription officielle – seul le fait de la consulter
aujourd'hui – fixe le souvenir.

La couverture bleue est la dernière couche que retire Lucky,
sur la vidéo.

« Un dessus-de-lit bleu avec des motifs – peut-être Dick Tracy,
revolver à la main, multicolore – recouvre le bas du corps de la
victime. À l'heure qu'il est, nous sommes en train de l'ôter et
nous voyons ce qu'il reste de notre victime. »

La caméra ne s'attarde pas. Elle saisit les cheveux blonds puis
hésite devant le visage du petit garçon. Mais sur la lèvre de
Jeremy, en cet instant – trop petit pour être saisi par la caméra,
et personne ne regarde l'enfant de si près, personne ne veut examiner un corps de si près –, il y a un unique poil pubien brun.

Lorsqu'on découpera des échantillons du tee-shirt blanc de
Jeremy, les échantillons qui hanteront la mémoire de Calton

Pitre pendant des décennies, on trouvera des taches de sperme. Ce sperme correspond à celui de Ricky. Mais le poil sur sa lèvre? On l'analysera à deux reprises. La réponse reviendra à l'identique les deux fois : il n'appartient pas à Ricky.

Ricky a tué Jeremy; de cela, nous sommes certains. Et le poil pubien a pu simplement se détacher d'une des couvertures. Mais ces couvertures ne sont pas toutes celles de Ricky. Il y en a trop. Elles doivent provenir des lits de Joey et June, aussi. Le poil a peut-être été transféré au cours d'une lessive.

Mais peut-être pas. Le poil appartient-il à Terry, qui, à cet instant, est toujours en vie, n'a pas emmené son fils faire un tour à moto, est absent de la maison, en un lieu inconnu, pendant que la police procède à la fouille? Le poil appartient-il, non au pédophile condamné, celui dont on sait désormais qu'il faut le craindre, mais au père qui est peut-être lui aussi, en secret, un prédateur sexuel?

Lucky continue d'expliquer tout haut ce qu'il se passe.

«On peut observer une chaussette dans la bouche de la victime. La victime est vêtue d'un tee-shirt blanc, d'un pantalon de survêtement bleu clair ou turquoise avec une bande jaune en bas, de chaussettes blanches, et les bottes que la mère a indiqué qu'il portait sont là.»

Bleu canard. Ce sont les mots qu'emploie Lorilei pour décrire ce pantalon de survêtement. Il y a quatre jours, elle l'a sorti du sèche-linge et l'a rabattu en deux, soigneusement, à la taille, avant de plier les petites jambes en un petit paquet bien net. Elle a disposé ce même tee-shirt par-dessus. Elle a apporté les vêtements à la commode qu'elle et Jeremy partageaient chez Melissa, et elle a rangé le pantalon dans le dernier tiroir, le tee-shirt dans celui du dessus. Elle les a rangés avec soin. Comme si elle couchait un enfant.

Tous ces vêtements que porte Jeremy – toutes ces pièces à conviction – ont une histoire. Ces pièces à conviction renferment la vie qu'ils partageaient, tous deux. Elles renferment son amour.

« Dans le coin du placard, poursuit Dixon, on peut voir le fusil à balles BB. La mère a dit qu'il appartenait à la victime, Jeremy. »

Pendant ce temps, au poste de police, Lorilei enfouit sa tête entre ses mains et fond en larmes.

10

New Jersey, 1986

Pour aborder l'histoire qui vient, je ne dispose que d'une version extrêmement tronquée – ma mère me l'a racontée une fois des années après et ne me l'a jamais répétée – et il ne m'en reste pour ma part que des souvenirs très vagues. C'est l'année suivant le jour où ma mère nous a révélé l'existence de Jacqueline. À présent, nous sommes sur l'île de Nantucket, dans le Massachusetts, où nous avons loué une maison pour l'été en y emmenant mes grands-parents. Elize a quatre ans, c'est une vraie poupée, avec de longues boucles blondes et un petit nez retroussé. Ces derniers temps, elle pose pour une marque de vêtements anglaise que dirigent des amis de mes parents et elle porte, en cet instant, l'une des robes blanches à volants qu'affectionne l'enseigne en question. Peut-être celle avec la ceinture en satin verte assortie à ses yeux. C'est le début de la soirée, et la maison fourmille d'activité tandis que les adultes s'habillent pour le dîner. Ma sœur s'est éloignée; à la faveur d'un rare moment de solitude, elle se hisse sur l'un des énormes fauteuils de tapissier du salon majestueux. La maison appartenait à un capitaine à l'époque de la pêche à la baleine, et des portraits à l'huile de ses filles mortes depuis longtemps, dans des tonalités sombres, ornent les murs; elles arborent toutes une mine austère et une plaque dorée est vissée en dessous de chacune d'elles : PRUDENCE, VERTU, CHASTETÉ. Ma sœur tourne sur elle-même pour regarder une par une leurs drôles de frimousses et leur faire une grimace. Elle essaie d'imaginer ce qu'on lui a dit : qu'elles ont toutes été enfant, comme elle. Dans son poing, elle serre un trophée récemment acquis : un billet de cinq dollars.

Ma mère arrive de la cuisine, un verre de vin rouge à la main, les cheveux encore enroulés sur des bigoudis en plastique blanc, sa robe noire encore détachée dans le dos.

«Ah, te voilà!» dit-elle. Elle boit distraitement une gorgée. Puis, remarquant le billet : «Ma puce, où est-ce que tu as trouvé cet argent?»

Elle doit se dire que ma sœur l'a pris dans son sac à main ouvert ou dans le tiroir de sa commode. Une erreur innocente, prétexte idéal pour une petite leçon en douceur.

Mais :

«Grand-père me l'a donné, répond ma sœur.

– Ah bon?» demande ma mère. Elle croit encore qu'il va s'agir d'une petite histoire mignonne. Il y a sur l'île un magasin de bonbons où avec un cent on peut avoir un Swedish Fish ou un ourson en gélatine à l'unité, et déjà mon grand-père nous y a amenés une fois, et il nous a donné vingt-cinq cents chacun pour remplir de friandises un petit sachet de papier blanc. Il nous gâte, comme il le faisait avec ma mère et ses frères quand ils étaient petits. Il avait toujours des sucreries pour eux dans la poche. Ma sœur n'est pas encore assez grande pour la petite souris, mais peut-être, raisonne ma mère, a-t-elle gagné les cinq dollars en allant lui chercher sa casquette, ou sa canne. Elle décide de jouer le jeu. «Et tu as fait quoi pour mériter cette récompense? demande-t-elle.

– Je me suis assise sur ses genoux», répond ma sœur.

Les murmures qui s'ensuivent sont des poignards dans leur fourreau, pleins d'une urgence féroce et contenue. Les voix ne sont pas haussées ; les portes restent fermées. Derrière l'une d'entre elles, je suis interrogée, et je sais que je ne dois pas parler trop fort, que mes parents ne veulent pas que mon grand-père, ma grand-mère ou mon frère nous entendent. Je réponds simplement. Oui, mon grand-père m'a touchée. Oui, ça fait des années qu'il le fait. Ils me posent d'autres questions – où, ce que je me rappelle, ce qui se trouvait autour de moi – pour déterminer depuis combien de temps ça dure. La réponse, c'est cinq ans. Je me mets à pleurer. Pas à cause de ce qui s'est passé. Mais parce que ma mère sait. Une partie de moi attendait ce moment depuis longtemps – mais avant tout, je suis terrifiée. Je suis convaincue que nous serons tous en sécurité si elle continue d'ignorer ce fait au sujet de son père. Je suis convaincue que c'est à moi de lui épargner ça. Que de dire tout haut qu'un père est capable de cela est la chose la plus atroce du monde.

Ils nous posent suffisamment de questions, à moi, puis à mes sœurs, pour établir les faits dans les grandes lignes. Puis nous allons tous dîner.

***

Est-ce que cela peut être ainsi ? Est-ce que cela peut être normal ? Est-il possible qu'ils nous emmènent tous au restaurant, que nous prenions place autour d'une grande table ronde recouverte d'une nappe en coton à carreaux rouges et blancs – le restaurant dans lequel nous allons à cette époque s'appelle Chez Vincent, le nom de mon grand-père –, qu'ils tirent une chaise pour l'homme au sujet duquel ils viennent d'apprendre cela ? Est-il possible qu'ils s'assoient en face de la femme, son épouse, ma grand-mère, à qui ils vont décider de cacher les faits pour la protéger ? Combien de fois au cours du dîner vont-ils voir les mains de mon grand-père, et se demander ce qu'ont fait ces mains ?

Ou est-ce que je leur attribue à tort l'intérêt que j'ai moi-même pour le passé ? Est-il possible que mes parents, assis en face de lui, n'imaginent à aucun moment, à aucun moment les actions qui se cachent derrière les mots qu'ils viennent d'entendre, qu'ils ne voient jamais notre récit se dérouler devant leurs yeux ?

Tout ce que je sais, c'est ce qui se passe ensuite : mes parents ne révèlent jamais à mon grand-père ce qu'ils ont appris. Ils n'en parlent jamais à ma grand-mère, non plus. Ils se débrouillent pour ne montrer aucun signe que quelque chose ne va pas. Nous finissons les vacances. Nous rentrons à la maison grise. Mes parents cessent de demander à mes grands-parents de passer la nuit chez nous, et les attouchements cessent sans que personne n'ait rien dit. Ils réarrangent le souvenir avec autant de soin qu'un scénario.

Et à partir de là, comme avant, mon père prend sa grosse Chevrolet grise pour traverser le George Washington Bridge et rejoindre le quartier du Queens dans lequel a grandi ma mère. Comme avant, il se gare devant l'auvent bordeaux de la porte de la petite maison en brique où ma mère a passé son enfance, où mon grand-père l'attend, une casquette à visière sur la tête, un blouson en Skaï sur les épaules, prêt pour sa sortie. Mon père tend une main à mon grand-père et prend sa canne en bois de l'autre. Comme avant, mon père offre l'appui de son épaule au vieil homme, et ils rejoignent la voiture à petits pas. Il aide mon grand-père à se jucher sur le marchepied, puis range sa canne derrière le siège. Mon père claque la portière, va s'installer au volant. Il retraverse le pont et nous ramène mon grand-père.

Les personnages de cette histoire aiment encore à croire qu'ils peuvent contrôler le passé, le nettoyer comme on désinfecte une scène de crime. Ils aiment à croire que cette scène, une fois lessivée, redevient une simple chambre. Mes parents me disent maintenant qu'à l'époque, ils ont consulté un psychologue qui leur a dit que la meilleure chose qu'ils pouvaient faire pour leurs enfants, c'était de faire comme s'ils n'étaient pas affectés. De faire comme si ce qui s'était passé n'avait pas de conséquences.

Ce n'est pas que je ne les crois pas. Pas exactement. Mais le côté bien net de ce conseil ne laisse pas de m'étonner un peu. Il fait si parfaitement écho, trop parfaitement écho, aux silences que je connais déjà de mes parents. Le silence au sujet des crises de colère de mon père. Le silence gardé des années au sujet de ma sœur disparue. Il fait écho – mais nous n'en sommes pas encore là – à ce qu'il est advenu du corps de ma sœur.

Pour l'instant, il vous faut juste comprendre ceci : ils éprouvent le besoin d'oublier le passé.

Ainsi, dans mon souvenir, mon grand-père est là, installé telle une boule dans ma gorge, sur le fauteuil du salon, au pied de l'escalier. Il est là à Noël, il est là à Pâques, il est là lorsque nous sommes simplement dimanche, et quand ma grand-mère, assise à côté de lui, me propose de faire une partie de dames avec elle, je ne dis pas que je suis trop vieille pour jouer aux dames. Il est là quand j'ai treize ans et que je porte ma première robe d'adulte, une robe en velours noir dos nu très échancrée. Il est là lorsque je me dresse sur la pointe des pieds et virevolte sur moi-même pour faire flotter la jupe en crinoline autour de moi. C'est son haleine chaude qui se penche dans mon cou et s'émerveille à mi-voix de me voir si adulte, avec mon corps qui remplit si joliment le tissu. Il est là quand j'ai quinze ans, et que je commence à peine à être en colère.

Lorsque nous avons quitté Lorilei, elle était assise sur le banc du poste de police, la tête entre les mains, en larmes. Elle attend son prochain enfant, le petit garçon qui grandira dans l'ombre de son frère absent.

Dans les mois qui suivent l'arrestation de Ricky, elle sera tiraillée entre son chagrin et sa colère. Ces quelques gorgées d'alcool sur le perron la première nuit, lorsque les volontaires recherchaient Jeremy – elles vont se transformer en des mois de boisson, des mois de défonce. Elle retombera dans ses mauvaises habitudes d'antan et le passé viendra déborder sur le présent. À l'intérieur d'elle, pendant ce temps, grandira cette nouvelle vie, mais à ce moment-là, elle ne sera pas en mesure d'en prendre soin. Elle grandira toute seule, en elle.

Un an plus tard passe dans le journal un fait divers qui correspond à l'adresse de Lorilei. En le lisant, je vois une femme (elle refuse de donner son identité, mais ses cheveux doivent toujours être de ce châtain clair qu'ont souvent en grandissant les enfants blonds) qui sort d'une maison pour aller trouver les policiers qui descendent de leur voiture de patrouille. Elle tient un bébé dans ses bras.

« Vous n'avez pas besoin d'entrer, dit-elle.

– M'dame, nous répondons à un signalement de violences conjugales. Une voisine a appelé, dit le flic.

– Vous n'avez pas besoin d'entrer », répète-t-elle. La lumière du soleil lui fait plisser les paupières. Son œil gauche est déjà en train d'enfler. Le bébé dans ses bras commence à s'agiter et elle le presse plus fort contre sa poitrine. Elle l'a baptisé Cole. Il portera le nom de famille de son père. « Écoutez, dit-elle. S'il s'en va – elle fait un signe de tête en direction de la maison –, j'ai pas d'autre moyen de payer mes factures. »

Elle regarde le policier avec dureté à présent, droit dans les yeux.

« Passez une bonne journée », dit-elle d'une voix ferme.

Puis elle retourne dans la maison, le bébé dans les bras.

Un an plus tard, lorsque Ricky est finalement condamné pour le meurtre de son fils, elle ne se rend pas à l'audience. Elle s'installe dans une chambre de motel, de l'autre côté de la rue, et attend. Son frère Richard est dans la salle du tribunal lorsque le jury rend son verdict. Trois heures, ils ont délibéré. Ricky paiera la mort de Jeremy de sa vie.

Richard retraverse la rue pour aller annoncer la nouvelle à Lorilei. C'est fini, lui dit-elle. Ça y est.

Lorsque j'ai commencé à écrire cette histoire, je pensais que c'était à cause de l'homme sur la vidéo. Je pensais que c'était à cause de Ricky. En lui, je voyais mon grand-père. Je voulais comprendre.

Mais je crois désormais que j'écris à cause de Lorilei. Son histoire ne s'est pas achevée l'après-midi où Richard l'a serrée contre lui dans la chambre du motel pendant que, de l'autre côté de la route, on emmenait Ricky, menotté. Dix ans après le premier procès, la condamnation à mort de Ricky a été cassée. On l'a sorti du couloir de la mort et on l'a renvoyé à Calcasieu pour qu'il y attende un nouveau procès.

Ce procès s'est déroulé en 2003. C'était celui qui venait de se terminer juste avant mon arrivée en Louisiane. C'était parce qu'il venait de se terminer que l'avocate m'a montré la vidéo.

Je dispose des retranscriptions officielles. Le deuxième jour des audiences, l'accusation appelle Lorilei à la barre. Elle raconte au jury le moment où elle a donné son fusil à balles BB à Jeremy.

« C'est la dernière fois que je l'ai vu », dit-elle. Elle se reprend. « Je veux dire – c'est la dernière fois que je l'ai vu vivant. »

Elle leur raconte qu'elle est allée chez les Lawson pour le chercher. Qu'elle a vu Ricky. Qu'elle a emprunté le téléphone.

Le procureur la remercie. Le juge la renvoie à sa place. Elle retourne s'asseoir. Le procès continue.

Mais le quatrième jour, la défense l'appelle à la barre.

Les jurés doivent être complètement désorientés à cet instant. Elle est la mère du petit garçon mort. Cela fait des jours qu'ils regardent des images du corps de Jeremy. À un moment, un membre du jury a fondu en larmes à la vue des photos du corps, et le juge a dû suspendre l'audience. Pourquoi la défense l'appelle-t-elle ?

Mais elle se lève et se dirige vers la barre. Elle sait tout de la vie de Ricky désormais. Elle a passé des années à se renseigner. Elle s'installe dans le box en bois, lisse sa robe sur ses hanches, et se tourne sur son siège pour regarder le jury.

« Aimeriez-vous dire quelque chose au jury ? » demande l'avocat de la défense.

C'est un Anglais grand et mince. Cela fait vingt ans qu'il défend Ricky.

« Oui », dit-elle. D'une voix ferme. « J'ai quelque chose à dire. »

La salle doit être silencieuse, l'assistance tout ouïe. Lorilei se prépare à parler. Ce sont des paroles qu'elle a répétées.

« Même si j'entends le cri de détresse de mon enfant mort, j'entends, également, l'appel à l'aide de Ricky Langley. »

C'est pour Ricky qu'elle témoigne. Elle essaie d'empêcher sa mort.

Je lis ses mots dans la salle d'audience, et ce que je vois, c'est mon père lorsqu'il referme les doigts sur la main de mon grand-père. Il sent le poids de la main de mon grand-père dans la sienne. Il tire, et il aide le vieil homme à se hisser dans la voiture afin de pouvoir l'emmener de l'autre côté du pont. Afin de pouvoir nous le ramener, le ramener chez nous.

Je veux comprendre – j'en ai besoin.

DEUXIÈME PARTIE

LES CONSÉQUENCES

11

Arizona et Louisiane, 1964-1965

Nous sommes en 1964, et Alcide Langley, vingt-quatre ans, le futur père de Ricky, conduit un break le long d'une nationale à proximité de Red Rock, dans l'Arizona. Peut-être pour comprendre faut-il revenir au début, et pour ce qui est de Ricky, c'est là qu'il me faut commencer.

J'imagine le break qu'avaient mes parents quand j'étais petite, mais c'était au début des années 1980, donc il faut lui soustraire les panneaux en faux bois, la direction assistée. Donnons à cette famille une voiture plus petite et, à l'arrière, entassés, cinq enfants, quatre côte à côte, et le bébé en équilibre entre les genoux de sa sœur. Le coffre contient tous leurs biens dans des cartons fermés par de la ficelle ; sous les pieds des filles sont casés des cartons plus petits qui les forcent presque à tenir les jambes à l'horizontale. Au loin s'élève le fameux rocher qui donne son nom à la ville. D'un rouge et d'un orange éclatants, il ressemble à un incendie, comme aucun horizon qu'Alcide, enfant des marais de la Louisiane, ait jamais vu. La terre rougeoie comme si elle était éclairée de l'intérieur.

Comme si elle était écorchée, stérile. Au volant, Alcide se languit violemment des verts chatoyants, des bleus pleins d'espoir de la Californie – il sent comme un souvenir derrière chaque chose. La simple vue d'un palmier se découpant sur le ciel lui donnait l'impression que sa vie était un film. Il aurait voulu ne jamais s'en aller. Mais son travail dans une usine automobile, que lui avait trouvé son oncle, était la seule chose qui leur avait permis, à lui et à Bessie, de s'installer juste à côté de Los Angeles cinq ans auparavant. Le salaire leur permettait de vivre, à tous : lui, Bessie, les cinq enfants vers lesquels elle se tourne dans son siège à présent pour les faire taire. Alcide a perdu son emploi. Sans lui, ils n'ont pas d'avenir en Californie.

« Arrête ça ! » dit Bessie à Oscar. Il embête de nouveau sa petite sœur Darlene ; il lui donne des pichenettes jusqu'à ce qu'elle se tortille et rie, et s'il continue elle va laisser tomber Vicky, le bébé en équilibre entre ses genoux et ceux de Francis. Oscar, l'aîné, est un garçon de cinq ans avec des taches de rousseur, une coupe au bol que Bessie lui a faite à l'aide d'un saladier et un sourire facile, les dents du bonheur. Un jour, un avocat placera sa photo à côté de celle d'un autre petit garçon qui possède le même sourire, et insistera sur leur ressemblance troublante, mais pas encore – nous sommes seulement le 28 février 1964, et pour quelques instants, au moins, Oscar est encore en vie. Il donne une nouvelle pichenette dans le flanc de Darlene, elle s'exclame : « Maman ! » et le bébé rit. La petite, elle aussi, n'a plus que quelques minutes à vivre.

Bessie ignore Darlene. Les enfants vont se calmer tout seuls ; c'est ce qui finit toujours par arriver. Elle n'est pas ravie de rentrer au pays, elle non plus, mais il est certain que la proximité des parents lui facilitera la vie.

Ils vont s'installer dans le petit agrégat de villes autour de Lake Charles, en Louisiane – Hecker, LeBleu, Iowa –, où habite le frère de Bessie et où est enterré le père d'Alcide. C'est dans ces villes que Bessie et Alcide ont commencé à se fréquenter.

Peut-être se bécotaient-ils derrière les pacaniers qui entourent le vieux cimetière, ou riaient-ils ensemble dans le parking de la station-service. Ils avaient tous les deux quitté l'école après la quatrième. Alcide était de la région, et Bessie venait d'arriver de l'Indiana. Il avait dix-sept ans et elle seize lorsqu'ils se sont passé la bague au doigt. Ils se sont mariés par amour, pas par nécessité; Oscar n'est né que dix mois plus tard, en avril. Lorsque le journal local a diffusé sa liste annuelle de naissances de printemps, le fils de Bessie et Alcide est désigné par les mots « le Petit Langley ». Ils n'avaient pas encore décidé d'un nom, déterminés qu'ils étaient à faire bien les choses pour leur nouvelle famille. Ils ont fini par choisir le prénom d'Oscar à cause de l'histoire qu'il avait des deux côtés : c'était le nom du père de Bessie, et celui du frère qu'Alcide avait perdu quand il était petit, mort dans un accident de voiture à l'âge de dix-huit ans. Alcide avait alors huit ans. Son frère était un dieu pour lui. Devenu un dieu perdu.

Un an plus tard, Bessie est tombée de nouveau enceinte. Cette fois, c'était une fille et le choix du prénom s'est fait plus facilement : elle s'appellerait Francis. Darlene l'année suivante. Puis Alcide s'est finalement mis en tête de tenter sa chance en Californie avec les siens. Bessie avait toujours voulu partir – elle était accoutumée à l'idée que ce pays immense pouvait se traverser. Fini de vivre parmi les parents de son homme et ses huit frères et sœurs, des racines si fortes qu'elles devenaient des entraves. Une nouvelle vie. Une nouvelle aventure.

Mais la chose s'est révélée plus difficile qu'ils ne l'avaient prévu. L'isolement, plus cruel, aussi. Et à présent ils n'ont plus d'autre choix que de rentrer, sans argent, sans perspectives, et Alcide fait la route comme un chien queue entre les pattes.

Depuis maintenant sept heures, sur la nationale inflexible, il conduit. Et il conduira encore vingt heures. À côté de lui, Bessie se repose, et si son siège possède une ceinture de sécurité (ce qui en 1964 commence juste à être d'usage à l'avant des voitures, et rarement à l'arrière), elle ne l'a pas bouclée.

Dans près de trente ans, lorsque les avocats raconteront cette histoire au procès pour meurtre du fils – à l'époque, pas encore né – de Bessie et d'Alcide, ils transposeront ce qui se passe ensuite au milieu de la nuit noire, comme si c'était inimaginable en pleine clarté diurne. Mais en 1964, il est 2 heures de l'après-midi, et Alcide transpire au soleil. Il n'y a pas de climatisation, et l'air qui s'engouffre par les vitres baissées semble sortir d'un four. Sous le pare-brise, la chaleur du soleil doit s'accumuler et cogner sur Alcide. Les enfants ont besoin de manger ; les enfants ont besoin de s'habiller ; les enfants ont besoin. Il ne peut pas donner aux enfants ce dont ils ont besoin. Peut-être à présent la sueur lui pique-t-elle les yeux – il lève une main pour s'éponger le visage, et ce geste – ce geste d'une seconde, où sa main frotte ses yeux, où ses yeux ne sont pas sur la route et où sa main n'est pas sur le volant –, peut-être cet instant suffit-il à tout faire basculer. Lors du procès, les avocats se demanderont si Alcide avait bu. A-t-il une flasque cachée sous son siège, une flasque pleine d'alcool qui le force à coincer le volant entre ses jambes pour pouvoir l'avaler, ce qui rend supportables toutes ces longues heures passées à renoncer – à conduire sa famille tout droit vers le renoncement ? Pour certains actes, il faut se donner du cœur au ventre. Mais alors qu'il s'apprête à tout perdre, ou presque, il me faut trouver un moyen plus charitable de raconter cette histoire. Alcide transpire dans la chaleur.

Il ne voit pas la culée du pont.

La voiture dérape et fonce dans la culée. Le pare-brise éclate, et la famille est précipitée dans les airs. Oscar, le seul garçon, le garçon adoré, sa tête est coupée net. La petite fille, le bébé, meurt. Les autres sœurs – Francis, Darlene et Judy – survivent. Alcide survit; les sœurs auront un père. Et Bessie, qui pour l'instant gît, inconsciente, au fond d'un fossé de béton, tombe dans un coma qui la maintiendra dans un sommeil sans rêves pendant les jours qui viennent – mais elle, aussi, vivra. Les sœurs auront une mère.

Ses hanches sont pulvérisées. Son bassin, pulvérisé. Au cours des années à venir, elle subira trente opérations de la jambe droite avant que les médecins ne renoncent et l'amputent. À présent, tandis que Bessie est couchée, dans le coma, sur un lit d'hôpital en Arizona, Alcide s'organise pour ramener les filles en Louisiane. Le même journal local qui avait annoncé la naissance d'Oscar publie un entrefilet sur l'accident et la cérémonie qui doit se tenir dans un cimetière de la paroisse de Jefferson Davis, entouré de pacaniers.

Au Hebert Cemetery, Alcide enterre Oscar et le bébé dans une tombe anonyme au pied de la pierre tombale de son père, laissant une place pour lui quand il mourra, et une pour Bessie à ses côtés. Tandis qu'il se tient devant la tombe et regarde ses enfants descendre en terre, il doit se demander si elle en aura bientôt besoin. Il doit redresser les épaules et s'essuyer les yeux, et prier pour garder la famille qu'il lui reste. Puis lui et les filles emménagent avec Lyle, le frère de Bessie, et sa femme, Luann. Lyle et Luann sont des pentecôtistes stricts. Dans la maison, ils n'ont pas l'eau courante et, dans plusieurs dizaines d'années, au moment des procès, ne l'auront toujours pas. Ils n'écoutent pas de musique. Ils recueillent les enfants dans le besoin, ils ont cette bonté-là – mais parfois, à voir la sévérité de Luann et leur manie de prendre des enfants chez eux même quand les placards sont vides, on en viendrait à se demander si c'est de la générosité ou si c'est que, comme Dieu ne leur donne pas assez de souffrances pour qu'ils puissent prouver leur foi, ils se débrouillent eux-mêmes pour multiplier les privations.

Mais quand Alcide a besoin d'eux, ils répondent présents. Bientôt, il a un nouvel emploi, dans une compagnie de grands routiers pour laquelle il devra être sur la route plusieurs jours d'affilée. Je l'imagine en ce premier matin. Il se lève tôt et sort, prêt à partir, juste après l'aube. Il va se rendre au point de rendez-vous, à plus d'un kilomètre, à pied. Nous sommes au mois d'octobre ; l'herbe est humide et folle dans la rosée matinale, la terre plus vivante, plus âcre qu'elle ne l'était même en Californie. Cette odeur neuve se fige comme un grumeau de terre dans sa gorge. Il pourrait s'étrangler de toutes ces nouveautés. Darlene et Judy le suivent dehors et se plantent devant la maison, silencieuses. De leurs grands yeux, elles l'observent comme elles l'ont fait toute la matinée. Darlene a presque quatre ans désormais et elle n'a pratiquement pas prononcé un mot ces dernières semaines. Judy a deux ans, et elle ne cesse de demander : « Où est Oscar ? Où est maman ? Je veux voir le bébé. »

Le visage de Darlene se tord comme si elle allait pleurer.

« Oh, ma chérie, voyons, ça va aller », dit-il. Il se frotte le cou, son col le gratte. Il a cette chemise en flanelle depuis des années, mais Luann a insisté pour mettre une pièce au coude et amidonner le col, et le tissu rêche lui irrite la peau. D'une main, il replie la visière d'une casquette neuve qui porte le logo de la compagnie de transport. Il l'aplatit, la triture du bout des doigts, l'écrase dans son poing, la défroisse de nouveau. «Ça va aller», répète-t-il.

Puis il s'en va.

Pour le voir debout là dans l'herbe, avec le soleil qui cogne sur son large visage, la sueur qui s'amoncelle dans les plis de son front, je m'appuie sur la photo que le journal local a publiée de Bessie et lui pour leurs cinquante ans de mariage. Il a le visage carré, la peau rugueuse, les yeux cachés derrière des lunettes épaisses et les paupières alourdies par l'âge. J'essaie d'effacer le temps de la photo, d'effacer tout ce qu'y ont ajouté les années.

Mais il y a des parties de l'histoire où les comptes rendus sont si puissants, où ce qui se produit est si frappant que les faits l'emportent sur mon imagination.

Ainsi, ce qu'il advient de Bessie. Lorsqu'elle s'éveille du coma, elle est transférée au Charity Hospital à La Nouvelle-Orléans, à trois heures de voiture de la maison où vivent les filles avec Luann et Lyle, à Hecker. C'est trop éloigné pour être près de ses chéries, et trop près pour remplacer la distance libératrice qui les avait poussés jusqu'en Californie, Alcide et elle. Elle est juste coincée, à attendre. Dans un triste entre-deux.

Là, dans l'État que Bessie avait tant voulu quitter, les médecins moulent un plâtre pour contenir tout son corps. Ils appliquent des bandes mouillées de ses chevilles au sommet de sa poitrine, jusqu'à ce qu'elle soit tout entière emprisonnée dans une geôle blanche et raidie. Un trou au niveau des parties génitales lui permet de faire ses besoins. Ses jambes, ils les disposent écartées, avec une barre en métal entre les chevilles que les aides-soignants tireront pour la déplacer. Seuls ses bras sont libres, et lorsque Luann emmène Darlene la voir à l'hôpital

– Darlene n'est encore qu'une enfant, mais un jour elle sera celle qui se lève pour aller se poster devant la salle d'audience et raconter l'histoire de sa famille –, Bessie peut lui tendre les mains. «Maman», dit Darlene, et Bessie l'attire contre elle et se met à pleurer. Darlene se rappellera toujours cet instant : l'étreinte familière de ces bras familiers, l'amour familier de sa mère, les larmes inquiétantes dégoulinant sur le visage de sa mère, et au lieu de son giron familier, le plâtre.

Des mois passent tandis que Bessie gît sur son lit d'hôpital. Un mois, deux mois, trois. Sur le dos, dans son carcan, elle regarde le plafond. Quel degré de douleur interne endure-t-elle dans cette salle ? Que devra-t-elle en garder en elle par la suite ? Elle regarde le plafond pendant de si longues heures qu'elle doit commencer à voir des formes dans les carreaux, fendillés et abîmés par un dégât des eaux. Parfois, les lignes grêles couleur rouille doivent ressembler pour elle à une main griffue, parfois aux jaspes striés qu'elle ramassait au bord de la rivière quand elle était petite. Elle les aimait, ces pierres, lorsqu'elles étaient mouillées, lorsqu'elles brillaient, étincelaient à la lueur du soleil. Mais elles se ternissaient toujours en séchant.

Cernée par un rideau accroché à une tringle autour de son lit, Bessie est seule. Mais derrière le rideau, la salle est pleine de femmes invisibles. Dans ces salles destinées à accueillir vingt patientes, on en entasse quarante. Seuls leurs gémissements l'atteignent, qui s'infiltrent à travers le mince tissu du rideau.

Et les odeurs. La pourriture qui s'insinue, sournoise, la conscience de la mort qui remonte dans vos narines, rampe sur votre peau. Les infections se transmettent, elles aussi. Dans plusieurs décennies, un médecin se rappellera qu'une nuit huit femmes sont mortes dans la même salle, et remerciera le ciel que cette époque soit révolue. Mais, pour l'instant, Bessie est en plein dedans. Elle ne peut rien faire d'autre que rester étendue dans son cocon blanc, et attendre. S'efforcer de ne pas écouter. S'efforcer de ne pas sentir. Au cours des mois qu'elle passe allongée là, des gardiens d'Angola amènent régulièrement des prisonniers à l'hôpital. Angola, où son fils sera un jour détenu. Il y a une combine : les gardes, les techniciens et les médecins qui traitent les prisonniers ont été payés pour tourner le dos lorsque ceux-ci s'échappent. Au moins une fois, tandis que Bessie est couchée dans son lit, un prisonnier est découvert et des coups de feu retentissent dans l'hôpital. À travers le rideau, elle doit tendre l'oreille.

Elle connaît le son des pas qui approchent, elle sait déterminer si les pas sont assez lourds pour signifier qu'un aide-soignant est sur le point de passer la tête par le rideau afin de la rouler jusqu'à la salle où on lui fait des radios. Parfois, lorsqu'elle entend des voix, elle ne sait plus si elles sont réelles ou si c'est son cerveau qui les invente pour se faire de la compagnie. Parfois les aides-soignants lui apportent de nouveaux médicaments, qu'elle avale toujours sans se redresser. Des médicaments contre l'infection, des médicaments pour l'aider à dormir, des médicaments contre la douleur. Surtout des médicaments contre la douleur. Les médicaments n'enlèvent pas la douleur. Lorsqu'Alcide lui rend visite, il lui apporte des bouteilles d'alcool et, s'assurant bien que le rideau reste fermé autour d'eux, il dévisse le bouchon et verse. Les premiers mois, lorsqu'ils redoutent encore que l'une des infirmières s'en rende compte, il verse tout doucement, pour étouffer le bruit. Puis plus vite, une fois qu'ils ont compris que personne n'y prendra garde. Avec précaution, il tend le gobelet à Bessie, qui l'incline pour avaler. L'alcool brûle en pénétrant le corps d'une femme si mal nourrie qu'elle a perdu la moitié de son poids. Mais il aide.

À Noël, les médecins l'autorisent à quitter l'hôpital pour quelques jours. Alcide emprunte un pick-up pour l'occasion, et avec le concours des aides-soignants, il l'allonge à l'arrière sur des coussins que Luann y a disposés pour elle. Luann et Lyle vont dormir dans le salon afin de laisser la chambre à Bessie et Alcide. Sur le lit, elle peut regarder ses filles à hauteur des yeux. La nuit, Alcide s'étend près d'elle, et les enfants viennent, aussi, elles se penchent sur elle, tour à tour, pour appuyer leur front contre ses lèvres. En ces instants, ils sont de nouveau une famille unie, tous ensemble – tous, c'est-à-dire, ceux qui restent. Les filles vont se coucher, et Bessie et Alcide passent la nuit ensemble. Ils fêtent tous ensemble le premier de l'an 1965. Après quoi Bessie retourne à l'hôpital.

Pendant encore cinq mois, elle reste allongée sur le dos, enveloppée dans son plâtre ; encore cinq mois de radios, de médicaments contre les infections, de médicaments contre la douleur qui restent sans effet, encore cinq mois de whisky. Son corps se ratatine à l'intérieur du plâtre, si bien qu'à la fin elle pèse moins de trente-cinq kilos. Elle fait la taille d'une enfant.

Mais elle a beau maigrir, le plâtre devient trop serré. Pas partout. Seulement autour de l'abdomen.

Bessie est enceinte de cinq mois.

PROCÈS-VERBAL D'AUDIENCE, 2003

Juge : Je sais que ce n'est pas mon rôle de poser des questions, mais...

Avocat de la défense : Vous voulez que je pose la question ?

Juge : Je voudrais juste savoir comment on peut tomber enceinte avec ce plâtre.

Avocat de la défense : Monsieur le juge, j'essayais de faire preuve de tact en évitant le sujet.

Juge : J'ai juste formulé la question que tout le monde se pose, vous comprenez – comment cela se peut-il ?

Avocat de la défense : Docteur, je crois que nous avons décidé de laisser la réponse à cette question à l'imagination des gens, n'est-ce pas ?

Dans la salle d'audience, l'histoire est racontée de la façon suivante : elle est dans un plâtre qui lui prend tout le corps. Elle tombe enceinte.

Ricky grandit en elle.

Imaginez la joie de Bessie lorsque les médecins lui annoncent la nouvelle. Son bébé est mort, son petit garçon est mort, l'année a apporté une douleur et un chagrin inconcevables, et pourtant, à l'issue de tout ce malheur, par une nuit de Noël, une nouvelle vie a commencé. Les médecins lui avaient dit qu'elle ne tomberait plus jamais enceinte.

Ce bébé est un miracle.

Représentez-vous les médecins, debout à son chevet. Les blouses blanches, les stéthoscopes suspendus à leur cou, leurs vies et leur éducation. Certes, ils savent qu'elle est heureuse, mais cette grossesse ne peut pas être considérée comme un miracle. Elle prend tous les médicaments qu'ils peuvent lui donner, dont beaucoup sont contre-indiqués pour une femme enceinte. Le fœtus a cinq mois, ce qui signifie que depuis cinq mois, il grossit contre la carapace dure du plâtre. Elle a passé d'innombrables radios. Elles auraient pu être fatales à la grossesse, mais le fœtus a survécu et, maintenant, qui sait dans quel état.

« Votre grossesse ne peut pas être menée à terme, dit un médecin. C'est trop dangereux. Et pour vous, et pour l'enfant. »

L'autre essaie de la raisonner :

« Ça prouve que vous pourrez retomber enceinte. Pour l'instant, il vaut mieux laisser votre corps récupérer. Le préparer pour une prochaine fois. »

Peut-être Alcide tient-il la main de Bessie à ce moment-là, et peut-être leurs paumes pressées, complices, se rappellent-elles silencieusement ce que les médecins ignorent sans doute : le whisky. Il s'écoulera encore huit ans avant *Roe vs Wade*, Charity est un hôpital universitaire catholique, et pourtant, les médecins insistent : ce bébé ne doit pas naître.

Mais cette mère-là ne renoncera pas à son enfant.

Par conséquent, les médecins font ce qu'ils ont à faire : ils scient le plâtre, y creusent une large lune pour dégager le ventre de Bessie. Bessie fait ce qu'une mère a à faire : dans son plâtre, elle attend. Et le bébé grossit.

Le 11 septembre 1965, ils pratiquent une longue incision en travers de son abdomen et extraient le bébé de son ventre. Un garçon. Trois kilos deux cents. Elle le nomme Ricky Joseph Langley, Bessie, ce garçon qui va vivre à la place de son fils mort. Alcide et Luann viennent à l'hôpital pour le ramener à la maison, où ses grandes sœurs attendent, surexcitées, de faire la connaissance de leur nouveau frère.

Des années plus tard, un avocat, faisant face à douze jurés, agitera une épaisse pile de papiers scotchés ensemble – les avertissements destinés aux femmes enceintes pour tous les médicaments qu'a pris Bessie à l'époque. Puis il laissera tomber la page du dessous – et toutes les pages se disperseront sur le sol avec un claquement sec. Demerol et codéine. Librium, atropine, hydrate de chloral, Diabex et Fluothane. Inferon, Lincocine, Luminal, ménadione, Nembutal et Atarax. Sans compter toutes les radios. Des années plus tard, ces douze jurés condamneront à mort l'homme qui fut cet enfant. Il sera envoyé en prison, dans une petite cellule carrelée au sein d'un quartier où, cinq fois, il entendra les gardiens s'approcher de la grille d'un autre homme et le sortir de sa cellule pour l'emmener, au bout d'un couloir, dans une chambre dont il ne ressortira jamais. L'homme qui fut cet enfant attendra dans sa cellule et écoutera le bruit des pas du condamné s'estomper dans le couloir. L'homme qui fut cet enfant attendra de savoir l'heure où son tour viendra.

Mais pour l'instant, rien de tel. Pas en 1965. En 1965, une grande sœur toute fière soulève le coin d'une couverture pour jeter un coup d'œil au frère qui est maintenant le sien. « Deux bras, deux jambes, cinq doigts à chaque main, cinq orteils à chaque pied », dira Darlene des années plus tard, en se rappelant cet instant.

Il était parfait, ce bébé. Elle avait vérifié.

12
New Jersey, 1987

L e droit, c'est à travers des objets que je m'en éprends. Le rebord de la fenêtre du bureau de mon père en est rempli : un passage de roue en métal bosselé, vestige d'un accident de voiture ; une colonne vertébrale en plastique, tordue et entaillée comme par un couteau ; deux douilles vides que je roule dans mes mains comme des billes, reliquats de balles qui ont manqué le client de mon père. Lorsque mon père remporte ce procès, les douilles disparaissent du rebord de la fenêtre. Une semaine ou deux plus tard, tandis que mes parents sont dans leur chambre en train de s'habiller pour sortir, ma mère lui fait une surprise : un petit paquet cadeau enrubanné. Il défait le ruban, déchire le papier, soulève le couvercle de la boîte, et voilà le trophée dont il n'avait pas remarqué l'absence : ces douilles usagées, désormais serties d'or et montées sur des boutons de manchette. Elle lui sourit, prend sa main dans la sienne, lui tord doucement le poignet. Avec soin, elle glisse la fourche de métal dans sa boutonnière, puis la retourne, attachant la manchette de mon père avec les projectiles qui ont failli prendre la vie de quelqu'un d'autre.

Dans une décennie et demie, lorsque je serai grande, que j'aurai suivi la voie de mes parents et que je me serai mise au droit – quand je serai encore certaine que je crois en la loi –, on m'installera dans le vaste open space d'un cabinet juridique de Louisiane, où travaillent les stagiaires, en attendant qu'un bureau se libère. La salle est dépourvue de fenêtre, située au cœur d'un immeuble semblable à un dédale. Elle contient un amas de grandes tables serrées les unes contre les autres, toutes identiques à celle que ma mère avait installée pour nous dans la salle de jeux quand j'étais petite. Sur chaque table est posé un ordinateur beige massif qui fonctionne encore avec des disquettes. Les ordinateurs contiennent une banque de documents juridiques que nous modifierons pour toutes les affaires qui passent par le bureau.

Contre les étagères de livres, dans un coin, se tient un mannequin qui a dû être employé pour illustrer la position d'un accusé pendant une fusillade mortelle. À présent, des perles multicolores, reliques du mardi gras, sont accrochées à son cou. Le mannequin est noir, avec un bras blanc, et un stagiaire a disposé ce bras de façon qu'il fasse un geste lubrique permanent, main sur l'entrejambe. Sur le sol, à ma gauche, est posé un gros carton ouvert, plein de couvertures en feutre pliées. Elles ne sont pas là pour les longues soirées que nous passons parfois au bureau. Elles sont trop chaudes pour être d'une utilité quelconque dans ce climat lourd et humide. Non, selon la rumeur qui circule parmi les stagiaires, elles ont été utilisées pour illustrer le meurtre d'un enfant par étouffement. Pendant que je travaille dans cette salle, un après-midi après l'autre, à chercher des dossiers tandis que les Pixies s'époumonent par les enceintes de mon ordinateur, ce sont encore les objets qui me font le plus d'effet. Qui me ramènent à ce sentiment de mon enfance, à la collision entre le récit et l'artefact. À côté du carton est posée la reproduction d'un plâtre blanc qui a la forme du torse et des jambes d'une femme.

Bessie.

Chaque jour, je contemple ce plâtre, et je repense aux douilles vides aux poignets de mon père, renfermant une histoire depuis longtemps révolue. Étendue dans ce plâtre, immobile et emprisonnée – est-il possible que Bessie ait eu envie de faire l'amour avec Alcide, que Ricky soit né d'une tentative désespérée de retrouver un lien, une tentative désespérée de regagner ce que l'accident avait pulvérisé? Ou était-ce Alcide qui en avait envie, lui qui avait toujours bu, toujours eu le vin mauvais, et ce plus encore après l'accident? Ce qui s'était passé – ce qui avait créé Ricky –, était-ce de l'amour? Du viol? Une chose difficile à définir, quelque part entre les deux?

Lorsque j'ai douze ans, ma mère décide d'entrer en fac de droit. Très vite, la loi prolifère partout dans notre maison. Les étagères contiennent des essais rédigés par les avocats pugnaces que mon père admire. Il passe des cassettes de leurs plaidoiries lorsqu'il fait ses pompes sur la moquette du palier, ou lorsqu'il cire ses chaussures avec une brosse en bois, assis sur les marches. Ma mère, qui a maintenant passé la quarantaine, ne prend pas des cours du soir, elle suit le cursus normal, à plein temps, avec des étudiants d'à peine plus de vingt ans. Le soir, tandis que le dîner mijote sur la gazinière, elle étale ses livres sur la table en Formica. Ils font tous sept ou huit centimètres d'épaisseur, avec des couvertures rigides bordeaux. Elle en ouvre un et se penche sur ses pages fines comme celles d'un dictionnaire, qu'elle tourne en se léchant le bout du majeur. Parfois, le doigt sur une ligne, elle relève la tête pour attraper à tâtons un feutre jaune fluo dont elle se sert pour souligner un passage. Puis elle prend l'un de nos crayons de papier d'écolier, un HB n°2. Elle note quelque chose dans la marge, s'appuie contre le dossier de sa chaise et mord le crayon par le milieu. C'est aussi comme ça que je mords mes crayons. La maison est bientôt pleine de crayons presque cassés en deux. Des années plus tard, je me rappelle le goût cireux de la peinture jaune qui les recouvre, le goût de papier du bois écaillé, de métal âcre du graphite. Lorsque le dîner est prêt, elle nous appelle. Nous disposons nos assiettes à l'autre bout de la table, et pendant que ma mère étudie, nous mangeons.

Il s'avère que ma mère est douée pour le droit. Elle a de bonnes notes et s'inscrit à des concours de plaidoiries. Bientôt, c'est mon père qui se charge de préparer le dîner : il enveloppe des côtes de porc de bacon et de provolone, les fait griller et les arrose de ketchup. Nous avons été élevés selon les préceptes de ma mère : au lieu de chocolat, nous mangions de la caroube, et on nous a appris quand nous étions encore tout petits que le mot « friandise » renvoyait à des bananes recouvertes de yaourt nature, sans sucre – au moins jusqu'à ce que nous entrions à la maternelle et que nos camarades nous corrigent. La graisse grillée, un peu acide, mêlée à la giclée sucrée de ketchup frais choque notre palais. Cette année-là, c'est mon père qui fabrique nos costumes d'Halloween, et il se lance dans l'entreprise avec l'enthousiasme du débutant. À l'aide de tissu jaune et d'un pistolet à agrafes, il me transforme en le Lion peureux du *Magicien d'Oz*. Cet automne-là, la série *ALF*, sur un extraterrestre en peluche marron avec un nez porcin, est populaire, et pour mon frère, mon père agrafe des morceaux de feutre brun et peint un groin sur un rouleau de papier toilette en carton. L'année suivante, les boutiques seront pleines de costumes d'ALF, mais cette année-là, lorsque tous les enfants se mettent en rang dans la salle des fêtes le jour d'Halloween, l'employé municipal qui tient lieu de juge remonte la file de clowns et de chapeaux de sorcière, les costumes noirs de ninjas et les roses façon conte de fées, et accroche le ruban bleu sur la poitrine de mon frère. Lorsque nous sommes en vacances alors que la fac de droit continue, c'est au tour de mon père de souffler, et ma mère nous emmène avec elle en cours – et à la cafétéria. Mon frère est encore maigre à faire peur ; chaque fois qu'il a envie de manger quelque chose, c'est une fête, et plus tard, nous nous répéterons à l'envi que nous adorons la fac de droit mais en fait, ce que nous voudrons dire, c'est que nous adorons les *macaroni and cheese*.

Mais ce sont les professeurs qui m'impressionnent. Je suis assise, les genoux serrés, sur une chaise en bois inconfortable, devant un pupitre pliant, entourée d'étudiants terriblement adultes, et je regarde une femme aux cheveux gris coupés au carré, qui porte une veste et une jupe bordeaux. Debout devant un énorme tableau noir à trois panneaux, elle tapote l'ardoise du bout de sa craie et commence. «Imaginez…», recommande-t-elle aux étudiants, et elle entreprend de décrire un faisceau de circonstances. Je ne sais pas encore que ce qui sort de sa bouche s'appelle un cas d'espèce, le type d'exemples que brossent rapidement les professeurs de droit pour apprendre aux étudiants à analyser la façon dont un principe s'applique à différentes circonstances. Je reconnais ses mots pour ce qu'ils sont : une histoire.

Lorsque ma mère reçoit l'argent de son emprunt pour s'inscrire en fac de droit, c'est une aubaine. Mes parents ont toujours aimé l'argent, ils ont toujours eu la conviction que s'ils le dépensent, il en apparaîtra davantage. Ils nous emmènent aux Antilles françaises, où ils louent une maison au pied d'une falaise. En fin de compte, ils ont mal fait leurs calculs, le budget prévu pour la semaine part dans le dîner du premier soir. Mais à présent, nous y sommes, le voyage a déjà commencé, et bien vite la semaine prend des allures magiques.

Pendant la journée, nous courons pieds nus sur la plage et tentons de grimper aux cocotiers, n'arrivant à nous hisser qu'à quelques dizaines de centimètres avant de retomber sur le sable, hilares. Nous ramassons les noix de coco autour des troncs et les cognons contre des pierres, pour essayer d'accéder à la chair sucrée qu'elles renferment. Mon père a installé des enceintes dans la maison, et le soir, il passe de vieilles chansons d'amour françaises à tue-tête sur la terrasse. Lui et ma mère se tiennent la main et s'embrassent en écoutant la musique. Mes sœurs et moi, les tommettes d'argile fraîches sous la plante de nos pieds – pendant une semaine, on dirait que nous ne sommes jamais forcées de mettre des chaussures –, nous tourbillonnons sur nous-mêmes, l'une après l'autre, pour faire valser sur nos jambes les jupes en soie turquoise que nous a achetées ma mère, et notre rire s'élève jusqu'à l'océan. Nous ne sommes que légèreté et joie, nous sommes loin, loin de chez nous.

Le dernier jour, nous attendons sur le tarmac d'un aéroport l'avion qui va nous ramener à la maison. Retour aux samedis où débarquent mes grands-parents, retour aux soirées que mon père passe à boire à la table de la cuisine, retour au crissement de ses pneus qui chassent les graviers quand il part au milieu de la nuit. Je me rappelle une lourdeur nouvelle dans mon corps, mais peut-être est-ce l'œuvre du temps, une impression rétrospective. Sur le tarmac, le soleil de l'île ricoche sur les engins métalliques à l'arrêt, si vif qu'il me fait mal aux yeux.

Mon frère est debout devant moi. Il est encore maigre, pas encore tout à fait à l'abri des périls de notre naissance, et la coupe en brosse que ma mère lui a fait faire pour le voyage souligne la forme de son crâne, faisant ressortir ses yeux ronds et inter-rogateurs. Tandis que nous attendons, il replie ses mains sous son menton comme de petites pattes et avance ses dents du bas. Avec ses grands yeux et sa tête toute menue, c'est un vrai petit écureuil. Nous rions, mes sœurs et moi. Déjà, c'est le comique de la famille, celui qui, malade pendant si longtemps lorsqu'il était petit, veut désormais faire rire les autres. Ensuite, il raconte une blague. Il y est question de sept frères chinois. Pour la chute, l'un d'entre eux grille sur la chaise électrique.

« Qu'est-ce que c'est ? » je demande.

Je suis une enfant fière, et je suis vexée de devoir poser la ques-tion, mais quelque chose dans l'expression « chaise électrique » exige d'être compris.

« Il a reçu la peine de mort », dit mon frère.

Le temps que je comprenne ses mots, je suis contre la peine de mort. La mort, c'est ce dont j'ai peur. La mort, c'est ce qui a emporté ma sœur ; la mort, c'est ce que les adultes redoutent pour mon frère ; la mort, c'est ce dont je fais des cauchemars. À travers les livres de ma mère et les histoires de mon père, j'ai commencé à envisager la Constitution comme un document d'espoir. La loi que j'aime tant peut donc imposer la mort ? Peu importent les raisons évoquées dans les livres de droit. C'est là que ça commence : avec horreur. À partir de cet instant, je serai toujours contre la peine de mort.

* * *

Pour la remise de diplôme de ma mère, mon père fait dresser une tente blanche dans notre jardin tout en longueur. Ce soir-là, l'obscurité enveloppe la tente, et il y a un moment où le groupe cesse de jouer, les invités se taisent et un serveur en petit gilet surgit de la pénombre avec un gâteau, le sommet en flammes. Le serveur le pose sur la table d'un geste cérémonieux. Les yeux de ma mère sont humides et luisants à la lueur des bougies, tandis qu'elle se penche pour nous faire signe, à nous, les enfants. Ensemble, nous soufflons les bougies, et on distingue soudain les lettres sur le gâteau : L & M-L. Mon père, grand et sémillant dans son smoking, presse la main de ma mère dans la sienne. Ils vont devenir associés.

Le bâtiment qu'ils trouvent à louer est situé au centre de notre ville, le long des rails du chemin de fer, en face de l'ancienne gare. De l'autre côté de cet édifice, la grande église catholique. À quelques pas de leur nouveau bureau se trouvent le cinéma local et un kiosque à journaux qui vend des chewing-gums, des *Archie Comics*, et des recueils de jeux de logique. Au coin de la rue, l'unique immeuble d'habitation, où chaque printemps fleurit abondamment l'unique magnolia. Mon père prend le deuxième étage pour ses affaires criminelles et ses dossiers de malversations. Au premier, ma mère traite les affaires familiales.

Je suis élevée dans le droit comme d'autres enfants sont élevés dans la religion. Lorsque nous nous réunissons autour de la table pour les dîners en famille, mon frère, mes sœurs et moi, nous n'inclinons pas la tête pour dire le bénédicité. Non, nous la dressons comme nous dressons l'oreille pour tenter d'intercepter les mots que mes parents échangent du tac au tac. Les divorces houleux dont elle s'occupe, les femmes battues qu'elle défend au cours de ces premières années, quand elle prend encore des dossiers peu rentables. Les affaires d'erreur médicale qui ne rapportent rien à mon père s'il ne l'emporte pas, mais qui paient extrêmement bien s'il gagne – un tiers des dommages et intérêts perçus. Le salaire de celui qui joue et risque gros, un jeu qui récompense la curiosité. «Ce que j'aime dans le droit, c'est qu'il me donne la chance d'apprendre un peu de tout», me dit mon père. Je reconnais quelque chose de moi dans ces mots – et quelque chose de l'amour que j'ai pour les objets sur le rebord de sa fenêtre.

Enfant, j'apprends à écrire sur des blocs-notes tout en longueur chipés dans le bureau de mes parents. Je m'allonge à plat ventre sur la moquette rêche et j'essaie de remplir de mon écriture les pages quadrillées. J'ai inventé un personnage que je baptise Cassie : elle vit sur l'île où nous nous rendons tous les étés et fréquente le même cinéma que nous. La différence, c'est que Cassie aime un garçon, Bobby ; elle n'est donc pas comme moi.

J'ai dix ans, puis onze, puis douze, et tandis que mes copines n'ont que les garçons à la bouche, je ne tombe pas amoureuse. Je trouve que l'amour, c'est idiot, c'est une distraction, et j'oscille entre la pitié et le mépris lorsque mes camarades m'en rebattent les oreilles. Je n'aime pas la musique pop, parce que toutes les chansons parlent d'amour, et je trouve stupides la plupart des magazines pour préados que l'on trouve au kiosque, car ils ne parlent que de ça également. Ce n'est pas seulement que je me trouve trop grande, trop gauche et trop brune, avec mes cheveux presque crépus dans une ville où tout le monde les a blonds et raides, pour penser que je pourrais plaire à un garçon. C'est quelque chose de plus profond que ça, même si je ne saurais dire quoi. Ce que mon attitude m'évoque se rapproche de la réponse que je donne lorsque, quelques mois après Noël, ma mère me demande ce qui est arrivé à une peluche neuve. «Chut», je dis, et je désigne un coin de ma chambre. «Elle dort.» Lorsqu'elle me repose la question quelques jours plus tard – « Alors, elle s'est réveillée, maintenant ? » –, la réponse doit venir d'un endroit au fond de moi qui en sait davantage sur mon frère que je ne le laisse transparaître. « Elle est dans le coma », je dis.

Mais c'est une histoire que ma mère me raconte plus tard, une histoire qui se met à faire partie de la tradition familiale. Elle a toujours l'air un peu perplexe lorsqu'elle la raconte, elle parle toujours d'un ton un peu trop badin. Ce que je me rappelle de ces années, c'est moi, à côté de mon lit, l'odeur de l'herbe coupée printanière et le grondement du moteur de la tondeuse de mon père s'élevant par la fenêtre ouverte, la lumière du soleil qui filtre à travers la vitre comme venue de très loin. Je grimpe debout sur le lit, chose qui m'est interdite. J'enfonce mes pieds nus dans la couette molle pour me maintenir en équilibre. Je ferme les poings et les appuie contre mes hanches, m'imaginant en boxeur, et dans cette pose je me fais un serment. Je ne tomberai jamais amoureuse, je ne ferai jamais tous ces chichis que toutes les filles que je connais semblent désirer plus que tout; pour moi, pas de froufrous. Jamais. C'est à peine si je sais ce que je suis en train de me promettre, si ce n'est la chose suivante : une vie différente. Je porte cette certitude de ce vers quoi je tends comme un secret à l'intérieur de moi, une dette de laquelle m'acquitter, un avenir dû.

Garder cela pour moi ne me paraît pas étrange. Je vis entourée de secrets, de non-dits. Sous la surface de ce qui peut être dit subsiste la vibration d'un monde qui n'appartient qu'aux ténèbres. Mes sœurs et moi, nous ne parlons pas des nuits des cinq dernières années, qui se sont évanouies comme si elles n'avaient jamais eu lieu. Si le soir il arrive que mon père se mette à gémir et se jette sur le lit, je comprends que c'est une vie distincte de celle que mes parents mènent dans leur bureau du centre-ville. Si, la nuit, lorsque je descends à la cuisine, il n'est plus gentil mais en colère, en colère contre moi ou en colère contre la vie, s'il me maudit ou me dit qu'il voudrait mourir, je comprends que cela ne s'est pas produit, pas plus que les nuits où les roues de sa voiture dérapent dans l'allée tandis que ma mère sanglote en peignoir à la porte. Toujours, le lendemain matin, lorsque je la trouve en train de dessiner ses sourcils devant sa coiffeuse dont le miroir est cerclé d'ampoules qui illuminent son visage, elle dit : « Je suis sûre que ton père n'a pas dit ça. » Ou : « Tu dois mal te souvenir. » Je suis censée, je le comprends, arborer une expression aussi neutre que celle que je me compose avec soin lorsque la sonnette retentit le samedi après-midi et que ce sont mes grands-parents, que mon père a aidés à monter sur le perron avant d'aller garer sa voiture. Si la nuit, parfois, je n'arrive pas à dormir parce que j'observe le rai de lumière autour du cadre de la porte et que je tends l'oreille au cas où les marches se mettraient à grincer, j'ai assez de présence d'esprit pour ne pas en parler au matin. À douze ans, je mouille toujours mon lit, et même si je n'ai pas les mots pour l'expliquer, si je le pouvais je dirais que c'est parce que ça me rassure. Que lorsque je sens le lit tout chaud, tout mouillé autour de moi, je sais : rien ne viendra m'attaquer dans la nuit. Rien ne voudra de moi. Le matin, je ramasse les draps malodorants, je les enveloppe dans la housse de matelas pour ne pas les toucher, je détourne le nez et je descends le tout à l'escalier du sous-sol, où je peux jeter le tas en l'air, au pied des marches, où la bonne qu'ont engagée mes parents se chargera de les laver. C'est elle qui, le matin, débarrasse les bouteilles de vin vides et les emballages de glace que mon père a laissés sur la table de la cuisine. Chaque matin, grâce à ses bons soins, déployés en toute discrétion tandis que ma famille dort encore à l'étage, la maison est effacée et remise à neuf.

C'est peut-être aussi une des raisons pour lesquelles je me prends de passion pour les objets du bureau de mon père : les secrets qu'ils renferment ne peuvent s'effacer. La preuve est toujours là, tangible. Elle attend que l'avenir vienne la chercher.

13

Louisiane, 1965-1983

Après l'accident, c'est une maison hantée que se construit la jeune famille ; il n'empêche qu'elle dure. Bessie reste à l'hôpital pendant plusieurs mois après la naissance de Ricky. Puis on l'autorise à rentrer chez elle, et elle et Alcide habitent avec Lyle et Luann dans leur trois-pièces. Luann s'occupe des quatre enfants, Lyle rapporte son salaire, et Alcide part sur les routes en camion pour ses missions. Les nuits où il est là, Lyle et Luann dorment dans le salon, laissant leur lit conjugal à Alcide et Bessie. C'est un arrangement contraignant. En Californie, ils s'étaient habitués à vivre seuls. À présent, Luann a une opinion sur tout quand il s'agit des enfants, et qui peut le lui reprocher, puisque c'est elle qui les élève ? Tout ce que peut faire Bessie, c'est se traîner tant bien que mal dans la maison sur sa béquille, faire de son mieux pour arriver au bout de ses journées à travers les strates de douleur et les injections que Luann l'aide à s'administrer. Il est plus facile de ne pas résister. Bessie a toujours été plus délurée que Luann, mais pour l'instant elle se plie à son mode de vie pentecôtiste. Pas de musique. Pas de télévision. Pas de whisky. Luann meuble le silence en parlant de Dieu. Elle doit sentir l'haleine chargée d'alcool de Bessie ; elle doit deviner ce qu'Alcide lui rapporte de ses périples. Mais Luann fait des efforts, elle aussi. Elle se mord les lèvres pour se retenir de parler, elle tend l'autre joue comme le lui a enseigné la Bible. Les deux femmes ne seront jamais amies, mais en silence, elles parviennent à garder un compromis.

C'est plus difficile pour Alcide, peut-être. À vingt-sept ans, il voudrait subvenir aux besoins des siens. Les soins que reçoit Bessie à Charity sont en partie pris en charge, et son boulot de camionneur n'est pas mal payé, mais le reste des factures mange tout de même tout son salaire. Ils sont des invités dans la maison de Lyle, et c'est tout juste s'ils contribuent aux frais de gîte et de couvert. Il essaie de ne pas laisser cette situation le consumer. Il sombre dans le silence, lui aussi. Il attend. Il met de côté tout ce qu'il peut. Se dit qu'ils sont encore jeunes, qu'ils ont le temps de repartir de zéro un jour ou l'autre. Lorsqu'il s'arrête pour prendre un café sur la route, les catalogues de terrains à vendre que tous les restaus routiers gardent dans un présentoir près de la porte doivent lui attirer l'œil. Il doit prendre les minces livrets à sa table et les feuilleter tandis que la serveuse remplit une nouvelle fois sa tasse. « Tout va bien, mon chou ? » demande-t-elle. Il lui répond d'un hochement de tête distrait, examinant les minuscules photos au grain grossier de parcelles rurales, l'esprit déjà ailleurs, dans un avenir imaginaire. Peut-être ces douze hectares près de Moss Bluff, avec de hautes digitaires et un ruisseau qui traverse le fond du terrain. Un instant, il imagine Bessie assise au bord de l'eau. Pas Bessie telle qu'elle est maintenant, cramponnée à sa béquille, le visage affreusement contracté par la douleur, mais Bessie telle qu'elle était il y a dix ans, une jeune fille de seize ans aux cheveux de la couleur des roseaux blonds, aux dents aussi éclatantes que sa robe en coton blanc. Un sourire qui le faisait toujours penser aux fous rires qu'il partageait avec ses frères quand il était petit. Ou peut-être cette autre annonce

– une petite maison en enfilade à La Nouvelle-Orléans, s'il parvenait à persuader Bessie de tenter la vie citadine. L'éclair de quelques secondes, il voit Bessie s'efforcer de circuler d'une pièce à l'autre avec ce genre de disposition. Il ne peut pas encore savoir que dans quelques années, les médecins vont l'amputer, mais déjà maintenant, sa jambe est constamment infectée, et elle a du mal à marcher. Il pousse un soupir et repose le prospectus. Il vide d'un trait son café, sent l'amertume du marc contre sa gorge, avale, repose la tasse vide. Pêche une pièce de dix cents au fond de sa poche, la plaque sur la table, se lève pour reprendre la route. Les médecins ont dit que trois opérations l'attendent dans l'année et déjà la douleur isole Bessie tel un brouillard. La douleur, ou le chagrin, qui peut le dire. Il va s'écouler un bout de temps avant qu'il récupère sa femme. S'il la récupère un jour. Il remet la casquette de la compagnie de transport et rassemble les prospectus dans son poing. Les laisse sur le présentoir, un peu froissés. Les rêves, à d'autres.

Alors c'est un soulagement, sans doute, de se hisser de nouveau dans la cabine de son camion, de faire gronder le moteur, un rugissement formidable, et de quitter le parking en souplesse. Bien installé en hauteur, il laisse les kilomètres de bitume noir faire le vide dans son esprit. Pas de passé derrière lui, pas d'avenir devant. La route, et rien d'autre. Sa seule responsabilité, avancer : aussi limpide que les lignes blanches tracées sur la route. Parfois, peut-être la nuit, quand il n'y a pas de distraction, ou peut-être quand le soleil de l'après-midi brille haut dans le ciel, quand le pare-brise en verre, de nouveau, accentue la chaleur jusqu'à ce qu'il transpire, et qu'il sent le volant dur et bosselé devenir un peu glissant sous ses paumes, parfois, dans ces moments-là, l'accident doit lui revenir. Le souvenir brûlant, étouffé de ce jour-là. Sa main portée à son front, pour l'essuyer. Le béton qui se précipitait sur lui à travers le pare-brise, comme si c'était la chose qui se dirigeait tête baissée vers la collision, pas lui. Pas la voiture. Pas sa famille. Puis le hurlement de Bessie. L'onde de choc l'avait pénétré par le volant, elle était entrée jusque dans ses os. L'odeur de brûlé. La dernière fois qu'il avait vu Oscar.

Mais Alcide est un homme pragmatique, sa capacité à rester debout le définit, et il en est fier. C'est un art qu'il a appris jeune, lorsque son frère est mort dans l'accident de moto. Un art qui lui est indispensable maintenant.

Donc la plupart du temps, il va bien. Il prend la route; il fait ses livraisons; il revient quand il le peut et embrasse sa femme sur le front, il s'assoit dans la maison de Lyle, à la table de Lyle, devant le repas préparé par la femme de Lyle. Lorsque le chagrin vient, et lorsque le chagrin ressemble à la colère, il prend l'une des bouteilles de whisky de Bessie et laisse le silence descendre le long de son gosier. Il n'oublie pas d'embrasser ses filles et n'oublie pas d'aimer sa femme estropiée, et il n'oublie pas de planquer les bouteilles vides pour que Luann ne les voie pas. Ces années sont difficiles, mais elles renferment une certaine dose d'espoir. Il attend de pouvoir prendre son nouveau départ. Il attend de pouvoir recommencer à zéro.

Puis Ricky souffle ses quatre premières bougies, et la chose devient possible. Il y a un nouveau bébé, Jamie. Un fils dont la vie n'a rien à voir avec l'accident. Les médecins ont dû de nouveau ouvrir le ventre de Bessie pour le sortir, et il s'avérera que Jamie est aveugle d'un œil et dur d'oreille, mais cet enfant, c'est la perfection. Deux garçons, trois filles, une augmentation qui lui permet enfin de se remplir un peu les poches. Alcide commande un catalogue de maisons en kit et, avec Bessie, ils choisissent la seule qu'ils peuvent se payer. Ce n'est pas le grand luxe – quatre pièces sur une charpente rectangulaire, sans fioritures – mais ce sera leur chez-eux. L'automne est clair et lumineux, un temps idéal pour la construction. Il n'est pas assez naïf ou imprudent pour s'imaginer qu'ils peuvent aller s'installer bien loin. Fini, les rêves de Californie. Quelqu'un doit s'occuper des enfants pendant les opérations de Bessie. Mais ils peuvent s'écarter un peu, au moins. Il construira sur le terrain de Luann et de Lyle.

Alcide est encore costaud – les muscles de ses épaules larges ne disparaîtront jamais – son ventre commence à peine à se ramollir à cause des journées immobile dans son camion. Avec Lyle, ils passent de longues heures à travailler au soleil. Ils posent les fondations, dressent les murs. À chaque poutre en bois, à chaque clou qu'il enfonce, il établit le squelette de leur nouvelle vie.

Lorsque je l'imagine là, à genoux sur la charpente de la maison, un clou coincé entre les dents, en train de donner des coups de marteau sur une planche tandis que le soleil énorme cogne et que la sueur ruisselle le long de son front et de son dos, je vois mon père, un chevalet de sciage dans le jardin, et les travaux de rénovation de notre maison. J'entends le vacarme d'un vieux radiocassette qui diffuse un match de base-ball, le coup du batteur et les acclamations de la foule en délire. Je suis au bord de la pelouse, les brins d'herbe se dressent entre mes orteils ; quoique doux, ils me grattent un peu, et c'est ainsi que Ricky se serait tenu, en regardant Alcide travailler dans la chaleur. Le fils aîné. À quatre ans, Ricky est un enfant à l'air normal. Les oreilles un peu décollées. Un peu maigre. Mais il rit lorsque Darlene ou Judy lui font des chatouilles. Et maintenant, il a un petit frère.

Ricky s'approche d'Alcide à pas feutrés. Celui-ci doit lever les yeux et voir son fils entouré d'un halo, en contre-jour dans la lumière crue de l'après-midi. À la radio, Waylon Jennings vient de finir de sa voix de crooner un vers qui parle de solitude, et le son des accords de guitare diminue sous les applaudissements du public. Ricky est encore timide avec son papa. Il reste planté là sans rien dire, il attend. Dans un flash, Alcide revoit Oscar à quatre ans, Oscar qui courait pour l'accueillir à la porte, il se revoit mettre un genou à terre pour le cueillir et jouer à la lutte avec lui.

Pour l'instant, Alcide récupère le clou entre ses dents et le tend à Ricky.

« Tu veux m'aider avec ça, fiston ? »

Ricky fait oui de la tête. Il se penche et prend le clou, le visage sérieux et attentif.

« Tiens-le juste là », dit Alcide.

Il montre la planche.

« C'est bien. Exactement comme ça. »

L'enfant avance un peu sur ses jambes mal assurées.

Alcide abaisse lentement le marteau sur le clou et l'enfonce à petits coups en prenant bien garde à ne pas pincer les doigts de Ricky.

« C'est bien. C'est bien. Va chercher le suivant, tu veux ? »

Il faudra qu'il repasse là-dessus un peu plus tard, qu'il enfonce mieux les clous, un par un. Mais pour l'instant, le soleil est haut, la bière est fraîche et la musique est bonne, et il est avec son fils, son fils en vie, en bonne santé. Il attend que Ricky récupère un autre clou dans la boîte à outils. L'après-midi pourrait s'éterniser, Alcide n'en serait pas fâché. Que cet après-midi les conduise tout droit jusque dans une vie nouvelle.

Alcide enfonce les dernières poutres dans la charpente de la maison. Avec Lyle, ils trempent des pinceaux dans de l'enduit au silicone pour protéger le bois de l'humidité de la Louisiane. Tandis qu'ils appliquent le liquide à l'odeur vinaigrée sur les planches et que le soleil se met à couler dans le ciel, menant l'après-midi à sa fin, et tandis que Ricky retourne dans la maison, à l'appel de Bessie, quelle proportion du passé enferment-ils à l'intérieur ? Combien des souvenirs que conserve Alcide se sont-ils infiltrés dans la maison qu'il construit, combien se sont insinués par ses portes ? Pensez ce que vous voudrez de la boisson, qui d'ailleurs ne parvient plus à contenir la colère, le chagrin qui lui échappe et le prend de court. Ces fois où il se surprend en train de cogner la table de son poing, conscient, soudain, de la veine ressortie sur son front, de la rage dans sa gorge, de Ricky qui se tapit dans l'entrée, minuscule et tremblant. Pensez ce que vous voudrez de la façon dont Bessie, parfois, s'enferme dans la chambre et sanglote, et il n'a pas besoin de lui demander pourquoi : à travers le sourire de Ricky vibre celui d'Oscar, sa voix en est un écho. Le fait est que le même journal qui a publié des articles sur l'accident qui a failli tuer la famille fera aussi un encart sur les cinquante ans de mariage de Bessie et Alcide. Une maison hantée, peut-être. Mais ils survivent.

Le fantôme, une femme, vient trouver Ricky en rêve, et Ricky, cinq ans maintenant, n'a pas d'autre choix que de prendre sa main et de la suivre. Dans le ciel nocturne, ils s'envolent, les étoiles de la ceinture d'Orion et de Persée scintillent au-dessus de leur tête, la seule ville que Ricky ait jamais connue est endormie dans l'obscurité au-dessous. Vus de ces hauteurs, les toits sont disposés en rangées tels les sommets des cryptes dans les cimetières de Louisiane; avec la distance, les maisons des vivants deviennent aussi petites, aussi parfaites que celles des morts. Le fantôme et Ricky volent pendant très, très longtemps, à ce qu'il lui semble. Ricky ne peut pas voir son visage, il sent simplement sa tunique blanche se gonfler dans le vent, et même si Ricky a peur, même s'il est fatigué, il n'ose pas lâcher sa main, pas à une telle distance du sol. Ils volent encore plus longtemps, autour d'eux l'air est froid et siffle à leurs oreilles, et au sol en dessous il voit des fleurs roses et mauves inexplicablement éclairées malgré les ténèbres. Il sait que ce sont les fleurs qui rappellent la Californie à sa mère, celles dont elle parle lorsqu'elle évoque un passé plus souriant.

Ils continuent de voler.

Puis il aperçoit, très loin, au-dessous, sur le sol, un homme assis en tailleur sur le bord d'une route nationale. Il tient tendrement quelque chose sur ses genoux, et se balance d'avant en arrière. Son père, Alcide, est un jeune homme, plus jeune que Ricky ne l'a jamais vu, avec une chevelure brune fournie, un corps svelte. À côté de lui, il y a un break marron, l'avant complètement enfoncé, comme dans un dessin animé, pense Ricky, et tout autour du verre brisé qui scintille comme les étoiles.

Son père tient dans ses bras la tête d'un petit garçon, il lui chante une chanson. Cheveux bruns comme Ricky, yeux marron comme Ricky, un anneau de sang là où le cou a été sectionné. Il sait, d'instinct il sait que le garçon a cinq ans comme lui. Mais le garçon n'est pas mort – la tête se tourne et les yeux marron s'ouvrent et regardent ceux de Ricky, et le garçon sourit. Il sourit à Ricky comme si Ricky était son ami.

Pendant longtemps, le rêve trouble Ricky. Il se le rappellera encore dans trente ans, et il le racontera à une salle pleine d'agents pénitentiaires, dans l'attente de son procès. À cinq ans, il y pense et il y repense, puis un après-midi en se réveillant de sa sieste, il demande à Bessie qui est le petit garçon. Le petit garçon aux cheveux bruns, comme lui.

***

Quand j'étais petite, ma mère conservait un meuble de rangement blanc dans la salle de jeux tout en longueur que je partageais avec mon frère et mes sœurs. Le reste de la pièce était à nous, le domaine des enfants, le sol encombré de labyrinthes que nous avions construits à partir de cubes. Des restes de Play-Doh séchés entre les lattes du plancher émanait une odeur un peu salée. Dans un coin était poussé un piano que mes parents avaient acheté dans l'espoir qu'au moins l'un de nous quatre fasse preuve du sens musical qui leur faisait défaut ; il se désaccordait sans cesse tellement nous cognions fort sur les touches. Deux cartes plastifiées étaient accrochées en hauteur sur l'un des murs : une carte du monde, et une des États-Unis. Chaque fois que nous rentrions d'un voyage en famille, nous nous asseyions sous ces affiches et levions nos petits visages contents pour regarder notre père marquer notre destination au crayon gras noir, tracer nos incursions dans le vaste monde.

La salle de jeux était un terrain conquis, à nous et nous seuls. Mais je savais sans qu'on ait jamais eu besoin de me le dire que le meuble blanc ne nous appartenait pas. Il appartenait à ma mère, à un autre foyer, et à une autre vie, une vie précédant notre existence. C'était un classeur métallique d'un blanc brillant, froid au toucher et résistant, avec un seul tiroir qu'il fallait enfoncer d'une certaine façon avant de l'ouvrir d'un coup sec. Je regardais ma mère accomplir ce geste de la paume d'une seule main. Ce qu'elle y rangeait n'en ressortait jamais. Des copies de nos dossiers médicaux, nos bulletins, des copies de nos certificats de naissance, et, très souvent, les photos pour lesquelles nous avions souri seulement quelques jours auparavant, tout cela était fourré dans le tiroir pour ne jamais en ressortir, englouti par le meuble. Mon père nous racontait souvent des histoires de son enfance, mais ma mère rarement, et j'avais le même sentiment à l'égard du meuble qu'à l'égard du passé de ma mère. C'était une chose dont on me barrait l'accès, et qui possédait à la fois l'attrait de tout ce qui est interdit et une espèce de silence aussi solide que de la pierre.

Ainsi, lorsqu'un rare après-midi de solitude dans cette pièce j'ai plaqué à mon tour la paume sur le tiroir pour imiter le coup de main de ma mère, et été récompensée par un dossier hospitalier qui ne portait ni sur moi ni sur mes sœurs, mais sur une autre fille, je n'en ai parlé à personne. Je n'étais pas à la recherche de ce dossier. Je n'en soupçonnais pas l'existence. Mais il était là : la preuve de l'existence d'un bébé, de l'existence de la sœur désormais disparue.

★ ★ ★

Bessie se cramponne au chambranle de la porte et s'appuie lourdement sur sa béquille. Les pièces sont petites, mais propres, le papier peint, neuf. Elle a préparé les lits dans la chambre de Darlene et de Ricky, et l'effort pour se maintenir en équilibre l'a essoufflée. Jamie, le bébé, est couché pour sa sieste de l'après-midi. Les filles et Ricky sont rentrés de l'école. Ricky s'est assoupi sur le canapé devant la télévision et lorsqu'il se réveille, il court vers elle et tire sur le bas de sa robe d'intérieur. Elle connaît cette expression de frayeur. Il a dû de nouveau faire le même rêve.

« Maman, dit-il. C'est qui ce garçon ? »

Elle est sur le point de lui dire que le rêve n'est pas la réalité, que ce n'est qu'un rêve, que le garçon n'existe pas non plus. Ni elle ni Alcide n'ont parlé de l'accident aux enfants. Mais lorsqu'elle ouvre la bouche, ce sont d'autres mots qui sortent.

« Suis-moi, mon lapin. »

Qui sait pourquoi le passé transparaît aux moments où il transparaît ; qui sait pourquoi un secret devient soudain trop lourd à porter ? Elle n'a jamais parlé d'Oscar aux enfants. L'après-midi s'étire dangereusement devant elle, toutes ces heures à bâiller, ces heures à remplir. Peut-être que c'est le temps qui laisse entrer le passé. Ou peut-être a-t-elle toujours projeté de leur raconter. Peut-être l'a-t-elle projeté si secrètement, si intimement que ce projet est resté inconnu même d'elle.

Francis, Darlene, Judy et Ricky la suivent dans sa chambre. Darlene a neuf ans et je l'imagine excessivement responsable, une adulte miniature, celle qui donnera forme à l'histoire familiale. Un peu boulotte pour son âge, elle tient de Bessie. Judy a huit ans et elle est tellement têtue qu'elle dort dans le salon plutôt que de partager son lit avec sa sœur. Pour Judy, je vois à la fois la démarche un peu garçon manqué de ma sœur et mon propre air renfrogné – à cause des réponses sèches auxquelles elle se tiendra dans quarante ans au procès. Francis a onze ans et elle les suit d'un pas traînant, déjà prête à sortir de la pièce.

Puis il y a Ricky.

Bessie leur montre l'intérieur du placard.

« Darlene, tu veux bien essayer de tirer sur la poignée, là ? »

Darlene est impressionnée. Elle a déjà vu le coffre que désigne sa mère, mais seulement dans l'interstice entre les robes accrochées dans la penderie lorsque Bessie se prépare le matin. Il n'a jamais été qu'une ombre dans les recoins obscurs du placard. Elle se met à genoux devant le coffre et tire encore et encore, mais sans parvenir à le faire bouger. Judy s'agenouille à côté d'elle et ensemble, les sœurs font levier et parviennent à rapprocher le coffre, sous les yeux attentifs de Bessie. Lorsqu'elles ont réussi à le ramener presque au niveau de la porte du placard, Bessie leur dit : « Bon, c'est bien, là », et les petites lâchent les fermoirs en métal et se reculent pour observer.

Bessie s'installe par terre. La manœuvre est compliquée, mais familière. D'abord, Darlene lui retire sa béquille et la tient devant elle tel un soldat son fusil, le visage détourné et le nez plissé pour tenter d'éviter l'odeur du torchon roulé et scotché au sommet, qui protège l'aisselle de Bessie. Francis se tient de l'autre côté et tandis que Bessie commence à plier les genoux, elle se positionne de façon que sa mère puisse prendre appui sur l'épaule de Judy. Puis Francis la fait pivoter légèrement et la rattrape, avec l'aide de Judy, et Bessie se laisse glisser par terre. Les filles s'assoient à côté d'elle. Ricky, toujours un peu timide, s'affale sur la moquette, en retrait.

Le fermoir du coffre est rouillé, mais il se soulève facilement dans la paume de Bessie. Les enfants observent, subjugués. Ils savent que leur maman ouvre souvent ce coffre. Ils le savent comme les enfants savent ce qu'il se passe derrière les portes fermées. Mais ils n'ont jamais eu le droit de regarder.

À l'intérieur du coffre, un fouillis de papiers. Des photos, par dizaines, noir et blanc ou sépia, et même quelques Polaroid en couleurs. Certaines sous cellophane. Qui sont ces visages inconnus, doivent se demander les enfants, ces visages en noir et blanc avec ces drôles de vêtements sombres ?

Darlene colle son pouce dans sa bouche et se met à le sucer – une vieille habitude. Francis est assise sur un genou, l'autre jambe allongée devant elle, et elle se décale pour essayer de mieux voir. Personne ne parle. Il y a quelque chose dans le silence de Bessie en cet instant, dans ses gestes méthodiques, qui crée une onde de malaise chez les enfants. Ils attendent, même s'ils ne savent pas quoi.

Les mains de Bessie savent se diriger. Elle glisse la main droite sur le rebord du coffre, vers le coin du fond, près de la charnière, et retire deux photographies. Puis elle se recule et les pose sur ses genoux.

Les enfants se rapprochent, en grappe. L'une des photos représente un bébé en charlotte blanche de baptême et layette. La photo est en noir et blanc, mais les joues et les lèvres du bébé ont été coloriées en rose. On dirait une poupée.

« C'est votre sœur, Vicky. »

L'autre photographie montre un petit garçon brun aux cheveux coupés au bol, qui sourit à la caméra, les dents de devant en moins.

Ricky le reconnaît immédiatement.

« C'est moi ! » s'exclame-t-il, ravi, et il se redresse d'un bond pour prendre la photo à Bessie.

Elle ne la lui donne pas.

« Non, mon chéri, dit-elle. C'est votre frère Oscar Lee. »

Frère. Le mot doit créer une onde de vertige autour de Ricky, ce petit garçon solitaire, ce garçon dont le seul frère est un bébé trop jeune pour jouer avec lui, ce garçon qui passe toutes ses journées avec Bessie et les filles. Ce garçon qui sera toujours affamé. Frère.

« Où il est ? » demande Ricky.

Mais aussitôt qu'il a prononcé ces mots, il sait. Il le reconnaît. Les cheveux bruns, les yeux, le sourire. C'est le garçon du rêve. « Il est mort, mon chéri. Lui et Vicky, ils sont tous les deux morts. Avant que tu sois né. » Une lueur vacillante doit passer dans l'esprit de Francis, de Darlene et de Judy. Elles avaient quatre, trois et deux ans ce jour-là dans la voiture. Le crissement des pneus lorsqu'Alcide s'est rendu compte de ce qu'il se passait, le soleil oblique à travers les vitres, puis le choc éclatant, brûlant. La douleur. Personne n'a parlé d'Oscar depuis sa mort. Ni du bébé. Mais le souvenir doit être là, vivant, à l'intérieur de Darlene : ses mains sous les bras du bébé, qu'elle tenait bien droit, la cage thoracique aussi minuscule que celle d'un oisillon. Les genoux de Darlene pressés contre ceux de Francis tandis qu'elles faisaient rebondir Vicky entre elles deux pour la faire rire. Puis la voiture a fait une violente embardée en avant. L'à-coup. Elle a lâché.

Dans trois décennies, lorsque Darlene sera une adulte à la barre des témoins pendant le procès de Ricky, elle parlera de cet après-midi avec le coffre en ces termes tout simples : « C'est ce jour-là que maman nous a parlé de l'accident. »

***

Ricky retourne encore et encore au coffre pour étudier la photo du petit garçon. À cinq ans, il est encore petit pour son âge, maigrichon, avec les dents proéminentes. Il bégaie, et il mouille son pantalon quand il est nerveux. Il n'a pas d'amis. Oscar devient son ami. Un jour, Ricky vole la photo, et à partir de là, elle est à lui. Lorsqu'il joue dans les bois, il la cale contre les racines d'un arbre et il a de longues conversations avec elle. Il la transporte à l'école, dans sa poche, et la tapote avec ses doigts tachés de confiture lorsqu'il n'y a personne d'autre pour partager son déjeuner. Parfois, l'une de ses sœurs l'entend parler dans une pièce apparemment vide, et lorsqu'on lui demande à qui il s'adresse, il répond : « Oscar. » Parfois, Darlene lui demande de fermer la fenêtre à côté de son lit – elle a froid – et il réplique qu'il ne peut pas. Ne voit-elle pas Oscar assis là dans les arbres ? Il ne veut pas qu'Oscar se sente seul. La famille décide qu'Oscar est inoffensif, un ami imaginaire pour le petit garçon qui n'a pas d'amis.

Puis les pleurs commencent. Bessie trouve Ricky assis sur la moquette devant la télévision. Ils conservent une image encadrée de mains jointes en prière sur le poste, mais il l'a renversée, comme pour la cacher. Ricky se balance d'avant en arrière, sur les genoux, et il se griffe la tête. « Dis-lui d'arrêter ! s'écrie-t-il. Empêche Oscar de me voir ! » Lorsqu'elle lui dit qu'il n'y a personne, il se met simplement à pleurer de plus belle.

DÉCLARATIONS DES GREFFIERS ET DES OFFICIERS DE POLICE, 2003

Ricky a raconté avoir été visité en rêve par un fantôme qui l'a emmené sur le site de l'accident de voiture. Suite à ce rêve, il s'est mis à poser des questions et a appris l'accident et l'existence de son frère. Il a affirmé que son frère était son « persécuteur/meilleur ami ». D'après lui, le frère le martyrisait car il avait pris sa place au sein de la famille.

Le frère est mort dans un accident de voiture avant la naissance de Ricky. Celui-ci a précisé que son frère était une plaie dans sa vie et qu'il voulait s'en débarrasser.

Il a dit qu'il lui fallait faire sortir Oscar Lee de sa vie.

Puis, un après-midi, alors que Ricky est en sixième, Bessie répond au téléphone, et entend son enseignante. « Madame, qui est Oscar Lee ? » s'enquiert-elle. Lorsque Bessie, secouée, lui demande pourquoi, la femme lui explique. Ricky s'est levé, s'est rendu au tableau et, devant toute la classe, il a écrit : « JE M'APPELLE OSCAR LEE LANGLEY. » Une fois adulte, Ricky, revenant sur cette époque, dira que c'est à ce moment-là qu'il s'est mis à toucher des enfants plus jeunes que lui. Il a commencé à l'âge de neuf ou dix ans, dira-t-il. C'était facile ; à tout bout de champ, les adultes envoyaient les enfants jouer ensemble. Luann recueillait les petits comme si c'étaient des chats perdus. Il y en avait toujours pléthore.

Darlene racontera la chose différemment. Ricky était très maigre, avec ces grosses lunettes épaisses et ses oreilles décollées, constamment nerveux et mal dans sa peau. Sans ami. L'idée que tout allait bien – que Ricky n'avait *rien* de bizarre – était une fable sur laquelle la famille s'entendait tacitement pour le protéger. « C'était juste notre Ricky, vous comprenez », expliquera-t-elle à la barre lorsque l'avocat de la défense lui demandera si Ricky avait l'air dérangé, enfant, et peut-être aurait-elle voulu dire : *Eh bien, il n'était pas normal, mais...* Oui, c'est vrai que Bessie buvait, et oui, c'est vrai que la cousine de Bessie débarquait certains jours pendant que les enfants étaient à l'école avec une bouteille de whisky dans son sac pour leur mère, parce que Bessie ne marchait pas assez bien pour aller s'en acheter elle-même, et oui, c'est vrai que parfois lorsque les enfants rentraient à la maison, Bessie était déjà saoule, et Alcide déjà en colère. Mais qui aurait pu lui en vouloir, à cette pauvre femme ? Sa jambe allait passer par d'innombrables infections avant que les médecins ne se décident finalement à l'amputer. Ils faisaient de leur mieux avec ce qu'ils avaient. La présence de Luann et Lyle signifiait que Ricky avait quatre parents. Pas deux. Les enfants n'étaient pas livrés à eux-mêmes, dira Darlene. Ils étaient heureux.

Mais son inscription au tableau – si ostensible – ne peut pas être ignorée. Alcide ne croit pas aux psychologues, il pense que la seule chose qui ne va pas chez Ricky, c'est qu'il est bizarre et sans doute «pédé», dit-il, et qu'il a un grain, ça c'est sûr, mais alors que Bessie se range presque systématiquement à son avis, sur ce point, elle insiste. Imaginez Ricky, petit garçon, assis sur un divan. Il ne comprend pas trop : ils sont bien chez le docteur mais il n'y a pas de table d'examen, et le médecin ne porte pas de blouse blanche. L'homme explique à Ricky qu'Oscar est mort. «Alors quand tu parles de lui, ça fait de la peine à ta maman, fiston. Tu vas être sage, maintenant, hein ? Tu vas laisser respirer ta maman ? »

Peut-être Ricky le comprend-il. Ou peut-être saisit-il le message : s'il veut passer pour normal, il faut qu'il arrête de parler d'Oscar. Quoi qu'il en soit, les mots du médecin font leur effet, et Ricky ne fait plus allusion à son frère. La famille pense que c'est fini.

Ce n'est pas fini. Simplement, on n'en parle plus. Un soir, à dix-huit ans, Ricky sort picoler avec deux autres garçons : trois amis, dans un pick-up d'emprunt, qui s'ambiancent en vidant l'unique bouteille de liqueur de menthe qu'ils se sont cotisés pour acheter et se passent maintenant à l'arrière du véhicule. La nuit de Louisiane est grosse de cigales et d'étoiles, et l'intervention humaine est si bien mise en veille que le champ des possibles s'étire devant eux. L'arrière de la voiture est le genre d'espace clos qui a donné à Ricky une impression de sécurité sa vie durant. Ses amis sont à ses côtés. Il a des amis. Lorsque la bouteille lui revient, lorsqu'il sent le goût sucré et collant à ses lèvres, il s'enhardit. Il ne sait pas que ses amis auront avec les enfants le même problème que lui. Il ne saurait définir le signe distinctif, le savoir caché qui les réunit. Il lui faut laisser l'alcool faire le travail.

Il dit : « J'ai des pensées que je devrais pas avoir. Je crois que j'ai peut-être bien besoin d'aide. »

Au centre médico-psychologique, un conseiller de l'équipe de nuit répond à l'appel du réceptionniste. Imaginez ce qu'il voit. Debout dans le couloir carrelé de linoléum, sous les néons fluorescents, un grand adolescent, saoul, un épi de cheveux dressé, des lunettes aussi épaisses que de la gelée, le corps chétif et un peu de traviole, le visage à demi tordu par un ricanement défensif. Ricky doit avoir l'air de se moquer lorsqu'il dit : « Je suis venu demander de l'aide. » Derrière lui, à travers la porte en verre poli, le conseiller aperçoit un pick-up rouillé avec deux autres garçons, vitres baissées, en pleins phares dans la pénombre, et l'autoradio qui déverse de la country à tue-tête. L'idée qu'ils se font d'une virée, sans doute. Une farce d'adolescents. C'est à vomir, ce que ces garçons trouvent drôle. Cela prend moins de temps au conseiller de jeter Ricky dehors qu'il n'en a fallu à celui-ci pour formuler sa requête.

Lorsque ces adolescents seront devenus des hommes, l'un d'entre eux témoignera au procès de Ricky. Ricky était sérieux, ce soir-là, dira-t-il. Ricky voulait se faire aider.

Mais le représentant de l'accusation, l'assistant du procureur, Wayne Frey, fera remarquer que la parole de l'ami en question n'est guère recevable – il a lui-même été condamné pour

pédophilie, par Frey en personne. « Alors c'était quoi votre
bande, là ? sifflera Frey. Une petite société de prédateurs sexuels,
ou quoi ? »

À dix-huit ans, dans la cabine du pick-up, Ricky ne parle plus
d'Oscar. De même que personne ne parle de l'alcoolisme de
Bessie ou du silence d'Alcide. Mais quelque chose s'est secrètement insinué en lui. Quelque chose attend, tapi là.

14

New Jersey, 1990-1994

D'enfant solitaire, je deviens une adolescente solitaire. L'année précédant mon entrée en cinquième, nous louons de nouveau une maison à Nantucket, et là, des tiques infectées par la maladie de Lyme nous mordent, mes sœurs et moi – mais nous ne le savons pas encore. Cet été-là, Nicola et Elize attrapent toutes deux des infections pulmonaires, et les antibiotiques qu'on leur prescrit éliminent la maladie, avant même qu'elle soit détectée. Je passe tout l'été en bonne santé, je m'entiche de longues promenades dans le centre-ville, je tiens un livre devant mes yeux pour pouvoir lire en marchant. Je passe des heures recroquevillée à la table du fond du café qui vend des glaces, à observer les jeunes garçons irlandais qui y travaillent. Histoire de voir si je parviens à m'amouracher d'eux.

Ce n'est que lorsque nous sommes de retour dans la maison grise et que l'école a repris qu'il devient évident que quelque chose ne va pas. Je fais du sport depuis plusieurs années, j'ai rejoint Nicola dans l'équipe de basket municipale, je m'attache les cheveux pour jouer au foot. Nicola est douée, mais je n'ai jamais été la plus rapide de l'équipe, ça n'a jamais été mon style de force. Maintenant, lorsque j'essaie de courir, mes genoux se replient sur eux-mêmes, comme pour essayer de conserver le peu d'énergie qu'il me reste. Je suis fatiguée et une douleur très profonde irradie dans mon corps. Couchée dans mon lit chaque soir, à la lueur jaune de la lampe poupée, je suis seule, mais je sens les mains de mon grand-père se faufiler sur ma peau. Il semble donc logique que mon corps souffre. Il n'y a aucun moyen d'échapper aux souvenirs, pas lorsqu'ils viennent de l'intérieur.

Le sommeil dans lequel je sombre est profond et implacable. Lorsque ma mère vient me réveiller pour l'école, j'enfouis ma bouche dans le coton amidonné de l'oreiller. Je lutte pour ne pas me réveiller, pour m'accrocher aux ténèbres. Je manque un jour, puis une semaine, puis un mois. Les tests pour la mononucléose, l'un après l'autre, se révèlent négatifs, à mon grand soulagement – à l'école, les autres appellent ça la « maladie du baiser », or je sais que je n'ai embrassé personne, à part les fois auxquelles je ne veux pas penser –, mais je ne suis pas curieuse de connaître la cause de ma léthargie. Je veux simplement me reposer.

Finalement, mes parents trouvent un spécialiste et, chose exceptionnelle, m'emmènent le voir tous les deux. Le visage du médecin est sévère par-dessus sa blouse blanche, sa main froide lorsqu'il empoigne mon mollet et plie et replie mon genou. Il examine ma rotule, lui donne des petits coups, puis donne des petits coups dans ma hanche. Il fait signe à mes parents de l'accompagner dans une autre pièce.

Lorsqu'ils reviennent, ma mère s'approche de la table d'examen et glisse ma main droite dans la sienne. Sa main est chaude ; les miennes sont toujours froides et je lui trouverai toujours les mains chaudes. Je lève les yeux sur elle, mais elle se détourne. Elle me presse la main.

À l'époque, la maladie de Lyme est nouvelle, à peine connue. Le médecin ne m'a pas fait faire les tests. Nous ne pouvons voir que ce pour quoi nous disposons d'un nom. À présent, il se penche sur la table. Il a les yeux bleu glacier, un bleu trop vif. « Tu es en parfaite santé », dit-il, d'une voix artificiellement aiguë, comme s'il parlait à une petite enfant. « Physiquement, tout va bien. Parfois, quand quelqu'un est très triste... »

Un signal retentit en moi. Je le déteste. Je le déteste immédiatement.

Dehors, sur le parking, mes parents avancent d'un pas brusque. Je bouillonne de colère et de chagrin, je m'efforce de ne pas pleurer. Qu'a-t-il vu en me regardant ?

« Mes genoux me font mal, je m'exclame. Ce n'est pas dans ma tête ! » Le temps que nous arrivions à la voiture, j'ai les yeux qui me brûlent, qui me piquent. Je lutte pour empêcher les larmes de s'échapper. « Vous ne le croyez pas, si ? »

Mon père démarre la voiture, débloque le volant. C'est à ma mère qu'il incombe de me répondre. Pendant quelques instants, il n'y a que le silence et les gestes de mon père, qui conduit. Puis ma mère se retourne. Elle évite de me regarder dans les yeux.

« Ma chérie, dit-elle, on ne peut exclure aucune éventualité. »

Essayer aujourd'hui de me rappeler cette année-là, c'est glisser d'une image à l'autre, et elles ont toutes le caractère lointain du rêve. Le remue-ménage de mon frère et de mes sœurs partant pour l'école le matin, les lèvres de ma mère sur mon front lorsqu'elle me dit au revoir, les heures de sommeil avec le soleil chaud par la fenêtre. Le plaid rose tricoté par ma grand-mère à ma naissance, que je traîne jusqu'au canapé du salon, où je passe la journée, enveloppée dans la laine rêche, qui gratte. La chope en verre que je remplis de thé à la cannelle que je laisse infuser longuement, pour pouvoir me réchauffer à chaque gorgée de liquide fort. Sur ce canapé gris, je glisse de la veille au sommeil, entre un néant bienheureux et l'ennui qui me glace jusqu'aux os, l'ennui d'être toujours là, dans cette maison, car le temps ne file pas assez vite. Même quand je dors pour l'aider à passer.

Mes parents trouvent un nouveau spécialiste, qui diagnostique la maladie de Lyme et prescrit des antibiotiques par intraveineuse. Désormais, l'après-midi, après la sortie des classes, il y a presque toujours une visiteuse à la porte, une camarade que l'école a envoyée avec une épaisse enveloppe en kraft pleine de devoirs polycopiés. La porte que mes parents ont posée est en chêne épais, avec des vitraux figurant un lys au milieu, et c'est toujours à travers ce lys que j'aperçois d'abord la fille ; les feuilles fragmentent son visage tel un Picasso. J'ouvre la porte. Elle est en collants, jupe de l'école, et les cheveux lustrés tirés en une queue-de-cheval bien nette. Elle sourit et pointe précipitamment l'enveloppe vers moi.

« C'est pour toi », dit-elle.

Je m'examine comme de l'extérieur. Le pantalon de survêtement et le sweat-shirt de couleur sombre dans lesquels je vis, que je réservais autrefois pour les nuits d'été fraîches à Nantucket, mais dans lesquels désormais je voudrais disparaître. Les cheveux que je n'ai pas lavés depuis des jours, qui dépassent de mon crâne tels des ailerons crépus. Les tuyaux de plastique de mon intraveineuse à domicile émergent des veines de ma main et s'enroulent autour de mon bras, auquel ils sont scotchés. Est-ce que je vois la gêne dans ses yeux, la façon dont même une enfant peut sentir qui est malade et a cessé de lutter ? Je la sens. Et moi, je me sens toute nue.

Mais bizarrement, je ne vais pas mal du tout. Le monde auquel j'appartiens à présent est celui des livres que je lis. Lorsque je ne dors pas, je lis. Dans mon manuel d'anglais, il y a une des premières nouvelles de Fitzgerald ; je la lis, puis je lis les autres, et seulement ensuite, *Gatsby*, suivant le développement du rêve prolongé de Fitzgerald. Ma mère, je le sais, adorait Zelda, et les livres me permettent de l'imaginer jeune femme dans son studio à New York, de me représenter les brunchs pétillants qu'elle m'a racontés. Sur l'étagère de mon père je trouve Michener, et dans ces milliers de pages le vaste monde d'exploration auquel il aspirait tant. Mes deux parents, j'apprends à les connaître mieux et différemment à travers leurs livres. Dans les livres, je découvre la sourde vibration de tout ce qui est indicible. Les personnages pleurent comme je voudrais pleurer, aiment comme je voudrais aimer, ils crient, ils meurent, ils se battent la poitrine et ils braillent de vie. Mes journées sont poisseuses d'un sommeil cotonneux qui les étouffe et les emmêle.

Lorsque l'été revient, mon père décide qu'il en a assez d'aller systématiquement à Nantucket. Ils nous ont emmenés en France – un mois idyllique passé dans une petite maison en pierre sur une route de montagne, juste à côté de la chaumière sur la porte de laquelle se trouve encore le nom de jeune fille de ma grand-mère maternelle, ZANNE – mais, déclare mon père, nous n'avons pas vu l'Amérique. Il est amoureux de nouveau, de nouveau amoureux de l'Ouest, et Garth Brooks est de retour sur la chaîne stéréo et une fois de plus mon père porte des jeans évasés par-dessus ses bottes. Pendant des mois, il étale des atlas sur la table en Formica de la cuisine et rassemble les fiches perforées de 6 centimètres sur 10 que pendant toute mon enfance il a conservées dans la poche avant de ses chemises avec un stylo à plume afin de prendre des notes, des fiches qui ne viennent jamais à manquer et que je ne l'ai jamais vu acheter, et qu'il ne me viendra jamais à l'idée de regretter jusqu'à ce qu'un jour, lorsqu'il est devenu vieux et a changé de style de chemises, elles aient disparu.

Sur ces fiches, il esquisse son plan. Nous prendrons l'avion pour l'Ouest et louerons un camping-car. Nous passerons prendre mes cousins en Arizona, puis nous roulerons jusqu'au Grand Canyon et remonterons par l'Utah, avant de rejoindre la lisière de la Californie, pour voir les parcs nationaux. Ma mère et lui font un compromis : une nuit dans un hôtel, celle au Grand Canyon. À part ça, oui, le camping-car. Nuit après nuit, mon père échafaude ses plans.

Le voyage est magnifique, et le voyage est un désastre. En y repensant aujourd'hui, en imaginant mon père à la vitre de la cabine du camping-car, sur le siège conducteur en hauteur, avec la femme qu'il aime à ses côtés et les quatre enfants qu'ils ont faits ensemble à l'arrière, je sens parfaitement l'euphorie qu'a dû provoquer chez lui cet été-là. Quel triomphe d'avoir ce monde à lui. Quelle victoire pour lui, qui n'avait pas de père, dont la mère avait toujours eu du mal à joindre les deux bouts, d'avoir l'Amérique, rien de moins, à nous offrir. Il nous montrera les chatoyants dégradés de rouille de Bryce Canyon, le soleil qui à midi enflamme le haut rocher rouge, les ombres portées par les falaises et les surplombs. Il nous fera voir l'immensité du Grand Canyon, et à ses pieds les gravures rupestres laissées par les Indiens. Avec sa femme, née d'immigrés français et italiens, sa propre famille, polonaise et russe, voilà maintenant l'héritage qui lui revient de droit. L'Amérique. Son enthousiasme est sans limites.

Mais, enfant, je suis recroquevillée à l'arrière, sur un mince matelas posé à même le plancher métallique du camping-car, et je regarde le paysage défiler à travers une vitre terne de trente centimètres sur trente. J'en suis à plus de vingt aspirines par jour à présent, sur ordre du médecin, pour tenter de juguler le gonflement de mes articulations. La douleur que déclenche la climatisation démarre comme une espèce de brûlure dans mes genoux et mes doigts et se propage en une crampe qui me picote et me donne envie de vomir. Mon père laisse la clim à fond et j'ai beau me plaindre à lui et à ma mère, il refuse de m'écouter, ou ne parvient pas à me croire. Et ce qu'il dit n'est pas faux : il a trop chaud, et j'ai mal, mais pourquoi irais-je penser que ma douleur doit l'emporter sur son inconfort ?

C'est la logique à laquelle je ne trouverai jamais d'explication : dans ma famille, une douleur, ce sera toujours la mienne ou la tienne, à monter l'une contre l'autre et à mettre en balance, jamais une douleur collective, jamais une douleur de famille. Est-ce que ce qu'il se passe dans une famille est le problème de la famille, ou le problème de celui ou de celle qui en est le plus affecté ? Il a un coût, ce genre d'individualisme antagoniste.

Et pourtant, ce sera moi qui en grandissant porterai des santiags de cow-boy et de grosses boucles de ceinture, bien que j'habite dans le Massachusetts. Qui courrai après cet amour qu'il a tenté de me montrer.

L'année de quatrième commence. Le fait de ne pas aller à l'école me semble désormais plus normal que l'idée d'y retourner. Je passe mes journées dans la torpeur lancinante de la cage d'escalier, dans la pièce où nous jouions quand nous étions petits, dans ma chambre. Chaque semaine, mon père prend sa voiture pour se rendre dans le Queens et ramène mes grands-parents par le pont, pour nous voir. Chaque samedi, ma sœur Nicola joue aux dames avec mon grand-père sur le perron comme je le faisais auparavant. Moi, je ne peux plus. Je ne peux même pas les regarder jouer. Je suis trop consciente du fait que je l'ai vu la toucher dans notre chambre. Trop consciente du fait qu'il m'a touchée. Cette vérité me donne la chair de poule, la nausée. Je ne peux même pas aller aux toilettes sans penser à ses mains autour de son membre dans cet endroit, au geste que je ne comprenais pas. Mais je sais que je n'ai pas le droit de dire ça, de même que je n'ai pas le droit de raconter à mes copines d'école ce qui s'est passé. Ma mère a expliqué que je nuirais à la carrière politique de mon père dans le cas contraire. Mon père a expliqué que je ferais souffrir ma mère. Ils m'ont tous deux interdit d'en parler à ma grand-mère, car ça lui ferait trop de mal, et à mon frère. Il est très lié à mon grand-père et, comme il est le seul garçon dans une maison pleine de filles, il a besoin de lui.

La douleur est donc un poids que je dois porter seule. À chaque Halloween, lorsque les fantômes et les sorcières commencent à apparaître dans les décorations qui colorent la ville, je deviens nerveuse et je perds le sommeil, comme si mon subconscient croyait en ce que me disait autrefois mon grand-père – qu'il est un sorcier, et qu'un jour il aura ma peau.

Je commence à me cacher. Je teins mes cheveux en rouge camion de pompier, quelquefois en mauve, une fois en vert, et j'adopte un style à base de longues jupes amples de couleurs vives et dissonantes et de Doc Martens rouge sang tellement trop grandes que lorsque j'entre au lycée, les élèves les appellent des «chaussures de clown». C'est de cette façon que je peux disparaître à ce moment-là : en donnant aux gens qui m'entourent quelque chose d'autre à regarder, la tenue que je porte, au lieu de moi. Je sèche les cours, je manque tellement de jours de classe que le lycée refuse de me donner des notes. Mes amis ont remarqué que je supporte mal le contact physique. Si quelqu'un me fait une accolade par surprise, mon corps se cabre et automatiquement, aussi sec, je lui assène un coup de coude dans le ventre – ou bien c'est comme si je sortais soudain de mon corps, qui se raidit. Pour l'anniversaire de ma grand-mère, ma famille se rend dans un restaurant à New York, et là – ma grand-mère à ma gauche, à ma droite l'haleine chaude de mon grand-père –, ce qui est en moi et ne peut sortir devient finalement insupportable. Je vais aux toilettes et me fais vomir. C'est un soulagement délicieux de me sentir vide, et à partir de ce jour-là, j'ai un secret supplémentaire. Mes parents doivent voir les paquets de gâteaux vides dans la cuisine, l'état lamentable dans lequel je laisse parfois les toilettes. Ils doivent remarquer que leur fille est devenue morose et qu'elle se mure dans le silence. Mais nous n'en parlons pas. De même que nous ne parlons pas de la balafre sur le ventre de mon frère, de la sœur manquante, du téléphone que l'on débranche parfois et, le reste du temps, des créanciers qui appellent jour et nuit; tout ce qui grignote peu à peu cette vie que mes parents ont construite, la rendant semblable aux passés respectifs qu'ils ont tous les deux fuis, maintenant que les colères de mon père ont pris une telle proportion que même le cabinet d'avocats est en péril. Si nous ne mentionnons que les moments de bonheur, peut-être seront-ils les seuls à exister.

Un soir, mes parents nous convoquent à la table en Formica de la cuisine pour un conseil de famille. La pièce est toujours tapissée d'un papier zébré de traits bariolés censés imiter des coups de crayons de couleur, que ma mère a choisi quand nous étions petits. La pendule suspendue au mur est faite de crayons de bois. Au-dessus de la table sont suspendues trois lampes cônes fixées à des câbles : une rouge, une bleue et une jaune, des couleurs vives et chaleureuses. Chaque cône projette un faisceau lumineux bien circonscrit, comme pour un interrogatoire.

« Mamy et Papy vont s'installer à Tenafly, annonce ma mère. Comme ça, on va pouvoir les voir beaucoup plus souvent. »

En écrivant ce souvenir, je me surprends à tenter de retrouver le visage qu'elle avait en cet instant, et à mon grand désespoir, les ombres jouent contre moi – elle est assise à l'extérieur du cône de lumière, et ma mémoire est étroitement scellée. Mes grands-parents emménagent en centre-ville de Tenafly, dans l'immeuble d'habitation signalé par un magnolia qui se trouve sur la seule route qui entre en ville et la seule qui en sorte. Quelques semaines après leur installation, ma grand-mère glisse dans la salle de bains. Tandis qu'elle est en convalescence à l'hôpital, elle est frappée par une attaque. Trois jours plus tard, elle meurt. Il ne reste que lui, seul et désœuvré dans cet appartement.

« Pourquoi tu ne vas jamais voir Papy ? » me demande mon frère Andy.

Nous avons seize ans, nous sommes dans le couloir devant nos chambres. Ma sœur cadette, Nicola, et moi avons quitté la chambre que nous partagions au fond de la maison. Désormais, elle est dans la portion du couloir qu'occupait autrefois ma plus jeune sœur, Elize, et j'ai pris l'ancienne chambre de mes parents, en haut de l'escalier en bois. Je me suis débarrassée de mon lit – un matelas par terre me semble correspondre davantage à mon rêve, un appartement à New York –, et la chaîne stéréo aussi, je l'ai installée au sol. Deux gros fauteuils papasan verts pour me lover et lire, de l'encens que j'achète par paquets épais même si l'odeur me donne mal à la tête. Sur un mur, j'ai commencé une fresque avec des images que je découpe dans des magazines : les jambes écartées d'une pin-up, des textes écrits en gros et en noir, des roses. À l'aide d'un pot de peinture noire, je trace des poèmes entiers sur les autres murs. *Your thorns are the best part of you*[1], de Marianne Moore. *Pity this busy monster, manunkind, not*[2], de E. E. Cummings. Le poème *Rumination* de Richard Eberhart – *death has done this, and he will do this to me, and blow his breath to fire my clay when I'm still*[3] –, je le peins sur le plafond au-dessus de mon lit pour qu'il soit la dernière chose que je vois le soir et la première chose que je vois le matin. J'aime les roses et les images de revolvers et de guitares. J'aime le Steve Miller Band et les cassettes de Johnny Cougar avant qu'il ne devienne John Mellencamp et je ne m'intéresse guère à la télévision ou au cinéma. Je me fais des amis qui vont voir la comédie musicale du *Rocky Horror Show* et, une fois, je monte sur scène et cueille un bonbon à la cerise dans la bouche d'un mec car il me semble que c'est ce que les adolescentes dans mon genre, avec leurs bas résille et leurs Doc Martens, sont censées faire. Intérieurement, je suis si timide qu'il m'arrive d'avoir du mal à parler, si timide que j'ai l'impression qu'on m'a cousu de minuscules plombs de pêche le long des lèvres, perçant la peau en deux petites ran-gées bien nettes, si bien que le simple fait de remuer ma bouche alourdie est un processus lent et douloureux. De l'autre côté du

---

1. Tes épines sont la meilleure part de toi. (Extrait du poème *Roses Only*.)
2. Prends pitié de ce monstre affairé, hommauvais, non.
3. Car c'est la mort qui a fait cela, elle me le fera aussi, et soufflera sur moi pour embraser mon argile lorsque je serai immobile.

couloir, la chambre de mon frère est couverte d'affiches de films, un décor jovial qui n'a pas changé depuis ses huit ans. Chaque mois, il en punaise de nouvelles, sans enlever les anciennes, de sorte que par endroits les affiches se décollent, six, sept ou huit ans de films sous elles. Il continuera ce manège jusqu'à la fac et au-delà, et à ce moment-là la pièce aura vraiment l'air plus petite, rétrécie de plusieurs centimètres sur chaque mur par l'épaisseur des posters.

Pour l'heure nous sommes face à face dans le couloir, lui devant sa porte, moi devant la mienne. Il est toujours le clown de la famille, toujours aussi maigre que quand il était petit. Ses cheveux font des boucles qui dépassent de sous sa casquette de base-ball. La veste en jean qu'il porte est recouverte presque entièrement d'écussons souvenirs de visites à Disneyland, de baleines de Nantucket, ou sur la poitrine, d'un insigne de l'oncle de mon père lorsqu'il était dans l'armée. Cet homme est devenu un boxeur célèbre après son passage sous les drapeaux, et au moins une fois, lorsque mon frère rencontrera un joueur de base-ball qui est son idole, celui-ci reconnaîtra le nom sur la veste de mon frère et fera un grand sourire, et ils se lanceront dans une discussion passionnée sur le passé glorieux du boxeur. Qui sait comment chacun trouve sa place dans une famille ? Les rôles sont-ils assignés ou choisis ? Et au demeurant, même entre frères et sœurs – même entre jumeaux –, on ne grandit pas dans la même famille. On n'a pas le même passé. Mais pendant que je me débats en tous sens pour y échapper – au passé –, mon frère le porte en étendard. Plus tard, il sera le gardien de la famille, celui qui se souvient des fêtes et des anniversaires, celui qui dresse la liste de cartes de vœux à envoyer pour Noël, celui qui passe des heures à ranger soigneusement des photos de famille

– que je ne peux même pas regarder – dans des albums qu'il a fait imprimer tels des livres de photos d'art.

«Pourquoi tu ne vas jamais le voir ?» demande-t-il une fois de plus. C'est là qu'il se rend. J'étudie son visage pendant un instant, m'attendant à y trouver une expression accusatrice. Ou de la curiosité. Mais dans ses yeux marron – un marron hérité de ma mère et de mon grand-père, le marron qui les relie dans la famille – il n'y a ni l'un ni l'autre : c'est tout simplement ce qu'il s'estime devoir faire, me poser cette question, à moi, celle dont le rôle dans la famille est de séparer. Celle qui, perdue, tourmentée et en colère, veut déjà s'en échapper. Sommes-nous déjà ceux que nous serons toujours ?

Pendant un instant, peut-être existe-t-il une autre possibilité. Une occasion. Un monde dans lequel je lui dis tout en cet instant et oui, ça ferait des étincelles, mais après ces étincelles, nous pourrions en discuter. Mes parents apprendraient ce fardeau que je porte en moi. Mon frère apprendrait ce secret qui a fait de nous des étrangers, et la raison pour laquelle je semble si furieuse contre cette même famille qu'il chérit tant.

Je scrute son visage un long moment. Puis je fais volte-face et je referme doucement la porte de ma chambre derrière moi.

15

Louisiane, 1984-1985

Dans ses notes – des notes qui seront plus tard versées au dossier du tribunal –, le chargé des admissions à la clinique psychiatrique de Louisiane décrit l'homme brun de dix-neuf ans qui se présente à lui comme déprimé, soumis, « exagérément docile ». Ricky Langley ne demande qu'à faire plaisir, écrit l'homme, mais – à ce qu'il lui semble – sans trop savoir comment s'y prendre. Derrière ses lunettes épaisses, ses yeux marron restent trop fixes, une immobilité qui laisse entrevoir une déconnexion fondamentale avec la vie, un désespoir constitutif. Il ne s'enthousiasme pas et ne se met pas en colère, il arbore une neutralité totale. L'assistante sociale lui donne une feuille polycopiée avec une liste de problèmes qu'il est susceptible de rencontrer, et lui demande d'entourer ceux dans lesquels il se reconnaît pour le moment. Il entoure : *nervosité, dépression, sentiment de culpabilité, tristesse, sentiment d'inutilité, agitation, mes pensées*. Il n'entoure pas : *éducation, colère, amis, self-control, peurs, enfants*. Il commence à entourer *stress* mais s'interrompt. Le stylo laisse un arc inachevé sur la page. Il commence à entourer *problèmes sexuels*, puis s'arrête et barre le début de boucle – mais peu après, rattrapé par sa conscience, par sa lucidité, il trace le cercle de son aveu. La page devient une preuve de sa lutte intérieure. Le cercle autour de *envie de faire du mal à quelqu'un*, il le dessine si serré qu'il touche presque toutes les lettres, si serré qu'il étrangle l'idée alors même qu'il la confesse, comme s'il voulait s'annuler lui-même.

Un an a passé depuis la nuit étoilée où, éméché, il a voulu demander de l'aide. À présent, elle lui est imposée. Non, coche-t-il sur le formulaire d'admission, il n'est pas un vétéran. Non, il n'a aucun revenu. Il ne touche aucune aide sociale. Combien de temps depuis son dernier emploi ? Deux ans. Parfois, en douce, dit-il à l'assistante sociale, il file jusqu'à la berge de la Calcasieu River pour y dormir. Les branches d'arbre l'abritent ; avec le glouglou de l'eau, son esprit se calme. Lorsqu'il se réveille, il chasse et pêche pour se nourrir et s'adonne à ce qu'il appelle son hobby : « les fouilles archéologiques ». Il examine de près le limon sur la rive, à la recherche d'une pointe de flèche ou d'un éclat de verre, un quelconque fragment du passé. Le passé l'attire. Parfois, il semble plus réel que le présent éphémère, tel Oscar autrefois. Il a mal à la tête, dit-il, « constamment ». Seule la rivière soulage sa douleur, ou d'aller dormir dans le cimetière. Les morts sont paisibles comme la rivière.

La boisson le soulage, elle aussi. Oui, coche-t-il, il lui arrive souvent de boire ou de fumer du hasch pour affronter le stress. Mais non, pas avant de sortir ou d'interagir avec ses semblables. La question sur les soirées, il n'a pas besoin d'y répondre. Non, il n'a pas manqué le travail ou l'école à cause de la drogue ou de l'alcool, étant donné qu'il n'a pas de travail et ne va pas à l'école. Sa consommation d'alcool ne provoque pas de conflits avec ses amis, étant donné qu'il n'a pas d'amis. Combien de fois doit-il le répéter ? Il préfère être seul. Et ses frères et sœurs ? demande le formulaire. « Pour vous dire la vérité, je ne me sens proche de personne. »

Je bois ou me drogue souvent tout seul. Ça, il coche.

«Qui vous a élevé, Ricky?» demande l'assistante sociale.

Ricky vient d'écrire sur les formulaires qu'il habite seul. C'est elle qui l'a corrigé : il vit avec Bessie, Alcide et Jamie, tous quatre à l'étroit dans une petite caravane. Les factures de soins médicaux ont coûté à Bessie et Alcide le terrain sur lequel ils ont construit et la maison qu'ils y ont construite. Je m'imagine l'assistante sociale sous les traits d'une jeune femme, fraîche émoulue de la fac de Bâton-Rouge, les cheveux tirés en arrière en queue-de-cheval et une photo de son petit ami dans un cadre en plastique argenté sur son bureau. Elle a envie de sortir fumer une cigarette ; l'heure de la pause est dépassée. Elle a envie que son petit ami l'emmène au restaurant ce vendredi soir et elle a envie de trouver un boulot n'importe où, sauf ici.

Il ne répond pas.

Elle soupire :

«Ricky, qui vous a élevé?

– Luann et Lyle.»

Cette ablation de Bessie et d'Alcide. Il est facile de lire sa colère de jeune homme entre les lignes. De rendez-vous en rendez-vous, ses réponses aux questions se font de plus en plus brèves. Facile d'imaginer son poing serré sur ses genoux, sa tête penchée en avant, comme si, tant que la femme ne voyait pas ses yeux, elle ne pouvait pas le voir du tout. Pas le forcer à répondre. Il a essayé d'agresser sexuellement un petit garçon de sept ans dans la paroisse d'Allen. «Tentative d'agression sexuelle sur mineur», dit l'acte d'accusation. Lorsque le garçon a résisté, Ricky l'a menacé de le tuer d'un coup de fusil. Le père du garçon a dénoncé Ricky à la police. C'est pour cette raison qu'il se trouve là maintenant.

Encore une preuve que tout le monde pense que quelque chose ne tourne pas rond chez lui. Il ne sait pas ce qui provoque la brûlure la plus vive, si c'est la honte ou la colère. Parfois, il ne parvient même pas à distinguer les deux, il sait simplement ce que ça lui fait lorsque ses oreilles le picotent, écarlates, lorsque son cœur cogne trop fort dans sa poitrine, à toute vitesse. Il n'entend plus, ne voit plus, ne pense plus. Cette impression – l'appréhension qu'il en a – est la raison pour laquelle il n'a pas le bac. Il y a eu un malentendu au sujet d'une voiture appartenant à l'école lorsqu'il était en troisième. On lui avait dit qu'il pouvait prendre le véhicule afin de faire une course pour le compte du collège – Ricky le jure, mais nul besoin de le croire sur parole, car le professeur de mécanique a confirmé ses dires – sauf que quelqu'un avait oublié d'en avertir la direction, qui a déclaré la disparition de la voiture. Ricky a été arrêté. Vol qualifié. La situation a été éclaircie avant qu'une plainte ne soit déposée – une erreur, tout le monde en est convenu – mais Ricky en a conçu une telle humiliation qu'il n'y est jamais retourné.

Parce que voilà ce qu'il a réalisé : ils l'ont cru capable de voler une voiture. Il y a fort à parier que si c'était une de ses sœurs qui avait emprunté la voiture, ils auraient cru sa sœur.

Il a laissé tomber l'école. Les heures que les jeunes de son âge passaient en cours, il les passait au bord de la rivière, à pêcher. Il n'avait jamais eu beaucoup d'amis, mais en quittant le collège, il a achevé de sectionner le dernier fil qui le reliait à ses semblables. À partir de là, c'était comme s'ils allaient dans deux directions opposées. Tous les autres dans une direction. Et puis lui.

L'assistante sociale tapote son bureau.

«Donc vous n'avez pas passé le bac, Ricky. C'est le cas de beaucoup de gens. Mais vous avez un travail?

– Nan, le travail, j'ai abandonné.»

Dans ces formulaires du centre médico-psychologique de Lake Charles au milieu des années 1980, Ricky nie avoir jamais été maltraité physiquement. Il nie avoir jamais été abusé sexuellement. Mais dix ans après ces séances, une travailleuse sociale constituera un dossier qui jouera un rôle déterminant dans le procès. Selon ce dossier, sa sœur Judy aurait déclaré que Lyle et Alcide battaient tous deux Ricky. Ricky avait tiré un trait sur Alcide mais, soit qu'il refuse de renoncer complètement à sa famille, soit qu'il en soit incapable, il n'arrêtait pas de retourner vers Lyle. Une fois, racontait Judy, Ricky s'était présenté à la porte de Lyle, et celui-ci lui avait administré une telle raclée qu'elle avait dû le menacer avec une arme à feu pour le faire cesser. Judy a dit ça à la travailleuse sociale, qui l'a recopié pour la défense, qui l'a confié à l'expert psychiatre, qui l'a décrit au procès, et le greffier en a pris note – ici, je joue au téléphone arabe avec le passé.

Ricky se voit assigner cinq rendez-vous pour le mois de juillet, et il se rend à chacun d'entre eux. Le mois dernier, après son arrestation, dit-il, il a pris quarante aspirines et attendu la mort. La seule façon d'évacuer son mal-être était de se tuer. Mais les cachets ont eu pour seul effet de lui donner mal au ventre et de lui faire siffler les oreilles. Alors il est là. En colère, mais prêt à faire des efforts. Parfois, il se fait de longues entailles dans les bras et se regarde saigner. Il boit des produits ménagers et traverse la route sans regarder, défiant les voitures de l'écraser. À présent il déclare à l'assistante sociale qu'il veut se faire hospitaliser, de façon à ne pouvoir agresser personne. «On dirait que plus je me donne de mal pour ne pas le faire, plus je le fais.»

Mais ils refusent de l'hospitaliser. Il est propre et vêtu convenablement, note l'assistante sociale. Il se comporte comme il faut. Il n'est pas si malade que ça. Plutôt que de l'enfermer, on lui intime de suivre une thérapie en ambulatoire.

Alors Ricky s'enfuit. Il n'est pas question qu'il continue à s'asseoir sur une chaise et à parler de ça; on ne l'écoute pas. Il va faire du mal à quelqu'un. Il faut qu'il soit bouclé, mais ils ne le prennent même pas suffisamment au sérieux pour ça. Le corps agité de tics nerveux, incapable de rester en place, infichu de garder un boulot, bon à rien quand il essaie de se suicider et bon à rien quand il essaie de se faire soigner, il déguerpit. Il traverse en stop les zones marécageuses de la Louisiane, les forêts de conifères du Texas et les déserts arides de l'Arizona, où les étendues de roches rouges brûlent comme le soleil même – elles ne ressemblent à rien de ce qu'il a vu jusque-là. Sa peau roussit et se craquelle, mais il s'en fiche. Le brasier de couleur est magnifique, l'air sec léger dans ses poumons. Il poursuit sa route vers l'ouest. C'est comme s'il avait besoin de trouver le commencement.

Lorsqu'il arrivera en Californie, il s'arrêtera. La Californie, c'est de là que viennent les photos du bonheur, les photos que sa mère cachait dans la lourde malle quand il était petit. Les photos d'avant ce qui pousse Bessie à boire, d'avant ce qui met Alcide en colère. Il vivra avec son oncle en Californie. Il se construira une vie meilleure.

Ces notes des assistantes sociales sont parmi les premiers documents que j'aie jamais lus sur Ricky. Le Noël suivant, je suis retournée à la maison de mes parents. Sur la route, au volant, j'ai pensé à lui, à son désir de s'enfuir et à son espoir.

En général, je vois ma famille dans des cadres neutres : hôtels et restaurants. Mais à Noël, j'aime bien retourner dans la maison grise. Mon père et Andy accrochent des guirlandes partout en travers de la dentelle de bois. Chaque année depuis qu'ils vivent dans la maison, mes parents ont ajouté au moins une figurine en plastique lumineuse, et à présent le jardin est un bataillon de Pères Noël et de bonhommes de pain d'épice, de petits soldats et de bonhommes de neige. À part ça, le temps a salement amoché la maison, les réparations faites par Greg il y a tant d'années ne tiennent plus le coup, mais les lumières la transforment en un décor à la fois neuf et familier.

Ils organisaient une fête pour Noël et tout le quartier était invité. Ce soir-là, je descendais l'escalier; d'une main je tenais un verre de vin, et de l'autre, la rambarde. Autour de moi, mêlées aux chants de Noël diffusés par les haut-parleurs, s'élevaient des voix que j'ai connues toute ma vie. Sur lesquelles se détachait une voix pleine de forfanterie : celle de mon père. Là, je l'ai entendu expliquer à un groupe d'amis que j'étais en train d'écrire un livre sur quelque chose qui s'était produit dans le passé. « Mais si vous en entendez parler, ne vous inquiétez pas, a-t-il dit, la voix rendue un peu pâteuse par l'alcool. Il n'y a qu'Alexandria qui s'en souvienne. »

Dans l'escalier, je me suis figée. Ma famille avait toujours gardé le silence sur les sévices. Mais personne n'avait jamais sous-entendu qu'ils ne s'étaient pas produits.

Mon père a continué à parler. Cet instant qui avait tout changé en moi n'avait rien changé pour lui.

Rentre chez toi, dit son oncle à Ricky. Il n'y aura pas de nouvelle vie. Il ne peut pas rester en Californie. L'oncle lui achète un billet de car, réduisant à néant tout le voyage qu'il vient de faire. En arrivant en Louisiane, Ricky appelle son contrôleur judiciaire. « La prochaine fois que vous projetez de vous en aller, prévenez-moi », répond celui-ci.

Les pensées reviennent. Quand il dort, il voit un enfant. L'enfant est nu, et il touche la peau neuve, sans défaut, et ce n'est qu'ensuite, après qu'il l'a touchée, qu'il se réveille, les draps entortillés autour de lui, trahi par son halètement coupable. Qui signifie qu'il a recommencé, même si ce n'est qu'en rêve. Lorsqu'il parle de ces pensées à l'assistante sociale, il les décrit comme des cauchemars – pas des souhaits, pas des fantasmes. Mais une fois par semaine il se masturbe. Il ne peut se masturber qu'en pensant à de jeunes enfants, dit-il. Ricky n'est jamais sorti avec une fille. Il est vierge. Sa seule amie à présent est une fille de seize ans et il affirme que leur relation est platonique. Parfois, raconte-t-il, il a convaincu de jeunes enfants, aussi bien des garçons que des filles, de retirer leurs vêtements et de lui faire une fellation. Puis il a retiré ses vêtements. Il leur a rendu la pareille. La dernière fois, le garçonnet a refusé et Ricky a menacé de le tuer d'un coup de revolver. « Je ne sais pas pourquoi je voulais faire ça. »

Mais tout cela, c'est du passé, dit Ricky ; c'est terminé. Il en a assez de cette vie. (Il faut bien. Il n'a que dix-neuf ans. S'il n'en a pas assez, qu'est-ce que la vie lui réserve ?) Il aurait déjà un travail s'il était resté en Californie, répète-t-il à l'assistante sociale, à sa mère, à qui veut l'entendre. « Tant que j'ai quelque chose à faire, je n'ai pas de problème. »

Il s'inscrit à un cours de réparation de petits moteurs par cor-
respondance. Il veut apprendre un métier, dit-il. Il veut quitter
la caravane de ses parents et habiter seul. Ce n'est pas normal
qu'un adulte vive avec ses parents et son petit frère. Son frère
Jamie a seize ans et Jamie est normal. Ricky doit le savoir de
la même façon qu'il sait que lui ne l'est pas. Des années plus
tard, après les procès, lorsque le pénitencier de l'État imprime
une liste des neuf noms qu'il a demandé à faire figurer sur ses
autorisations de visite, Bessie, Alcide, Darlene, Judy, Francis
et même les maris de ses sœurs seront dessus, mais pas Jamie.
Neuf, c'est un drôle de chiffre, pas un de ces chiffres ronds que
l'administration préfère en général. Il est probable que Ricky
aurait eu la possibilité d'en réclamer davantage. Mais le nom de
son frère ne sera pas sur la liste.

Un mois s'écoule avant son rendez-vous suivant à la clinique.
Il vient d'avoir vingt ans. Il raconte qu'il a fini par prendre un
travail. Dans une concession automobile. Mais il l'a quitté deux
semaines plus tard. Il explique à l'assistante sociale qu'il ne
sait pas pourquoi il a démissionné ; il en avait marre, c'est tout.
L'assistante sociale repose la question : pourquoi ? Cette fois, il
lui dit : chaque matin, en se rendant au garage, il passait devant
des écoliers en train de jouer, et repassait devant eux en rentrant
le soir. Il voyait les enfants et il avait envie. Il avait *envie*. Ricky
veut arrêter d'avoir envie. S'il a plaqué son job, c'est juste pour
ne jamais devoir passer devant ces enfants. Tant qu'il a quelque
chose à faire, il n'a pas de problème – mais pour l'heure, il n'a rien
à faire. Il a un problème.

Bessie l'accompagne au rendez-vous suivant. J'imagine qu'elle
a mis sa plus belle robe d'intérieur, mais, gênée de sa pauvreté,
elle porte un manteau ouvert par-dessus, malgré la chaleur. Elle

est contente que son fils soit rentré, dit-elle à l'assistante sociale, mais c'est épuisant de l'avoir à la maison. «J'ai l'impression qu'il suffit que je le laisse tout seul une minute pour qu'il aille tripoter quelqu'un.» Elle lui a interdit de s'enfuir pour aller vivre au bord de la rivière, mais il est adulte. Que peut-elle faire? Alcide n'est d'aucune aide.

Imaginez-vous Ricky, assis à côté de Bessie. Ils sont chacun dans une chaise inconfortable en métal, l'assistante sociale est dans un fauteuil de bureau placé en diagonale par rapport à eux. Cela doit être humiliant d'être assis là avec sa maman, sur son unique jambe, qui se traîne toujours avec cette vieille béquille car ils n'ont pas de quoi s'offrir mieux. C'est lui, en vérité, qui devrait l'accompagner chez le médecin, pas l'inverse. Un individu peut être en colère et éprouver tout de même de la honte. Un individu peut brûler de haine contre sa mère et tout de même l'aimer suffisamment pour vouloir faire sa fierté. Un individu peut se sentir débordé par tout ce qu'il voudrait être et ne voir aucun moyen d'y parvenir. «En ce moment, je pense souvent que je devrais mourir ou m'arranger pour me faire tuer par quelqu'un», lâche-t-il pour l'heure. Il boit davantage ces temps-ci, maintenant qu'il habite avec Bessie et Alcide. Des bouteilles entières de liqueur de menthe. La semaine dernière, il en a vidé pour cinquante dollars. «Je l'ai averti que la boisson risquait d'altérer son jugement», écrit l'assistante sociale.

Il reste une dernière page dans le dossier, intitulée : «Pas de suicide, pas de tueur à gages.» *Je soussigné Ricky Langley déclare volontairement par la présente que je ne ferai pas de tentatives volontaires de me blesser ou de blesser quelqu'un d'autre durant ma thérapie (mon traitement) dans ce centre.* Ricky signe. Il s'agit d'un accord standard – sans doute donné à chaque patient – mais, en l'examinant avec le recul, il est difficile de ne pas remarquer le mot « durant ». La dernière séance se déroule le 1er octobre 1985. Le 24 février 1986, on recommande la clôture de son dossier. Le 16 mai 1986, c'est chose faite. Ricky quitte de nouveau ses parents, pour partir en Géorgie.

16

New Jersey, 1994-1996

Quand j'ai seize ans, le garçon qui me plaît s'appelle Luke. Il a vingt-deux ans et il habite dans une banlieue du Colorado qui, d'après les photos qu'il m'envoie, est bordée de ranchs à plusieurs étages et constellée d'églises. Par Internet, dans les *chat rooms* AOL auxquelles je me suis inscrite car je ne vais toujours pas régulièrement à l'école, il m'écrit qu'il aime son ex-petite amie, Crystal, mais qu'elle ne veut plus rien avoir à faire avec lui et qu'il faut qu'il tourne la page. Apparemment, tourner la page, c'est ce qu'il fait avec moi. Il prend des cours dans un *community college*, où il essaie de terminer sa licence. Sur les étagères de mon père, j'ai trouvé des livres de Robert Heinlein qui décrivent des univers de science-fiction utopiques, et il connaît ces livres et les aime aussi. Il a envie de me connaître, dit-il. Il a envie que je le connaisse. Il m'envoie des paquets de photos prises toutes les quelques heures, chaque image numérotée au crayon au dos, pour que je voie le déroulement de ses journées. Le parking du McDonald's où il est manager, gris et assommant dans le soleil de l'après-midi. Son sourire tandis qu'il tient l'appareil devant lui. Sur sa tête est perché un chapeau en papier qui me rappelle les bateaux en origami que je faisais quand j'étais petite.

La photo suivante, c'est le parking de sa fac – son Colorado, je commence à le comprendre, c'est beaucoup d'asphalte. Puis l'affreux canapé à motifs cachemire du salon de ses parents. Le corniaud noir avec lequel il a grandi, la gueule ouverte, avec une petite langue rose qui dépasse. Il y a une photo de Crystal. Celle-là, je l'examine de près. Elle est menue, avec des cheveux fins et raides qui retombent sur son visage, une coiffure de supermarché, et une petite croix en or au cou. Je m'autorise à remarquer, à part moi, qu'elle a l'air quelconque, et pas tellement plus vieille que moi. Puis, ce soir-là, des photos de sa chambre, de sa chaîne stéréo, des posters de Pink Floyd sur son mur. Je réalise qu'il doit habiter chez ses parents et, bien qu'il ait six ans de plus que moi, il ne semble par conséquent pas si différent. J'ai fini par parler à mes parents de mes troubles alimentaires, et ils m'ont trouvé un programme de thérapie où je passe une partie de mes journées. J'y suis trop mal à l'aise pour m'y faire des amis, et je ne suis en contact avec personne du lycée. Avec Luke, nous parlons au téléphone pendant des plages de huit, neuf ou dix heures, toute la nuit, et jusqu'au matin. Parfois je m'endors avec le téléphone sur l'oreiller à côté de moi, en l'écoutant respirer. Il a une voix grave et rauque, et comme elle est tout ce que je connais de lui, elle semble enfler pour le contenir entièrement, comme s'il était aussi constant et bienveillant que sa voix.

Les factures de téléphone sont monstrueuses, sept cents dollars par mois. Mon père se met en rogne, mais il les paie.

Luke prend l'avion pour venir me voir. Mes parents ont donné leur accord, à condition qu'il dorme chez un ami, mais la première nuit, il dort dans ma chambre, et c'est là qu'il demeure pour le restant de la semaine. Je ne sais pas si c'est juste qu'ils ne se rendent pas compte, ou s'ils se disent qu'il est trop tard pour me protéger, comme je me le dis moi-même parfois. En chair et en os, Luke est plus petit que moi, et il a une traînée d'acné sur le menton. Pour compenser ça, peut-être, il me dit : « Tu as de la chance, ça ne me dérange pas que tu sois si grande. Il y a des mecs que ça gênerait, mais pas moi. » Lorsqu'il dit ces mots, nous sommes debout sous un feu de signalisation dans le centre de ma ville. Son subterfuge, le manque de confiance en lui qu'il essaie de cacher, sautent tellement aux yeux que même du haut de mes seize ans, je les vois soulignés par l'orange du feu, et pourtant je ne parviens pas non plus à protester. Je veux qu'il m'aime. Je le veux comme un prix, parce que c'est ce que je suis censée vouloir, et parce que cet amour me sauvera. Dans le parking de la mare aux canards de la ville, il me donne mon premier baiser, et lorsque ses lèvres rencontrent les miennes je ne parviens pas à respirer. Ce n'est pas du tout mon premier baiser. Avant lui, mouillé dans ma bouche, il y a le goût de mon grand-père.

Quand j'ai dix-sept ans, le garçon qui me plaît s'appelle William. Il va à la fac dans le Bronx grâce à une bourse qu'il a obtenue par ses performances de footballeur, et il foire tous ses cours maintenant qu'il a découvert Bob Marley et l'herbe. Il est grand et décontracté, avec une tête ronde et blonde à la Charlie Brown – mais parfois le matin qui suit nos rendez-vous, j'ai des bleus sur les bras car il m'a serrée trop fort et parfois quand je le vois je me mets à suffoquer d'une terreur que je ne sais pas nommer. C'est comme si je nageais à travers quelque chose que je ne peux pas voir : je ne me rappelle même pas les heures au moment où je les vis.

L'attention des garçons m'autorise à me sentir aimée. Les garçons sont une menace. Je ne sais pas faire la différence entre l'amour et la souffrance lorsqu'ils s'entremêlent. Je ne sais pas reconnaître ceux avec lesquels je peux m'estimer en sécurité et ceux avec lesquels je ne le peux pas, je ne sais même pas ce que signifie le sentiment de sécurité. Je sais seulement que j'ai besoin de quelqu'un pour exister.

Puis, quand j'ai dix-huit ans, je trouve quelqu'un avec qui je peux vraiment me sentir en sécurité. Dima est un violoncelliste qui vient d'Ukraine. Sa famille a quitté Kiev pour s'installer à New York afin qu'il puisse poser sa candidature à Juilliard. Mais le moment venu, il a loupé son audition. Désormais, à vingt-trois ans, il étudie dans un *community college* de Manhattan. Ses mains sont criblées de furieuses taches rouges et je sais qu'il y a écrasé des cigarettes, ses avant-bras pâles sont striés de cicatrices blanches en relief, mais avec moi, il n'est que douceur. La nuit, lorsque nous sommes couchés sur son lit et nous embrassons, il pose sa main sur mon bas-ventre et avant que je comprenne ce qui est en train de se passer, il n'est plus Dima et je suis paniquée, je suffoque à son contact, je suis hors d'haleine et je tremble, les larmes jaillissent de mon corps jusqu'à ce que ma poitrine se soulève violemment et que mes yeux me brûlent. Je m'enfonce en dessous de la croûte de silence, alors, quelque part bien en dessous, où je passe mes journées. Je me dissous.

Il laisse sa main parfaitement immobile sur mon corps. Il attend. Sa main est chaude, et sous elle je sens mon corps se détendre peu à peu. « Respire », dit-il alors, et je le fais, et tandis que je respire mon corps me revient. Nuit après nuit, nous faisons descendre sa main plus bas sur mon corps. Nuit après nuit, je traverse les couches de souvenir comme un long tunnel, jusqu'à ce que j'émerge et le trouve là. Nous dormons dans le petit appartement de Bay Ridge, à Brooklyn, où il habite avec ses parents et son petit frère. En guise de papier peint, les murs de sa chambre sont couverts d'étagères à cassettes, les œuvres de tous les musiciens qu'il aime, par ordre alphabétique. Dans le salon, il y a un grand aquarium en verre avec des pieds en acajou sculpté qui contient une carpe que son père a réussi à rapporter d'Ukraine en douce, dans un sac en plastique plein d'eau : il a caché le poisson à travers la Roumanie, l'Italie, à travers les océans et jusqu'aux États-Unis. Tel est le genre d'amour qu'a son père pour le poisson, et pour Dima. Tandis que Dima et moi nous cachons dans sa chambre, et qu'il me passe ses cassettes d'Alpha jusqu'à Yes, tout le temps que sa main descend plus bas, que je suffoque, respire et me calme enfin de nouveau, la carpe nage en cercles paresseux dans son énorme aquarium. Je considère l'histoire de Dima comme une preuve, aussi éclatante qu'un feu de joie : il n'a pas réussi à satisfaire les attentes de ses parents, mais ils l'aiment quand même.

La semaine de la cérémonie de remise des diplômes du bac, mes parents organisent une fête pour mon frère et moi sur la terrasse qu'ils sont en train de construire derrière la maison. Les pilotis ne sont encore qu'à moitié édifiés, les poutres ne sont pas encore fixées et le sol est inégal, ce qui donne à la soirée un petit côté bancal.

C'est une énorme fête, avec lumières blanches, musique à fond, et une piste de danse dans le jardin. Mon frère est filiforme mais en bonne santé. Tandis que je fais tout ce que je peux pour me mettre sur la touche, il a trouvé sa place dans la section théâtre du lycée, et avec ses grands gestes et son rire lumineux d'acteur, il se met immédiatement n'importe quelle assemblée dans la poche. Il est un peu éméché ce soir, et ses amis aussi.

Alors Dima et moi nous réfugions dans la cuisine, nous bavardons, mais nous tournons autour du pot. Il a quelque chose qu'il ne peut pas me dire : qu'il veut que je reste dans la région, que je reste avec lui, que j'aille à la fac à New York. J'ai quelque chose que je ne peux pas lui dire : que la raison pour laquelle j'ai le sourire aux lèvres ce soir, la raison pour laquelle le monde semble s'être illuminé pour moi, c'est la perspective de pouvoir partir enfin pour de bon.

« Viens là, je lui dis, et je m'adosse au réfrigérateur.

– Tout le monde est dehors, répond-il.

– Je m'en fiche », dis-je, et c'est vrai.

Pour une fois, lorsque ses lèvres trouvent les miennes, c'est comme si elles effaçaient le passé, comme si elles occultaient le souvenir des baisers baveux de mon grand-père, et si je me concentre sur la sensation humide et sombre de sa langue dans ma bouche je peux faire disparaître tout le reste. C'est comme une danse, la façon dont je dompte le passé ce soir-là – d'abord la sensation de Dima, puis le retour du passé, puis je me tourne dans ses bras et c'est lui à nouveau. Chaque personne que j'ai jamais été est dans la cuisine, pressée contre la surface blanche dure, froide et lisse du frigo. La fillette que j'étais à six ans, qui descendait dans la cuisine la nuit et parlait à son père, sachant qu'elle ne pouvait pas dire la seule chose qu'elle aurait vraiment eu besoin de dire. Puis la fille que je suis à neuf ans, lorsque je viens dans la cuisine pour remplir le verre d'eau de ma grand-mère. Je prends un glaçon en plastique avec un insecte à l'intérieur dans le congélateur – c'est un jeu auquel nous jouons, mon frère, mes sœurs et moi, nous adorons les coussins péteurs, les poignées de main vibrantes, et une fleur lance-eau qui s'accroche au revers de nos vestes et ne trompe jamais personne. Je le laisse tomber dans le verre de ma grand-mère. Soudain, mon grand-père est derrière moi, avec sa respiration haletante, et je tourne sur moi-même, ne voulant pas gâcher la farce en lui laissant voir le verre. Mais ce n'est pas le verre qu'il regarde, c'est mon corps, qu'il fixe des yeux sans la moindre gêne. Par la fenêtre, planant au-dessus de Dima et moi tandis que nous nous couchons par terre, viennent les voix de gens que j'ai connus toute ma vie. Pendant un instant, je me sens au bord d'un précipice entre cet instant et un avenir où tout cela sera terminé, où cette maison ne sera plus mon horizon, où je créerai quelque chose de neuf et d'inconnu pour moi et où – je vais le faire, enfin je vais le faire – je m'échapperai.

Notre étreinte sur le sol de la cuisine est pure exaltation. Je devrais dire stop, je le sais; je devrais me soucier du fait que quelqu'un risque de nous surprendre sur le linoléum de mon enfance, ma robe remontée jusqu'au cou, mes dents sur l'épaule de Dima. Mais je nous regarde comme d'en haut, avec nos bras et nos jambes qui se déploient contre le sol comme si nous étions en train de nager, et je sais, sans pouvoir me l'expliquer, je sais que rien ne nous blessera ce soir. Pas quand tant de choses nous ont déjà blessés. Ça y est, je m'échappe, enfin. En cet instant je me débarrasse du passé.

Qu'on me donne de la normalité, c'est ça que je veux. Tout le reste peut partir en flammes.

17

Indiana, 1986

L e téléphone de Ruth sonne après 11 heures du soir, alors qu'elle est déjà levée, mais encore en pyjama : elle n'a pas encore enfilé son uniforme blanc d'aide-soignante, et n'a pas encore lancé la cafetière. Elle doit envisager, un instant, de ne pas décrocher. Personne n'appelle à cette heure-ci par hasard. Personne n'appelle pour annoncer une bonne nouvelle. Mais la sonnerie métallique refuse de cesser et, pieds nus sur le carrelage, elle se dirige vers le combiné.

« Oui ?

– Tante Ruth ? »

Dans un premier temps, elle ne reconnaît pas la voix de Ricky. Avec Bessie, elles ne sont pas très liées. Ses enfants, c'est tout juste si elle les a rencontrés. À la barre, dans huit ans, lors du premier procès de son neveu, elle commencera par dire qu'elle n'avait vu Ricky qu'une fois avant cette nuit de 1986 où il a débarqué par surprise, puis elle devra se reprendre, et préciser que, oui, sans doute elle l'avait aperçu quand il était petit, les rares fois où elle a rendu visite à Bessie au fil des années. Il devait être un des enfants qui traînaient dans la cour. Mais il faut comprendre, il y en avait tellement, avec Luann qui passait son temps à en recueillir. Et Ruth, les enfants, elle ne leur avait jamais prêté particulièrement attention. C'était Bessie, sa sœur, qui voulait ce genre de vie : un mari, des enfants. À l'époque, Ruth se trouvait très bien toute seule. C'est peu dire qu'affirmer qu'elle avait du mal à joindre les deux bouts, elle travaillait de nuit à l'hôpital, à quoi s'ajoutaient des boulots au noir lorsqu'elle arrivait à dégotter des places d'aide à domicile, mais elle gagnait suffisamment pour payer le loyer, l'électricité et même sa voiture. Elle était douée pour son travail. Elle aimait à savoir qu'elle subvenait à ses propres besoins, et qu'elle n'avait à s'occuper que d'elle-même.

« Oui ?

– Tante Ruth, c'est Ricky, le fils de Bessie. Je suis... » On aurait dit qu'il avait la gorge serrée, qu'il ravalait ses larmes à grand-peine. « Je suis à Indianapolis. À une station essence, dans le centre. » Le garçon – elle ne parvient pas à se rappeler quel âge il peut bien avoir, peut-être vingt ans ? Mon Dieu, sont-elles si vieilles que ça, Bessie et elle ? « Tu pourrais venir me chercher ? »

Elle est tellement surprise qu'elle répond sans réfléchir.

« Je dois aller au travail, Ricky. »

Elle tressaille. Elle ne voulait pas être sèche.

« S'il te plaît. »

Alors elle le fait. S'habille en vitesse, remontant ses collants blancs dans le noir. Saute le café. Monte dans sa voiture, allume les phares et roule une demi-heure dans les rues vides jusqu'à la station-service qu'il a décrite, se demandant tout le long du chemin comment il est arrivé là et si sa sœur est au courant. La dernière fois qu'elle a eu Bessie au téléphone, Ricky était en Géorgie, en visite chez sa sœur Francis. Les cars ne s'arrêtent pas à la station-service. A-t-il fait tout le trajet en stop ? Mais elle doit se répéter de ne pas trop se poser de questions. C'est en se posant des questions qu'on se retrouve impliqué jusqu'au cou dans les problèmes des autres. Lorsqu'elle s'arrête près de lui, je me l'imagine blotti sous l'avant-toit de la station-service, son sweat à capuche gris dégoulinant de pluie, avec pour tout bagage un petit sac en toile. Il ouvre la portière et s'apprête à monter.

« Attends », dit-elle.

Il s'interrompt dans son geste.

« Tu as une serviette ? »

Il n'en a pas, alors elle lui demande de prendre un tee-shirt dans son sac et de l'étaler sur le siège avant de s'asseoir. Ils ne se font pas la bise, ne se donnent pas l'accolade. Elle ne lui demande pas ce qu'il fait là. Elle s'arrête devant chez elle et lui donne la clef de l'appartement.

« Je serai de retour à huit heures », dit-elle.

En se dépêchant, elle peut encore arriver à l'heure.

Il reste chez elle pendant à peu près deux mois. Même si elle n'est pas très liée avec Bessie, cela ne signifie pas qu'elle peut refuser l'hospitalité à un membre de la famille. Au départ, il se contente de traîner à la maison, où il passe son temps devant la télévision et fait grimper sa facture d'électricité, mais ensuite il trouve un boulot au circuit automobile de l'Indy 500. C'est temporaire – trois semaines, grand maximum – mais très vite, il n'a que ça à la bouche : les voitures de course et les types qui bossent là-bas. Il est tellement fier de son polo et de sa casquette réglementaire qu'on pourrait croire qu'il s'agit d'un uniforme militaire. Peut-être commence-t-elle à se lever quelques minutes plus tôt pour lui repasser son polo, juste pour le plaisir de voir son ravissement. Il peut être pareil à un enfant, si fier, l'enthousiasme facile. Comme elle, c'est un oiseau de nuit, on dirait qu'il ne dort jamais, alors parfois il est encore debout lorsqu'elle rentre de son travail. Il lui prépare une tasse de café, et ils discutent de la journée à venir. Elle l'aime bien. C'est ce qui la surprend le plus, peut-être. De s'apercevoir à quel point elle apprécie sa présence.

C'est précisément pour cette raison qu'elle s'inquiète tant lorsque, après seulement quelques semaines, il lui confie une enveloppe adressée à Bessie. Au départ, elle n'en pense rien de spécial, elle répond juste : « Pas de problème, je te la poste », et la glisse dans son sac à main. Ça tombe bien, ça lui rappelle que c'est le moment de payer le loyer ; elle sort son chéquier du tiroir de sa commode, rédige un chèque à la table de la cuisine, et met un timbre. La vieille dame qu'elle garde aujourd'hui habite à l'autre bout de la ville.

Elle est dans sa voiture, sur la grand-route, lorsque, du fond de son sac à main, la lettre se met à la tracasser. Quelque chose dans l'expression de Ricky, dans sa manière de détourner le regard à toute vitesse lorsqu'il lui a confié l'enveloppe. Elle a essayé, déjà, de l'interroger sur la raison de sa présence dans la région, et il est resté vague – il avait juste besoin d'un changement d'air, besoin de nouveauté. À présent, elle réalise qu'il n'a jamais vraiment répondu. Et puis il y a le simple fait qu'il ne lui a encore jamais confié de lettre pour Bessie. Rien de très surprenant à ce qu'il ne l'ait pas postée lui-même. Il arrive à garder son travail, mais pour les trucs tels que la lessive, les factures, l'organisation quotidienne, il semble encore avoir besoin d'être assisté par quelqu'un. Ça la dérange moins qu'elle ne l'aurait cru. C'est agréable, de sentir qu'on a besoin de vous.

Mais la lettre. Il y a quelque chose qui ne va pas ; elle le sent, un point c'est tout.

Elle s'arrête dans une station essence, tout en se répétant que ce n'est rien, qu'elle se fait des idées, comme une idiote. La lettre entre les mains, le moteur encore allumé, au ralenti, elle hésite. Elle ne lit pas le courrier des autres. Jamais. Ce n'est pas son genre de fourrer son nez partout. Et il faut qu'elle aille au travail. Elle fend l'enveloppe avec son index. Elle n'aura qu'à la scotcher avant de la poster à Bessie, et celle-ci ne saura jamais que ce n'est pas Ricky qui l'a fait. À l'intérieur, une unique feuille volante, de l'écriture crispée de Ricky, qu'elle reconnaît grâce aux listes de courses qu'il lui laisse. *Je suis désolé, je sais que je vais vous faire du mal, à toi et à Papa, mais je ne pouvais pas continuer comme ça.*

Le trajet pour rentrer à son appartement prend trente minutes, mais elle le fait en vingt, tant pis pour les limitations de vitesse. À chaque feu rouge, elle marmonne une prière entre ses dents et sa tête se remplit d'images abominables en pensant au spectacle qu'elle va trouver en arrivant.

Mais lorsqu'elle ouvre la porte, le cœur battant, il est encore vivant. Il est encore vivant. Debout dans la cuisine, le téléphone dans une main, dans l'autre son couteau de boucher, qu'il tient au-dessus de son poignet.

« Je ne voulais pas te le dire », explique-t-il ensuite. C'est-à-dire après qu'elle l'a fait raccrocher, qu'elle a emporté le couteau, tous les couteaux, dans sa chambre, après qu'elle l'a fait monter en voiture pour qu'il l'accompagne à son travail chez la vieille dame ; elle ne veut pas le laisser seul, elle n'a pas confiance. Je le vois assis dans le fauteuil de la vieille dame, feuilletant ses magazines de couture, sa Bible. Je vois Ruth le regarder en train de consulter la Bible, le doigt sur la page et la bouche ouverte pour articuler les mots. Chaque fois que Ruth va de la chambre à la cuisine pour remplir un verre d'eau, récupérer le dîner, ou apporter les draps dans la buanderie car la vieille dame s'est salie, elle se surprend sans doute à le surveiller. À vérifier, tout simplement, qu'il est toujours là. Qu'il va bien. À présent, ils sont de nouveau à la table de la cuisine, deux tasses de café qu'il a préparées refroidissent devant lui ; au lieu de la regarder, Ricky garde les yeux baissés avec un air de chien battu.

« J'aime les petits garçons, dit-il. Je fais tout ce que je peux pour m'en empêcher, mais... sexuellement. »

Elle déglutit. Pour elle, le moment doit être extrêmement étrange. Comme si un vide s'ouvrait dans l'air autour d'elle, comme si quelqu'un avait appuyé sur le bouton pause à l'intérieur d'elle-même. Ce n'est pas possible.

« Je ne voulais pas que tu le saches », poursuit-il.

Ce n'est pas qu'elle se ressaisit, et ce n'est pas seulement qu'elle ne sait pas quoi dire. Elle ne peut rien faire de ses mots, si ce n'est les recevoir. Sans doute prend-elle la décision avant même de réaliser qu'elle en prend une : elle ne va pas lui demander s'il est déjà passé à l'acte. Non. Elle ne veut pas le savoir.

Au lieu de ça, elle se lève et fait le tour de la table. Elle se penche sur lui et serre ses épaules osseuses dans ses bras, maladroitement.

« Chut, tout va bien, Ricky. »

C'est la première fois qu'ils se touchent.

Le lendemain matin, elle ouvre les yeux avant la sonnerie du réveil, l'esprit en ébullition. Il a besoin d'aide. Il faut qu'il parle à quelqu'un. Elle sait sans poser la question qu'il n'a pas d'assurance-maladie. Et elle n'a pas d'argent pour le dépanner. Mais il existe des dispensaires, et si elle appelle suffisamment de fois, elle parviendra à lui obtenir un rendez-vous. Elle va lui trouver de l'aide.

PROCÈS-VERBAL D'AUDIENCE

Procureur : Donc vous l'avez emmené à l'hôpital. Et vous trouviez-vous dans la pièce lorsqu'il s'est entretenu avec le thérapeute ?
Témoin : Non.
Procureur : Par conséquent, vous ne pouviez pas savoir qu'il a raconté au thérapeute qu'il avait appelé la police lui-même ce matin-là [celui où il tenait le couteau], afin de leur dire où il se trouvait. Ou qu'il a raconté au thérapeute qu'il avait l'intention d'attaquer les policiers au couteau.
Avocat de la défense : Monsieur le juge, nous demandons un aparté.
[Aparté]
Avocat de la défense : Elle n'est pas au courant de tout ça. Donc je ne vois pas comment elle pourrait répondre.
Procureur : Vous voyez, c'est l'un des problèmes qui se présentent lorsqu'on prend en compte les informations de deuxième main. Manifestement, il n'a pas raconté la même chose à tout le monde. Et si je n'ai pas le droit de souligner ce point, le jury ne peut que se faire une idée erronée de ce qu'il s'est vraiment passé ce jour-là. Vous comprenez, elle a donné son opinion : elle croyait qu'il s'apprêtait à se suicider dans sa cuisine.

Pendant environ un mois – par la suite, elle ne saura pas dire combien de temps exactement ça a duré – elle le conduit au dispensaire une fois par semaine pour des séances de thérapie. Ils ne parlent pas de la raison de ces rendez-vous. Elle l'emmène, c'est tout.

Puis un jour, quand elle revient des obsèques d'un cousin avec qui elle a grandi, les yeux et le cerveau brouillés par les larmes, elle rentre chez elle et la maison est vide. Il n'est pas sur le canapé. Il n'est pas dans la cuisine. Au lieu de ça, sur la table, elle trouve un morceau de papier déchiré dans un sac de provisions, et dessus, un mot griffonné à la hâte de sa main : les policiers sont venus l'arrêter chez elle, afin de le ramener en Géorgie. Il est inculpé là-bas. Tout le stress des dernières semaines, tout le stress de ce qu'elle savait sans s'autoriser à le savoir, tout le stress de l'inquiétude qu'elle avait pour lui, malgré elle, une inquiétude dévorante, s'abat sur elle comme une nausée immense et soudain, elle croule de fatigue. Elle n'appelle personne. Elle ne cherche pas à en savoir davantage. Elle accepte simplement qu'il est sorti de sa vie aussi soudainement qu'il y était entré. Je la vois mouiller une serviette en papier pour s'en faire une compresse fraîche. Elle l'apporte au lit où elle s'endort dans l'aube naissante, et lorsqu'elle se réveille le lendemain matin, avec le soleil strident qui cogne par la fenêtre, la tête et le cœur lourds du souvenir de l'enterrement de son cousin, ce doit être presque comme si elle se réveillait dans son ancienne vie, la vie avant Ricky. Elle doit tellement s'attendre à la solitude qu'elle ne la remarque même pas. Des semaines s'écouleront avant qu'elle ait l'énergie d'appeler Bessie pour lui demander ce qui s'est passé. Il a été arrêté pour avoir touché une petite fille en Géorgie – sa deuxième arrestation pour pédophilie, après le petit garçon de Louisiane qu'il avait menacé de tuer d'un coup de feu – et pour vol de voiture. Lorsqu'elle est passée le prendre à la station-service, il venait de s'enfuir de la maison de la fille. Il venait de se débarrasser de la Chevrolet de la mère de celle-ci.

Lorsqu'elle entre dans la salle d'audience à Bâton-Rouge en 1994, ses yeux doivent s'arrêter d'abord sur la nuque de l'homme assis sur le banc de l'accusation. Toutes ces années écoulées, et intérieurement, elle éprouve toujours un élan à son égard. Ricky, adulte. Cheveux brun foncé coupés en brosse, la coiffure d'usage en prison, lunettes coincées derrière les oreilles. Elle se prépare à croiser son regard, mais il ne se retourne pas. Au lieu de ça, une femme au visage rond, avec une frange brune, lui fait signe, sur sa gauche – la sœur de Ricky, Darlene, adulte elle aussi, réalise-t-elle en sursaut. Elle s'assoit donc à côté d'elle, et, à sa propre surprise, elle cherche la main de la jeune femme. Elle la presse dans la sienne.

Puis elle remarque les photographies du petit garçon blond, agrandies en posters devant le jury. Ricky est accusé de l'avoir tué. Elle doit se souvenir de la voix étouffée de Ricky à la table, de ces mots terribles qu'il a prononcés. «J'aime les petits garçons.» Elle doit se souvenir du choix qu'elle a fait à ce moment-là, le choix de ne pas poser la question. Tandis qu'elle est assise dans la salle d'audience, sur un banc robuste comme celui d'une église, je la vois fermer les yeux un instant. Après quoi elle se force à les rouvrir. Elle regarde les yeux du petit garçon sur la photo. Que lui est-il arrivé ?

Mais même pendant qu'elle se le demande, ce sont les yeux de Ricky qui doivent lui revenir. Cet après-midi-là, elle est rentrée pied au plancher. Elle avait tellement peur lorsqu'elle a ouvert la porte de la cuisine. D'abord l'éclat froid de la lame dans sa main, puis au-dessus du couteau les grands yeux ronds de Ricky, des yeux de raton laveur. Écarquillés comme s'il était pris au piège, comme s'il ne parvenait pas tout à fait à croire à ce qu'il s'apprêtait à faire. Il avait besoin qu'elle le sauve de cette issue.

Elle l'aimait à l'époque, elle le comprend désormais. Les années le lui ont appris. Vivre avec lui, s'occuper de lui, ça l'a changée. Lorsqu'elle se rappelle ses yeux, certes, elle se rappelle la peur et la culpabilité qui s'y reflétaient – mais comment peut-elle expliquer que ce qui l'a marquée, ce qui lui a ouvert le cœur, à elle, et ce qui le lui brise encore aujourd'hui, c'est qu'elle y a lu du soulagement? Le soulagement qu'il éprouvait d'avoir été retrouvé par elle. D'avoir été sauvé par elle. Du soulagement à l'idée que quelqu'un pourrait peut-être enfin le faire rester.

« La défense appelle Ruth McClary. »

Elle se lève et lisse sa jupe sur ses hanches. À la barre des témoins, elle répond aux questions du procureur. Oui, Ricky est venu vivre avec elle. Non, à l'époque elle ne savait pas pourquoi. Mais il était poli et serviable, travailleur.

« J'ai de l'affection pour Ricky, s'entend-elle dire. C'est un très bon garçon. » Elle a tourné son buste vers le jury ; elle parle dans le micro, pour le greffier ; si elle est ici aujourd'hui, c'est pour tous les autres. Mais au fond d'elle-même, ce doit être lui qu'elle observe. Ses mots lui sont destinés. Comme Ricky garde la tête baissée, elle voit l'épi que ses cheveux forment sur le sommet de son crâne, un épi de petit garçon. Il a les mains serrées si fort l'une contre l'autre que ses épaules tremblent presque. Elle déclare, d'une voix douce : « Je me suis beaucoup attachée à lui. Presque comme si c'était mon propre fils. »

En 1986, lorsque les policiers ramènent Ricky à Conyers, en Géorgie, il n'y a pas de procès. Au lieu de ça, il plaide coupable d'atteinte sexuelle non spécifiée sur mineurs – la deuxième agression sexuelle qui figure dans son casier – et, à l'âge de vingt ans, il est envoyé dans l'établissement pénitentiaire pour délinquants juvéniles de Géorgie.

En Géorgie, aux dires de tous, Ricky est un prisonnier modèle. Il a appris quelque chose en vivant avec Ruth, et en travaillant au circuit automobile pendant ces quelques semaines. Il y a quelque chose de satisfaisant à recevoir des consignes et à les suivre docilement. Il en tire une certaine fierté. En mai 1987, à l'âge de vingt-deux ans, il obtient le GED, l'équivalent du bac. « Ricky Langley était un excellent élève, et j'aimerais l'engager comme assistant, écrit le professeur dans ses évaluations finales. Il m'en faut vraiment un.» Un an plus tard, il est éligible à la libération conditionnelle.

Le matin de son audience, il doit se lisser les cheveux avec de l'eau, et il doit essuyer ses lunettes et secouer sa chemise de prisonnier pour éviter qu'elle fasse trop de plis sur son torse décharné. Il veut la conditionnelle. Il en rêve depuis un moment. Il rêve de retourner à la Calcasieu River, de passer de nouveau ses après-midi à pêcher et ses nuits bercé par le bouillonnement de l'eau sur le lit du ruisseau. Il ne savait pas à quoi ressemblerait la prison. Et finalement, il ne trouve pas ça trop mal, mais c'est quand même la prison. Il y a trop de bruit, avec tous les cris et les gémissements, les hommes qui cognent sur les barreaux jour et nuit car ils n'ont pas d'autre moyen de se faire entendre. Parfois, c'est à croire que le brouhaha de la prison se mêle avec le brouhaha dans sa cervelle, et il ne reste plus qu'un immense beuglement incompréhensible, entre l'intérieur de lui et l'extérieur, et il a l'impression de se désintégrer dans le vacarme. Le confinement lui rend impossible de s'échapper de lui-même, de s'échapper de qui il est, toujours trop bruyant au-dedans.

Et en plus, cette fierté qu'il a acquise ? Il a envie que les autres la voient. Il ne veut plus être un prisonnier. Il veut qu'on le considère comme un homme libre.

Mais le comité de probation rejette sa demande.

Ricky est furieux. D'abord sa fureur n'est que colère pure. Puis elle se mue en indignation. Depuis qu'ils l'ont arrêté, il a fait tout comme il fallait. Que devrait-il faire de plus ? « Il a le sentiment, écrit un psychologue dans son rapport, que son passé ne devrait pas entrer en jeu dans sa remise en liberté conditionnelle. » Ricky se plaint sans relâche, et finalement, un des autres détenus, lassé de l'entendre geindre, lui lance : « Ça aurait rien changé, si t'étais sorti, tu serais revenu dans moins d'un an. »

Dans un premier temps, Ricky réagit à la remarque comme à son habitude, par une colère épidermique. Mais il aime bien le type en question, peut-être même qu'il lui fait un peu confiance, et ses mots éveillent sa curiosité. Ce genre de saloperies ne l'aurait pas étonné venant d'un gardien. Mais d'un autre prisonnier ? Un gars qui devrait être de son côté ?

Alors il s'essaie à une autre réaction. Il demande : « Pourquoi ? »

Le détenu explique à Ricky que les pédophiles sont connus pour ça. Que Ricky n'est pas le seul à avoir lutté toute sa vie. La pédophilie, c'est connu, ce n'est pas un truc dont on peut se débarrasser comme ça.

Peut-être Ricky demande-t-il davantage de séances de thérapie, peut-être l'administration reconnaît-elle enfin qu'il en a besoin, toujours est-il que les deux années suivantes, en Géorgie, tandis qu'il est trimballé entre trois prisons différentes, les médecins lui donnent une chose qu'il n'a jamais eue auparavant : une explication à ce qu'il est. Dans ses séances de thérapie, il apprend ce qu'est la pédophilie. Il apprend que ce qu'il a est considéré comme un trouble mental, et il apprend, une fois de plus, que toucher les enfants leur fait du mal. La nuit, il rêve. Pas les rêves d'avant, pas des rêves dans lesquels la peau des enfants luisait telle une lune d'albâtre, dont il se réveillait haletant et en nage, sachant qu'il les avait touchés. À présent dans ses rêves il marche jusqu'à une clairière dans les bois. Le soleil se répand tout autour de lui, l'odeur de verdure est si forte qu'elle lui bloque la gorge. Un tapis d'aiguilles de pin amortit le bruit de ses pas. Lorsqu'il atteint le centre de la clairière, il s'immobilise. Un enfant apparaît. Il reconnaît l'enfant et son cœur se met à battre plus vite. Un par un, les enfants qu'il a agressés entrent dans la clairière. Ils marchent à pas hésitants, d'abord, et écarquillent les yeux en le voyant, mais ils reprennent soudain confiance en eux en remarquant les autres enfants. Chaque enfant prend la main de celui qui le précède jusqu'à ce qu'ils forment une ronde autour de lui, garçons et filles, jusqu'au dernier, et au milieu de la ronde, lui. Il a beau tourner sur lui-même – il est encerclé.

Pourquoi, demande un enfant. *Pourquoi ? Pourquoi tu as fait ça ?* Puis un autre. *Pourquoi à moi ? Pourquoi à nous ?* Il ouvre la bouche pour leur répondre, mais dans sa bouche il n'y a que de l'air. Il ne sait pas comment leur expliquer. Il ne sait pas comment se l'expliquer à lui-même. Ils posent la question jusqu'à ce que le son cogne dans ses oreilles comme le sang cogne dans ses veines. Il tremble.

Puis il déguerpit. Il prend un petit garçon par la main et l'arrache à la ronde et court, le tirant derrière lui, l'entraînant dans l'épaisseur du bois, jusqu'à ce qu'ils se retrouvent seuls, sans témoins. Il n'y a qu'une seule manière de faire cesser ses tremblements. Il pose la main à plat sur l'arrière de la tête du garçon, caresse la brosse souple de ses cheveux. Il descend la braguette de son pantalon. Il pousse la tête du garçon vers lui.

Lorsqu'il se réveille, il est en sueur, malade, et il tremble, mais il note le rêve dans un carnet. Il apporte le carnet à sa séance de thérapie et le donne à la psychologue.

« Ne me laissez pas sortir d'ici, dit-il.

– Si vous voulez que votre vie change, Ricky, répond-elle, il faut avoir la volonté de la changer. »

Le professeur qui lui a donné des cours pour l'équivalent du bac est un prédicateur laïc, et Ricky s'inscrit maintenant à son cours du soir d'études bibliques. Il est timide au départ, silencieux. Parfois, note le professeur, il arrive en classe avec les vêtements en désordre, les cheveux en bataille et de profonds cernes sous les yeux. Ricky, se rappellera plus tard l'enseignant, a l'air d'un homme qui se bat contre quelque chose. Mais petit à petit, il se met à prendre la parole. Lorsqu'il est transféré dans une autre prison, il écrit des lettres au prédicateur pour l'interroger sur des questions spirituelles qui le tarabustent. Le plus souvent, il tourne autour du problème de la culpabilité. Le prédicateur prend ses questions au sérieux, il fait même des recherches sur le sujet, passant deux ou trois semaines sur chaque lettre afin de composer de très longues réponses que Ricky étudie de près dans sa nouvelle cellule. Les questions sont générales et les réponses doctrinales, mais Ricky et le prédicateur savent tous deux qu'ils parlent de l'âme de Ricky.

Il demande à être placé dans le programme de traitement pour délinquants sexuels de la prison pour adultes de Valdosta. Deux ans et demi après son GED, il décroche un diplôme dans le cours de perfectionnement proposé là-bas. Un mois plus tard, il obtient un certificat du programme de réparation d'électroménager, attestant qu'il a effectué 863 heures de formation et peut désormais installer des appareils électroménagers en tant qu'apprenti rémunéré. Sur sa feuille d'évaluation de détenu, sa relation avec ses collègues est notée comme « supérieure à la moyenne ». Pour la première fois de sa vie, Ricky obtient des notes au-dessus de la moyenne dans toutes les catégories.

En septembre 1990, Ricky Langley, le prisonnier repenti, obtient sa libération conditionnelle.

Lorsque les experts de la défense reviennent sur cette période, ils se disent impressionnés par tout ce qu'il a appris pendant sa peine de prison en Géorgie. Lorsque c'est le tour de l'accusation, les procureurs se gaussent de ces considérations. Un an et cinq mois après sa libération, il a assassiné Jeremy. Peut-on vraiment considérer qu'il a appris quelque chose ? Un codétenu de Géorgie, après tout, se rappelle l'avoir entendu dire que l'erreur qu'il avait commise, c'était d'avoir laissé la vie sauve à la fillette. La prochaine fois, il s'assurerait bien qu'elle meure. Mais ce n'est pas juste, soulignent les experts. Le codétenu a certainement ses raisons pour affirmer ça. Et d'ailleurs, en prison, les pédophiles sont pris pour cible. Il est possible que Ricky se soit donné des airs menaçants afin de se protéger.

Comme tant d'autres choses, la façon dont on voit ces années qui précèdent le meurtre se ramène à la question revenant sans cesse quand il s'agit de Ricky : Que voyez-vous en lui ? Croyez-vous à ses efforts ? Son histoire est-elle celle d'un homme qui s'efforce inlassablement de se faire soigner, de changer, et de retourner, transformé, dans le monde pour commencer une nouvelle vie, un homme qui essaie encore et encore, mais est finalement trahi par la structure immuable de sa personnalité ?

Ou bien son histoire est-elle celle d'un homme qui abandonne encore et encore la thérapie, qui ne fait jamais d'efforts véritables, mais fuit systématiquement ? Dans les procès-verbaux d'audience, les procureurs et les experts-psychiatres qui témoignent pour la défense s'affrontent sur le sujet :

> Procureur : Donc pendant qu'il est en liberté conditionnelle [en 1984] avec obligation de soins au centre médico-psychologique de Lake Charles, il quitte l'État et interrompt sa thérapie, c'est bien ça ?
>
> Psychiatre de la défense : C'est exact.
>
> Q : Il en fait le choix, n'est-ce pas ?
>
> R : Oui, c'était sa décision.
>
> Q : Il en a fait le choix, n'est-ce pas ?
>
> R : Dans la mesure où il avait le choix, oui, c'est lui qui a fait ce choix.
>
> Q : Est-ce que vous essayez de dire qu'il n'avait pas la capacité de faire des choix ?

Et :

> Procureur : Donc quand il est allé à Indianapolis, il n'a pas cherché à voir un thérapeute de sa propre initiative ?
>
> Psychiatre de la défense : Non.
>
> Q : Et en Géorgie ?
>
> R : Il n'a consulté personne.
>
> Q : Il n'a absolument pas cherché à se faire soigner ?
>
> R : Non.
>
> Q : Mais il savait, il agissait en conscience, c'est ce que vous avez dit.

R : Dans une certaine mesure, il agissait en conscience, oui.

Q : Il comprenait qu'il était censé le faire, n'est-ce pas, docteur ?

R : Je pense qu'il le comprenait.

Q : Et il a choisi de ne pas le faire ?

R : C'est exact.

Q : A-t-il vu un thérapeute pendant la semaine précédant la mort de Jeremy Guillory ?

R : Non.

Q : Donc il a la présence d'esprit d'aller chez le médecin quand il a une bronchite, mais quand il commence à être tourmenté par ses désirs sexuels à l'égard de Jeremy Guillory, il ne lui vient pas à l'idée qu'il pourrait avoir besoin d'aide ?

R : Je pense qu'il savait qu'il avait besoin d'aide. Je pense qu'il y a une grande différence entre aller chez le médecin pour une bronchite et y aller pour un problème de santé mentale. Je regrette, je voudrais que ce ne soit pas le cas, mais c'est comme ça.

R : Pourquoi ? En quoi est-ce différent ?

L'homme au centre de ce procès, dont la personnalité sera interminablement discutée et débattue, interminablement reconstituée et disséquée dans un dossier qui finira par faire près de trente mille pages, cet homme restera en ce sens une énigme. Il est bien possible que ce que l'on voit en Ricky dépende davantage de qui l'on est que de qui il est.

Mais lorsqu'il sort de prison en Géorgie en 1990, libre comme l'air même s'il est encore obligé de pointer auprès de son contrôleur judiciaire, la vie soudain devant lui, Ricky doit faire un choix. Cela fait un bail qu'il rêve de la Calcasieu River, c'est vrai. Mais toutes ces années de thérapie ont éveillé son intérêt pour son passé, et pour l'histoire de sa famille. Désormais, il a envie de savoir d'où il vient, et comment il est devenu ce qu'il est devenu. Aucun document de cette période ne mentionne qu'il ait déclaré que son frère mort, Oscar, lui a rendu visite ou qu'il a entendu sa voix ; ce n'est pas ça, cette fois. À présent, c'est plutôt une curiosité d'historien, de généalogiste, et un intérêt personnel. Pendant ses séjours en prison, il a gardé des copies des actes de naissance d'Oscar et de Vicky Lynn, subtilisées dans le coffre de Bessie à Hecker. Lorsqu'il était incarcéré à Valdosta, il a écrit au coroner de Red Rock, dans l'Arizona, lieu de l'accident qui a entraîné l'hospitalisation de Bessie et sa propre naissance. Sa lettre n'a pas reçu de réponse la première fois – pas même un mot pour lui indiquer s'il avait formulé sa requête correctement –, mais en prison, ce n'était pas le temps qui lui manquait, donc il s'est rendu à la bibliothèque de la prison, a vérifié adresses et formulaires et tenté sa chance une seconde fois. Finalement, des copies des certificats de décès d'Oscar et de Vicky Lynn sont arrivées au courrier. Au fil des années suivantes, il en amassera d'autres de la même manière : les actes de naissance des parents de ses parents et de leurs parents, des relevés de recensement, des coupures de journaux et des certificats de décès. Il deviendra un historien de sa famille si zélé que vingt-cinq ans plus tard, lorsque je ferai des recherches pour ce livre à la société généalogique, à quelques kilomètres à peine du lieu de naissance de Ricky et quelques kilomètres du lieu de la mort de Jeremy Guillory, je tomberai sur un livre portant sur l'histoire de la famille Langley, autoédité par un passionné de généalogie de Louisiane. Dans les remerciements, je lirai : *Toute ma gratitude à Ricky Langley, qui a joué un rôle inestimable dans l'obtention de la majorité des nécrologies utilisées dans ce livre, et a eu la bonté de m'autoriser à les utiliser. Ricky, je te souhaite tout le meilleur.*

En 1990, Ricky, qui transporte des liasses de passé sous forme de photocopies, prend une décision. Il va retourner en Californie. La Californie, c'est encore et toujours le lieu d'où viennent les récits des jours heureux, les histoires que lui a racontées Bessie quand il était petit. Ce mois de juin, il s'y rend en auto-stop, en quête d'un passé qu'il n'a jamais connu.

18

Chicago, 1996

Pour la fac, je m'invente une nouvelle vie. Je ferai comme si le passé n'avait jamais eu lieu. À Chicago, je me sens loin de la maison grise, assez loin pour être libre. Les hauts bâtiments gothiques de l'université de Chicago forment une cour carrée qui ressemble à mes rêves d'*alma mater* : du lierre s'entortille sur les flancs des arcades et des tourelles, tandis qu'au centre se trouve une clairière cernée par les racines noueuses des arbres, parfaite pour s'y allonger et lire, protégée par les frondaisons. Selon la légende qui circule sur le campus, le lierre ne poussant pas naturellement à Chicago, la famille Rockefeller a mis en place un fonds spécial pour son entretien. À présent, avec la ville de Chicago qui scintille de l'autre côté de l'immensité bleue des eaux du lac Michigan, et le vert du lierre grimpant à travers le vent qui froisse les feuillages des arbres, la cour semble témoigner du fait que l'on peut être absolument qui l'on veut. En la traversant chaque jour, j'adopte mon nouveau rôle d'étudiante assidue. Je ne sèche jamais. Je m'inscris au maximum de matières autorisé et je me rends aux cours préparée, non parce que j'y suis obligée mais parce que je m'éprends des idées qui pleuvent sur moi, et je fais les devoirs si rapidement après chaque heure que je les refais entièrement avant la suivante. Mon grand-père meurt au cours de mes premières semaines de fac, et lorsque mes parents m'apprennent la nouvelle, je raccroche le téléphone et n'en souffle mot à personne. Cette vie est terminée. Je ne ressemble même plus à celle que j'étais avant, la fille avec ses fringues amples et déchirées et ses cheveux de toutes les couleurs. Je me suis constitué une garde-robe à base de jupes et de pulls étroits et j'ai reteint mes cheveux en brun, ma couleur naturelle, visant une sorte de compromis entre un look rétro, volontaire et sans danger à la Mary Tyler Moore et, grâce à un pantalon en vinyle noir, le personnage d'Uma Thurman dans *Pulp Fiction*, seringue dans le cœur en moins. Ce que je vise vraiment, c'est le bonheur.

Et quelqu'un remarque. Au réfectoire, un jour, un garçon s'approche de moi. Il est dans l'équipe de foot, me dit-il. Ses cheveux bruns tombent dans un de ses yeux, et il me regarde par-dessous sa mèche. Sa fraternité organise une fête. Est-ce que je veux être sa cavalière ?

Il emploie réellement ce mot, *cavalière*. C'est comme dans un film, un film que j'ai rêvé pour moi, et lorsqu'arrive le vendredi, je mets un CD de funk et m'habille en chantant en chœur. C'est une soirée à thème années 1970, et j'opte pour un pantalon taille basse moulant et évasé en bas et un col roulé qui épouse mes formes. Je me fais un brushing lisse, puis je me recouvre les cheveux d'une casquette en laine écossaise, que je mets à l'envers pour me donner, j'imagine, un petit air canaille.

La fête a lieu dans un des pavillons en pierre et en brique qui accueillent les fraternités, sur South University Avenue, des pavillons devant lesquels je suis passée mais dans lesquels je n'avais jamais pensé entrer un jour. Je ne bois pas. J'y mets un point d'honneur. Je ne veux pas être comme mon père. Et que faire d'autre dans une soirée organisée par une fraternité ?

À l'intérieur, des couples se roulent des galoches contre l'encadrement des portes. Des garçons et des filles en pattes d'eph
et longues perruques de hippies se vautrent sur les canapés du
salon et sur le sol. Dans un coin, le reflet d'un objet métallique
– je reconnais un fût, et ce n'est qu'à cet instant que je réalise
que tout ce temps, lorsque mes camarades de classe parlaient
de fûts de bière, je les imaginais en train de trimballer des ton-
neaux en bois.

Le garçon arrive coiffé d'une casquette de base-ball et vêtu
d'une chemise en flanelle par-dessus un tee-shirt blanc. Il remplit un gobelet en plastique rouge, qu'il incline pour éviter de
faire de la mousse, puis qu'il me tend.

« Non, merci. »

Je suis contente d'être là, mais je n'ai pas l'intention de boire
pour autant.

Son visage se décompose. Il n'a pas seulement l'air déçu, mais
perplexe, et je comprends aussitôt que j'ai fait une gaffe. Ce n'est
pas ce qu'aurait fait la jeune fille dans le film. Il vide le gobelet
d'une traite, puis en remplit un autre et le descend également,
puis il s'éloigne dans la foule et lorsqu'il revient me voir un peu
plus tard, je suis à peu près certaine qu'il est ivre, et il voit sans
l'ombre d'un doute que je ne le suis pas, et il n'y a pas grand-
chose d'autre à faire que de m'en aller, me semble-t-il.

« Je ne me sens pas très bien », dis-je.

J'ai passé l'heure qui vient de s'écouler assise, raide, sur un
canapé, essayant d'éviter les coudes de mes voisins.

« Je crois que je vais rentrer, en fait.

– Je te raccompagne. »

C'est là que ma mémoire se bloque, sauf pour le souvenir des
arbres, qui jaillissent de la mer d'herbe sombre de l'Esplanade

tels des poignards pour transpercer le ciel noir. Il n'y a pas de lumière dans mon souvenir. Il n'y a pas d'étoiles, et il n'y a personne. C'est tout juste s'il y a lui, et la conscience de ce qu'il s'est passé ensuite – de la main d'un autre garçon sur mon bras, qui me redresse, et de sa voix qui me demande :

« Est-ce que ça va ? Est-ce que ça va ? »

Le joueur de football m'a plaquée au sol. En me relevant, secouant les brins d'herbe boueux de mes vêtements et de mes cheveux, je comprends cela. Il ne m'a pas violée ; je le comprends également. Je suis encore tout habillée. J'ai été en danger, mais je ne sais pas à quel point au juste. J'ai beau être sobre, mon corps s'est mis en mode panique. Je ne me souviens de rien.

« Tout le monde connaît sa réputation, explique le garçon. Mais personne ne savait trop comment te le dire. Tu avais l'air tellement enthousiaste. Alors je me suis dit que j'allais te suivre de loin, juste pour voir si tout allait bien pour toi. »

À partir de ce moment, je suis avec le garçon qui a suivi de loin, Ben. Ben mesure 1,97 mètre et, dans mon souvenir du moins, il ne se tient pas voûté comme si souvent les gens excessivement grands, mais porte sa galanterie le dos bien droit. Il a une maladie rare qui s'appelle le syndrome de Marfan. Il en a gardé un corps tout en longueur, d'une maigreur qui fait presque peine à voir. Ses pouces sont implantés presque à angle droit avec ses paumes, tels ceux d'Abraham Lincoln, qui était atteint du même syndrome. Lincoln, m'explique Ben lors de l'une des premières nuits que nous passons étendus tout habillés sur son lit ou sur le mien à la résidence universitaire, n'aurait pas survécu plus de quelques mois même s'il n'avait pas été abattu en ce jour fatidique au théâtre Ford. Le syndrome avait attaqué la musculature de son cœur. Je suis immédiatement frappée par cette idée, que l'avenir était secrètement en germe dans le présent, le présent secrètement en germe dans le passé.

Le cœur de Ben n'est pas une menace – s'il y a une chose que je sais de Ben, ce sera bien toujours que son cœur n'est pas une menace, qu'il est grand et qu'il bat – mais le syndrome a fait que son sternum forme une pointe saillante, et il en est complexé. Longtemps avant que s'installe le froid si féroce pour lequel Chicago est célèbre, il porte des pulls épais. Je me dis que c'est un peu comme moi, qui, même en plein été, ne peux pas dormir sans une couverture. Sa peau est tellement élastique qu'en se pinçant la peau du cou entre deux doigts, il peut faire un pli de plusieurs centimètres. Elle est un peu cireuse au toucher, comme, j'imagine, les statues de chez Madame Tussaud. Sa haute taille, sa peau, la protubérance insolite de ses os – toutes ces caractéristiques font que Ben est toujours exposé aux regards curieux. Ce n'est pas un costume ou un déguisement, comme l'étaient mes cheveux teints et mes vêtements déchirés, comme l'est ma nouvelle garde-robe épurée : non, pour lui c'est une identité qui lui est imposée. Là où, autrefois, je n'avais de cesse de faire en sorte que la douleur que je ressentais soit visible sur ma peau de façon que quelqu'un la remarque, là où désormais je fais comme si cette douleur, je ne la ressentais pas du tout, Ben n'a pas d'autre choix que d'afficher sans fard qu'il n'est pas comme les autres.

Cette particularité, je m'en aperçois, l'a rendu d'une grande bienveillance. Il a le rire facile, faire rire les autres lui vient encore plus facilement, et à sortir avec lui, je me retrouve soudain au centre de la vie de la cité U. Lorsque notre pavillon organise une collecte de fonds pour une œuvre de bienfaisance, Ben lance l'idée de vendre des milk-shakes dans le hall à minuit aux étudiants, qui sont tellement réputés pour travailler en permanence que l'on raconte que c'est pour cela que la cafétéria ferme un soir par semaine, pour les forcer à sortir. Moi, tellement accro au café que pendant une brève période, je prépare le mien avec de l'eau caféinée, je suggère d'utiliser de la glace au café à laquelle on ajoutera du café en poudre. La boisson de notre invention est une boue marron si granuleuse qu'on croirait avaler du sable mouillé avec du sucre, mais lorsque vient le jour des ventes, il se forme une queue considérable dans le couloir. Dans une fac où les étudiants se tirent la bourre pour être celui auquel ses chères études laissent le moins de temps de sommeil, et une bonne dizaine d'années avant la popularisation du Red Bull, la boue hypercaféinée buvable remporte un succès indéniable. Avec les recettes de la première tournée, nous rachetons du café soluble, et nous claironnons que les milk-shakes suivants seront encore plus dosés. Le fait qu'ils soient infects ajoute encore à leur attrait.

Et je comprends tout à fait cela. Je ferai mes preuves en buvant le liquide infect, en choisissant toujours la voie la plus dure. Il faudra des années avant que je comprenne l'importance de la douceur. La maladie de Lyme me fait encore souffrir, et je ne suis absolument pas préparée à l'hiver chicagoan. Ben me prend dans ses bras et me porte lorsque mes genoux cèdent. Quand je suis assez en forme pour me tenir debout, il m'emmène danser. Il s'avère que c'est un excellent danseur : il sait faire les tournés, les renversés, il sait me soulever. Je vis dans un rêve, le rêve d'être aimée.

Mais nous sommes des gamins, j'ai dix-huit ans et lui dix-neuf, et quand une menace se présente, nous sommes longs à la reconnaître. Bien que je me sente heureuse, je le jure, depuis la nuit sur l'Esplanade, j'ai pour ainsi dire cessé de manger. Avant, au lycée, je mangeais pour me faire mal intérieurement, puis je vomissais car ça me soulageait de me débarrasser de ce qui me remplissait. Mais à présent, le simple fait d'avoir quelque chose dans l'estomac, n'importe quoi, est soudain, inexplicablement, terrifiant. Seules les pommes, le yaourt à 0 % et les burgers végétariens sans le pain sont sans danger. Je n'ai dit à personne à Chicago ce qui s'est passé avec mon grand-père, et je n'ai aucune intention de le faire. Ça, ça appartient à la maison du New Jersey. Ça appartient au passé. Mon grand-père est mort et moi, je suis à la fac, et je suis libre. La nuit, Ben et moi, nous nous étendons sur son lit, et du bout du doigt, il suit la courbe osseuse de ma hanche qui dépasse au-dessus de mon jean et suit mes côtes dans mon dos pour remonter jusqu'à ma nuque, qui paraît désormais plus longue maintenant que mon corps est plus émacié. Ravie de ma minceur toute neuve, je porte beaucoup de noir, essaie d'être la New-Yorkaise que je rêve de devenir. Aux yeux de ce garçon du Kansas, je parais sophistiquée. Nous ne faisons l'amour qu'une ou deux fois en plusieurs mois, mais ça ne semble pas le déranger. Ni l'un ni l'autre ne savons encore que nous sommes gays. Ni l'un ni l'autre ne savons encore à quel point nous sommes l'un pour l'autre un refuge. Il aime mes cols roulés et l'ossature fine de mon visage, il aime même mon silence. « Tu ressembles à une danseuse étoile », dit-il.

Mais je ne m'arrête pas là. Je dépasse le stade de la danseuse classique, et je file dans une zone de danger. Lorsque je rentre à Tenafly pour Thanksgiving, je n'ai pas pris quelques kilos comme presque tous les autres étudiants livrés aux sirènes de la malbouffe pour la première fois. J'ai perdu quinze kilos depuis le début des cours fin août. Sur les photos pour lesquelles nous posons, mon frère, mes sœurs et moi, devant la cheminée, les

futures cartes de Noël, je porte un pull noir soyeux à col cheminée et manches courtes. Mes bras font la taille des poignets
d'un enfant. Mes parents m'envoient consulter mon ancien
pédiatre. Dans mon souvenir, il me dit qu'il faut vraiment que
je mange, mais que je n'ai pas de problème majeur. Ça me paraît
curieux, quand j'y repense, impossible, même. Qui irait dire à
une jeune anorexique qu'elle n'a pas de problème majeur? En y
repensant, j'imagine mes parents debout sur le bord d'une autoroute, les yeux écarquillés, bouche bée, en train de regarder un
accident de voiture. Mon père boit toujours trop. Il est toujours
déprimé. Ma mère a trouvé sa voix dans les tribunaux, mais à
la maison, elle est toujours plutôt silencieuse. Ils ont toujours
deux filles à élever, une réputation à tenir dans la municipalité
et un cabinet d'avocats à faire tourner. Et par-dessus tout, nous
sommes prisonniers de l'histoire que nous racontons sur nous-
mêmes, l'histoire des descendants de pauvres immigrés qui ont
fait fortune et ont maintenant les Cadillac, les enfants splendides
qui réussissent brillamment, le plus grand nombre de guirlandes
de Noël sur le perron du quartier. Nous allons bien avec une
telle détermination que ce doit être accablant pour eux de voir
soudain une de leurs filles débarquer avec, sur elle, les stigmates
de ce qui ne va pas si bien. Et ce doit être un soulagement pour
nous tous lorsque je repars à la fac.

Environ un mois avant les vacances de printemps, le conseiller
pédagogique de ma cité U frappe à ma porte et me tend une
enveloppe contenant une feuille tapée à la machine. J'ai encore
perdu du poids, et l'administration de la fac exige que je voie
un nutritionniste. Je suis déjà allée, à contrecœur, à quelques
séances de thérapie, même si je ne pense pas qu'un psychologue
puisse m'être d'une grande aide. Je pense qu'un nutritionniste

me sera encore moins utile. Le problème n'est pas que je ne comprends pas que j'ai besoin de nutriments. Le problème n'est même pas, ou plus, que je me trouve plus belle comme ça. J'ai cessé de me déshabiller devant Ben. Ce n'est que lorsque je suis seule dans ma chambre que je me mets toute nue devant la glace. J'ai toujours eu les hanches saillantes, mais maintenant, elles sont pointues, il est si évident qu'elles ne sont plus qu'une fine couche de peau sur les os qu'elles me donnent la nausée. Mes fesses semblent s'être dégonflées. Quand j'étais en CM2, un jour, on m'a demandé de faire un autoportrait en cours de dessin. Les autres enfants ont dessiné des boucles dorées au crayon gras pour représenter leurs cheveux, ils ont colorié leurs tee-shirts en rouge. Je me rappelle mon ébahissement devant leurs portraits. Ils semblaient tous savoir si bien à quoi ils ressemblaient. J'avais dessiné la seule chose qui m'était venue : un tourbillon noir qui émanait du centre de la feuille de papier cartonné, pareil aux tourbillons qui obscurcissent l'écran dans *Vertigo*, le film d'Hitchcock. Pris dans le tourbillon, j'avais ajouté un revolver, la chaise électrique, et des mains qui cherchaient à s'emparer de moi, l'étoffe de mes cauchemars. C'était le seul portrait de moi que je puisse imaginer : ce que je pensais, et ce que je redoutais. Ce qui me consumait. Mon corps était un artefact inimaginable emmailloté dans des vêtements informes de couleur sombre, une chose que je tentais de toutes mes forces d'oublier.

Mais à la fac, debout seule devant le miroir, je trouve étrangement facile de me regarder. Je me dégoûte, avec mes os et mes côtes saillantes dans le dos, avec les bleus qui, si je reste assise trop longtemps sur une chaise en bois, se forment sur le sac de peau qui était autrefois mon derrière. Ce dégoût est rassurant. Je ne me sens certes pas belle, mais je me sens en sécurité.

La salle du dispensaire de la fac où la nutritionniste me reçoit est petite, sans fenêtre, et résolument beige. « Des gens ont remarqué », me dit-elle, qu'apparemment, je perds davantage de poids après mes visites dans ma famille. Elle ne précise pas qui sont ces « gens ». Elle est assise sur un fauteuil en vinyle blanc avec des accoudoirs de bois blond clair, et elle affiche la même neutralité étudiée que le décor qui l'entoure. La semaine précédente, chez le teinturier chinois, le réceptionniste m'avait arrêtée juste au moment où je levais le bras pour récupérer mes affaires sur les portants. « Est-ce que vous », avait-il commencé, puis il avait souri. Je lui avais rendu son sourire. Nous échangions toujours des sourires muets quand je passais à la boutique, mais cette fois il semblait nerveux. « Est-ce que, avait-il repris, est-ce que vous avez le sida ? » Le lendemain, à la cafétéria, j'avais déplié un petit mot que l'on m'avait fait passer. *Je sais que tu te crois belle mais...* Lorsque j'avais parlé de m'inscrire pour une collecte de sang, une amie du dortoir avait rétorqué : « Il faut peser au minimum cinquante kilos pour donner son sang. » J'avais ravalé les mots qui m'étaient venus automatiquement : je mesure 1,75 mètre, bien sûr que je pèse cinquante kilos. Mais ce soir-là, j'étais montée sur une balance et j'avais découvert que ce n'était pas le cas. « Peut-être qu'il y a un autre endroit où vous pourriez aller pour les prochaines vacances ? » demande la nutritionniste.

C'est comme ça que je me retrouve installée dans la cabine d'un vieux pick-up Ford, Ben à côté de moi et son frère au volant. Le lever du soleil au Kansas ne ressemble à rien de ce que j'ai jamais vu, une gerbe tachetée de mauve et de rose qui s'élève jusqu'aux cieux et, dirait-on, plus haut encore, faisant éclater la terre d'une splendeur presque obscène. Je suis soufflée par ce spectacle et par l'idée que les gens qui habitent dans les maisons que nous dépassons à toute vitesse jouissent quotidiennement de sa beauté. Incroyable, toutes les sortes de vies qui existent. Les bâtiments, eux aussi, me surprennent. Ils n'ont jamais plus d'un étage, deux au maximum, et même s'ils ont l'air délabré avec leurs enseignes au néon éteintes pour la journée, il n'y a rien pour rivaliser avec le ciel magnifiquement vivant. «C'est beau, hein?» demande le frère de Ben. J'approuve d'un hochement de tête, sans rien dire.

Pendant une semaine, nous dormons chez ses parents. Le père de Ben est suprêmement difficile, véhément, avec des opinions bien arrêtées. Mais il est grand et mince, et l'opinion à laquelle il est le plus fermement attaché, c'est sa haine des gros – alors il m'aime bien. La mère de Ben semble toujours en train de m'observer du coin de l'œil, et elle me traite avec une telle délicatesse qu'on pourrait croire que je suis en sucre. Le frère est sympathique. Sa femme n'a que quelques années de plus que Ben et moi, et j'apprends qu'elle s'appelle Roberta, mais personne ne l'appelle jamais par son prénom. Ils l'appellent simplement la «fiancée» de son frère, bien que le mariage remonte à deux ans.

C'est Roberta qui finit par m'ouvrir les yeux. Pas par des paroles, mais par ce qu'elle est. Elle a l'air adorable, gentille et elle sourit tout le temps, elle est contente de vivre dans cette ville minuscule, de ne pas travailler, et ça ne la dérange pas de se faire appeler par le nom du mec qu'elle a épousé.

Mais même si je me sens mesquine et méchante de penser ça, une vie de ce genre ne me rendrait pas heureuse. Je suis malade, je le comprends, et si je ne trouve pas le moyen de me retaper, je vais finir par être obligée de me marier plus jeune que je ne le souhaite et de vivre dans une région qui ne me plaît pas, car la vérité, c'est que pour l'instant, j'ai *besoin* de quelqu'un pour s'occuper de moi. Comment Ben ou les autres sauraient-ils que ce n'est pas ma vraie vie, que ma vraie vie, j'attends encore qu'elle débute ? Comment lui ou les autres sauraient-ils que dans ma vraie vie, je n'ai besoin de personne pour me sauver ?

Cet été-là, je quitte Ben, optant lâchement pour une rupture par téléphone. « Mais, mais », dit-il, et j'entends sa perplexité se muer en indignation. « C'est moi qui aurais dû rompre avec *toi.* »

Je tressaille, mais il dit vrai. Dans ses mots, j'entends les conversations auxquelles je n'ai jamais pensé, les conversations qu'il a dû avoir avec ses amis.

Je me consacre à mon rétablissement avec une dévotion obstinée : si le problème, c'est que je ne mangeais pas, je vais manger. Mon corps se remplit. Il s'adoucit. L'été passe, et lorsque je retourne à la fac, on me couvre de compliments : comme je suis belle !

Mais je ne le supporte pas. Je ne supporte pas de me sentir tellement visible. Tellement exposée au danger.

J'abandonne la fac.

J'ai tellement voulu compatir avec Ricky à Indianapolis, debout sous la pluie battante devant la portière de la voiture de Ruth, sa capuche remontée, une main enfoncée dans sa poche et dans l'autre, son sac de toile bleu, la tête penchée en avant pour éviter que la pluie lui dégouline dans les yeux. En cet instant, sa vie avait déraillé du chemin qu'il s'était tracé en imagination. Il essayait de trouver quelque chose qui puisse le sauver, le ramener à la normalité. Ce désir, je le comprends. Dans le dossier de Ricky, il y a un formulaire d'admission en thérapie qui date des années suivant l'époque du centre médico-psychologique de

Calcasieu. Dessus, Ricky déclare qu'il n'est plus vierge. Il a déjà eu une petite amie, dit-il. Je suis tombée sur cette case, et j'ai lu dans le même temps que la fille de Géorgie – qu'il a touchée quand il avait vingt ans – en avait quatorze.

Et j'ai pensé à Luke, du Colorado.

Luke, qui à l'âge de vingt-deux ans devait avoir ses propres raisons de faire la cour à une fille de seize ans par Internet. Ses propres raisons de préparer minutieusement pour elle des paquets de photos et des compilations savamment agencées, de traverser le pays en avion pour la voir alors qu'elle était encore au lycée, une vie qu'il avait pour sa part laissée derrière lui depuis des années – sauf que pas vraiment, puisqu'il vivait encore dans sa chambre d'enfant, aussi perdu qu'un adolescent. Luke qui, où que je sois dans le pays, me retrouve toujours sur Internet, toutes les quelques années, et m'envoie un mail pour me dire que nous avions un lien privilégié, une connexion spéciale qu'il n'a jamais retrouvée, et ne pourrions-nous pas, s'il te plaît, s'il te plaît, reprendre contact.

Je ne réponds jamais.

J'avais seize ans. Je ne savais pas que j'étais trop jeune pour lui. Je pensais simplement que son intérêt pour moi signifiait que j'étais digne d'amour, que je pouvais être aimée, et que je n'étais pas irrémédiablement détruite. Lorsqu'on vous offre une planche de salut, vous ne cherchez pas à savoir si c'est la bonne. Vous l'attrapez et vous y cramponnez de toutes vos forces, un point c'est tout.

Je me suis donc demandé lorsque je suis arrivée, dans le dossier, à l'histoire de la fille de Géorgie, si c'était ce qui s'était passé. Si, lorsqu'il avait volé la Chevy 69 de sa mère pour s'enfuir en Indiana, il était possible qu'elle n'ait pas été au courant. Si, lorsqu'il racontait qu'elle lui avait dit qu'elle aimait ça lorsqu'il la touchait avec sa langue et qu'elle en redemandait, il se pouvait qu'il y ait dans ses dires une part de vérité. Si, ne serait-ce que pendant un instant dans sa vie, Ricky avait eu une relation certes déplacée, malvenue, mal choisie, imprudente – mais un cran au-dessous de mon grand-père dans l'ignominie.

Je me suis autorisée à le penser, parce que ça me rendait possible de lire le dossier. Ça me rendait possible de passer du temps avec lui. D'essayer, comme je le dois, de le comprendre.

Ce n'est que lorsque j'ai reçu les procès-verbaux d'audience du premier procès de Ricky, lors duquel la fille de Géorgie a témoigné, que j'ai réalisé mon erreur.

Elle avait quatorze ans au moment de son témoignage. En 1986, elle en avait cinq.

19

Californie, 1990-1991

En Californie, Ricky voit s'ouvrir à lui une mine de potentialités apparemment illimitée. Ici, il est libre, libéré de la Géorgie, libéré d'Iowa, libre d'inventer sa propre vie. Une vie toute neuve, mais qui vient aussi réparer l'échec de Bessie et d'Alcide il y a tant d'années, et sa propre tentative avortée de s'installer ici dans son adolescence. Il aime le paysage dégagé, il aime les palmiers, il aime que le littoral immense ne se trouve jamais bien loin, même si techniquement il n'habite pas sur la côte. Les descriptions que lui faisait autrefois Bessie des fleurs sauvages, et du panneau Hollywood sur une colline, au vu de tous, même d'elle, lui reviennent à présent et la ville lui semble l'essence même du possible. Les voitures neuves sur les boulevards, avec leurs carrosseries rutilantes! Partout où il regarde, des gens qui s'enrichissent! Los Angeles est une ville constituée d'individus venus d'ailleurs pour faire fortune. Tout comme lui.

Il trouve un boulot d'homme à tout faire pour un entrepreneur en bâtiment du nom de Mike. La petite amie de Mike s'appelle Ellen, et tous trois, ils prennent l'habitude de passer leur temps libre ensemble, partageant quelques bières en échangeant des blagues après la journée de travail. Avec Mike, Ricky se sent en terrain connu : il vient d'une famille ouvrière qui avait du mal à joindre les deux bouts – mais les parents d'Ellen ont de l'argent, et il doit probablement se surprendre à l'observer. Non pas parce qu'elle est jolie, bien qu'elle le soit, mais pour apprendre. Lorsqu'elle l'appelle pour lui proposer de les accompagner, Mike et elle, à une soirée donnée par ses parents, il a la présence d'esprit de demander comment il doit s'habiller.

« Oh, juste une tenue convenable, ça ira, répond-elle. Pas la peine de te mettre sur ton trente et un.

– Comme quoi ?

– Oh, tu sais, une tenue convenable, c'est tout. »

Elle est distraite, il l'entend, et pendant un instant il se dit que c'est sans doute Mike qui accapare son attention, et il éprouve un pincement proche de la jalousie. Il est trop gêné pour poser la question une nouvelle fois. Il ne sait pas ce qu'elle entend par « convenable ».

Je le vois debout sous un bosquet de palmiers. Quelqu'un a accroché une guirlande lumineuse blanche aux feuilles en éventail, et l'éclat s'en reflète dans les cheveux de Ricky. Il les a lissés en arrière à l'aide d'un tube de Gomina acheté au bazar local. Il ne sourit pas – il est trop nerveux –, mais dans ses yeux, et dans le geste raide avec lequel il ajuste et lisse encore et encore le costume bleu pastel qu'Ellen Smith décrira dans quatre ans lors de son premier procès, quand tout aura changé, on peut lire qu'il est ravi d'être là. Les lumières scintillent, ses cheveux luisent et les souliers noirs qu'il a achetés chez Payless (« C'est une chaîne californienne de magasins de chaussures », précise Ellen Smith, à juste titre, la chaîne n'ayant pas encore atteint la Louisiane en 1994, au moment où elle témoigne dans le premier procès pour meurtre) miroitent, fraîchement cirés. Même le gilet en cuir noir qu'il a dégotté à l'Armée du Salut et mis, un peu incongru, sous son costume en polyester bleu pastel, même le gilet brille. Il l'a ciré aussi. Il est trop mince, le costume trop grand pour lui, on dirait un gamin qui s'est déguisé en adulte. Sous son armure, il irradie de nervosité. Il a vingt-six ans, mais il n'est jamais allé dans une fête de ce genre : de petites tables rondes réparties dans un jardin spacieux, avec des nappes blanches sans un pli. Quelqu'un a repassé les nappes, il le voit. Même le gazon a l'air manucuré, avec son vert vif si homogène qu'il ne semble pas vrai. Les parents d'Ellen arborent de grands sourires détendus, pas forcés, et tiennent à deux doigts des verres à vin à longue tige. Ils portent chaleureusement les mains de leurs invités à leur poitrine en disant à quel point ils sont heureux de les voir, tellement heureux. Lorsqu'ils lui ont réservé cet accueil, il s'est figé comme un opossum qui fait le mort. Et maintenant il se cache derrière le bosquet, et observe.

Mais Ellen est dans son élément. Elle virevolte entre les invités, répond à des questions. Non, avec Mike, ils n'ont pas l'intention de se marier. Non, ils ne sont pas encore prêts à avoir des enfants. Elle se réjouit que ses parents invitent sans problème n'importe qui à des fêtes de ce genre. Qu'ils soient prêts à inviter n'importe qui. Elle en est sûre. C'est pour ça qu'elle a amené Ricky. Elle ne leur a pas dit que Ricky avait été condamné pour crime sexuel. C'est tout ce qu'il lui a dit, « crime sexuel » – et que peut-il y avoir de si mauvais dans le sexe, se demande-t-elle. Mais même après qu'il a été inculpé pour meurtre quelques années plus tard, elle jurera à la barre des témoins que si ses parents avaient su de quoi il était coupable, ils auraient tout de même voulu qu'il vienne. Ils sont comme ça, de vrais Californiens. Le passé, ce que vous avez fait, cela ne compte pas ; ce qui compte, c'est qui vous êtes maintenant. Et Rick – c'est comme ça qu'Ellen appelle Ricky, par le prénom qu'il a adopté depuis son arrivée ici, content de la rudesse *cool* du *k* à la fin, qui semble affirmer qu'il est enfin adulte –, Rick est un bosseur, il est consciencieux. Comme son Mike.

Mike. À la fête, elle doit le chercher, capter son regard, sourire. Il est un peu à l'écart, une bière à la main, il ne parle pas aux amis de ses parents. Ricky est avec lui, une canette à la main lui aussi. Tous deux, ils se sont faufilés sous les arbres, sans se mêler à l'assemblée. Ils sont comme des frères, ces deux-là. Elle sourit de nouveau, puis les regarde plus attentivement, remarquant la tenue de Ricky. L'observant si minutieusement qu'elle sera en mesure de la décrire des années plus tard. Elle doit s'interroger sur sa vie, pendant quelques minutes, se demander comment sa vie l'a conduit à s'habiller de la sorte. Que note-t-elle intérieurement à son sujet ? Qu'imagine-t-elle, en cet instant, que pardonne-t-elle ?

L'été passe, puis l'automne. Un soir, Ellen, Mike et Ricky sont dans un bar, et parlent tour à tour des cadeaux qu'ils vont faire à Noël. Ellen va offrir un polo à son père. Mike va acheter des fleurs à sa mère.

« La *vraie* question, doit dire Ellen, baissant les yeux sur Mike par-dessus son verre, c'est ce qu'il va m'acheter, lui. »

Mike fait un clin d'œil à Ricky.

« Tu vas pas lui dire, hein, Ricky ? On a nos petits secrets, entre nous.

– C'est pas juste ! s'exclame Ellen. Il sait déjà ce que je compte t'offrir. Il en sait trop, je crois. »

Cet instant-là ? Ricky l'accrocherait au mur comme un trophée de pêche s'il le pouvait, pour pouvoir le regarder tous les jours. En cet instant, il a des amis.

« Qu'est-ce que tu vas acheter, Ricky ? » demande Ellen.

Il vide sa bière et la bière lui donne du cran.

« J'ai économisé un peu d'argent. » Il ne pense même pas à tout ce qu'ils ignorent de lui. À là d'où il vient. « Ma daronne, elle s'est fait amputer d'une jambe il y a quinze ans et elle marche toujours avec des béquilles. » Il doit penser à Bessie, en train de se traîner péniblement dans l'espace confiné de la caravane, en s'efforçant de ne pas accrocher le canapé ou un pied de table avec sa béquille. C'est déjà assez pénible chez elle. Mais il sait qu'elle grimace intérieurement à l'idée de se rendre quelque part, n'importe où. « J'ai l'intention », et il aime le goût du mot « intention » dans sa bouche, son caractère définitif. « J'ai l'intention de lui acheter un fauteuil roulant. »

Dans sa bouche, les mots sonnent justes. Les mots sonnent vrai.

« Chapeau, mec ! »

Mike lui donne une tape dans le dos.

« Elle peut être contente d'avoir un bon fils comme toi, ta m'man. »

Il lève sa bière.

« À ta maman. Elle s'appelle comment ?

– Bessie.

– À la m'man de Rick, Bessie, dit Mike, et à son fauteuil roulant. »

Ils trinquent tous les trois.

Pendant deux semaines, cette idée le galvanise. Le vendredi, jour de paie, lorsqu'il encaisse son chèque, peut-être range-t-il quelques billets dans une boîte à café avant de se rendre au magasin de spiritueux pour acheter une bouteille plus petite qu'il ne le faisait auparavant. En enfonçant les billets dans la boîte, il est fier. Il voit déjà le chrome luisant du fauteuil roulant, ses grandes roues bien huilées. La première semaine, il s'imagine en train d'astiquer le chrome avant de l'offrir à Bessie. Il le fera briller. Il l'entourera d'un gros nœud de ruban rouge, comme dans les films. La deuxième semaine, il a une idée encore meilleure. Peut-être pourrait-il verser des arrhes pour une de ces chaises roulantes électriques, là, avec un joystick. Apporter le luxe dans la vie de Bessie, le premier luxe qu'elle ait jamais eu. Il s'imagine avec elle à Iowa, lorsqu'elle la verra pour la première fois. L'hésitation avec laquelle elle s'assoira dessus. Il lui montrera comment se servir du joystick, elle essaiera, se trompera et foncera droit dans le canapé et, ah, ce qu'ils riront, sans pouvoir s'arrêter.

Mais lorsque vient Noël, ses rêves se sont évanouis. Peut-être n'y a-t-il plus assez de travail, peut-être est-il seulement si habitué à partir qu'il ne sait pas faire autrement, ou peut-être se passe-t-il quelque chose qui fait qu'Ellen et Mike ne veulent plus de sa présence. Ellen, par la suite, ne dira pas pourquoi à la barre des témoins, elle racontera seulement à quel point il le voulait, ce fauteuil roulant pour Bessie, puis qu'il est parti tout à coup. Il ne revoit jamais Mike. Ne revoit Ellen qu'au procès. Bessie n'a jamais son fauteuil. Il va s'installer dans une autre partie de la Californie, mais au bout de quelques mois, il reprend la route. Il retourne en Géorgie pour vivre avec sa sœur Judy. Là, il consulte un psychiatre dans le privé, ainsi que la cour de Géorgie le lui a ordonné – mais on ne retrouve jamais le dossier, soit parce qu'il a été détruit, soit parce qu'il n'a jamais existé. En décembre 1991, il quitte la Géorgie et retourne s'installer chez ses parents à Iowa, en Louisiane.

Dans quelques mois, Ricky va assassiner Jeremy. Et une fois le crime accompli, ses avocats, les experts et lui-même parleront

tous du comportement « exemplaire » qui a été le sien « pendant
un an » maintenant. Toute une année sans agresser quelqu'un.
Mais cela ne fait pas un an qu'il a été relâché de la prison de
Géorgie, cela fait un an et demi. Et avant sa libération, il a passé
quatre ans en prison – durant lesquels on peut présumer qu'il n'a
pas eu l'occasion de s'en prendre à un enfant. Cela devrait donc
faire *cinq* ans, pas un. Il y a un élément manquant, un élément
que la justice ne peut pas prendre en compte car il n'y a ni preuve,
ni témoignages. Ricky et ses avocats omettent-ils au passage de
mentionner quelque chose – quelqu'un ? Un an, c'est le temps qui
s'est écoulé depuis qu'il est parti de chez Ellen et Mike. Depuis
qu'il a quitté la Californie.

Lorsque Ricky s'installe chez Bessie et Alcide à Iowa une
dernière fois, il a vingt-six ans. Il est toujours malingre, pas
tellement plus épais qu'un préadolescent, avec la maturité
émotionnelle, aux dires des médecins, d'un garçon de onze
ou douze ans – mais suffisamment de maturité intellectuelle
pour comprendre comment il est perçu par les autres et pour
s'en affliger. Désormais, il est un pédophile, il le comprend.
Lors de l'entretien qu'il passe pour obtenir la liberté conditionnelle en Géorgie, sa réponse satisfait le contrôleur judiciaire :
oui, il peut aller s'installer en Louisiane chez ses parents. Ils
seront responsables de lui. Bessie y assiste, et je l'imagine très
bien dans une des robes pastel que portait toujours ma grand-
mère, plus jolie que ses habituelles robes d'intérieur – Bessie
doit être un peu nerveuse – avec de la dentelle autour du col, et
peut-être des poignets. Elle est assise dans une chaise pliante,
face au contrôleur judiciaire, sa béquille appuyée contre le mur
derrière elle, et le moignon de sa jambe manquante ramené

vers l'intérieur, de sorte que ses chevilles, si elle en avait deux, seraient croisées pudiquement.

« Madame, je voudrais être certain que vous réalisez dans quoi vous mettez les pieds, votre mari et vous. »

Elle le regarde sans répondre. Elle pense, peut-être, à Ricky quand il était petit, au jour où l'école l'a appelée, alors qu'il était en sixième, parce qu'il avait prétendu avoir vu Oscar. Elle pense aux réunions de famille où il se portait toujours volontaire, spontanément, pour aller garder les petits. Dans tout le dossier, il y a une mention – une seule – d'attouchements que Ricky aurait commis sur un membre de sa famille. Lequel, ce n'est pas précisé. Mais elle doit le savoir. Peut-être se rappelle-t-elle ce qu'elle a dit à l'assistante sociale du centre médico-psychologique de Lake Charles, il y a cinq ans : que surveiller Ricky était devenu un fardeau, qu'elle ne pouvait pas le laisser seul cinq minutes sans craindre qu'il aille « tripoter quelqu'un ». À présent, cinq ans plus tard, après la prison et le sursis, elle sait que c'est encore plus vrai.

Mais Bessie est convaincue que dans la vie, chacun doit porter sa croix, et Ricky est à la fois son garçon chéri et sa croix. Avec le recul, si elle en avait l'occasion, reviendrait-elle sur sa décision de ne pas mettre un terme à sa grossesse à l'époque, maintenant qu'il a agressé trois enfants, à sa connaissance, et qui sait combien d'autres ? On ne pense pas de cette façon. Elle ne pense pas de cette façon. Sans doute ne peut-elle pas ressentir la douleur de ces enfants – des inconnus – comme elle peut ressentir la présence de Ricky à ses côtés. Son fils. La famille, on l'accueille.

Donc elle regarde le contrôleur judiciaire dans les yeux.

« Oui, monsieur. Son père et moi, nous comprenons. »

C'est au cours de cet entretien que Ricky déclare : « Ce que je préfère, c'est les petits garçons blonds. Dans les six ans, par là. » Et il doit être fier de pouvoir en parler avec une telle acuité, de se comprendre suffisamment bien pour savoir ça. L'agent en prend note, mais ne précise pas si Bessie est dans la pièce à ce moment-là. Entend-elle les mots de Ricky ? Ces mots lui glacent-ils le sang ? Le stylo du contrôleur judiciaire s'interrompt-il un instant à cette annonce funeste, ou ne relève-t-il même pas, lors d'un entretien qui est pure formalité ? Personne – ni Bessie, ni le contrôleur judiciaire, ni même, aux dires de tous, Ricky – ne remarque qu'à quelques kilomètres à peine de la caravane où il va s'installer vit un petit garçon blond. Il a six ans, il adore son fusil à balles BB, et il vit avec sa mère dans une maison où ils ont du mal à payer le chauffage.

20

Massachusetts, 2002

L e soir de mon admission en fac de droit, je m'y introduis par effraction. À près de minuit, Harvard Yard est une longue et vide étendue de ténèbres. Les réverbères de Harvard Square percent des trous de lumière à travers les arbres. Debout sous un porche en bois désert, je frissonne. La nuit est plus fraîche que je ne l'aurais cru, sans un souffle, claire et silencieuse, le genre de nuit bostonienne qui me rappellera toujours que la ville est construite au bord de l'eau et que l'eau se transforme en glace.

À l'âge de vingt-trois ans, j'ai enfin obtenu ma licence après un second essai, et j'habite dans le New Jersey avec mon copain, Adam, et le chien que nous avons adopté et baptisé Professor. Nous partageons le rez-de-chaussée d'une maison coincée dans l'angle d'une sortie d'autoroute. La route entre la maison de mes parents – à une heure et demie au nord de la nôtre – et celle qu'Adam et moi occupons est un enchevêtrement d'usines qui s'illuminent, luisantes et grises telle la fourrure lisse d'un rat dans les phares des voitures, et avec la fameuse odeur de la Jersey Turnpike, c'est comme si on était constamment en plein été, en ville, et constamment planté au-dessus d'une bouche d'égout. Notre maison est assez jolie, avec une couche de peinture couleur pêche, et même une palissade qui a été blanche autrefois. Mais la nuit, couchée sur le dos dans notre lit pendant qu'Adam dort près de moi, j'écoute le mari et la femme qui habitent à côté se hurler dessus pendant des heures. Leurs voix me terrifient. Toute cette rancœur sordide.

C'est trop proche de ce que je ressens, à vivre encore dans le New Jersey. Encore dans le périmètre de la maison de mes parents, de souvenirs que je ne veux plus en moi et auxquels je ne peux échapper. Après avoir passé un an chez eux, je suis retournée à la fac, cette fois à New York, à Columbia. J'ai bien réussi, avec des A+ partout, mais avant deux ans j'étais retournée m'installer chez eux et je faisais des allers-retours, par le pont. Habiter dans la maison grise me déprime, mais quand je suis déprimée, cela me semble normal de vivre là-bas, comme si les murs étaient là pour confirmer les souvenirs. Après la licence, je me suis installée avec Adam, mais ça ne m'a pas aidée non plus. Puis, dans une tentative désespérée, j'ai posé ma candidature en fac de droit. Le parcours rebattu qui avait fonctionné pour mes parents. Ma vieille passion d'enfance. Et de fait, tous ces après-midi que j'avais passés couchée sur le ventre sur la moquette du bureau de mes parents quand j'étais petite, à faire des jeux de logique pris dans des magazines du kiosque d'en bas, m'avaient préparée efficacement pour le LSAT : j'ai été acceptée à Harvard.

À présent, tandis que nous nous tenons sous l'éclairage à détecteur de mouvement de ce porche à Cambridge, il y a un sac aux pieds d'Adam qui contient deux sweat-shirts achetés dans un kiosque de Harvard Square, la seule boutique ouverte à cette heure-ci. La lettre d'admission est arrivée cet après-midi pendant qu'Adam était au travail. Quand il est rentré, j'étais toujours assise par terre en tailleur, à la regarder bouche bée, avec une incrédulité proche de la catatonie. «Chérie!» a-t-il dit, et il m'a fait tourner dans ses bras jusqu'à ce que mes larmes cessent et que je me mette à rire. «Qu'est-ce que tu veux faire pour fêter ça?»

Aussitôt qu'il a posé la question, j'ai su. Je voulais un sweat-shirt. Je voulais un sweat-shirt bordeaux, aux couleurs de la fac, avec écrit HARVARD dessus. Quand j'avais six ans, mon père m'avait un jour convoquée à son chevet. Il était adossé à une pile d'oreillers, ses lunettes de lecture sur les couvertures à côté de lui. Il avait l'air tellement sérieux qu'en le voyant, je m'étais arrêtée net sur le pas de porte. Il m'avait fait signe d'entrer. Je m'étais assise sur le rebord du lit et il avait fouillé dans la pile de journaux qui de toute mon enfance n'avait pas quitté son chevet – elle s'y trouve toujours – et en avait retiré une enveloppe. Puis il avait chaussé ses lunettes, ouvert cérémonieusement l'enveloppe, et nous avions discuté : mon tout premier bulletin me mettait-il sur la route d'Harvard? Mon père venait d'une communauté d'immigrés du New Jersey, et il avait toujours fréquenté l'école publique. Pour lui, Harvard aurait signifié que nous avions réussi. À l'âge de sept ans, j'avais un sweat-shirt bordeaux que je portais tout le temps, mais à dix-sept ans, je n'aurais pas posé ma candidature à Harvard même si, avec tous les cours que j'avais manqués et tous les espaces laissés en blanc sur mes bulletins de notes du lycée, j'avais eu la moindre chance d'y entrer. Pour moi *Harvard* signifiait une époque révolue, avant que les choses ne tournent mal.

Adam avait pris le volant sur-le-champ, et nous avions fait les six heures de route qui nous séparaient du campus. À présent, nous sommes devant un bâtiment dont je suis pratiquement sûre qu'il appartient à la fac de droit, même si, dans l'obscurité, je ne vois aucun panneau. Mais il est parfaitement conforme au bâtiment de fac de droit de mes rêves : de larges briques rouges et brunes, des colonnes de bois, des tourelles qui dépassent sur les côtés. Il souffle sur ses mains et me regarde d'un air interrogateur.

«Tu veux rentrer à la maison?» demande-t-il. Dans huit heures, je dois être à la librairie où je travaille. «Ou...» Il fait traîner le mot et hausse un sourcil tentateur : «Tu veux entrer?

– On entre.»

Si nous nous faisons surprendre, je prétendrai que je suis étudiante à la fac. Ce sera vrai dans pas bien longtemps.

Sur la photo de moi qu'Adam prend ce soir-là, je suis étendue sur un des bancs bordeaux à l'intérieur du Austin Hall, à Harvard Law School, mon manteau de laine noir toujours boutonné jusqu'au cou avec le col roulé bordeaux que j'avais enfilé sans y faire attention qui dépasse, les cheveux étalés autour de moi et les yeux mi-clos. Mon expression illustre parfaitement ma sensation du moment : je suis en paix, enfin en sécurité.

Une idée me vient subitement.

«Tu montes la garde pour moi?»

Adam fait un grand sourire.

«À ton service.»

Je trouve un escalier étroit qui semble monter jusqu'en haut du bâtiment. Le rez-de-chaussée est plongé dans le noir, mais il y a certainement un gardien quelque part. Encore une volée de marches, par précaution. J'essaie la première porte que je vois dans le couloir – ouverte.

La salle de classe est étonnamment petite, semblable à un cloître, avec une unique fenêtre de la taille d'un timbre-poste et moins d'une douzaine de chaises disposées en rangées bien

nettes. Et un tableau vert. Avec craie. Puis-je? Oui. «Merci de
m'avoir acceptée!» j'écris.

Je veux dire : merci de m'avoir *acceptée*. Pas seulement en fac
de droit, mais dans l'univers de la justice.

Des mois plus tard, alors qu'Adam est resté dans le New Jersey
avec notre chien et que je me suis installée dans la ville à présent d'un froid si glacial, je m'épanouis. Étalés autour de moi,
les livres que j'ai empruntés dans la bibliothèque de mon père
prennent leur vie propre. Ma prof de responsabilité civile est
une femme maigre, nerveuse comme un lapin, qui a l'habitude
déconcertante de se servir de ses deux enfants en bas âge comme
exemples dans ses cas pratiques. «Imaginez maintenant, dit-elle,
un jour, ma fille Marguerite traverse la route, or une heure plus
tôt un camion a percé son réservoir d'essence sur la chaussée.
Dans l'explosion, elle perd son pied.» Dans les affaires de responsabilité civile – où il s'agit en fait de déterminer dans quelle
mesure une personne a causé des torts à une autre, de répartir
les responsabilités, de comprendre les causes – il y a toujours
quelqu'un qui prend feu, qui perd un membre, qui est estropié.
Dans mon affaire favorite, *Palsgraf vs Long Island Railroad Co.*,
un homme saute dans un train qui est en train de partir, et
laisse tomber un paquet sur les rails. Le paquet contient des
feux d'artifice. Ils explosent. À l'autre bout du quai, une balance
tombe sur une femme. C'est un enchaînement d'événements, et
en fait, tout dépend de la manière dont on raconte l'histoire. Ce
qui est en question, c'est la cause. Le jour où nous apprenons que
Marguerite, la fille de la prof, a effectivement un pied en moins
– que le membre qu'elle ne cesse de perdre dans toutes ces anecdotes a déjà disparu –, nous sommes choqués, et gênés. «Vous

pouvez rire, ne vous gênez pas ! dit la prof. C'est drôle, c'est un fait ! » En fin de compte, le cours de droit foncier est moins affaire de règles à mémoriser qu'un questionnement sur ce qui peut être possédé ; le droit constitutionnel porte sur les engagements que nous avons pris, qui nous lient en tant que citoyens d'un même pays.

Mes camarades et moi, nous aimons les idées. Le soir, nous débattons en buvant des bières dans les chambres de la cité U ou des verres de vin au bar. Parfois, nous scotchons bout à bout des feuilles de papier blanc et y traçons des cartes de nos systèmes de croyance, tentant de dessiner nos idéaux tels des arbres de décision. Ce qui est important à nos yeux, c'est la solidité, et la cohérence, et la raison, et d'être fidèles à nos idéaux de façon qu'ils s'imbriquent parfaitement dans le puzzle impeccable que nous sommes. Je veux que mes idéaux soient ma seule ambition. C'est pour cela que je suis là. Dans mon dossier de candidature, j'ai raconté ce jour sur le tarmac, quand j'étais petite, où j'ai su en un éclair que je ne croyais pas en la peine de mort. Pourquoi prendre une vie humaine n'était-il pas considéré comme cruel et anormal ? Je voulais entrer en fac de droit, écrivais-je, pour comprendre.

Lorsque le moment vient pour moi de chercher un job d'été, je m'oriente vers les cabinets spécialisés dans la défense des condamnés à mort. J'en trouve deux qui cherchent des étudiants en droit pour l'été. Ils se consacrent exclusivement à ce type d'affaires. L'un d'eux se trouve en Californie, et si l'été que me décrit l'avocat auquel je parle est fort séduisant – j'adorerais vivre à San Francisco –, le cabinet ne travaille que sur un seul dossier en ce moment. « Vous pourrez assister aux séances de brainstorming », me dit-il au téléphone.

L'avocat du cabinet basé en Louisiane est un peu sec, manifestement stressé. « Laissez-moi vous poser une question, pour voir », dit-il. Dans la paroisse de Jefferson, une paroisse constituée de Blancs aisés ayant fui La Nouvelle-Orléans, les procureurs ont pris pour habitude de venir aux audiences de jeunes Noirs risquant la peine de mort vêtus de cravates à motif nœuds coulants. Je suis interloquée – des nœuds coulants, en 2003 ? Je bégaie que c'est forcément préjudiciable, mais avoue que je ne connais pas de loi pour l'empêcher.

Il rit, d'un rire proche de l'aboiement. « Nous non plus. Je vous tiendrai au courant, si nous trouvons quelque chose. Mais nous croulons sous les affaires. Nous ne manquerons pas de travail pour vous. »

Lorsqu'on m'appelle pour l'entretien complémentaire, deux semaines plus tard, je suis certaine de vouloir travailler pour le cabinet basé en Louisiane. Je réponds au téléphone dans ma chambre de la cité U, une chambre individuelle dans un ancien hôtel, sur la porte de laquelle sont encore affichées les instructions pour rendre les clefs, où les épais rideaux à motifs cachemire sont doublés d'aluminium et le portant de la salle de bains fait pour accueillir quantité de petites serviettes. J'avais choisi de vivre en cité U dans l'espoir de me faire des amis, mais en définitive, je ne suis pas tombée sur le bon numéro – sans le savoir, j'ai choisi la résidence des fayots. Mes camarades ne préparent pas leurs repas dans la cuisine collective, ils ne traînent pas dans les salles communes. Il n'y a pas de bavardages amicaux ou de pauses tardives dans les révisions. Le jour de mon installation, je portais un jean déchiré et un sweat-shirt, et je me démenais pour faire entrer un énorme carton de vêtements dans l'ascenseur, lorsqu'un homme est passé devant moi, poussant un portant à roulettes. Ses cheveux étaient séparés par une raie impeccable, et il portait une chemise oxford bleue et un pantalon à pinces visiblement repassés de frais. Sur le portant étaient suspendus cinq pantalons à pinces identiques et dix chemises oxford bleues identiques. Tandis que je maintenais la porte de l'ascenseur ouverte, il a poussé à l'intérieur un rouleau à repasser.

Mais je me suis fait d'autres amis, des idéalistes dans mon genre. C'est à cause d'eux que je m'inquiète des questions qui vont m'être posées durant l'entretien d'embauche. Parce qu'après un an de fac de droit, après tous nos interminables débats nocturnes, je commence à comprendre que je ne crois pas au fond que le fait que je sois contre la peine de mort – ou celui que d'autres soient pour – puisse se ramener à la raison. Il s'agit toujours de la même conviction simple, fondamentale : celle que chaque individu est une personne, quoi qu'il ait pu faire, et que prendre une vie humaine est mal.

Mais au téléphone, l'avocate ne me demande jamais pourquoi je suis contre.

« Dites-moi, demande-t-elle d'une voix basse, à la fois protocolaire et curieusement intime, un ton étudié pour susciter les aveux, qu'est-ce que ça vous ferait de défendre des coupables ?

– Je ne me fais pas d'illusions, je sais que tous mes clients ne seront pas innocents », je réponds.

Mes mots sonnent un peu faux, même à mon oreille, mais je suis un peu agacée par la question. Je veux parler de raisonnements, pas de sentiments. Je suis contente d'apprendre qu'il y aura des femmes avocates dans le cabinet – contrairement à la plupart des domaines du droit commun, l'univers de la peine de mort est en grande majorité masculin –, cependant je trouve ses mots condescendants. Me croit-elle vraiment si naïve ?

« Et s'il s'agit de défendre des individus qui sont accusés de meurtre ?

– Je suis convaincue que tout le monde mérite un avocat. » Il s'agit d'un cabinet spécialisé dans la peine de mort. Bien sûr que certains clients seront accusés de meurtre.

« Il vous faudra peut-être les rencontrer. Il vous faudra peut-être passer du temps avec eux. »

Je change de tactique.

« Mon père est un avocat de droit criminel. J'ai toujours vu ses clients quand j'étais petite. »

Au début de mon adolescence, j'ai passé l'une des fêtes de Noël du cabinet de mes parents à tourner autour d'un homme grand et mince dont les dents brillaient chaque fois que son visage se fendait d'un grand sourire. Toute la soirée, je lui avais offert des cubes de fromage sur un plateau, une serviette propre pour remplacer celle qu'il tenait, n'importe quoi pour provoquer ce sourire étincelant. Plus tard, j'ai réalisé qu'il s'agissait d'un client dont m'avait parlé mon père, un tueur à gages de la mafia coréenne. Peu de temps après la soirée, il était entré dans le programme de protection des témoins. Mon père a toujours défendu les méchants. Il m'a dit plus d'une fois que son job consiste à être amoral, à ne jamais penser aux méfaits commis par les individus qu'il défend – « s'ils les ont commis », ajoute-t-il, avocat jusqu'au bout des ongles.

L'avocate reprend.

« Certains pourraient être accusés d'autres crimes, en plus d'être accusés de meurtre.

– Je *comprends*. »

Je me lève et fais les cent pas dans la pièce. Comment puis-je parvenir à me faire entendre d'elle ?

«Écoutez, je crois en ce que fait votre cabinet. J'ai toujours été contre la peine de mort. J'aimerais contribuer à lutter contre.

– Nos clients ne sont pas les personnes les plus populaires qui soient.» Elle baisse la voix. «Nous venons de terminer une affaire, par exemple, dans laquelle nous défendions un homme précédemment reconnu coupable de pédophilie. Vous vous sentez capable de défendre un pédophile?»

Mon grand-père est mort depuis huit ans, mais soudain je le vois et mon corps se contracte. Je le vois en vie, coiffé d'une de ses casquettes en tweed, suçotant un bonbon à la violette, et je me vois, moi, dans le rôle de l'adulte – assise à côté de lui, un carnet sur les genoux, essayant de prendre des notes mais remarquant seulement ces mains qui m'ont touchée, ce corps que je ne connais que trop. Dans cette vision, je maintiens mes genoux dans une grande immobilité, m'efforçant d'éviter tout contact avec les siens. Puis soudain je suis de nouveau une enfant, et apparaît son visage après qu'il a retiré son dentier, son grand sourire qui dévoile ses gencives nues, son haleine humide et fétide, où s'attarde une note de lavande. Je suis très petite, assez petite pour être à la fois fascinée et révulsée par le trou noir qui s'ouvre soudain dans sa bouche. La lampe poupée baigne son visage d'une lueur jaune tandis qu'il me sourit. «Je suis un sorcier», dit mon grand-père. «Tu te rappelles ce que ça veut dire.»

Ce job sera mon épreuve. Si je suis vraiment contre la peine de mort, je dois m'y opposer aussi pour des hommes tels que lui.

Je réponds :

«Oui, je me sens capable de défendre un pédophile.»

21

Louisiane, 1991-2000

Début décembre 1991, Ricky parvient à se tenir à carreau pendant quelques semaines tandis qu'il vit avec Bessie, Alcide et son petit frère Jamie, mais la situation le met hors de lui. Habiter avec eux, c'est un vrai retour en arrière. Il prend tous les petits boulots qu'il peut trouver et passe ses heures perdues à fumer de l'herbe au bord de la rivière, s'efforçant d'éviter de penser à la tournure que prend la vie de Jamie, à celle qu'il n'est pas parvenu à donner à la sienne jusque-là.

Mais, soudain, une occasion se présente. Un poste se libère au Fuel Stop de la région, il s'agit de s'occuper de l'entretien. Peut-être qu'un des types qui traînent près de la rivière lui trouve le boulot; peut-être que Ricky s'arrête un jour à la station-service pour s'acheter un Coca et voit le panneau « On embauche » écrit à la main dans la vitrine. En tout cas, il entre. Il est capable de manier un balai et d'obéir à des ordres sans problème, du moins pour l'instant, maintenant qu'il fait de son mieux pour se conformer aux désirs des autres. Il est fier du polo qu'on lui confie. Peut-être cette fois pourra-t-il le garder plus de quelques semaines.

Le jour de sa première paie, il encaisse son chèque et prend une chambre dans un motel. Il n'a pas les idées bien claires – la chambre va cramer les chèques plus vite qu'il ne peut les gagner, s'il y réfléchissait, il saurait que ça ne peut pas durer bien long-temps – mais dans la prison de Géorgie, lorsque son assistante sociale lui a demandé de dresser une liste de ses objectifs, il a écrit : « avoir un lieu à moi », et maintenant, c'est chose faite. C'est un tel délice de vivre seul. Ce n'est pas grand-chose, cette chambre, mais au moins elle est à lui. Iowa est constellé de motels bas de gamme pour miséreux, de chambres au mois, et la sienne est conçue pour un homme dans la dèche qui cherche à se réinventer un avenir à peu de frais. Il dispose d'une cafetière, d'une plaque électrique et de draps pour lesquels il paie quelques dollars de plus, ainsi que d'une télévision dont il peut monter le volume autant que ça lui chante, et il peut même fumer dans sa chambre. Il passe ses soirées allongé sur son lit, des oreillers sous la tête, à fumer à la chaîne, écrasant clope sur clope dans un cendrier noir posé sur la table de nuit, à côté d'un gobelet en plas-tique plein de liqueur de menthe. La solitude ne pèse pas si c'est la première fois que vous savourez votre indépendance. Même le bruit des autres chambres – il y a un homme quelques portes plus loin qui cogne sur sa femme et ses enfants ; il y a des types qui vendent de la drogue et qui sait quoi d'autre à toute heure de la nuit – ne saurait l'atteindre. Rien à voir avec la prison. Cela n'a même rien à voir avec la caravane où il habitait avec Alcide, Bessie et Jamie, tant d'émotions, de passés et de souffrances amoncelées. Ce n'est peut-être pas grand-chose, à première vue, cette chambre, mais entre ses quatre murs, il est libre.

Puis, un soir, il sort sur le parking pour fumer une clope sous les étoiles.

Une femme se tient là, dehors. Peut-être est-elle adossée au mur latéral du motel, une main posée sur le dessus de la poubelle, la tête renversée en arrière pour recracher sa fumée vers le ciel nocturne. La peau tirée, de petits yeux, les cheveux attachés en une queue-de-cheval sommaire, mais elle est jolie, à sa manière un peu fermée. Un visage qui a vécu, qui renferme des secrets.

La femme redresse la tête. Elle écrase son mégot sur le couvercle de la poubelle. Elle l'observe un instant.

«Je t'ai déjà vu au Fuel Stop, non? Tu travailles dehors, c'est ça?»

Ricky acquiesce d'un hochement de tête.

«Je m'appelle Pearl, dit-elle. Je suis caissière là-bas.»

Peut-être est-ce cette soirée de fin d'automne qui fait qu'ils engagent la conversation, qui les rend méditatifs, la grâce de l'air frais et sec dans un État si chaud et étouffant le plus clair de l'année, la grâce de l'obscurité pour deux êtres qui à ce stade de leur vie ne veulent rien tant qu'une couverture. Debout là, dans le parking du motel, cherchant peut-être une autre cigarette dans son paquet, tout en sachant peut-être que lorsqu'il sera vide, en acheter un autre n'ira pas de soi, mais ayant tout de même besoin de cette cigarette, essayant de ne pas entendre les cris de ses enfants, June et Joey, qui jouent derrière la porte de leur chambre, et Terry qui a encore mis la télé trop fort pour noyer leurs bavardages, Pearl est à court d'argent, elle est exténuée par ses mômes. Elle a suffisamment de présence d'esprit pour voir que la vie de motel les épuise, elle, Terry et les enfants, mais ils ne peuvent rien s'offrir d'autre, pas avec son salaire. Ricky se sent libre dans sa chambre. Mais elle, elle se sent piégée.

Ce doit être à ça qu'elle pense lorsqu'elle écoute Ricky sous le ciel nocturne. Peut-être lui explique-t-il qu'il aimerait plus que tout un petit lopin de terre au bord de la Calcasieu River, pour aller s'y installer sans embêter personne. Il chassera et pêchera et gagnera un peu d'argent au Fuel Stop, juste assez pour s'approvisionner en cigarettes et alcool, et finir de payer le terrain afin qu'il soit vraiment *à lui*. Lorsque Ricky rêve, il ne rêve pas d'amis. Il rêve d'un endroit où il pourrait être qui il est, sans personne autour pour avoir l'air *normal*, cette autre calamité. Un endroit où il n'y ait que lui et où *il* soit normal. Certes, un homme vivant au bord de la rivière sans parler à personne serait la cible des moqueries des gamins du quartier, certains l'appelleraient sans nul doute le croque-mitaine, raconteraient des histoires sur son compte. Mais l'idée ne lui déplaît pas. Parce qu'il y aura peut-être un gamin comme lui, qui n'arrive pas à s'intégrer, qui ne rêve que de s'échapper, et en entendant parler de Ricky, il saura que c'est possible.

Pearl l'écoute, puis laisse tomber sa deuxième cigarette par terre et l'écrase du bout du pied. Elle se mordille la lèvre, pensive. Finalement, elle dit : « Je veux une maison. » C'est son rêve, à elle. Elle, Terry et les enfants dans une vraie maison, des chambres dignes de ce nom pour les enfants, au lieu de les laisser s'empoigner constamment comme ils le font dans le motel, par manque d'espace. Un peu d'intimité et une bonne nuit de sommeil. Ils en parlent depuis un moment, de louer une maison, mais pour pouvoir se le permettre, il leur faudrait faire tous les deux des heures supplémentaires, et qui garderait les enfants, dans ce cas ? Peut-être Ricky voudrait-il leur louer une chambre ? Cinquante dollars par semaine, et un coup de main avec les enfants ?

Ricky raconte que c'est ainsi que l'accord a été conclu, en parlant tous deux sous les étoiles. Ils se sont liés d'amitié, et lorsqu'il s'est installé avec elle, son mari et les enfants, il s'est rapproché davantage de Terry. Avant le déménagement, il leur a dit qu'il était en liberté conditionnelle pour atteinte sexuelle sur enfant. Mais il faisait des efforts, ça se voyait. Ils l'ont accepté. Ils lui ont fait confiance. Pearl ? Elle ne reparle jamais de cette soirée. Pas de la cigarette, pas des étoiles, pas de Ricky évoquant ses rêves, pas d'elle avouant les siens. Elle dit que Ricky et Terry sont devenus amis, et que c'est pour cette raison qu'ils l'ont invité à partager leur domicile. À aucun moment elle ne dit qu'il leur a avoué être pédophile. Pas après que l'un des amis de son fils est porté disparu. Pas après qu'on a retrouvé le cadavre du petit garçon dans sa propre maison. Pas même après que son fils et son mari sont morts en heurtant de plein fouet un train Amtrak, quand il ne reste plus qu'elle et sa fille, quand elle s'enfuit pour le Nouveau-Mexique, où pendant bien longtemps même les avocats ne retrouvent pas sa trace.

Mais à aucun moment, non plus, elle ne dit qu'elle ne savait pas.

Pendant quelques semaines, Ricky a la vie qu'il désire. Lui, Pearl et Terry louent une grande maison blanche à un étage dans une rue que le propriétaire appelle Watson Road. En réalité, la rue n'a pas de nom, c'est un chemin si reculé qu'il se trouve quasiment dans les bois, et la maison est délabrée, d'aspect un peu bizarre, avec un escalier extérieur qui part de l'étage et s'enfonce dans le bosquet. Mais c'est la seule maison du quartier à avoir un étage, et cette particularité suffit à la faire sortir du lot. Pearl et Terry font installer le téléphone. Le seul téléphone du quartier ; ça aussi, c'est un détail hors du commun. Ricky va à son travail au Fuel Stop, garde June et Joey, et prend bien soin de son pantalon à pinces et de son polo, qu'il lave consciencieusement et repasse même quelquefois, et lorsqu'il parvient à économiser quelques billets, il s'achète une petite bouteille de liqueur et se rend à la rivière pour pêcher, et soudain, il n'est pas un solitaire dans la nature, il n'est pas un tordu, mais un travailleur qui vit dans une jolie maison et profite d'un repos bien mérité pendant ses jours de congé.

Ricky est normal.

Mais en cette vie, rien ne peut durer. Un après-midi, Jeremy, l'ami de Joey, passe à la maison. Ricky fait couler un bain pour les deux garçonnets. Il leur apporte du savon, lit-on dans le dossier. Peut-être Joey l'a-t-il appelé pour lui en demander parce qu'ils en avaient besoin. Ou peut-être Ricky, à demi conscient de ce qu'il est en train de faire, se rend-il au placard pour y prendre un savon neuf. Il l'apporte dans la salle d'eau, où il voit Jeremy dans la baignoire. Dit : « Oh… Je croyais que vous aviez besoin de savon. »

Ce soir-là, Ricky ne parvient pas à dormir. Il n'arrête pas de penser à Jeremy. Le lendemain soir, assis sur des fauteuils dans le salon, Pearl et lui regardent une série policière à la télé, une de leurs préférées. Prudemment, d'un ton aussi détaché que possible, il demande :

« C'est le fils à qui, le petit gamin blond qui est passé hier ?

– C'est le fils de Lori. »

Il ne veut pas laisser transparaître l'étendue de sa curiosité, alors il attend. À l'écran, j'imagine, on vient de voir l'actrice qui interprète la victime. Dans les images suivantes, ils vont procéder à la reconstitution du crime. Ricky regarde. Puis il demande :

« Ils habitent où ?

– Chez Melissa, au bout de la rue. »

L'actrice est couchée sur le canapé à présent, et visiblement elle ne remarque pas l'homme à sa fenêtre. « Tu crois qu'il reviendra bientôt voir Joey ? »

Cette fois, Pearl lui jette un regard bizarre. Elle ne répond pas.

Lorsque, le lendemain, Ricky ouvre la porte et trouve Jeremy sur le seuil, tandis que Terry Lawson est parti pêcher avec June et Joey, et que Pearl est introuvable, il se dit : *Oh, tu ferais mieux de ficher le camp, petit.* En un éclair, il voit ce qui est sur le point de se passer. Il n'y aura pas de retour en arrière, désormais.

Il pourrait fermer la porte. Mais non, il l'ouvre plus grand. Jeremy franchit le seuil, entre dans la maison.

Où Ricky le tue.

Ricky passera le restant de ses jours à s'interroger sur cet acte. Une heure après son arrestation par Lucky et Dixon, il avoue le meurtre, mais leur affirme qu'il n'a pas violé Jeremy. Une heure plus tard, il avoue une fois de plus, avec des détails légèrement différents, et dit que si. Sur trois cassettes vidéo et au fil de plusieurs mois sur des carnets griffonnés à la hâte par les gardiens de prison lorsque Ricky dit qu'il a quelque chose à ajouter, il donne des versions différentes du meurtre. Il raconte avoir déshabillé Jeremy pour abuser de lui. (Lorsque Jeremy a été retrouvé, il était tout habillé.) Il dit qu'il a tué Jeremy pour ne pas avoir à le violer. (Possible, mais le sperme de Ricky se trouvait sur le tee-shirt de Jeremy.) Il dit que le crime n'était absolument pas sexuel, que c'était un meurtre pur, et que ce qu'il voulait vraiment, c'était prendre un fusil et se rendre à l'école primaire «pour faire un carton». (Peut-être, mais c'est la pédophilie qui a hanté Ricky pendant des années. Pas la violence.) Il dit qu'il a tué Jeremy parce qu'il a été «submergé par le sentiment» qu'il ne voulait pas que Jeremy devienne comme lui. Dix ans plus tard, il continue d'avouer, incapable d'arrêter de raconter cette histoire de mille façons. Il se cherche des versions comme il se cherche une identité, tentant de comprendre qui il est et ce que chaque nouveau récit fera de lui.

Lorsqu'ils l'emmènent, menotté, à la prison de la paroisse pour son audition préliminaire, une camionnette de journalistes attend la voiture de patrouille. Lucky le fait sortir et le cameraman se précipite vers lui, zoomant sur son visage. Ricky regarde l'objectif, fait un grand sourire, semble comprendre qu'il ne devrait pas, baisse les yeux. Il est gauche, traîne les pieds. Le soleil brille derrière lui, faisant ressortir l'uniforme orange sur le ciel bleu, les broussailles et les arbres. La prison est un bâtiment trapu de briques brun-rouge avec des bandes de peinture beige réglementaire. Sur un côté, un groupe de gardes avachis fument des cigarettes. Lorsqu'ils voient le reporter, ils redressent la tête comme un seul homme et fixent Ricky des yeux. Parmi eux, le sergent Larry Schroeder, trente-deux ans, qui s'occupe du transfert des prisonniers pour l'administration pénitentiaire de Louisiane. Depuis cinq ans, il passe ses journées à escorter des prisonniers dans tout l'État. Aujourd'hui, il est responsable d'un certain Jackson et de deux autres détenus. Mais Larry est vraiment un gars du coin. Il habite à Lake Charles et il y élève ses enfants. Alors il reconnaît immédiatement Ricky. Iowa n'est qu'à treize kilomètres. Larry n'est «pas du genre à regarder les infos régionales», dira-t-il plus tard, il préfère CNN, mais tout le monde sait qui est Ricky. Sa photo d'identité judiciaire a circulé dans tout l'État.

Une fois qu'ils sont tous rentrés et que les audiences de la journée ont commencé, Larry attend qu'on traite l'affaire de Jackson, assis sur une chaise pliante, lorsqu'il entend des coups. L'adjoint du shérif responsable des cellules de détention lui fait signe d'approcher. C'est Jackson, nerveux et agité, qui cogne contre la porte de la cellule commune. En voyant Larry, il s'interrompt. Il a les yeux exorbités.

« Mec, faut que tu me sortes d'ici, dit Jackson. Déplace-moi, fais quelque chose.

– Calme-toi, dit Larry. Calme-toi ou je te ferai mettre en isolement quand on sera rentrés.

– Sors-moi de...

– Calme-toi », répète Larry, et il retourne s'asseoir.

On dirait que les prisonniers s'imaginent que, sous prétexte qu'il n'est pas leur gardien habituel, il va leur passer n'importe quoi. Comme un prof remplaçant. Mais on ne la lui fait pas.

Cependant, ensuite, l'adjoint du shérif demande à Larry de les surveiller quelques instants. Larry retourne près de la porte et s'y adosse. La première chose qu'il remarque, c'est que les détenus sont tous serrés les uns contre les autres sur des bancs du même côté de la pièce. Et de l'autre, tout seul sur une chaise, Ricky. Jackson est dans la rangée la plus proche de Ricky, et il se balance d'avant en arrière, toujours agité.

« Mec, laisse-moi tranquille ! dit Jackson. Laisse-moi tranquille ! »

Puis Jackson repère Larry.

« Sergent, faut que vous écoutiez ce qu'il a à dire, ce petit mec ! »

Par la suite, c'est cette expression qui restera dans l'esprit de Larry. Parce que si Jackson, tellement plus costaud que Ricky, ne peut pas *ne pas* parler de la taille de Ricky, ce qui frappe Larry, c'est le ton de sa voix. Jackson est sincèrement terrifié. Trop terrifié pour ne pas le montrer, même si les autres détenus le tanneront plus tard avec ça.

Ou peut-être ne le feront-ils pas, se dit Larry. Il n'y a qu'à les voir, tous entassés d'un côté de la cellule.

À Ricky, Jackson lance :

« Répète au sergent ce que tu viens de me dire sur le meurtre de ce gamin. »

De sa chaise pliante, penché en avant avec les bras croisés et parlant d'une voix suffisamment forte pour se faire entendre de tout le monde dans la cellule, Ricky explique qu'il a pris du plaisir à tuer Jeremy.

« J'ai pris du plaisir à tuer les autres, aussi. Les flics les trouveront jamais tous. » Il dit qu'il a violé Jeremy et qu'il a lui-même été violé par son père, Alcide. « Mais je ne lui en veux pas, pas du tout. Je sais qu'il y a pris du plaisir. Et moi aussi, ça m'a plu.

– C'est tordu, mec ! » crie Jackson. À Larry : « Pas question que tu m'enfermes avec ce mec. »

À quoi assistons-nous, tandis que les détenus s'isolent de Ricky comme ses camarades de classe avant eux ? À quoi assistons-nous, tandis qu'il dit et redit l'histoire du meurtre ? J'ai lu tous les documents que j'ai pu trouver sur la vie de Ricky. J'ai lu des évaluations psychiatriques, des rapports sur son passage dans le couloir de la mort, et même la liste des articles qu'il demandait à sa famille lorsqu'il se trouvait au centre de détention de Calcasieu, essayant de deviner qui il pouvait être à partir des débris du dossier que sa vie a constitué, et il demeure pour moi un individu difficile à comprendre, et je ne saurais dire s'il faut ou non le croire, et quand. Selon les documents, c'est la seule fois où il affirme qu'Alcide l'a violé. Une autre fois, il dit avoir été victime d'attouchements ou davantage – sans préciser par qui – mais sinon, tout le reste du temps, il le nie. C'est la seule fois où il dit qu'il a tué d'autres enfants. Lors de son arrestation, il a d'abord affirmé : « Je n'aurais jamais cru que j'étais capable de faire un truc pareil. Je veux dire, c'est la première fois. »

Toutefois, il a ses thèmes de prédilection. Il aime à répéter qu'il a toujours choisi des enfants qui étaient déjà en souffrance. Qu'il reconnaissait dans leurs yeux quelque chose qui lui indiquait qu'ils avaient déjà été victimes d'abus sexuels. Il prétend avoir reconnu ça en Jeremy.

Il a raconté l'histoire de tellement de façons différentes qu'il est difficile de savoir que faire de chaque nouvelle version.

Il y a une tombe en Louisiane qui renferme le corps d'Oscar Lee Langley, le corps d'un garçon de cinq ans décapité au bord d'une route en Arizona, un corps que son père a raccompagné jusque chez lui en Louisiane afin que l'enfant puisse être inhumé près de parents qu'il n'a rencontrés que lorsqu'il était bébé. Cette tombe renferme l'enfant mort depuis cinquante-trois ans.

Mais si vous écoutez Ricky Langley, il vous dira que le 7 février 1992, Oscar Lee Langley, cinq ans, est apparu dans une chambre du premier étage de la maison Lawson pour danser et sautiller autour de Jeremy Guillory, six ans. Ricky vous dira qu'Oscar lui a fait un grand sourire de petit garçon, avec ses dents écartées, mais qu'Oscar ne voulait pas jouer, il était venu dans la maison pour se moquer de Ricky. Oscar lui a dit que c'était lui qui était aux commandes, maintenant, comme il l'avait toujours été, et qu'il allait forcer Ricky à violer Jeremy, à le toucher quand bien même Ricky était sage depuis des mois. Ricky a crié et protesté – et ça, dit Ricky, c'est ce qui a fait peur à Jeremy, ce qui l'a poussé à tenter de s'enfuir. Ricky a attrapé Oscar par la gorge – la gorge de Jeremy, en fait. Il voulait qu'Oscar arrête de parler, il voulait faire taire cette voix qu'il entendait dans sa tête depuis son enfance – et c'était Jeremy qu'il avait étouffé. Ricky a saisi Oscar par la gorge avec une telle force qu'il a soulevé Oscar du sol – c'était le corps de Jeremy qui pendait entre les mains de Ricky. Jeremy a cessé de respirer.

Ce n'est qu'à ce moment-là, si l'on croit Ricky Langley, qu'il a réalisé qui il avait tué.

Le procès est vite expédié. Le jury déclare Ricky coupable d'avoir violé et assassiné Jeremy, et, en trois heures seulement de délibérations, le condamne à la peine de mort. Lorsque Ricky arrive dans le couloir de la mort à Angola, le pénitencier d'État de Louisiane, il y a environ quatre-vingts hommes qui occupent les cellules, répartis sur plusieurs étages dans un bâtiment blanc octogonal à quelques mètres seulement des portes de la prison. Chaque niveau abrite quatorze cellules. Ces cellules sont en béton, avec sur un côté une petite ouverture protégée par des barreaux d'acier. Toutes les ouvertures donnent sur le même côté ; les hommes ne peuvent pas se voir entre eux. Ce qu'ils voient, c'est le couloir et les gardiens qui passent, le même béton jour après jour. Ils entendent les mêmes sons ; les cris, les ronflements, la chasse d'eau qui n'en finit pas d'être tirée. Chaque homme est confiné dans sa cellule de 1,8 mètre par 2,7 mètres vingt-trois heures par jour. Pendant l'heure restante, on mène Ricky dans un petit enclos entouré de chaînes où on le laisse se tenir debout et sentir le soleil sur son visage. On lui accorde le ciel bleu. Puis on l'escorte de nouveau dans sa cellule de béton, où la température atteint régulièrement les 49 °C en été. La chaleur, la monotonie, le bruit – c'est le miroir que les hommes ont pour se raser qui les sauve. S'ils font passer le miroir entre les barreaux d'acier, et l'orientent juste comme il faut, ils peuvent se voir. L'espace est étroit, bruyant et suffocant, mais même si on l'appelle le couloir de la mort, c'est là que des hommes vivent.

En 1995, un homme, Thomas Lee Ward, est exécuté. En 1996, un autre : Antonio G. James. En 1997, John Ashley Brown Jr. En 1999, Dobie Gillis Williams, de l'innocence duquel beaucoup de gens sont convaincus, et sur lequel Helen Prejean, l'auteure du livre *Dead Man Walking*, interprétée par Susan Sarandon dans le film qui en a été tiré, écrira *The Death of Innocents*. Puis, en 2000, les gardiens se rendent à la cellule de Feltus Taylor. Feltus est au même étage que Ricky, et celui-ci entend les gardiens ouvrir sa grille. À l'étage, chaque homme sait à la cellule de qui se rendent les gardiens. Chaque homme sait le pourquoi de la venue des gardiens. Le tour est venu pour Feltus de mourir. Trois ans plus âgé que Ricky, Feltus, avec son crâne rasé et son sourire à la Mr. T, est apprécié tant par les gardiens que par les détenus. Sur la photo qu'on a prise de lui le jour de son arrivée à Angola, une photo désormais accrochée dans le musée du pénitencier parmi celles de tous les hommes qui y ont jamais été exécutés, on voit un jeune homme aux bras musclés qui roule les yeux pour n'en montrer que le blanc à l'objectif, comme s'il refusait, même maintenant qu'il s'est fait prendre, de se soumettre aux exigences du cadre, au mur gradué. Mais Feltus maintenant ? Feltus est un garçon de bonne composition, qui parle volontiers, et n'hésite pas à s'ouvrir ni de sa culpabilité du meurtre d'un collègue, ni des profonds regrets qu'il en éprouve. Feltus est la preuve vivante que les gens peuvent changer.

Puis Feltus est mort. À 8 heures le lendemain matin, les gardiens font leur ronde dans les étages. Ricky – il s'est ratatiné dans son uniforme, perdant du poids dans le couloir de la mort, et son visage est émacié, son cou noueux, ses yeux trop gros dans leurs orbites – refuse de bouger de son lit de camp. « Il accepte l'exécution d'hier soir aussi bien que possible étant donné les circonstances », écrit un gardien.

Mais à 10 heures, sa colère éclate. Les gardiens les font tourner en bourrique, dit-il. Ces hommes libres – dans le couloir de la mort, c'est comme ça qu'on appelle les gardiens, leur principale caractéristique n'étant pas d'être des gardiens, mais d'être libres –, ils aiment ces petits jeux à la con. Lorsque Ricky la ramène comme ça, d'autres détenus s'agitent. Dans les étages, c'est au gaz lacrymogène qu'on calme les prisonniers insolents. Or le gaz ne reste pas dans une seule cellule. John Thompson, le voisin de cellule de Ricky, tend la main pour cogner sur les barreaux entre sa cellule et celle de Ricky afin d'essayer d'attirer son attention, mais Ricky ne réagit pas. « Ricky, s'il te plaît ! dit Thompson. Calme-toi. Arrête. »

Ricky refuse de l'écouter. Les gardiens adorent les jours d'exécution, dit-il. Ils prennent leur pied à éliminer les détenus, un par un. Ils seront contents quand ils seront tous morts. C'est une blague de Feltus, répétée avec amertume : « Vous savez, vous allez peut-être croire que je suis parano, disait-il souvent, mais je crois qu'il y a des gens qui essaient de me tuer. »

Lorsqu'un homme libre s'approche, Ricky hurle : « Vous auriez dû me tuer à sa place ! » Il est prêt à partir. Il n'en peut plus d'attendre ; ça aurait dû être lui. C'est comme s'il venait soudain de réaliser qu'ils sont retenus là pour attendre la mort. Le gardien est suffisamment perturbé par le changement de comportement de Ricky pour remplir une demande d'évaluation. Le verdict que les médecins écrivent sur son dossier, ils le rééquerront encore et encore : « Humeur appropriée à la situation. » Tout comme en Géorgie, la prison est peut-être l'endroit où Ricky est considéré comme le moins bizarre.

Tandis que Ricky oscille entre la fureur et la résignation, passant un jour après l'autre dans sa cellule de béton sans savoir quand sera fixée la date de son exécution, à l'extérieur, un avocat se bat pour lui. Clive Stafford Smith est une grande perche de 1,97 mètre au nez aquilin avec des yeux bleus si perçants qu'il veille à retirer ses lunettes avant de se faire prendre en photo, de peur, plaisante-t-il, que les verres grossissants lui fassent un regard de fou. Né en 1959, il venait juste d'avoir six ans lorsque son propre pays, l'Angleterre, a aboli la peine de mort en 1965 – il était juste assez grand pour remarquer le sujet de conversation qui était sur les lèvres de tous les adultes. Cet effroi précoce à l'idée des exécutions ne l'a jamais quitté. Il a passé son diplôme de droit en Amérique et consacré sa carrière à lutter contre la peine de mort dans les États du Sud. À présent, à l'âge de quarante-trois ans, il offre un spectacle insolite dans les tribunaux locaux, avec son accent pincé et sa correction si poussée qu'elle peut dépasser la bienséance pour atteindre à l'excentricité. Lorsque l'accusation lui reproche de faire usage d'une déposition sur la foi d'autrui, il cite l'Empire romain. Décrivant une tentative d'exécution par l'État, il dit : « Ils faisaient quelque chose de peu aimable à l'un de mes clients. » Un jour – lors d'une audience où, pour une fois, c'est lui qui est à la barre des témoins – un avocat lui demande : « Où êtes-vous employé présentement ? » et Clive répond : « L'usage du mot "présentement" est quelque peu incorrect ici, mais… » jusqu'à ce que l'avocat n'ait d'autre choix que de l'interrompre pour lui montrer qu'il connaît l'expression adéquate : « à l'heure actuelle ».

Son palmarès, également, fera de lui une rareté. En vingt ans passés dans le Sud, et sur plus de trois cents affaires où le prévenu encourait la peine capitale, Clive ne perdra que six de ses clients, exécutés. Pour ses efforts, il a reçu l'ordre de l'Empire britannique des mains de la reine en personne – une médaille qu'il a passée au cou d'une statue de Zeus en plâtre, accrochée au mur bordeaux de la maison où lui et sa femme, Emily, se sont installés, non pas dans le chic Garden District de La Nouvelle-Orléans, mais dans le Lower Ninth Ward. Il s'écoulera encore des années avant que l'ouragan Katrina ne vienne ravager le secteur. Le Ninth Ward n'est plus la berge du fleuve un peu rurale qu'il était au départ, il n'y a plus de fermes avec des cours. Le crack a inondé le quartier, et les gangs de même. Les rues du Ninth n'ont toujours pas de réverbères en état de marche. Dans une ville connue pour son taux d'homicides exceptionnellement élevé, c'est dans le Ninth qu'il est le plus haut. En choisissant de vivre dans un lieu où beaucoup ne font qu'échouer par la force des choses, Clive prouve qu'il n'est pas seulement un homme dévoué à son travail, mais un homme que son travail définit.

Et il est déterminé à sauver la vie de Ricky. Il commence à fouiller, et apprend que les jurés, lors du procès, ont apporté une Bible dans la salle de délibération et ont prié ensemble avant de prendre la décision de condamner Ricky à mort. C'est contraire à la Constitution, mais en Louisiane, il sera difficile de faire appel sur ce motif. Au lieu de ça, il fait casser la condamnation et la sentence pour une raison jamais encore invoquée dans cet État : bien que Ricky soit blanc, il avait le droit d'avoir des Noirs dans son jury, or il n'y en avait pas. Les juges de la Cour suprême qui lui donnent raison se bouchent presque le nez en le faisant. *Par chance, dans ce cas, Langley ne sera vraisemblablement pas libéré.* Ricky quitte le couloir de la mort : il est finalement transféré une nouvelle fois au centre de détention de Calcasieu dans l'attente d'un nouveau procès.

Certaines années, le cabinet d'avocats fondé par Clive représentera la moitié des condamnés de Louisiane qui attendent dans le couloir de la mort. Mais malgré tout, lorsque les journalistes l'interrogeront sur sa carrière, ce sera sur Ricky qu'il reviendra. Il y a quelque chose d'inhabituel, pour Clive, dans cette affaire, et ça ne fait que commencer. Son propre père était malade mental. Lorsqu'il regarde Ricky, il voit son père. Clive peut-il déjà sentir, en cet instant, jusqu'où va le mener cette vision ?

En raison de passes d'armes juridiques, en raison de désaccords sur les motions et le lieu du procès, parce que les roues de la justice, loin d'être promptes, sont en fait gauchies et lentes, et que personne ne peut certifier qu'elles rendent ou non la justice, l'affaire de Ricky va se traîner sur des années.

Ce qui me laisse le temps d'arriver en Louisiane.

22

Louisiane, 2003

Il n'y a aucune indication sur l'immeuble lorsque j'arrive à l'adresse que l'avocat m'a donnée par téléphone, à La Nouvelle-Orléans. Juste une porte en verre fumé, même pas de numéro, et des fenêtres aux stores à lattes baissés. Tous les autres bâtiments de la rue sont gris, mais celui-ci est d'un violet qui évoque mardi gras, et la couleur ne fait qu'accentuer l'impression que tout le pâté de maisons est vide, déserté, comme si c'était la nuit ou le week-end. Mais nous sommes un lundi matin, à 9 heures, et il n'y a toujours personne. Peut-être n'est-ce pas le bon bâtiment, mais je n'ai rien d'autre que cette adresse. J'appuie sur la sonnette.

Un homme m'ouvre. Derrière lui, la pièce est tellement sombre qu'on dirait une poche de ténèbres dans le milieu de la matinée. Il porte un jean et une chemisette, pas un costume d'avocat, et maintenant je me demande vraiment si je ne me suis pas trompée de porte. Et puis il a la peau sombre. Lorsque les avocats m'ont parlé des cravates à motif nœuds coulants au téléphone, j'ai compris à leur façon d'évoquer la chose qu'ils étaient tous blancs, tandis que la plupart de leurs clients étaient noirs. Ils ne feraient pas ouvrir la porte à un client, si?

Si l'homme perçoit ma surprise, il n'en montre rien. Il sourit.

« Entrez donc. Vous êtes stagiaire, c'est ça ? Les autres sont là-haut. »

Il s'agit de John Thompson. L'homme qui a passé un an dans le couloir de la mort à côté de Ricky, et quatorze ans avant d'être innocenté. S'il me dit son nom ce jour-là, s'il me tend la main pour se présenter, le moment ne s'imprime pas dans ma mémoire. Son nom ne veut encore rien dire pour moi. Non, mon attention se porte sur le bureau, qui est soudain visible : après le seuil, le sol s'enfonce, et les deux canapés en faux cuir de la salle d'attente ont connu des jours meilleurs ; les couvertures des magazines sont anciennes et poussiéreuses, et le guichet de la réceptionniste est placé derrière une épaisse couche de plastique qui ressemble à du verre blindé. Cette réception n'est pas vraiment faite pour recevoir qui que ce soit. Pas comme le cabinet de mes parents, avec son acajou luisant destiné à impressionner le client. Sur un tableau blanc au mur, une liste de noms d'une longueur inquiétante, avec des traînées de feutre. Il y a une colonne « libre » et une colonne « occupé », des aimants semblables à des jetons de poker pour indiquer les avocats disponibles. Mais seuls quelques aimants sont clairement dans une colonne précise, les autres sont répartis au petit bonheur sur tout le tableau. Ce tableau, comme la salle de réception dans son ensemble, paraît avoir été installé là il y a longtemps dans un élan d'optimisme avant de succomber à la poussière, au temps, et à l'abandon lié à la surcharge de travail.

« La bibliothèque se trouve juste en haut de l'escalier », dit John Thompson.

C'est donc l'homme qui a connu Ricky qui me conduit à son histoire. Une main sur la mince rambarde, je monte. L'escalier est étroit et raide, le plafond de bois si bas que je peux à peine me tenir droite. La pièce que je quitte et celle vers laquelle je me dirige sont toutes deux très sombres. Tout l'été, ce passage à franchir me frappera par son étrangeté : après les bureaux frigorifiques à cause de la clim poussée à fond, entrer dans cette poche de ténèbres où il fait si chaud, cachée sur le côté. Toujours, elle me semblera à la fois illicite et étouffante. Ce n'est que des années plus tard, en passant en revue les photos du dossier de Ricky, que je verrai une autre cage d'escalier qui évoque exactement la même impression, et je m'arrêterai net. L'escalier de la maison Lawson, qu'ont grimpé Lucky et Dixon, à la suite de Ricky. L'escalier qu'a grimpé Ricky, à la suite de Jeremy. L'angle de la photo de police, son éclairage, correspondent exactement à mon souvenir de l'escalier du cabinet.

En haut, le couloir donne sur un espace immense avec une énorme table au milieu. Les plafonds sont d'une hauteur impossible, des livres à reliure de cuir grimpent le long des murs comme pour essayer d'atteindre le sommet. Des dossiers d'affaires. C'est dans ces volumes que sont les sources des cas d'espèce que j'aime tant, les affaires qui sont les bases de l'univers dans lequel je pénètre.

Huit autres jeunes sont assis autour de la table – des étudiants en droit, comme moi, qui vont passer l'été à travailler pour le cabinet. En bout de table, une femme mince à l'accent anglais, en tailleur noir. Nous échangeons civilités et présentations d'usage. Toute la journée, nous la passons à cette table. Nous apprenons l'histoire du cabinet. Nous apprenons les méthodes qu'on y applique pour suivre les dossiers. Comment nous devons nous habiller pour rendre visite aux clients.

Le lendemain matin, elle se place de nouveau devant nous. Aujourd'hui, explique-t-elle, nous étions censés rencontrer son mari, Clive Stafford Smith, fondateur de ces bureaux.

« Mais Clive est encore au Texas, étant donné qu'il est l'avocat réveillé dans l'affaire de l'avocat endormi. »

Nous rions, quelque peu impressionnés. Cette affaire est célèbre à ce moment-là : un prisonnier a fait appel pour demander un nouveau procès car pendant le premier, au cours duquel il a été condamné à mort, son avocat s'est littéralement endormi pendant une audience. À cette table, nous venons tous de facs du nord du pays. Jusqu'à cet instant, cette affaire nous avait semblé plutôt exotique. Mais nous sommes là, maintenant, sur les lieux.

« À la place, dit-elle, nous allons vous montrer ça. » Elle brandit une cassette vidéo. « Il s'agit des aveux de l'homme dont nous venons de terminer le second procès. L'enregistrement date de 1992. Il y a neuf ans, il a été condamné à mort, mais cette fois-ci, le jury lui a donné la perpétuité. »

Elle n'avait pas prévu de nous montrer ça ; ça, au moins, c'est clair. Mais nous sommes là, il faut bien nous occuper, et quelle meilleure manière de nous préparer au travail qui nous attend que de nous montrer qui nous sommes venus défendre ?

« Vous voulez bien éteindre, s'il vous plaît ? » demande-t-elle à un autre avocat.

Un visage apparaît sur l'écran à la lueur vacillante.

Des lunettes épaisses, en cul de bouteille. Des oreilles en feuilles de chou, héritage de l'alcoolisme de Bessie. Des yeux marron, les derniers qu'ait vus Jeremy.

Il parle des enfants qu'il a touchés. « Parfois, je, vous savez, je frotte mon pénis contre eux », dit-il – et les mains de mon grand-père sont sur l'ourlet de ma chemise de nuit en flanelle blanche avec les petites étoiles bleues ; il la soulève, et il baisse ma culotte, il défait sa braguette.

Je suis venue ici pour aider à sauver l'homme à l'écran. Je suis venue pour contribuer à sauver des hommes tels que lui. Je suis venue parce que mes idéaux et mon identité existent indépendamment de ce qui s'est produit dans le passé. Il le faut. Sinon, que me réserve la vie ?

Mais je regarde l'homme à l'écran, je sens les mains de mon grand-père sur moi, et je sais. Malgré la formation que j'ai suivie, malgré le but que je poursuivais en venant travailler ici, malgré mes convictions.

Je veux que Ricky meure.

TROISIÈME PARTIE

LE PROCÈS

23

C e jour-là, lorsque j'ai quitté la table de conférence, je savais exactement de qui je venais de voir les aveux. Mais une heure plus tard, cet homme, j'avais oublié son nom. Impossible de me le rappeler. Lorsque j'essayais, les ténèbres envahissaient mon champ de vision et le nom disparaissait subitement. Je n'ai jamais travaillé sur cette affaire, mais j'ai travaillé sur beaucoup d'autres, et là aussi, ensuite, je me suis sentie changée. Désormais, dans les dossiers, c'étaient les noms des victimes que je remarquais, c'était sur les victimes que je me posais des questions.

Je savais que c'était bizarre que j'aie oublié le nom de cet homme. Quelque chose se passait à l'intérieur de moi. Je lisais et relisais son dossier pour essayer de graver son nom dans ma mémoire, mais mes yeux dérapaient net sur ces lettres – pourquoi ne parvenais-je pas à les retenir ? Systématiquement, mon regard tressautait à peine, comme un objectif dont la mise au point se perd subitement. Mon corps se mettait en état de vigilance extrême, comme submergé. Quelques secondes plus tard, je ne me rappelais plus le nom que je venais de lire. Il avait disparu aussi totalement que s'il avait été amputé de ma conscience, et il ne restait de l'ablation qu'une marque noire.

À la fin de l'été, je suis rentrée à Boston. J'ai terminé la fac. Puis j'ai laissé tomber le droit – comment aurais-je pu devenir avocate, après avoir souhaité la mort de cet homme? Mon opposition à la peine de mort avait contribué à me pousser vers la fac de droit. Et j'y étais toujours opposée – ou du moins je le croyais. Mais comment pouvais-je défendre efficacement mes convictions si, dès qu'un crime me touchait personnellement, je changeais d'avis? Chaque crime touchait personnellement quelqu'un. J'ai repris la fac, pour apprendre à écrire, à la place. Mais je pensais encore souvent au petit garçon que l'homme avait tué : Jeremy, et à la mère de cet enfant, Lorilei. Le fait qu'elle avait témoigné en faveur du tueur suscitait en moi des sentiments complexes : de l'admiration, mais aussi de la colère. Sauf que cette complexité, je l'avais fuie, j'en étais consciente. J'étais lâche, et je ne parvenais toujours pas à me souvenir du nom de l'homme.

C'est pour cette raison que, douze ans après cette journée dans la bibliothèque du cabinet d'avocats, je me tiens sous un panneau gigantesque annonçant une station-service. Parce que ce n'est pas possible de laisser le passé continuer de vous hanter. Le panneau dit : CASH MAGIC. Il n'y a pas de soleil, donc pas d'ombre. Nous sommes en août 2015, il fait 35 °C, avec 95 % d'humidité, et le ciel ressemble à une bavure de ciment sur le bord du seau d'un maçon. À l'ouest du lac Pontchartrain, les mauves et les jaunes exubérants de La Nouvelle-Orléans, avec ses néons et ses enseignes lumineuses, ont laissé place à des marais étranglés par les roseaux. À 320 kilomètres de La Nouvelle-Orléans, tandis que l'I-10 serpente à travers le sud de la Louisiane en direction de la ville d'Iowa, la route et le ciel s'entremêlent à l'horizon, suintant telle une même étendue grise et muette. J'ai obtenu une partie des comptes rendus du procès de l'homme, et j'ai lu des milliers de pages de son dossier pour en arriver là. J'ai lu et relu son nom, l'ai relu encore et encore, jusqu'à ce que mon tremblement s'apaise, jusqu'à parvenir à le mémoriser.

L'affaire Ricky Langley ne s'est pas terminée en 2003 avec le second procès pour lequel s'est battu Clive. Elle ne s'est pas terminée lorsque Lorilei a expliqué au jury qu'elle pouvait entendre son appel au secours. Le verdict de ce procès a été cassé et, en 2009, Ricky a été jugé de nouveau, et condamné à la perpétuité une nouvelle fois. Ce qui porte le nombre de procès à trois. En 1994, une condamnation à mort. En 2003, la perpétuité. En 2009, la perpétuité. Avant le procès de 2009, la cour d'appel avait établi qu'à partir du moment où il avait échappé une fois à la peine de mort, il ne pouvait y être exposé de nouveau.

C'est donc le procès de 2003 – celui lors duquel Lorilei a témoigné en sa faveur, et qui s'est achevé juste avant que j'arrive en Louisiane – qui a décidé de son sort. Pourquoi, dans ce cas, y a-t-il eu un autre procès ensuite, le troisième ? Il était coupable du meurtre, c'était établi. Qui pouvait bien avoir insisté pour remettre ça ? Et comment Lorilei était-elle parvenue à se battre pour lui alors qu'il avait tué son fils – tandis que moi, bien qu'opposée à la peine de mort, j'en avais été incapable ? J'espérais que les comptes rendus du procès répondraient à mes questions. J'espérais qu'ils m'aideraient à comprendre.

Mais en les lisant, j'ai vite compris que ce qu'il me fallait, c'était tout ce qui ne figurait pas dans les dossiers que j'avais lus. Les émotions. Les souvenirs. L'histoire. Le passé.

Le passé. Qui s'était produit ici, sur le parking du Cash Magic, anciennement le Fuel Stop. Avec la chaleur, le parking est presque vide. Il semble pouvoir accueillir au bas mot soixante voitures et une douzaine de semi-remorques, mais il n'y a qu'un 4×4 bordeaux cabossé avec la fleur de lys violet et or de l'équipe de foot de l'université de Louisiane à l'arrière et une berline blanche couverte de boue aux enjoliveurs rouillés. Un unique camion noir garé de travers occupe quatre places au fond du terrain. À côté sont plantées deux bennes à ordures, une verte et une bleue, toutes deux striées d'orange à cause de la rouille. La porte arrière de la station-service a été opacifiée et on y a peint en blanc les mots : RÉSERVÉ AUX ADULTES. Plus tard dans la soirée, le Cash Magic va se transformer en casino, et les habitants de la région viendront tenter le jackpot pour faire tourner la chance.

Avec mon appareil photo, je cadre les panneaux en métal rouge au-dessus des pompes à essence. Je cadre les pompes en acier chromé, et le bitume noir qui s'étend entre elles. Il y a vingt-trois ans, un homme de vingt-six ans, au teint blême, avec les oreilles en feuilles de chou et des lunettes qui lui mangeaient la moitié du visage était là ; juché sur un tracteur, il répandait des coquillages écrasés sur le sol là où je me tiens en ce moment. Si je plisse les yeux, je peux presque entrevoir Lucky, sortant de sa voiture de patrouille et retirant son chapeau.

Tout est là. Exactement pareil qu'il y a vingt-trois ans. Exactement pareil que dans les dossiers.

Puis le sentiment ressurgit. Ce sentiment qui – autant que tous les prétextes rationnels que je me suis donnés – est toujours la raison principale de mon retour en Louisiane. La raison pour laquelle j'y ai été forcée. Je rougis, ma peau me tire et me picote ; mon cœur bat à tout rompre et le son se répercute dans mon crâne. Je retire l'appareil photo de devant mes yeux et, une fois ôté le bouclier du viseur, l'image qui s'offre à moi se déforme et devient floue. Tout est suspendu. C'est comme si j'étais précipitée brusquement dans le passé.

Deux nuits avant mon arrivée, j'étais au lit avec ma petite amie, Janna. Après la fac de droit, j'ai fait mon coming out : je suis gay. Comme si quitter le droit – abandonner la vie que j'avais planifiée – m'avait forcée à accepter le reste de mon identité. Pendant des années, j'avais redouté une chose : si je déclarais mon homosexualité, et que quelqu'un apprenait que j'avais subi des violences sexuelles dans mon enfance, on allait penser que c'était pour cela que j'étais gay. Que ça m'avait rendue gay. Au plus profond de moi, je savais que c'était faux. La première fois que j'ai couché avec une femme, ma poitrine s'est ouverte en grand. Je ne savais pas jusqu'à ce moment-là à quel point elle était oppressée. Je suis gay parce que j'aime les femmes, c'est aussi simple que ça. Mais pendant si longtemps, la possibilité que quiconque puisse même penser le contraire m'a poussée à rester cachée.

Janna et moi, nous sommes diamétralement opposées. J'ai les épaules étroites et les hanches larges de ma mère, la peau mate et les cheveux bruns frisés de mon grand-père. Janna a les épaules larges, elle est musclée, elle a les hanches aussi étroites qu'un garçon et les cheveux blonds courts comme un garçon, et sa peau germanique est si pâle qu'elle en serait presque translucide. Quand j'ai fait mon coming out, mes troubles alimentaires ont disparu très vite, à croire que mon corps n'avait fait qu'attendre que j'accepte qui je suis. Désormais, je cuisine des repas sophistiqués. Si elle avait le choix, Janna se nourrirait exclusivement de barres protéinées et de chewing-gums à la caféine, n'importe quoi, à condition que ça loge dans un petit sac à dos de randonnée ou à l'arrière d'un vélo. Peut-être nos différences viennent-elles avant tout du fait que je suis écrivain tandis qu'elle est scientifique. Mais souvent, les différences superficielles semblent refléter une vérité plus profonde : notre façon de faire l'expérience du temps. Pour moi, il y a toujours plusieurs niveaux qui se superposent. Elle est dans l'instant. Cela ne fait pas longtemps que nous sommes ensemble – seulement un peu plus de six mois – mais ce que nous nous apportons, par un certain côté, c'est la possibilité de voir les choses différemment.

Cette nuit-là, nous nous embrassions, étendues sur mon lit. Mon studio à Cambridge est minuscule, je l'ai choisi pour son prix modique qui me permet d'habiter à quelques minutes à pied de Harvard, où j'enseigne désormais l'écriture. Il y a des piles de livres partout – et au milieu de la pièce, le lit. Nous étions allongées dessus, nous n'étions pas tout à fait en train de coucher ensemble, mais nous n'étions pas tout à fait inconscientes de ce que nous étions en train de faire non plus. Je me suis hissée sur mes coudes pour me placer au-dessus d'elle, je me suis penchée et je l'ai embrassée. J'adorais l'embrasser. C'était comme si mon corps entier se dissolvait dans la sensation, le passé n'y jouait aucun rôle, il n'y avait que cet instant, et sa bouche, et ma langue. Nous nous sommes embrassées et embrassées encore, et bien vite mes mains sont descendues sur son tee-shirt et j'ai commencé à le lui retirer. Elle a glissé ses mains dans mon dos et s'est mise à batailler avec l'agrafe de mon soutien-gorge. J'ai tiré un coup sec pour faire passer la bande élastique du sien par-dessus sa tête. Puis j'ai laissé mon corps s'enfoncer dans le sien, sombrer, et j'ai fermé les yeux pour me concentrer sur la sensation de sa peau à la rencontre de la mienne. Je l'ai embrassée de nouveau et sa langue a trouvé la mienne. J'ai glissé une main entre ses jambes. Elle a tendu une main pour me toucher et nous nous sommes mises à remuer ensemble, et j'y ai pris plaisir, et j'ai gémi et j'y ai pris plaisir de nouveau.

Puis soudain plus du tout.

Lorsque cela se produit je ne le sais que de la façon dont on se rend compte que l'eau est tout à coup devenue trop chaude sous la douche : un seuil invisible a été franchi et maintenant ça brûle. Il serait plus logique de sortir de la douche d'un bond – tant pis pour le tapis de bain, qu'il se mouille, qu'est-ce que ça peut faire –, mais non, nous restons sous le jet qui désormais nous échaude, et nous cherchons à tâtons d'un geste saccadé le mitigeur.

« Oh, merde », j'ai dit, lorsque j'ai réalisé que je sombrais, happée par le souvenir. C'est tout ce que j'ai pu dire, avant que la panique me submerge. « Oh, merde. »

Ma respiration s'est accélérée. J'ai suffoqué. Je cherchais désespérément quelque chose à quoi me raccrocher. Elle était là, donc c'était elle, mais en cet instant j'étais tellement partie que je voulais seulement quelque chose de solide. « Serre-moi », j'ai haleté, et j'ai senti ses bras se contracter autour de moi. Je me suis agrippée à ses bras. Cramponnée.

Où va l'esprit en ces instants, pendant que le corps tremble ? Pour moi, c'est un grand vide, chauffé à blanc, qui aspire tout dans son sillage, le néant où il ne saurait plus y avoir de temps, plus de lieu, plus personne. Autrefois, c'était une sensation, une sensation unique, concentrée, insoutenable : la texture lisse et chaude du pénis de mon grand-père contre ma main, par exemple, ou sa couleur précise, rose violacée, une couleur qui me met toujours mal à l'aise partout où je la vois, même si le malaise est vague désormais, même si l'impression ne renvoie plus à son origine, qu'il n'en subsiste que l'effet. Mais si les années l'ont occultée, cette origine (à mon grand soulagement), elles ont aussi occulté les sensations, comme si les bobines de pellicule de la mémoire avaient été passées si souvent qu'elles s'étaient déchirées, tachées. À présent, je n'ai plus qu'à négocier la vacuité de la panique. « Oh, merde », dis-je quand la vague de sensation commence à se briser sur moi, à l'intérieur de moi, puis je respire pour ne pas me laisser dépasser par mon corps qui enfle dans sa course paniquée, le battement de mon cœur et le souffle court. La vague gonfle, elle gonfle, elle élève sa crête et déferle.

(On croirait que je suis en train de décrire autre chose, n'est-ce pas ? Mais ce n'est pas un orgasme. C'est de la terreur.)

Lorsqu'elle déferle, je me mets à pleurer. La vague coule hors de moi. Ma respiration se ralentit, et je sens les larmes sur mes joues, chaudes, bien que je ne les aie pas senties couler de mes yeux, bien que je n'aie pas même éprouvé la moindre tristesse. Je suis un sac dans lequel la vague s'est brisée, et maintenant il faut que l'eau s'écoule de moi. J'étais un réceptacle ; je ne suis plus qu'une route de transit. Qui je suis à l'extérieur de cette sensation, cela devient aussi hors de propos que le temps lui-même.

J'avais l'intention de prendre une chambre dans un motel à bonne distance d'Iowa. Je comptais dormir à Lake Charles où, certes, le procès a eu lieu, mais où ne s'est déroulé aucun des événements cruciaux du meurtre. J'avais en tête de dormir en sécurité, suffisamment loin, et de tremper l'orteil dans le passé chaque jour aussi confortablement que l'on goûte l'eau de son bain, un pied planté sur le carrelage. Je n'avais pas réservé la chambre la moins chère. J'avais lu des commentaires en ligne.

J'avais étudié les adresses. Je voulais un endroit propre et rassurant, un refuge à m'accorder au commencement et à la fin de chaque journée.

J'ai pris l'avion jusqu'à Bâton-Rouge, pas La Nouvelle-Orléans, déterminée à faire le moins de route possible. À deux heures de l'aéroport, il ne me restait plus que cinq cents mètres à faire, m'a indiqué le GPS de mon téléphone, lorsque j'ai remarqué le panneau CASH MAGIC. Il était là, suspendu en hauteur dans le ciel couleur cendre. Ma respiration s'est emballée. Le froid m'a saisi la poitrine.

J'ai dépassé le panneau comme dans un rêve. J'avais vérifié l'adresse du motel. Comment avais-je pu commettre une telle erreur ? Voulant réserver une chambre à distance du meurtre, comment avais-je pu en fait en réserver une en son cœur ? Là, à ma droite, la caisse à laquelle travaillait autrefois Pearl, les pompes que Lanelle allumait pour les routiers, et la devanture à travers laquelle elle avait observé Ricky par cette longue journée, en se demandant si, bizarre comme il était, il était assez bizarre pour être capable de tuer un enfant. Là, à ma droite, le bitume qu'on avait coulé à la place des coquillages écrasés qu'on dispersait autrefois par terre.

Mon motel était au carrefour suivant, de l'autre côté de la rue. De l'entrée, je voyais encore le panneau vert CASH MAGIC. À l'accueil, j'ai donné mon nom au réceptionniste, j'imagine, c'est forcé, et ma carte de crédit, et j'ai échangé les banalités d'usage, puis j'ai pris ma clef et me suis rendue dans ma chambre. Je me suis laissée tomber sur le lit. J'ai sombré aussitôt dans un sommeil sans rêves, de treize heures d'affilée, un sommeil mortifère.

Je suis attirée vers cette histoire par mes absences. Des ténèbres étranges, des oublis bizarres qui me submergent par moments. Ils révèlent ce qui est toujours non résolu en moi. Ils me précipitent vers ce que je veux éviter par-dessus tout.

C'est Ricky qui m'a fait entrer dans cette histoire. C'est à lui que je n'ai cessé de penser, lui que j'ai poursuivi, pour essayer de comprendre. Mais le fait d'être là, et ce qui s'est passé l'autre nuit au lit avec Janna dans le Massachusetts, me fait comprendre qu'il me faut commencer par Jeremy. C'est lui qui a porté le crime de Ricky dans son corps.

J'entends d'abord les oiseaux. Là où j'habite, leurs chants sont noyés par la circulation, les piétons qui hurlent dans leur téléphone portable, les bribes de musique qui s'échappent par les vitres des voitures, les klaxons et le pépiement artificiel des feux, la voix qui indique que c'est le moment de traverser, le babil incessant de mes propres pensées tandis que je vaque à mes occupations du jour. Le vacarme urbain. Pour atteindre le Consolata Cemetery, où est enterré Jeremy, j'ai conduit quinze minutes vers l'ouest en partant du Cash Magic, et j'ai contourné les gratte-ciel de Lake Charles par le sud du lac. À présent, dans les faubourgs de l'ouest de la ville, les productions humaines peinent à subsister et le monde naturel s'essouffle : des boutiques de réparation de matériel agricole délabrées et des enseignes de Lavomatic, l'herbe des deux côtés de la route aplatie par des caravanes rouillées. Le chant des oiseaux, lui, s'impose, éclatant, de même qu'une ligne mélodique volette au-dessus du brouhaha qui la sous-tend, toute contrepoint et légèreté.

Les arbres, ils doivent attirer tellement d'oiseaux. Le Consolata Cemetery se détache sur le béton telle une oasis de beauté ordonnée, chênes larges aux feuilles claires qui tremblent sur les branches brunes et solides. Un calme artificiel. Pas de pierres

tombales verticales ici, comme j'en ai l'habitude dans le Nord-Est
– nous sommes à moins de quatre-vingts kilomètres du golfe du
Mexique, et avec la proximité de nombreux lacs, la nappe phréatique les renverserait – et en leur absence, il n'y a pas grand-chose
pour perturber la platitude du terrain. Un banc de pierre attend,
inoccupé, sous un chêne solitaire.

J'avance vers la pelouse. De là, je peux voir ce que le soleil et
mon angle de vision me dissimulaient : le gazon est constellé de
plaques de métal sombre posées à même le sol. Les morts. Ces
repères si discrets, placés si bas, renforcent le calme. Mais les
oiseaux continuent de gazouiller. Grâce à eux, au moins, Jeremy
a de la compagnie.

« Je peux vous aider ? me lance un homme au volant d'une
voiturette de golf.

– Merci. » Je m'approche de lui. « Je cherche une tombe.

– Quel est le numéro de la concession ? »

La question me prend au dépourvu.

« Je ne sais pas. » Je porte son histoire depuis si longtemps
que j'espérais à moitié que l'intuition me mènerait jusqu'à lui,
qu'il me suffirait d'arpenter au hasard les allées jusqu'à ce que
je reconnaisse son nom. Mais les plaques sont tellement plates
qu'il n'y a pas moyen de les lire à moins de se pencher tout à fait
au-dessus des morts. « Il s'appelait Jeremy Guillory. »

Le visage de l'homme ne trahit aucune émotion.

Qu'est-ce que je m'imaginais : que de même que j'avais été
menée ici par ce mystère, lui aussi, il aurait le nom d'un garçon
mort depuis plus de vingt ans sur le bout de la langue ?

« Je vais demander au central. » On lui indique l'emplacement
par le haut-parleur grésillant, il démarre le moteur et me fait
signe de monter. « Il est mort quand ?

– 1992.

– Il était vieux ? »

Ce doit être le genre de banalités qu'on échange dans un cimetière. À notre gauche surgit une étendue de tombes, des rangées et des rangées de petites plaques noires qui constellent le sol. Le cimetière est plus grand que je ne l'avais cru, et pendant une minute, en constatant sa taille, mon cœur se fige dans ma poitrine. Je suis venue ici en quête d'une personne. D'une histoire. Mais il y en a tellement, enfouies autour de nous.

« Non. Un enfant.

– C'est terrible. »

Nous roulons en silence. Le ciel est devenu d'un gris plus dense, le chant des oiseaux s'est fait plus pressant, scandé de cris perçants, et je me demande si les oiseaux annoncent quelque chose. Les tombes continuent de fondre sur nous, des rangées et des rangées de plaques de métal, des rangées et des rangées de noms invisibles, les corps enterrés en dessous. Soudain, j'ai envie que l'homme en sache un peu plus long. Qu'il sache sur qui il monte la garde.

« Jeremy a été assassiné. »

Il pousse un petit sifflement.

« En quelle année, vous avez dit ?

– 1992.

– C'est terrible, répète-t-il. Vraiment terrible. Dans la région ?

– À Iowa. »

Il secoue la tête.

« Je peux pas m'en souvenir, alors. » La voiturette s'arrête. « Cette rangée, là, tout à gauche. Voulez que je vous montre ?

– Merci, mais ça va aller. »

Il repart.

Ce qui nous laisse seuls, moi et Jeremy. Le silence éclate avec une force choquante une fois le bruit du moteur estompé. Ce sont les oiseaux, je m'en rends compte. Ils se sont tus. L'emplacement qu'a désigné l'employé est situé au bord d'un trottoir, dans la première rangée de cette section du cimetière. Sous mes pieds, l'herbe est trempée, spongieuse. Le rebord de béton se découpe sur le gazon et reprend de l'autre côté de la rue, sur un terrain goudronné au-dessus duquel le grand panneau rouge d'une station-service annonce le monde ordinaire des vivants. L'entrée du cimetière était luxuriante et verte, mais avec ce béton tout autour, cette parcelle d'herbe paraît isolée.

JEREMY JAMES GUILLORY. Il est une plaque comme toutes les autres, encastrée dans l'herbe. Je m'approche. Dans le coin gauche, un enfant gravé dans le métal tend une main vers le ciel. D'en haut, deux mains plus grandes s'abaissent vers lui. LE SEIGNEUR A SAISI LA MAIN DE JEREMY. Puis cette date : 7 FÉVRIER 1992.

Pas de mot pour tout ce à quoi cette date a mis fin. Pas de mot pour tout ce que cette date a déclenché. Je me tiens là, là où Lorilei s'est tenue autrefois, dans son chemisier bleu, et il commence à pleuvoir.

24

L e jour où Lorilei enterre son fils, il pleut. La pluie commence à tomber en début de matinée, alors que la Hixon Funeral Home de Lake Charles n'est encore ouverte qu'à la famille. La pluie détrempe la vaste étendue d'herbe, qu'elle transforme en marécage; elle rend la balustrade blanche et les colonnes blanches glissantes, elle assombrit les briques rouges du bâtiment; elle fait luire les feuilles des grands arbres tels des diamants. La pluie tombe encore lorsque les reporters arrivent, et ils ouvrent leurs grands parapluies noirs. Les assistants tiennent des bâches au-dessus des caméras tandis que les présentatrices s'accroupissent dessous pour rafraîchir leur rouge à lèvres, les présentateurs pour resserrer leur nœud de cravate. Une semaine s'est écoulée depuis la découverte du corps de Jeremy. La population est toujours sous le choc. L'un d'entre eux leur a été enlevé. Pour les caméras, les reporters arborent un masque solennel et ânonnent que cent personnes sont venues, que la mère est là. Plus tard, les journaux élèveront ce chiffre à deux cent cinquante. La journée donne le sentiment d'une conclusion dans le calme. Cela fait maintenant deux semaines qu'ils parlent tous les soirs du petit garçon disparu.

Lorilei s'avance pour saluer les reporters. Avec la pluie, ses talons s'enfoncent dans l'herbe spongieuse et le chemisier bleu mentionné par les journaux se trempe, même à travers le manteau que son frère, Richard, a dû placer sur ses épaules. Il se tient à côté d'elle avec un parapluie. Toute la journée, Richard va se servir de son corps pour la protéger; toute dissension entre eux est oubliée.

Elle lève les yeux sur les journalistes. Ses lunettes doivent s'embuer un peu. « Je savais qu'il allait pleuvoir, leur dit-elle. Mais j'aime autant, au fond, parce que c'est comme si les anges dans le ciel pleuraient. »

Les pompes funèbres sont envahies de gens qu'elle ne connaît pas, de gens qu'elle n'a pas vus depuis des années, de gens qu'elle voit tous les jours. Leurs bras s'avancent vers elle, leurs joues, elle doit se sentir enveloppée par leurs accolades et tenue nerveusement, à distance, entre leurs paumes. Elle est entourée par un bourdonnement, comme si elle s'était aventurée au milieu d'un essaim d'abeilles.

Elle se tient les côtes. « Je n'ai pas pu me résoudre à l'enterrer en costume », dit-elle à sa voisine. Elle le redit à la mère d'un camarade de classe de Jeremy. Puis à un reporter. « Je n'ai tout bonnement pas pu. Ça n'aurait pas été naturel. Il aime être en jean et baskets. »

Tous ne cessent de lui répéter à quel point ils sont navrés. Elle n'arrête pas de parler. Si elle s'interrompt, elle devra admettre la raison pour laquelle ils sont si navrés.

Au bout de la pièce, un petit cercueil blanc, le couvercle ouvert. Dans le cercueil, son fils. L'employé des pompes funèbres a croisé les mains de Jeremy sur sa poitrine et niché entre ses paumes un petit bouquet d'œillets rouges. Il porte son jean préféré et un pull bordeaux, et quelque part, en elle – quelque part là où elle peut encore oublier –, elle doit se réjouir qu'il porte ce pull. Il lui tiendra chaud dans l'humidité de février. À ses côtés, on a casé un Batman et une Batmobile. Des cadeaux de Noël de son cousin Bubba. « Il devrait avoir son fusil à balles BB, dit Lorilei. Il l'adore, ce truc. Mais le shérif l'a gardé comme pièce à conviction. »

Richard apparaît et l'attire contre son épaule. La cérémonie est sur le point de commencer.

L'assistance s'entasse dans les allées, dans le fond de la salle, sur les côtés. Les bancs sont pleins à craquer. Deux pasteurs vont parler : le premier est un vieil ami de Lorilei, de la période où elle faisait les quatre cents coups. Le temps les a changés tous les deux. « La vie n'est qu'un épisode passager », dit-il. Jeremy l'appelait Grand-père. « La vie de Jeremy a été affreusement courte. Le Malin nous l'a enlevé. »

Le pasteur évangélique est plus jeune, plus énergique, plus arrogant. Je l'imagine avec un physique nerveux, les cheveux ondulés, le corps traversé d'une énergie électrique telle la main vengeresse de Dieu. Malgré leur tristesse, les conjure-t-il, ils devraient se réjouir. « Dans la Bible, lorsque David a vu que Dieu avait pris son enfant, il a pris un bain, il s'est lavé et il a demandé quelque chose à manger. Puis il a dit : "Cet enfant ne peut pas revenir à moi, mais je peux revenir à lui." Il savait que la seule façon de revoir son fils était de rendre sa vie agréable aux yeux de Dieu. » Le prédicateur scrute la foule intensément, les yeux brillants. « Nous pourrons retrouver Jeremy si seulement nous parvenons à égaler son humilité. »

Le père de Lorilei lève lentement une main vers le plafond et fait un signe de la main en direction de son petit-fils. Les reporters notent son geste.

Après la cérémonie, les gens vont poser la main sur le cercueil. Ils se signent, penchés sur Jeremy. Certains se penchent pour lui déposer un baiser sur le front. Son visage est aussi livide que de la porcelaine, sans la moindre cicatrice. Mais sous le pull, des hématomes causés par l'avant-bras de Ricky lui recouvrent la poitrine. Il y a deux jours, le coroner a mesuré les marques sombres de ligature sur son cou avec une règle et les a prises en photo. Quatre fois, le flash s'est déclenché, capturant quatre fois l'entaille profonde autour de son cou, sous quatre angles différents. L'objectif a capturé les petits points rouges qui constellaient son cou, résultats de l'éclatement des vaisseaux capillaires sous la pression, qui avait déclenché des micro-hémorragies sous sa peau. On appelle ces points « pétéchies ». Plus tard, une fois que le révélateur aura opéré sur la pellicule et que les images émergeront du brouillard, les photographies iront rejoindre les autres pièces à conviction. Dans les années qui suivront, elles seront photocopiées et photocopiées de nouveau pour les dossiers de l'affaire. D'ici à vingt ans, lorsque les trois procès signifieront que même les photocopies ont été photocopiées encore et encore, les blessures au cou de Jeremy se seront fondues dans la tache indifférenciée et obscure du temps.

Mais pour l'instant, avec le col du pull relevé sur son cou, on pourrait presque le croire endormi. S'il n'était pas si pâle. S'il n'était pas si immobile. Si l'odeur mortifère des fleurs n'était pas si lourde dans l'air.

Dehors, sur les marches, un petit garçon sanglote éperdument, ses petites épaules tremblent sous la veste que sa mère a dû lui faire enfiler. Une femme l'entoure de ses bras. « Chut, bébé. Je sais, je sais. » Elle le berce, murmure des mots d'apaisement dans ses cheveux – « Chut, bébé, chut » – mais l'enfant sanglote de plus belle. « Vous vous êtes bien amusés, tous les deux, au moins. » À quelques mètres, un reporter note ses mots.

À une dizaine de kilomètres de là, Ricky Langley est assis dans une cellule d'isolement du centre de détention de Calcasieu. Il hurle au gardien : « Quelqu'un pourrait pas venir me parler ? » Le cercueil est si léger que les cinq porteurs doivent à peine sentir son poids. Richard est à l'avant. C'est un homme corpulent avec une barbe broussailleuse et le ventre gonflé de haut en bas. Un chasseur et un pêcheur, qui pose en tenue de camouflage lorsqu'il se fait prendre en photo avec ses trophées. Un homme accoutumé à la mort des animaux, oui – mais rien ne l'a préparé à une telle chose. Je le vois là, les mains agrippées au cercueil, et j'essaie de remplir les photos en noir et blanc qui sont passées dans les journaux des couleurs du réel. Le rouge qui colore ses joues. Le rouge de ses yeux pleins de larmes. Pour Richard, le cercueil doit être aussi léger qu'un bébé. Léger comme la première fois qu'il a soulevé son fils, la première fois qu'il a pris sa fille dans ses bras. Léger comme la première fois qu'il a pris dans ses bras Jeremy, qui venait de naître, et s'est émerveillé du spectacle de ce petit inconnu familier auquel sa sœur venait de donner le jour. Lorsque mes sœurs ont accouché de leurs enfants, chaque fois cela m'a semblé miraculeux qu'une personne que je connaissais depuis tant d'années ait pu produire quelque chose de si neuf, qui fasse tant partie d'elle, tout en étant si différent. Nous avions grandi ensemble, mais nous avions eu des vies, des problèmes si dissemblables. Les divergences nous avaient éloignées depuis longtemps, comme ça avait été le cas pour Richard et Lorilei. Mais là, avec chaque nouveau bébé, éclosait la possibilité d'un nouveau départ.

Au cimetière, avec les grands chênes au loin, la lueur rouge de la station-service au-delà de la courbe de béton gris, avec le chant aigu des oiseaux par-dessus sa tête, Lorilei se tient devant le trou réservé à son fils dans le sol et lit un poème écrit par les camarades de maternelle de Jeremy, recopié de la belle écriture soignée de l'institutrice. « Il est si difficile de dire au revoir. » Les larmes se mettent à couler avant qu'elle puisse terminer. Elle se laisse faire lorsque Richard l'attire en arrière.

Puis elle regarde son père, puis Richard, jeter des poignées de terre. Elle attend, j'imagine, que presque tout le monde soit parti. Elle attend d'être presque seule avec son enfant.

Le fossoyeur donne le signal, et on abaisse lentement le cercueil dans la fosse.

Lorilei est enceinte de quatre mois du demi-frère de Jeremy. La nausée a dû la réveiller ce matin. Elle a dû sentir les élancements sourds de la grossesse dans son ventre, les élancements qui signifiaient que le bébé était en vie.

Mais en regardant le cercueil s'immobiliser dans la terre avec un à-coup imperceptible, je ne peux qu'imaginer qu'elle se sent vide, que la douleur telle une faux l'a éviscérée. Elle se réveillera bientôt de cette semaine. Il le faut. Elle se réveillera et Jeremy sera en train de tirer sur la couverture au pied de son lit, il lui dira de se lever, maintenant, allez, viens jouer. Et quand elle le verra, le brouillard de ce rêve atroce se dissipera enfin.

Le jour de l'enterrement de Jeremy, la pluie s'est arrêtée après les funérailles. La pluie encadre les articles de journaux : d'abord Lorilei disant que les anges pleurent, puis les anges qui s'arrêtent de pleurer une fois l'enfant confié à son dernier repos dans la terre. Depuis que je me tiens devant la tombe de Jeremy, la pluie n'a fait que s'intensifier. Je regarde son nom sur la plaque et j'essaie de me forcer à comprendre qu'il se trouve en dessous de moi. Son rapport d'autopsie figure dans le dossier que j'ai lu avant de venir ici. J'ai tenu dans ma main la sinistre mesure du poids de chacun de ses organes. Le reste des pièces à conviction de cette affaire se trouve dans les archives du tribunal. Quelque part, dans les archives du tribunal, il y a les photos de son corps. Il fut un temps où il n'était pas seulement un nom dans les dossiers, une photo d'école diffusée au journal du soir, un récit édifiant. Il fut un temps où il était un petit garçon.

La semaine suivant l'enterrement, vingt-cinq personnes se rassemblent pour défiler du bureau local du sénateur de l'État au centre administratif de Lake Charles en signe de protestation. Ils auraient dû être averti au sujet de Ricky. « Il passait ses journées à proximité d'enfants », explique une voisine. Peut-être a-t-elle fait partie de l'équipe de recherches qui s'était rassemblée spontanément sous le porche des Lawson, de ceux qui comparaient leurs itinéraires, de ceux qui tentaient de se remonter le moral pendant les longues plages de temps où ils ne trouvaient rien, et peut-être revoit-elle Ricky leur apportant des gobelets de café. Elle a accepté ce café des mains de Ricky, comme tous les autres, et elle l'a remercié. Peut-être se rappelle-t-elle maintenant qu'elle a envoyé ses propres enfants à l'étage, dans sa chambre, pour jouer avec les autres. L'idée d'avoir eu confiance l'horrifie. « Les gens ont le droit de savoir si Jeffrey Dahmer s'installe dans leur quartier », dit-elle. Avant la disparition de Jeremy, le procès de Dahmer a monopolisé les médias pendant des semaines. Les habitants d'Iowa et de Lake Charles avaient droit à des points sur son déroulement à la une de leurs journaux et tous les soirs aux infos. La semaine où Dahmer a été condamné à la perpétuité, Ricky a tué Jeremy. Pour eux, ce n'est plus un simple spectacle.

Lorilei ouvre la marche, son blouson de moto en cuir ouvert sur son tee-shirt et son jean. Les manifestants portent des pancartes semblables, écrites au marqueur noir sur fond blanc. La sienne dit : « EMPÊCHEZ QUE VOTRE ENFANT DEVIENNE UNE VICTIME. » « Je suis convaincue que c'est le sens de la mort de mon bébé, dit-elle à un reporter. C'est le sens de sa vie. »

Tout le monde l'observe en cet instant. Ils lui collent leurs micros devant le visage. Ils font crépiter leurs flashs. Le shérif l'a fait passer au détecteur de mensonges par deux fois avant les aveux de Ricky. Bientôt, l'avocat de la défense trouvera à redire sur ses aptitudes parentales. L'accusation aussi, d'ailleurs. Ici, à la tête de la marche blanche, elle est un symbole de deuil. La femme à la place de laquelle personne ne voudrait être.

Lorsque les manifestants arrivent devant le bureau du sénateur, il vient à la porte et écoute les slogans qu'ils scandent. Puis il se joint à eux. Le sénateur sait reconnaître un mouvement quand il en voit un. Ils l'auront, leur loi, leur promet-il. « Je ne veux jamais voir se reproduire une affaire Jeremy Guillory. »

Tandis que les manifestants brandissent leurs pancartes – tandis qu'ils psalmodient, tandis qu'ils réclament ce qu'ils croient pouvoir assurer leur sécurité –, je comprends le besoin qu'ils expriment. Je ressens la même chose en voyant les formulaires que Ricky a remplis au centre médico-psychologique de Lake Charles, lorsqu'il affirmait qu'il avait peur de recommencer à agresser des enfants et demandait à être enfermé, ou lorsque je lis que Lanelle a fait demi-tour lorsque Ricky lui a bloqué le passage dans l'escalier. Pourquoi n'est-elle pas montée de force ? Pourquoi n'est-elle pas allée dire à un policier ce qu'il s'était passé ?

Mais même s'il *y avait eu* une loi de ce genre lorsque Jeremy a frappé à la porte des Lawson – ou avant, lorsque Lorilei est allée s'installer chez Melissa, ou avant, quand elle n'a pas réussi à payer sa facture d'électricité et qu'elle a compris qu'elle allait devoir trouver un abri pour elle et son fils –, cette loi n'aurait sans doute pas sauvé Jeremy. Personne, dans les services de police, ne savait qui était Ricky ; la dernière adresse que les autorités avaient pour lui, c'était celle de ses parents. Il y avait au moins dix auteurs de crime sexuel connus dans la région d'Iowa, dix individus dont je trouverai les noms dans les archives. Dix noms que l'agent de libération conditionnelle a donnés à Lucky et Dixon *avant* de leur donner celui de Ricky. Ce n'était pas aussi net que dans le récit que l'on en a fait. Bien sûr, que ça ne l'était pas. Sur les dix, il y en a même un qui est venu participer aux recherches. Les policiers l'ont renvoyé – et pendant ce temps Ricky servait du café à la ronde et surveillait les enfants qui jouaient dans sa chambre, s'assurant qu'ils ne s'approchaient pas du placard.

Les manifestants, leur loi, ils l'obtiennent. Mais six mois plus tard, le journal publie un éditorial qui explique que ça n'a pas fonctionné. Grâce à la loi, dix-huit auteurs de crime sexuel ont été identifiés dans la région – mais on n'a averti la population de leur présence que pour trois d'entre eux.

Il en va ainsi dans tout le pays. Les lois passent à grand fracas de bonnes intentions. Les lois échouent, parce que les avertissements ne fonctionnent que si rarement, et une grande partie du fardeau retombe sur des parents déjà harassés. On peut se rendre malade à s'inquiéter de qui figure sur la liste, de qui vient de s'installer dans sa ville, on peut chasser ces individus de sa commune, leur interdire de passer le pont autoroutier, mais la moitié du temps, on sera en train de s'alarmer à cause de quelqu'un qui a eu des relations homosexuelles quelques années avant qu'elles soient légalisées dans tel ou tel État, ou d'un type qui a couché avec sa petite copine mineure alors que lui-même avait tout juste atteint la majorité, ou de quelqu'un qui a commis un méfait atroce il y a trente ans, mais n'a pas commis le moindre écart depuis. Dans certaines régions, même des enfants prépubères se retrouveront sur les listes, sous prétexte qu'ils sont allés un peu trop loin en jouant au docteur. Et même comme ça, on ne s'inquiéterait encore que de la partie émergée de l'iceberg. De ceux qui auraient déjà été dénoncés par quelqu'un. Pas du coach, du meilleur ami, de la baby-sitter, du beau-père, de l'oncle. Du grand-père.

Vingt ans après le début de la mise en place de ces lois, les taux d'abus sexuels n'auront absolument pas baissé.

Mais en 1994, en Louisiane, les manifestants obtiennent leur loi. Tous les articles de presse sur son adoption évoquent un « garçon d'Iowa » anonyme – Jeremy, désormais transformé en symbole. Lorsqu'arrive le procès, Lorilei a recommencé à boire. Elle a recommencé à se droguer. Elle est suicidaire. L'assassin de son fils est condamné à mort et lorsque son frère Richard lui annonce la nouvelle, elle se dit : *Bon débarras*. Elle accouche de nouveau et appelle son fils Cole. Le père de Jeremy a disparu dans la nature depuis longtemps, il n'est pas une fois mentionné dans les dossiers, mais ce bébé-ci portera le nom de famille de son père.

Puis, quelques mois plus tard, elle et le père de Cole se séparent. Lorilei se retrouve une fois de plus seule avec son fils. Alors elle tente de donner à Cole un autre départ. Elle dit au revoir à Jeremy là où il repose dans la terre, et part s'installer en Caroline du Sud. Elle élèvera Cole loin de cet endroit.

Après avoir quitté la tombe de Jeremy, je reprends la voiture pour aller dans le centre de Lake Charles. Ce pourrait être n'importe quelle petite ville du Sud, la route est plus large que celles du Nord-Est, les immeubles plus bas, plus espacés, mais le lac en fait un lieu à part. Toutes les routes convergent vers le lac – y compris celle où se trouvaient les pompes funèbres, qui désormais fait le tour de l'étendue d'eau et s'arrête devant la division des archives du tribunal. Lorilei a dit au revoir à Jeremy – et l'histoire du petit garçon a atterri ici.

Lorsque j'ai appelé de Cambridge pour prévenir de ma venue, on m'a dit que quinze boîtes d'archives m'attendaient. Mais je suis tout de même déconcertée lorsque l'employé apparaît, poussant un chariot chargé de cartons de dossiers. Chaque carton fait à peu près 90 centimètres de long par 60 de large et de haut. Je soulève le couvercle du carton marqué n° 1. Une rangée de classeurs pleins à craquer, contenant chacun peut-être trois cents pages. Je calcule rapidement, mon cœur fait un bond dans ma poitrine, de découragement et d'espoir à la fois. Quinze cartons – peut-être vingt-cinq mille pages ? Il y a tant de choses ici. Il y a tant de choses ici.

J'avais compris, bien sûr, ce qu'on m'avait dit au téléphone. Quinze cartons. Mais je n'avais pas compris du tout.

« Appelez-moi quand vous serez prête pour le prochain lot ! » dit l'employé.

Rien d'autre à faire que de s'y mettre.

Dans le premier carton, je trouve les années suivant le procès de 1994 : Ricky condamné, Ricky dans le couloir de la mort. Dans le deuxième, son avocat, Clive, dépose des mémoires pour obtenir un nouveau procès. Des milliers de pages, portant toutes sur Ricky.

Puis soudain, huit ans plus tard, Lorilei refait son apparition.

7 juin 2002. Retranscription d'une audition préliminaire. Clive et le procureur Wayne Frey se chicanent au sujet du tee-shirt Fruit of the Loom que portait Jeremy lors de sa mort. Cela fait dix ans qu'il jaunit dans une salle de la division des archives où sont gardées les pièces à conviction, derrière deux portes verrouillées qui nécessitent deux clefs distinctes. Le jury verra-t-il le tee-shirt lors du nouveau procès ? Clive et la procureure Cynthia Killingsworth ne sont pas d'accord sur la quantité de preuves de l'accusation – comme les tests réalisés sur ce tee-shirt – à laquelle la défense a le droit d'avoir accès. Lucky est appelé à la barre des témoins et raconte que lorsqu'il a trouvé Jeremy, il était vêtu de ce tee-shirt. Puis un technicien de la police scientifique explique qu'il a découpé de petits ronds de tissu autour de taches présentes sur le tee-shirt afin de rechercher la présence de sperme.

Un homme se lève des bancs du fond du tribunal. Personne ne le connaît. Il est 13 h 30. Ricky était présent au début de l'audience, mais il est retourné au centre pénitentiaire. Les avocats sont rassemblés dans la salle sans fenêtre depuis 9 h 30, avec seulement une brève pause pour le déjeuner. Les éléments extérieurs sont rares dans ce genre d'affaires, après dix ans. Encore plus rares, ceux qui sont vêtus tel que j'imagine cet homme, en jean et chemise à carreaux.

« Puis-je m'adresser à la cour ? »

L'homme avance, se poste devant le juge Alcide Gray dans sa robe noire et lève les yeux vers lui. Les avocats en costume le regardent avec stupéfaction.

« Oui », dit Gray.

Il en a marre de cette audience. Cela fait des heures qu'il en a marre.

« Je... je m'appelle King Alexander Jr., et je ne suis pas vêtu comme il se doit pour cette cour, commence-t-il. Mais je représente la... la... »

Sa voix fléchit. La requête qu'il est sur le point de faire ? Il sait qu'elle est inhabituelle.

« Je représente la mère de la victime du crime dont il est question dans l'affaire Langley. Et elle souhaite s'adresser à la cour au sujet de questions auxquelles le procureur n'a pas souhaité donner suite. Il s'agit de ses sentiments concernant la peine de mort. »

Frey, le procureur adjoint, doit s'attarder assez longtemps pour reconnaître la femme blonde assise au fond de la pièce. Cette femme que lui et son cabinet ont obstinément ignorée, négligeant de la rappeler, de répondre à ses lettres. À ce qu'il semble, c'est la première fois que quelqu'un la remarque. Elle a trente-huit ans désormais. Personne ne l'a vue depuis huit ans. Toute la matinée, des gens ont défilé dans la salle d'audience : policiers, inspecteurs, techniciens, employés du tribunal. Personne ne l'a remarquée.

« Je pensais que nous en avions fini avec Langley pour aujourd'hui », dit Frey.

Il s'apprêtait à passer à l'affaire suivante.

Gray le coupe.

«Je veux bien l'entendre.»

Lorilei ne monte pas à la barre des témoins. Elle s'avance dans l'allée centrale, entre les bancs, et se plante en face de Gray, les yeux levés vers lui telle une suppliante. Ce n'était pas lui qui siégeait lors du premier procès – c'était un juge blanc. Gray est noir, fait rare dans le système judiciaire en Louisiane. Lorilei ne l'a jamais rencontré. Mais son destin est entre ses mains.

«Je suis la mère de Jeremy Guillory, dit-elle.

– Je sais qui vous êtes.»

Gray parle avec bienveillance.

Lorilei n'est plus la jeune femme photographiée autrefois dans les journaux : coupez ses cheveux plus court, atténuez un peu la quantité d'eyeliner et de laque, retirez la veste en jean qu'elle portait lorsque Richard était à ses côtés pour une conférence de presse. Son corps s'est épaissi avec les années, mais elle s'est vêtue soigneusement ce matin d'une jupe que la dame du fonds d'aide aux victimes l'a aidée à choisir. Il faut que sa supplique fonctionne.

«Je suis ici aujourd'hui», commence-t-elle, mais l'étrangeté de ce qu'elle s'apprête à dire la perturbe, elle aussi. Sa gorge s'assèche. Dans cette affaire, Lorilei n'a jamais demandé quoi que ce soit à quiconque aussi directement. Lorsque son petit garçon a été porté disparu, les policiers ont fait les recherches, et pendant ce temps, seules les rumeurs lui parvenaient. Tout ce qu'elle pouvait faire, c'était attendre. Lorsqu'ils ont retrouvé le corps de son bébé, elle a laissé Richard s'occuper des funérailles. Lorsqu'ils ont jugé son assassin, son nom ne figurait pas dans le dossier. C'était le nom de l'État, à la place. *L'État de Louisiane vs Ricky Langley.* Comme si c'était l'État qu'il avait blessé. Lors des audiences, les procureurs lui avaient dit où s'asseoir, et elle s'y était assise. Ils lui avaient fait répéter ce qu'elle devait dire, et elle l'avait dit. Votre propre fils meurt et cela devient la tragédie de la population, comme si c'était la tragédie du système. Une tragédie publique.

Mais dix ans se sont écoulés depuis qu'on lui a annoncé la mort de son garçon. Et Lorilei pourrait leur dire à tous à quel point le chagrin est en fait privé, à quel point il est constant. Elle pourrait leur parler du silence. Tout le bruit que fait un garçon de six ans, puis la puissance du silence lorsqu'il est parti. Elle portait Cole en elle, et chaque coup de pied qu'elle sentait dans son sternum, chaque palpitation de cette vie nouvelle contre son cœur, a dû lui faire l'effet d'un écho de ce qu'elle avait ressenti avec Jeremy. Son désir de cet enfant était parfois un baume, parfois une souffrance infinie. Puis les premières semaines de l'enfance de Cole, quand elle était heureuse d'être si exténuée, car le simple fait d'être forcée de survivre éloignait pour un bref instant cet écho insupportable.

À présent, Cole arrive à un âge que Jeremy n'a jamais connu, et c'est une nouvelle forme de douleur, l'accumulation insondable de questions au conditionnel, pour toujours sans réponse. Lorsqu'elle est tombée enceinte pour la troisième fois, elle a appelé le bébé Rowan et l'a fait adopter. Puis un matin, il y a deux ans, alors que Jeremy avait disparu depuis huit ans, un matin de plus où elle a réveillé un enfant au lieu de deux parce que c'était l'heure de partir à l'école, tandis qu'elle préparait le déjeuner à emporter d'un enfant au lieu de deux dans la cuisine, son téléphone a sonné. Au bout du fil, un assistant du cabinet de Clive lui a annoncé qu'il allait y avoir un second procès. Il lui annonçait qu'elle allait devoir revivre une fois de plus le chagrin de la perte de son fils.

À présent, elle est aux abois. Les avocats ont palabré pendant des heures, comme si ce qui comptait, c'était seulement de savoir si l'on allait exécuter Ricky. Ils ne comprennent pas ce qu'est le deuil. Son petit garçon est parti. Tuer son assassin n'y changera rien.

« Je suis ici aujourd'hui, monsieur le juge, pour demander votre clémence : je vous demande d'épargner la vie de Ricky Langley. »

Peut-être l'assistance reprend-elle bruyamment son souffle. Peut-être est-elle silencieuse comme une tombe.

« Monsieur le juge, poursuit-elle, je vous supplie de bien vouloir mettre fin à cette affaire. »

Le tic-tac de la pendule accrochée au mur marque les minutes qui s'écoulent. Le juge Gray la regarde. Il considère, sans doute, sa tenue soignée, les poches qu'elle doit avoir sous les yeux, son maintien impeccable dans la petite salle. Peut-être réfléchit-il au mot qu'elle a employé : « clémence ». Un mot qui doit sembler si étrange, d'une noblesse inaccoutumée dans cette salle. Jusque-là, on a parlé calendrier d'audiences. On a parlé dates limites de dépôt des dossiers. L'aspect bureaucratique du droit, les inévitables paperasses. On n'a pas parlé de clémence. D'une voix douce, Gray répond :

« Croyez-moi, madame, je ne prends aucun plaisir à juger cette affaire. »

Pendant une minute, le seul son est celui de la greffière pianotant sur les touches de son clavier. Les mots doivent sonner creux, même aux oreilles de Gray. L'assistance attend. Il essaie de nouveau.

« Je peux vous le dire, officiellement – et ça ne fait rien si le procureur l'entend, si tout le monde le sait –, je ne crois pas à la peine de mort. Je n'éprouve aucune satisfaction à penser que dans cinq ou six ans, ou dans dix ans, j'allumerai la télé pour voir M. Langley placé sur la chaise électrique pour son exécution, sachant que c'est moi qui ai signé son arrêt de mort. Je ne sais pas comment je réagirai à cette vision, si ça doit se produire. Heureusement pour moi, ça ne s'est pas encore produit. Mais je sais que c'est arrivé à un juge de ce tribunal il y a deux semaines et il a attrapé – je veux dire il l'a senti passer. Il le sent passer. C'est quelque chose. »

Oh, Gray devrait se montrer prudent. Il devrait surveiller ses propos. Patricia Hicks, la greffière, est assise à sa droite, et elle tape, sans regarder, le moindre mot qu'il prononce, notant le tout en sténo qu'elle retranscrira plus tard. Une fois retranscrites, ses notes deviendront un document, et ce document, dans des années, lorsque Clive essaiera de nouveau d'obtenir un autre procès pour Ricky, sera exhumé et versé au dossier en tant que pièce à conviction. Gray ne devrait pas, comme il va bientôt le faire, dire aux jurés qu'il ne croit pas en la peine de mort. Le juge a un devoir de neutralité. Il n'est pas censé influencer le jury. Il ne devrait pas dire au jury, comme il va le faire, que ce procès le pousse à boire. Que sa femme est en colère contre lui parce qu'il est dans tous ses états quand il rentre à la maison, à cause de tout ce qu'il lui faut observer, à cause de tout ce qu'il lui faut entendre, à force d'observer Ricky jour après jour en sachant qu'ils vont décider de la vie de ce jeune homme, mais en sachant aussi que ce jeune homme a étranglé un petit garçon. Gray a cinquante-cinq ans. Autrefois, il était avocat. Au moins une fois, il a défendu un client qui risquait la peine de mort. Il s'est battu pour la vie d'un homme.

Gray a essayé de se retirer de cette affaire. Il y a dix ans, il y est parvenu. Mais cette fois, il a perdu à la loterie judiciaire.

C'est son affaire, désormais. Sa salle d'audience. C'est lui qui doit orchestrer la valse des preuves – mais aujourd'hui, tandis que Lorilei, debout devant lui, présente sa supplique, quelque chose en lui commence à se briser. Lorsque les avocats parlent des mains de Ricky sur le cou de Jeremy, il avouera que cette affaire le tourmente. Lorsque les avocats demandent aux jurés potentiels s'ils seront capables d'écouter des témoignages ayant trait à la pédophilie sans perdre leur objectivité, Gray quittera la salle. Et de nouveau, pendant les plaidoiries, tandis que les avocats parleront du sperme de Ricky sur le tee-shirt de Jeremy, Gray se lèvera, dans sa longue robe noire, posera le marteau sur le flanc avec soin, et sortira.

Par la suite, certains avanceront que son comportement est un signe avant-coureur de démence sénile. Sa mère est atteinte d'Alzheimer, peut-être la maladie commence-t-elle à le gagner. Peut-être n'a-t-il tout bonnement plus son jugement – même s'il a eu jusque-là une longue carrière tout à fait honorable, une carrière qui l'a forcé à dépasser les attentes qu'on plaçait en lui, et qu'il n'a jamais eu ce type de problème. Peut-être est-ce simplement qu'en grandissant là où il a grandi, en grandissant noir là où il a grandi, il est habité d'un profond respect pour ceux qui en bavent. Son père était dans l'armée et sa mère était femme de chambre, et il lui a fallu neuf ans pour terminer la fac. Il occupe maintenant la chaire de juge dans un État qui ne compte à cette époque que très peu d'avocats noirs, et encore moins de juges noirs, il sait ce que ça signifie d'être écarté et méprisé comme l'a été Ricky, mais le chagrin qu'il éprouve lorsqu'il pense au fils de Lorilei est bien réel, et cette affaire le mine, le ronge intérieurement.

L'humanité qui déborde de Gray et qui s'épanche en mots tout au long des procès-verbaux d'audience, voilà la raison pour laquelle le verdict de ce nouveau procès est annulé. Gray sera la raison pour laquelle Lorilei doit endurer non seulement ce procès-ci, mais encore un autre. C'est là le dernier événement majeur de sa carrière judiciaire ; il mourra prématurément dans quelques années. Auparavant, il se récusera dans toutes les affaires où la peine de mort est en jeu.

Les gens s'imaginent que la robe vous protège. Elle ne vous protège pas. Pas des récits qu'il vous faut entendre.

« Je peux vous assurer que vous n'êtes pas seule, dit maintenant Gray à Lorilei. Mais je ne peux pas vous aider. La décision revient à l'accusation. »

Dans le regard que Lorilei adresse à Frey, on le voit, elle est en train de se noyer.

« Nous entendons continuer à demander la peine de mort dans cette affaire », déclare Frey.

Dans le carton qui contient ce dossier, après les procès-verbaux des audiences, il y a un contrat. Je m'arrête net pour l'examiner, un contrat parmi les formulaires Miranda, les formulaires d'acceptation de fouilles, les reçus de citations à comparaître – le genre de documents que l'on s'attend à trouver dans un dossier judiciaire. Sauf que le langage est tout à fait caractéristique : « Renonciation & accord », signé par Ricky et Lorilei. Ricky, sous la plume de Clive, indique qu'il comprend que Lorilei ne souhaite pas qu'il soit détenu dans une institution psychiatrique (ce qui se produirait dans le cas d'un verdict d'irresponsabilité pour troubles mentaux), mais dans une prison, et déclare que, lui ayant causé tant de douleur, il « souhaite se conformer à ses souhaits ». Il promet de ne jamais chercher à faire commuer ou diminuer sa condamnation à perpétuité – ce qu'un verdict d'irresponsabilité lui permettrait – et de ne jamais chercher à être libéré. En échange, Lorilei promet de lui rendre visite en prison. À lire le contrat, on a l'impression que Ricky, par l'intermédiaire de Clive, promet de ne pas demander un non-lieu pour raison d'irresponsabilité.

Sauf que ce non-lieu pour raison d'irresponsabilité, c'est exactement ce que Clive va chercher à obtenir.

Lorilei, après l'audience, assise dans le couloir sur le banc dur de son avenir, ne peut pas encore le savoir. Elle voit l'occasion de mettre fin à cette histoire. Elle signe. Elle a rencontré Ricky une fois, lorsqu'elle a frappé à la porte des Lawson, lorsqu'il l'a laissée entrer pour emprunter le téléphone. Son petit garçon était à l'étage, mort, et elle n'en avait pas idée. Selon au moins un témoignage, elle l'a revu ce soir-là pendant que l'équipe de volontaires et la police faisaient une battue dans les bois. Il lui a apporté un verre, et elle l'a pris de ses mains, sans avoir idée de ce qu'avaient fait ces mains. À présent, elle va le revoir. Et cette fois, elle saura.

Mais bien que Lorilei ne s'en souvienne pas, ou qu'elle ne s'en soit jamais aperçue, elle et Ricky se sont déjà rencontrés il y a longtemps. Longtemps avant qu'il ne tue son fils.

L e deuxième matin que je passe en Louisiane, je me réveille au son du bourdonnement sourd de la climatisation. Il règne une chaleur étouffante dans le motel, l'air est emprisonné par les rideaux épais. Les yeux encore fermés, je sens la sueur perler sur ma peau, l'humidité rêche des draps qui me démangent. Dans le parking en dessous, un homme et une femme se hèlent bruyamment pendant que des voitures passent sur la route. Certains doivent s'arrêter à l'ancien Fuel Stop, descendre faire le plein et prendre leur café du matin. Je m'imagine le ciel bleu au-dessus, avec sa lumière éclatante. C'est le matin; le monde est tout neuf; je devrais me lever et commencer ma journée.

Mais mon corps refuse de bouger.

Très bien, me dis-je, je vais rester là, et c'est tout. Je garderai les yeux fermés, le monde restera plongé dans le noir, et il n'y aura rien à fuir. Je ne suis pas forcée d'affronter les dossiers. Je peux tout à fait décider que ma venue était une erreur, que je peux vivre tant avec l'histoire de Ricky qu'avec mon propre passé non résolu à l'intérieur de moi. Je peux vivre avec la terreur qui éclate trop souvent en moi, bouillante, lorsque Janna me touche, et la colère et le chagrin qui me rongent le cœur lorsque je suis dans la maison de mes parents. Je peux vivre avec n'importe quoi ; je peux tout garder au fond de moi. À condition que ça ne remonte pas.

Et puis quoi ? Rester aussi coincée qu'avant ?

Je soupire. Je me force à sortir du lit, je me redresse à grand-peine, et sens les draps rugueux glisser sur ma peau. Je tire les rideaux, et une lueur torve filtre par la fenêtre. Le café que je prépare dans la cafetière du motel est tiède et insipide, avec un arrière-goût de brûlé, mais j'en engloutis deux tasses. Le passé a déjà une emprise sur moi. Je n'ai pas d'autre choix que de l'affronter.

Le centre d'Iowa se résume à une seule rue : une bibliothèque municipale planquée derrière la large façade d'une banque, la poste, la caserne des pompiers, le magasin de textiles et la quincaillerie. On dirait une petite ville américaine typique dans un décor hollywoodien, mais sur la route, j'ai dépassé des motels pour nécessiteux et des services d'encaissement de chèques immédiat avec des néons clignotants. Je suis passée devant des champs tout en longueur jouxtant des bois clairsemés. Entre les champs, quelques maisons, espacées tels des avant-postes, avec sur chaque pelouse des pièces détachées de voitures rouillées et des chaises de jardin passées depuis longtemps du blanc au gris. Un Jésus en plastique était collé sur une boîte aux lettres. Chaque pick-up avait un râtelier d'armes. À présent, en ville, je suis sur la frontière qui sépare la petite grappe de commerces des kilomètres et kilomètres de paysage à la fois charmant, rouillé et usé, qui s'étend jusqu'à l'horizon. Voici Iowa. Mais là où habitait Ricky, là où il a grandi, c'était à l'extérieur, au cœur de cette grande étendue plate qui se niche dans l'entre-deux. Là où Lake Charles, Iowa et LeBleu pouvaient tous entendre parler d'un petit garçon disparu et penser, dans un premier temps, que c'était le problème d'une autre commune.

Les murs de la bibliothèque sont couverts d'affiches colorées exaltant la valeur de la lecture. Un coin de l'unique salle arbore la plus grande partie des posters et là, les chaises en bois sont minuscules et peintes en rouge, bleu et jaune. Les chaises sont vides aujourd'hui – pas d'enfants en vue – et je les regarde fixement pendant un instant. La photo de Lorilei debout derrière Jeremy, deux ans, qui est passée dans le journal, celle où il s'apprêtait à conduire son premier vélo, avec les mains de sa mère posées sur ses petites épaules fermes, a été prise sur un parking non loin d'ici. Lui faisait-elle la lecture dans cette pièce ? Jeremy s'est-il un jour assis sur une de ces chaises, ou une de celles qui les ont précédées ?

J'ai déjà consulté les archives en ligne du principal journal local. Elles contenaient des scans d'articles sur l'accident de voiture de jadis, l'enterrement d'Oscar et de Vicky, et même une annonce du cinquantième anniversaire de mariage de Bessie et Alcide, avec la liste de leurs enfants – Ricky était dit résider dans « la paroisse de West Feliciana », où se trouve le pénitencier de l'État. Mais la bibliothèque conserve des classeurs de coupures de journaux anciennes, alors peut-être y aura-t-il de nouveaux éléments à dénicher. À l'intérieur des classeurs en carton vert, des articles de journaux jaunis, tous découpés soigneusement par une main appliquée il y a si longtemps. Je lis des comptes rendus de ventes de gâteaux, des articles sur des stations de lavage automobile, sur les bonnes œuvres d'habitants de la commune. Beaucoup de papiers sur des fleurs. Sur une page, le visage du procureur de district Ricky Bryant, beaucoup plus jeune, me fait un grand sourire – c'était avant qu'il ne devienne procureur, avant qu'il ne soit l'homme qui s'est battu par trois fois afin d'obtenir la peine de mort pour Ricky. Nulle mention de Jeremy ni de Ricky, même pas dans le classeur CRIMES, dans lequel on ne trouve presque rien après les années 1950. L'histoire d'une petite ville, par elle-même. Ce que l'on préfère oublier n'est mentionné nulle part. Nouveau fiasco dans le rayon « histoire locale » ; Iowa est une si petite ville que le mot « locale » fait plutôt référence à la région.

Je demande à la bibliothécaire :

« Vous avez des annuaires scolaires ?

– Quelques-uns », répond-elle, et elle me conduit à une étagère.

Je suis d'abord déçue : bien que le rayonnage contienne une rangée d'almanachs à tranche jaune et violet, les couleurs de l'équipe de foot du lycée, les Iowa High School Yellowjackets, les dates indiquées correspondent aux années 1950 et 1960. À côté, les années 1990. Bessie et Alcide ne sont pas allés à l'école ici, contrairement à leurs enfants. Ces annuaires ne m'aideront pas.

Puis j'en remarque un – un seul – coincé au milieu de ces décennies, annonçant sur la tranche l'année 1981.

Mon cœur s'emballe : 1981. Je sors le livre de l'étagère et le feuillette rapidement, en faisant des calculs mentaux. Ricky est né en 1965. Il aurait été en seconde. Les filles sont jeunes, le teint frais avec leurs franges crêpées et relevées à grand renfort de laque, les garçons ont des coupes mulet. Les visages sont constellés d'acné et ils regardent l'objectif avec le large sourire rayonnant de ceux qui ont confiance en eux, ou baissent les yeux vers le cloaque de la résignation.

Ricky n'en fait pas partie.

Puis je le vois.

Un élève de troisième. À quinze ans, il fait plus jeune que son âge. Il a un petit visage et un menton fuyant, la peau lisse comme celle d'un préado. Dans ses cheveux s'esquisse déjà la mèche rebelle qui deviendra par la suite un épi indomptable, et ses sourcils sont déjà broussailleux. Il ne porte pas de lunettes. Il ne sourit pas, et il ne fait pas la tête. Il a la bouche entrouverte. Il regarde droit dans l'objectif, mais sans intensité particulière. Il a les yeux vides. Voilà le garçon qui deviendra l'homme qui a tué Jeremy.

Je m'assois sur la moquette pour feuilleter l'annuaire. Des lycéens posant pour leur portrait, pleins de sérieux, mimant la spontanéité pour la caméra, se donnant des claques sur les fesses ou éclatant de rire lorsque l'obturateur se déclenche. Leurs visages s'étalent sur cent quarante pages répétitives. Une petite école. Une petite ville. Sur la page de garde jaune vif, des camarades de classe de Ricky ont griffonné des messages pour la propriétaire originelle de l'almanach, une fille nommée Cindy. « Tu peux obtenir de la vie tout ce que tu y mets ! » Je passe en revue toutes les pages, mais Ricky n'est qu'à cet endroit. Une photo.

Ceci, donc, c'était Ricky à quinze ans : maigre et anonyme, avec un avenir qui semblait aussi vide et indécis que l'expression de son visage.

Mais non, son avenir est là. Dix pages plus loin, pris ensemble dans ce moment. Son nom me prend au dépourvu. Je ne la cherchais pas. Son frère est allé à l'école à Lake Charles et je croyais qu'elle aussi. Mais elle est là : Lorilei Guillory. En terminale, avec le visage large caractéristique qui apparaît, un peu plus âgé, dans les coupures de presse ; ses cheveux châtain clair gonflés à la Farah Fawcett ; un trait lourd d'eyeliner, le style qu'elle conservera pendant des années. Une toque de diplômée sur la tête – elle a réussi, elle a obtenu son bac. Et on la retrouve sur la photo de l'équipe du journal du lycée, bras croisés, une jambe pliée au-dessus de l'autre, jean retroussé au-dessus de ses chaussures de randonnée, sweat-shirt en polaire. Elle a gardé ses lunettes de soleil, et elle regarde l'objectif à travers un masque noir. Les vêtements épais, trop grands, les lunettes noires – on dirait qu'elle se cache, mais pas par timidité. Par protection.

L'avenir se profile, avec onze ans d'avance. Il projette son signal d'alarme à basse fréquence sur les pages de ce récit.

Derrière moi, la bibliothécaire émet une petite toux, pour se rappeler poliment à moi. Je ne sais pas comment, mais il est 17 heures. La journée a passé et la bibliothèque ferme. Je glisse l'annuaire scolaire à sa place sur l'étagère, je me lève et m'étire.

«Merci», dis-je.

Dehors, sur le parking, je reste assise un long moment dans ma voiture de location. Il fait encore clair, il y a encore du soleil – c'est une journée magnifique, en fait – mais je laisse les vitres fermées et garde le moteur éteint, la clef de contact à la main. Il règne une chaleur étouffante dans l'habitacle, mais mon corps est soudain impossible à remuer, aussi lourd que l'atmosphère. J'ai trouvé quelque chose. Une preuve, qui vaut autant que les dossiers judiciaires. Une image du garçon, quand il était encore un garçon, et pas encore un assassin. Une image de la fille, quand elle était encore une fille et pas encore la mère de la victime. L'avenir les attendait, inconnu et imprévisible.

J e ne sais presque rien de mon grand-père avant qu'il soit devenu mon grand-père. Quand j'étais petite, ma mère ne parlait pas de l'enfance de son père – ni de la sienne. Mon père nous racontait tout le temps des anecdotes sur le gâteau renversé à l'ananas que préparait sa mère pour les grandes occasions, ou le danois aux oreilles pendantes qu'il avait quand il était petit, qui tirait sa niche jusqu'à la porte de l'école de mon père. Comparée à la sienne, la vie de ma mère avant nous était un vide – et celle de mon grand-père également. Je sais que je jouais souvent aux dames avec lui dans mon enfance, et que c'est lui qui m'a appris à dessiner, mais ces souvenirs ont été pour ainsi dire occultés, plongés dans les ténèbres – par sa main lorsqu'elle écartait de ma jambe le tissu doux de ma chemise de nuit, par l'air frais qui me frôlait le ventre et la terreur qui remontait ma cuisse. Par ce qui venait ensuite.

Lorsque j'ai obtenu du centre médico-psychologique de Lake Charles les dossiers médicaux de Ricky datant du milieu des années 1980 et que j'ai découvert les efforts qu'il avait tenté de déployer dans les années précédant le meurtre de Jeremy, j'ai commencé à le considérer comme une personne à part entière. Ce qui m'a poussée à m'interroger sur mon grand-père. J'ai écrit une lettre à ma mère, la première et unique lettre que je lui aie adressée. *S'il te plaît, parle-moi de Papy. J'ai réalisé que tout ce que je sais de lui, c'est ce qu'il a fait.* Pendant des mois, la lettre est restée sans réponse. Je lui en ai reparlé au téléphone, et elle a ignoré la question. Je lui ai envoyé un e-mail et n'ai obtenu aucune réaction. J'ai reposé la question. J'ai de la peine pour ma mère. Avec sa détermination à ne pas parler du passé, je dois parfois ressembler pour elle à une bombe à retardement. Une bombe faite de temps.

Puis un matin, six mois après que j'ai envoyé la lettre, en me réveillant, j'ai trouvé un long mail plein d'anecdotes. Chacune n'était faite que d'une phrase ou deux, hâtives et hésitantes, mais toutes ensemble, elles créaient un mince filet de vérité. Le lendemain, un autre mail est arrivé. Puis un autre, et encore un autre.

Mon grand-père, Vincent Jimmy Marzano, était issu d'une fratrie de neuf enfants nés d'un couple d'immigrés italiens. Ma grand-mère Emily était son amour d'enfance, ils s'étaient rencontrés lorsque les deux familles s'étaient installées dans le Queens. L'été, les enfants allaient tous à Coney Island ensemble, et bientôt, la sœur aînée d'Emily a épousé le frère aîné de mon grand-père. Après le CE1, mon grand-père a quitté l'école pour aider à l'entretien de ses plus jeunes frères et sœurs en travaillant comme vendeur de journaux. Il a appris à lire tout seul en étudiant les journaux qu'il vendait à la criée, déclamant les gros titres aux coins de rue. Cette faculté l'a aidé à trouver un travail de monteur de cinéma. Lorsqu'il a épousé Emily, il était employé chez Paramount Pictures.

Il travaillait de nuit, et ma grand-mère travaillait de jour comme opératrice téléphonique, c'était donc lui qui s'occupait de ma mère et de ses deux frères aînés lorsqu'ils rentraient de l'école. (Là, je pense à Ricky qui gardait June et Joey, et aux parents du quartier qui ont envoyé leurs enfants jouer dans sa chambre pendant qu'ils cherchaient Jeremy.) Il a toujours été le parent sympa, écrit ma mère. Il aimait orchestrer de petites surprises. Il déroulait un rouleau de papier toilette, cachait dedans un billet d'un dollar, puis le roulait de nouveau pour que l'un de ses enfants le trouve à l'improviste. Chaque fin d'après-midi, il leur préparait à dîner (je me rappelle la sauce tomate de mon grand-père qui bouillottait sur la gazinière de la maison du Queens quand j'étais petite, qui me piquait le nez, me faisait gargouiller l'estomac), et quand le soir venait, il éteignait le gaz et couvrait les casseroles de sorte que ma grand-mère n'ait plus qu'à les réchauffer plus tard pour les faire manger. Puis il regroupait les enfants pour le trajet jusqu'à l'arrêt de bus. Afin qu'ils ne se plaignent pas de la longueur de la marche, ou du froid en hiver, il cachait de petits jouets et des bonbons dans sa poche et les leur distribuait en chemin ; un chewing-gum Chiclets pour mon oncle, tiré d'un paquet à deux cents qu'il avait acheté à la station de métro ; la bobine de bois d'un écheveau sur lequel il avait demandé au cordonnier de planter quatre clous, de sorte que ma mère puisse tricoter avec. À l'arrêt de bus, il confiait les enfants à ma grand-mère et continuait pour aller prendre son service de nuit à la Paramount. Là, il passait des heures penché sur des rouleaux de pellicule, une loupe de bijoutier au front. Je l'imagine parfaitement descendre son cutter sur les images ; la façon dont il tire la langue pour se concentrer, les sourcils broussailleux que je le revois si bien froncer. Mon grand-père est un chirurgien d'histoires. Il les colle entre elles pour créer une chose nouvelle.

Et non, à la question évidente, non, écrivait ma mère – bien que je n'aie pas osé la lui poser directement. Elle n'a aucun souvenir qu'il ait jamais abusé d'elle ou de ses frères.

Cinq mails sont arrivés. Puis, aussi subitement que ça avait commencé, ça a cessé.

C'est tout. C'est tout ce que j'ai. Seulement ces mails, mes souvenirs semblables à une bande de pellicule brûlée au milieu, noircie, et son silence. Pas d'archives d'un procès que je pourrais éplucher, pas de milliers de pages à consulter, et pas de réponses. Parce qu'en plus de tout ce qui peut bien être vrai de mon grand-père, il y a aussi ceci : il n'a eu à rendre aucun compte.

Les murs de la salle des visites de la prison où Lorilei va voir Ricky doivent être faits de grosses briques peintes en gris – rien qui laisserait transparaître la crasse aussi facilement que du blanc – légèrement luisantes, avec une vague odeur d'eau de Javel. Je vois un vieux distributeur de soda installé dans le coin du fond, dont l'éclairage émet un bourdonnement à peine audible. Les chaises sont en plastique moulé, de couleurs primaires, rouge, bleu et jaune, dans une tentative pathétique d'égayer l'atmosphère, mais elles sont un peu trop petites. Elle vient le matin, mais avec le revêtement sombre de la pièce, ce pourrait aussi bien être la nuit. Le gardien lui indique une petite table ronde où elle s'assoit et croise les mains sur ses genoux, pour éviter de les agiter nerveusement. Il y a un petit rectangle de verre dans la porte du coin. Toutes les quelques minutes, elle y jette un coup d'œil, pour vérifier. La fois suivante, elle tente de se forcer à attendre plus longtemps. Mais elle vérifie de nouveau.

Elle reconnaît d'abord l'arrière de sa tête. Des cheveux en brosse, coupés court, le rebord orange d'un uniforme réglementaire au niveau de sa nuque. On dirait l'arrière de la tête de n'importe quel prisonnier, elle ne devrait pas pouvoir le reconnaître, mais si.

Il se retourne, et oui, c'est lui. Ces yeux. Les lunettes épaisses. La porte s'ouvre et il entre en traînant les pieds, sans la regarder. Il avance les mains et le gardien lui retire ses menottes.

Elle se lève. Elle ne pense pas en cet instant ; son cerveau s'est vidé, tout son corps regarde celui de l'homme, et ses mains se dirigent automatiquement vers ses propres cheveux, qu'elle lisse. Dix ans se sont écoulés depuis la dernière fois qu'elle l'a vu. Il a passé trente-cinq ans, sa jeunesse est derrière lui, et ses cheveux ont commencé à devenir poivre et sel, comme ceux de Bessie. Maintenant qu'il n'est plus dans le couloir de la mort, son corps s'est relâché, posé. Il était emprisonné ici avant le premier procès et cela fait maintenant plusieurs mois qu'il y est de nouveau. C'est ici qu'il vit.

Quand il arrive à côté de la table, elle réalise qu'elle ne sait pas du tout quoi dire. Pendant un instant, elle le regarde en silence.

« Vous voulez un soda ? »

Les avocats lui ont dit qu'elle pouvait lui proposer ça. Ils lui ont donné quelques billets en prévision.

Il hoche la tête, si rapidement que c'est comme s'il avait besoin que le geste soit terminé aussitôt qu'il l'a esquissé. « Un Coca. »

Elle doit remercier le ciel pour ces quelques pas jusqu'au distributeur, qui lui donnent la chance de détourner les yeux. Pas question de se laisser aller à penser. Elle se contente de se tenir debout, comme elle tient le billet d'un dollar, machinalement, et lorsque la machine crache la boisson, elle prend la canette dans sa main, froide, un peu humide à cause de la condensation. L'humidité est comme un rappel du monde extérieur. De l'eau, de la façon dont elle s'insinue dans les buissons de Henderson Swamp, de l'eau qui s'étalera sous le pont routier lorsqu'elle rentrera au motel. Lorsqu'elle revient vers lui, elle lui tend la canette sans rien dire.

« Merci », fait-il.

Ils commencent par parler de tout et de rien. C'est Lorilei qui pose toutes les questions. Qu'est-ce que ça fait d'être de retour ici ? Ça va. Vous devez être content d'avoir quitté le couloir de la mort. Oui. Il est timide avec elle. Il baisse souvent les yeux.

Sa timidité enhardit Lorilei. Elle est l'adulte, ici, comme si Ricky était un gamin de dix ans, un copain de Cole qui aurait chipé un bonbon dans son placard, un écolier pris sur le fait qui marmonne, les mains devant la bouche, qui ne parvient pas à la regarder en face. Elle l'amadoue.

« Vous devez avoir beaucoup de temps pour réfléchir.

– Vous savez que ma mère a eu cet accident de voiture, commence-t-il, et il laisse sa phrase en suspens.

– Oui », dit-elle, encourageante, puis elle attend. Elle doit sentir cette idée prendre racine en elle. Ricky enfant. Ricky petit garçon, perdu, sans savoir ce qui hante ses parents, voyant seulement la douleur de Bessie. Lorilei choisit ses mots avec soin. « Ça a dû être extrêmement dur. »

C'est une mère qui a perdu le fils auquel elle a donné le jour. Et c'est un homme qui a deux mères, mais l'une, selon l'avocat de la défense, était malade ou ivre pendant toute son enfance, et l'autre, selon l'assistante sociale qui s'est occupée de son cas, était tellement despotique qu'aucun des enfants dont elle s'occupait ne s'est jamais lié d'affection avec elle. (C'est faux, disent Darlene et Francis à la barre des témoins. Ils étaient aimés. Ils étaient heureux.)

Ni Bessie ni Luann n'ont témoigné en faveur de Ricky à aucun des trois procès. Apparemment, elles n'ont même pas assisté aux audiences. Le procureur a bien insisté là-dessus lorsque la défense a évoqué la grossesse de Bessie dans son plâtre. « Nous ne sommes pas en train de juger Bessie Langley. Je ne connais pas Bessie Langley. Je n'ai jamais rencontré Bessie Langley. Je n'ai jamais vu Bessie Langley. » La défense a également rebondi sur ce point : « Si vous étiez assis à la place de Ricky, est-ce que quelqu'un ne serait pas là pour vous ? Votre mère ? » (Sauf que, selon les dossiers, Bessie a souvent accompagné Ricky lors de ses rendez-vous chez les psychologues. Alors qui raconte l'histoire correctement ?) Presque tous les travailleurs sociaux qui sont entrés en contact avec Ricky ont noté qu'il fait beaucoup plus jeune que son âge. Il a l'air d'avoir douze ans, disent-ils : juste à l'orée de la puberté, comme s'il n'avait pas encore terminé sa croissance, comme s'il n'était jamais devenu un adulte à part entière. Douze ans, non pas sur le plan intellectuel – ses résultats aux tests de QI sont normaux, et lorsqu'il était en prison en Géorgie il a pris des cours de niveau fac – mais sur le plan émotionnel. Si Ricky, quand il était petit, était mis à l'écart par ses semblables, une fois adulte, il semble qu'il suscite au moins chez quelques individus l'envie de s'occuper de lui. (« Vous voulez bien me rappeler au bon souvenir de Ricky ? » dit une travailleuse sociale, dans un entretien avec un des enquêteurs mandatés par la défense en vue du procès. « J'étais très attachée à lui, plus que je ne le suis en général. De tous, c'est celui que je me rappelle le mieux. ») Ricky, dans son corps d'adulte, ressemble parfois à un enfant condamné pour l'éternité à se déguiser en grande personne. L'enfant à l'intérieur de lui a besoin d'attention, de soins. Est-ce trop d'affirmer que, en cet instant, Lorilei a besoin d'être douce, besoin d'être tendre envers quelqu'un ? Est-ce trop d'affirmer que Ricky, en cet instant, a besoin que quelqu'un lui témoigne de la douceur ?

Lorilei doit examiner attentivement son visage. Ses sourcils qui tressautent quand la nervosité le submerge. Sa manière de baisser les yeux sur ses mains. Ricky est un assassin. Il a tué son fils. Par moments, il s'en vante. Par moments, il en est furieux.

Mais pour l'instant, il doit surtout sembler fragile.

Elle a encore une question :

« Ricky, avez-vous violé mon fils ?

– Non », répond-il.

Alors elle fait quelque chose qui doit la surprendre elle-même. Elle avance sa main par-dessus la table et prend celle de Ricky. La main qui a tué son enfant.

Il a la main maigre, légère, tel un animal terrifié. Mais elle attend, et il se détend.

« Ricky, dit-elle, je vais me battre pour vous. »

Ces mots. Cette promesse. Ce sont les mots qui me posaient tant problème lorsque j'ai entendu parler de cette affaire pour la première fois. Il a tué son fils. C'est un pédophile. Il a violé des enfants. Mais elle s'est battue pour lui ?

Les avocats de la défense et les médias généralistes ont présenté cette histoire comme un témoignage de la puissance du pardon d'une mère. Mais c'est trop simple. Lorilei, quant à elle, a déclaré qu'elle ne le pardonnait pas. En revanche, elle a dit qu'elle croit désormais que Ricky n'a pas violé son enfant. Lorsqu'elle lui a rendu visite en prison, elle lui a demandé s'il avait violé Jeremy. Il a dit non, et elle le croit. C'est en partie pour cette raison que ses sentiments ont changé entre le premier procès et le second.

Mais j'ai lu ce qui n'a pas été admis au tribunal. Ce n'est pas si simple, non plus. Pour le premier procès, le jury s'est vu présenter des preuves du passé pédophile de Ricky. Ils ont eu accès à son journal intime, dans lequel les descriptions de viols d'enfants pouvaient être des souvenirs, ou des fantasmes; personne ne sait lesquelles de ces histoires étaient vraies, personne ne sait combien d'entre elles. La fille de Géorgie qui avait cinq ans lorsqu'il l'a touchée a témoigné à la barre, et, âgée de quatorze ans, elle a décrit ce qu'il lui avait fait. Un détenu de Géorgie a raconté qu'il l'avait entendu dire que sa plus grosse erreur avait été de laisser la fillette en vie. Une grande partie des audiences a été consacrée aux analyses montrant le sperme de Ricky sur le tee-shirt blanc Fruit of the Loom de Jeremy.

Et Ricky a déclaré aux enquêteurs qu'il avait abusé de centaines d'enfants. Je ne crois pas que ce soit vrai – je crois qu'il exagérait. Je pense qu'il avait compris désormais qu'il était un pédophile, qu'il le serait toujours et, comme c'était son identité, il voulait lui donner de l'ampleur. Il ne pouvait rien être d'autre. Mais je crois par contre qu'il a dû toucher davantage d'enfants que ceux pour lesquels il s'est fait attraper. Je sais que mon grand-père a touché au moins un enfant en dehors de ma famille immédiate, mais ce n'est que des années après sa mort qu'il m'est apparu qu'il y en avait peut-être d'autres. Il nous avait touchées pendant cinq ans, ce n'était pas un simple faux pas, et le fait que ça ait duré si longtemps rendait plausible l'existence d'autres agissements semblables. Il se pouvait que le silence gardé par mes parents ait permis que d'autres enfants soient ses victimes. Ricky s'est débattu avec sa pédophilie pendant des années. Lors du deuxième procès, aucune des preuves de ses précédentes «fautes» n'a été admise. C'est tout juste si les résultats des analyses ont été évoqués. Le procureur a laissé entendre à maintes reprises que Ricky avait violé Jeremy, et l'en a même accusé – mais il n'avait pas grand-chose d'autre que des preuves indirectes pour le prouver. Il y a des raisons pour cela, de bonnes raisons. C'était un procès pour meurtre, il ne s'agissait pas de juger toute l'histoire. Mais un acte peut-il jamais vraiment être isolé ? Y a-t-il le moindre élément de cette histoire qui se soit produit indépendamment de tout le reste ?

Je peux deviner pourquoi Lorilei décide de fermer cette porte et de laisser derrière elle toute cette question, pourquoi elle choisit de croire que son fils n'a pas été violé et d'en rester là. Comment pourrais-je lui reprocher de vouloir une version des faits plus facile à supporter ? Comment pourrais-je lui reprocher de choisir un récit plus linéaire, plus simple ?

Mais la décision de se détourner du passé n'est jamais bénigne. Le lendemain matin de la soirée de Noël où j'ai entendu mon père raconter à des amis que j'étais en train d'écrire sur un fait que j'étais seule à me rappeler, je l'ai sommé de se justifier. Ma sœur Nicola m'a soutenue, et lui a dit qu'il déraillait. Bien sûr qu'elle se rappelait les attouchements subis. Nous nous les rappelions tous. Mais deux ans plus tard, elle m'a dit : « J'ai décidé de me considérer comme quelqu'un qui n'a pas subi d'abus sexuels. » Ça a été extrêmement brutal pour moi d'entendre ces mots. Nous avions partagé une chambre. J'avais regardé mon grand-père la toucher. Il m'avait sortie de mon lit et emmenée dans la salle de bains où elle attendait. Il avait défait sa braguette et nous avait forcées à poser nos mains sur lui. Elle ne peut pas prétendre que rien de tout cela ne s'est produit. Elle ne peut pas.

Sauf que bien sûr – elle peut. J'ai changé le nom de ma sœur dans ce livre, par respect pour son choix, et autant que possible

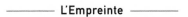

j'ai changé les noms des autres membres de ma famille et de certaines personnes qui ont traversé la vie de Ricky. Mais je ne peux pas me résoudre à écrire un récit qui isole une fois de plus au sein de ma famille ce que j'ai eu à vivre. Je refuse de faire sur la page ce qui a été fait dans la vie.

28

J e ne suis pas parvenue à trouver d'informations fiables sur le cimetière où Bessie et Alcide sont enterrés à Hecker, près de là où s'élevait autrefois la maison bâtie par Lyle et Alcide. Lorsque j'ai appelé le gardien du cimetière, il m'a suggéré de le retrouver chez lui; il m'y conduirait en voiture. Il était impossible de trouver l'emplacement tout seul si on n'était pas du coin.

« Vous voulez voir qui, déjà ? » demande le gardien, un homme âgé, une fois que je suis installée sur le canapé de son salon, sa femme à côté de moi, et lui assis dans un fauteuil en face. Canapé et fauteuil sont recouverts de napperons crochetés à la main.

« Desier Langley. » Le père d'Alcide, qui est enterré à côté d'eux. Oscar repose à ses pieds. Il me paraît trop direct, je ne sais pourquoi, de dire que je veux voir Oscar et Bessie. Puis je me rappelle que le gardien a corrigé ma prononciation au téléphone. « Dezzy-ch. »

« Vous n'êtes pas d'Iowa », me dit sa femme.

Elle me dévisage.

« Non. J'habite dans le Massachusetts.

– Vous n'êtes pas de la famille, alors.

– Non, c'est vrai. »

Elle attend, escomptant manifestement que je développe ma réponse. Ses yeux sont pareils à des billes bleu pâle.

Je laisse tomber comme malgré moi l'idée de faire semblant d'être venue pour Desier. Je pense trop à ma grand-mère sur le canapé-lit au pied de l'escalier, et à mon père lorsqu'il aidait mon grand-père à se hisser dans sa voiture pour nous l'amener. Je pense trop à Bessie, et à ce qu'elle savait de son fils. À tout le chagrin, le deuil avec lesquels elle a dû vivre, et à Lorilei s'éloignant de la tombe de son enfant chéri, un autre bébé dans le ventre. Au certificat de naissance manquant sur le mur dans mon enfance et au silence dans ma famille. Le gardien du cimetière et sa femme sont tellement gentils de me recevoir dans leur salon. Je leur dois quelque chose.

« Vous avez entendu parler de l'accident ? je demande. Mes parents ont perdu un enfant. Je crois que sa mort les a, heu... »

Je fais une pause, je cherche le mot.

« Je crois qu'elle a hanté mes parents. »

La route pour se rendre au Hebert Cemetery est un long et sinueux chemin de terre agglutinée entre de grands arbres feuillus qui cachent le soleil. Le gardien et sa femme me précèdent dans leur pick-up blanc. Autour de nous, les bois deviennent plus denses, telle une jungle. Il ne pourrait rien y avoir d'autre sur cette route, le cimetière est situé dans un lieu encore plus désolé que je ne l'avais imaginé. D'épais nuages de poussière s'élèvent derrière leurs roues, et bientôt, je ne vois plus que l'arrière blanc du pick-up, les arbres hauts et enchevêtrés sur le côté et le brouillard dans lequel je m'engage.

Puis, au-dessus de ma tête, un rayon de soleil éclate soudain. Une clairière. Les arbres se raréfient et la lumière nous inonde. Au centre de la clairière, une clôture en fer forgé qui fait peut-être douze mètres de long, autour d'un rectangle de tombes en ciment. Le gardien se gare le long de la clôture et je me glisse à côté. Le cimetière est si petit, si coincé entre les arbres, que je suis immédiatement frappée par le nombre de fois qu'il a dû se garer ici. Il doit connaître le trajet comme sa poche. Quelle intimité cela doit représenter, de passer des décennies à s'occuper d'un si petit groupe de tombes.

Sa femme reste à côté du pick-up tandis que l'homme et moi nous dirigeons vers la clôture. Au portail, il s'éclaircit la gorge.

« Alors, comment vous en êtes venue à vous intéresser aux Langley ? »

Au ton de sa voix, je devine qu'ils en ont parlé entre eux.

Pendant une minute, je laisse sa question en suspens. Le soleil brille puissamment, la lumière est d'un blanc éclatant autour de moi. Pour marcher, je dois poser les pieds attentivement entre les tombes. Ici, à quelques kilomètres seulement de Lake Charles, la nappe phréatique n'est pas la même. Les morts ne peuvent pas être enterrés dans le sol. La fosse se remplirait d'eau. Le corps pourrait remonter. Alors ils sont placés dans des caveaux. Dans les cimetières célèbres que j'ai visités à La Nouvelle-Orléans, il s'agit de structures aussi ornementées que de petites maisons. Mais il s'agissait de familles fortunées. Dans les bois, dans cette clairière cachée, les caveaux sont à demi enfouis dans le sol, de sorte que le sommet dépasse au-dessus de l'herbe. On dirait des cercueils. Leurs formes évoquent des corps.

Quand j'étais petite, il ne m'est jamais venu à l'idée que ma sœur avait eu un corps. Je ne me suis jamais demandé où elle était enterrée. Pour moi, ce n'était pas un bébé. C'était une absence. L'absence de faire-part de naissance sur le mur de ma chambre, tandis que ceux d'Elize et de Nicola étaient encadrés au-dessus de leur lit. L'absence de la moindre anecdote sur la période ayant suivi immédiatement notre naissance. L'absence totale d'explication le jour où ma mère, en sanglots, avait traversé le jardin au pas de course, pieds nus, en hurlant, ou bien celui où elle avait trop bu, lors de vacances en famille, et s'était subitement jetée sur leur lit d'hôtel, la tête la première, en jurant qu'elle était trop triste pour continuer à vivre.

Quand je me sentais seule, il m'arrivait de me rendre dans la petite salle de bains qui donnait sur la cuisine. Mes deux sœurs aimaient les poupées et le sport, mon frère aimait le cinéma et le base-ball, et j'aimais les livres et le calme; aucun ne faisait donc un compagnon de jeu idéal. Ça n'avait qu'empiré, par la suite, lorsque j'avais commencé à être en colère et que les autres, soit ne l'étaient pas, soit ne savaient pas le montrer, tandis que ma rage s'écoulait perpétuellement, désespérément de moi, aussi bruyante qu'un jet d'eau. Mais la salle de bains était toujours un lieu tranquille. Elle faisait la taille d'un placard. Le plafond était tapissé de la couleur d'un ciel nocturne, avec des étoiles blanches, et les murs de blanc avec des étoiles pastel, si bien que lorsqu'on se tenait dedans, porte fermée, c'était comme si l'on était à l'intérieur d'un mélange impossible de ténèbres nocturnes et de lumière du jour, avec les étoiles infinies qui tournaient autour de soi.

Je me plaçais devant le miroir de l'armoire à pharmacie et j'étudiais mes cheveux bruns frisés. J'étudiais mes yeux verts. Je me regardais, et je la cherchais. Ses yeux, je le savais d'après le dossier médical que j'avais un jour trouvé dans le meuble classeur blanc, étaient bleus. Mais peut-être auraient-ils foncé avec l'âge. Et elle avait les cheveux bruns, comme moi. Andy et moi, nous n'étions pas de vrais jumeaux, bien sûr – bien qu'il soit arrivé parfois que des inconnus, absurdement, posent la question, alors même que nous nous tenions juste sous leurs yeux –, mais ne se pouvait-il pas que nous soyons de vraies jumelles, elle et moi ? Que j'aie été spoliée, inexplicablement, d'une vraie jumelle ? Mentalement, je l'ai fait grandir. Je lui ai donné mon âge ; je lui ai donné mes boucles. Je l'ai rendue timide. Je lui ai fait aimer les livres.

Ça n'a jamais marché tout à fait. Je n'arrivais jamais à me la représenter vraiment. Elle était partie, tellement partie que cela dépassait mon entendement. J'étais seule dans ma famille. Je ne pouvais pas m'imaginer y être autrement.

Mais à mesure que je retraçais l'histoire de Ricky, je me suis mise à la voir partout. Dans l'enfance de Cole, grandissant en l'absence de Jeremy. Dans la malle que Bessie conservait dans son placard. Dans la photo d'Oscar que Ricky gardait sur lui, faisant du petit garçon son ami imaginaire.

Oscar n'était pas imaginaire. Il avait une tombe.

Un corps, en guise de preuve. Mais où ? J'ai décidé qu'il me fallait poser la question. J'étais allée rendre visite à mes parents à Nantucket, où ils passaient un mois, comme tous les ans. J'ai attendu la fin de week-end, le moment où la maison dans laquelle nous dormions tous – mes parents, mon frère, mes sœurs et moi – commence à me faire la même impression qu'un tee-shirt trop serré sur une peau irritée et congestionnée, brûlée par le soleil. L'île avait changé au fil des années, les routards qui jouaient de la guitare et les chiens qui couraient en liberté sur les plages avaient été remplacés par des hommes qui portaient des pulls noués autour des épaules et des femmes en robes Lilly Pulitzer dont la permanente restait impeccable malgré l'humidité. L'ancien bazar était devenu un magasin d'antiquités. C'était trop, d'entendre toutes nos voix se superposer, à l'étroit dans ces mêmes pièces que nous occupions enfants. Pendant combien d'années encore pourrions-nous continuer à nous réunir de cette façon ? Pendant combien d'années encore parviendrions-nous à trouver une maison assez grande pour nous contenir tous ? Ne parlerions-nous jamais de tout ce qui s'était produit ? J'ai attendu le dernier moment, quand il me fallait partir sans quoi j'allais manquer mon ferry. Puis j'ai cherché ma mère partout dans la maison. Elle était en train de s'habiller dans la chambre, des bigoudis dans les cheveux. Elle avait appliqué un parfum floral puissant sur ses poignets, et même si elle n'avait pas apporté de collants pour l'été sur l'île, elle portait le même peignoir entrouvert qu'autrefois. Le parfum m'a prise à la gorge. Le temps s'est gauchi.

« Où est enterrée Jacqueline ? » ai-je demandé.

Ma mère s'est figée, alors qu'elle formait un petit O bien rond avec sa bouche. Elle avait commencé à appliquer son rouge à lèvres et à présent la moitié supérieure du O était couleur prune, le bas nu. La main soudain tremblante, elle a fini de peindre ses lèvres. Puis elle s'est redressée, a soigneusement revissé le tube, l'a posé sur la coiffeuse, et elle est sortie de la pièce.

Le lendemain matin, alors que j'étais rentrée à Boston, mon portable a sonné. J'ai vu que c'était mon père. Mon père m'a appelée peut-être deux fois dans ma vie. Cette fois, lorsque j'ai répondu, il n'a pas dit bonjour.

« Il paraît que tu as posé des questions à ta mère. »

J'ai pris un carnet et un stylo sur mon bureau. Je savais que l'occasion ne se représenterait pas.

« Jacqueline est enterrée dans une fosse commune, a dit mon père. Je ne sais pas où. À côté de l'hôpital, sans doute. C'est le Secours catholique qui s'en est chargé. » Lorsque tous trois, nous avions seulement cinq mois, tandis qu'Andy et moi étions à la maison, et Jacqueline encore à l'hôpital, mon père avait amené ma mère exténuée à Porto Rico pour des vacances dont elle avait grand besoin. En arrivant sur place, à l'aéroport, a-t-il dit, il avait entendu son nom appelé au micro. Jacqueline était morte. Planté là, le téléphone à la main – j'imagine le va-et-vient des porteurs autour de lui, les familles en vacances sur-chargées de valises colorées, les jeunes mariés en lune de miel se tenant la main et se penchant l'un sur l'autre pour se voler des baisers –, il avait pris une décision sur-le-champ : « Vous pourriez l'enterrer ? »

Non, c'était impossible, avaient-ils répondu. Seul le Secours catholique se chargeait de ce genre de chose.

Mes parents sont athées. Il leur a dit de la baptiser.

« C'était le plus simple », m'a-t-il dit au téléphone, des san-glots dans la voix. Mes parents n'ont jamais demandé où était enterrée Jacqueline. Plus tard, ma tante m'a confié qu'ils avaient demandé expressément qu'on ne le leur révèle jamais. « C'était la meilleure chose à faire. De toute sa vie, elle n'avait connu que l'hôpital. C'était sa place. »

On aurait dit qu'il suppliait. Mais pas moi. Le passé. Nous avons raccroché, et nous n'en avons jamais reparlé.

***

Le gardien a cessé de marcher et me regarde. Il attend que je réponde à sa question. Une tasse à café est scellée sur la dalle de la tombe sur ma gauche, et les fleurs qui s'y trouvent, mortes depuis longtemps, tombent en poussière. Le ciment au pied du récipient est appliqué de façon inégale, de toute évidence, c'est un particulier endeuillé et non un professionnel qui s'est chargé de l'installer. Sur la tasse, il y a écrit PAPA. Je choisis mes mots avec soin.

« J'ai entendu parler de la famille Langley et je ne sais pas, je n'ai jamais oublié leur histoire. J'avais une sœur, nous étions des triplés. Elle est morte quand on était bébé.

– Mais vous en avez entendu parler comment ? »

Il fait une chaleur écrasante dans la clairière, l'air est bloqué par le mur d'arbres. La femme du gardien nous attend au portail. Dans le long silence, je ressens cruellement l'étrangeté du fait que j'en sache si long sur cette famille. L'étrangeté du fait que je sois venue, tout simplement. J'ai envie de lui dire quelque chose qui lui fasse comprendre tout cela, mais comment puis-je expliquer que si j'essaie d'exhumer l'origine de cette histoire, c'est parce que je ne parviens pas à trouver une origine à ma propre vie ? Que j'ai besoin de comprendre comment Bessie a enterré ses enfants – parce qu'en elle, il y a Lorilei, et en elle, il y a ma mère ? Que j'ai besoin de comprendre comment l'amour a déformé ce que Bessie pouvait voir – car dans son fils il y a mon grand-père, dans Bessie il y a ma grand-mère, et dans tout cet enchevêtrement, il y a le cliquetis des talons de Lorilei lorsqu'elle remonte l'allée centrale de la salle d'audience afin de demander la grâce pour Ricky, et la poigne ferme de mon père lorsqu'il aide mon grand-père à se hisser dans sa voiture pour le ramener chez nous, de l'autre côté du pont ? Nous sommes dans un cimetière. Mais pour moi, le passé n'est pas dans la terre. Le passé est dans mon corps.

« Je travaillais dans le droit et je suis tombée sur cette histoire par hasard », réussis-je enfin à articuler.

Nous faisons quelques pas de plus, en silence, sous le soleil impitoyable. Puis j'étrangle un petit cri, car je vois que nous sommes parvenus à notre destination. LANGLEY.

29

J e ne me suis jamais rendue sur la tombe de mes grands-parents. Pas depuis que mon grand-père a été inhumé aux côtés de ma grand-mère. Avant cela – pas depuis que la pierre avait été posée, longtemps avant sa mort à lui. La pierre est de couleur rose, dessus est gravée une rose, et leur photo de mariage est incrustée dedans. Ma grand-mère adorait les roses. Moi aussi. J'ai une rose tatouée sur la nuque, en souvenir du poème de Marianne Moore *Roses Only*, que j'avais peint sur le mur de ma chambre dans mon adolescence. Lorsque ma grand-mère agonisait à l'hôpital, je lui ai chanté *The Rose* de Bette Midler. *Certains disent que l'amour est une rivière qui noie le roseau tendre. Certains disent que l'amour est un rasoir qui laisse le cœur en sang.* Je la lui ai chantée, également, quelques années avant sa mort, lorsqu'elle est venue passer quelque temps chez nous pendant que mon grand-père était à l'hôpital. Je ne l'avais jamais vue si agitée, habitée d'une énergie terrifiante – je ne l'avais jamais vue seule, je m'en suis aperçu. Le premier soir, je suis descendue pour l'embrasser et lui souhaiter bonne nuit. Ma mère lui avait préparé le grand canapé-lit, mais elle n'était pas couchée dedans. Elle était assise sur le bord. Lorsque je suis entrée dans la pièce, elle a levé les yeux. « Ça fait plus de cinquante ans que nous nous sommes mariés », a-t-elle dit. Elle avait la carte de prière de sa mère à la main et elle en triturait le rebord du bout des doigts. « Je ne me suis jamais endormie sans ton grand-père. Pas une seule nuit depuis ce jour-là. »

J'avais dans les treize ans. Je n'avais jamais pensé à l'accumulation de toutes ces nuits. Qui finissaient, bout à bout, par faire une vie entière.

La vraie nature de mon grand-père devait l'affecter comme un petit caillou : impossible à ignorer un instant, impossible à admettre le suivant. Une prise de conscience, puis un oubli. Elle a dû se forcer à ne pas le sentir lorsqu'il quittait le lit la nuit. Elle savait qui était mon grand-père en tant qu'homme. Elle ne pouvait pas s'autoriser à voir qui il était en tant que pédophile.

En reprenant le volant pour partir du cimetière, je pense aux tombes des Langley. Le béton au-dessus d'Alcide a foncé ; au-dessus de Bessie, il est encore clair. Elle est morte juste un an avant ma visite. Quelqu'un a mis des pierres pour leurs enfants, avec la photo d'école d'Oscar et la photo de baptême de Vicky, et le béton est de la même couleur que sur la dalle d'Alcide. Bessie était sans doute en vie lorsqu'elles ont été posées. À voir les quatre tombes ensemble – les deux grandes et les deux petites – il n'y a pas à s'y tromper : c'était une famille. C'est à cela que je pense, et je pense à ma grand-mère sur ce canapé-lit, à son mari qui lui manquait, je pense à son parfum de lavande lorsque je me suis penchée pour déposer un baiser sur sa joue parcheminée – lorsque je vois à travers les arbres que la route devant moi s'arrête à un carrefour. Je vois un panneau jaune indiquant un passage à niveau.

Puis le nom de la rue sur laquelle je débouche, qui retentit en moi tel un coup de sifflet.

Packing House Road.

Le soir du 27 mai 1992, Della Thompson, quatre-vingt-deux ans, est assise sur la terrasse de sa maison sur Packing House Road. Elle regarde *La Roue de la fortune* par la porte du patio. Le soleil se couche sur les vastes étendues herbeuses de cette partie de la Louisiane, le ciel est illuminé des explosions de fuchsia et des traînées dorées qui signent l'héritage magnifique de la pollution dans cette région, et du coin de l'œil elle remarque une moto qui roule, dira-t-elle par la suite, « très, très vite » sur la route, si vite qu'elle ne distingue ni le passager ni le pilote. Si vite qu'elle ne distingue pas les petits bras de Joey agrippés à la taille de son père et Terry qui se penche en avant pour tourner la poignée de l'accélérateur, afin que la machine vole. Joey ferme-t-il les yeux, la tête contre le dos de son père ? En cet ultime instant, est-ce le vent qu'il sent ?

Le sifflement perçant d'une locomotive retentit, un long sifflement, puissant, assez puissant pour faire sursauter Della. On pouvait déjà voir le train arriver auparavant. Le sifflement n'était pas nécessaire. Le train passe à toute vitesse, son grand corps métallique reflétant le soleil comme un couteau. Puis plus rien. Della se retourne vers son émission.

Mais bientôt, le grondement d'un pick-up à l'approche se fait entendre sur la route. Della aime regarder passer les voitures. Il n'y en a pas beaucoup. Alors elle regarde le pick-up s'arrêter à hauteur du passage à niveau. Elle voit une femme en sortir et s'avancer pour inspecter le sol. Elle voit la femme se pencher pour ramasser quelque chose.

Puis Della entend un hurlement.

La femme court vers la maison de Della, en lui criant d'appeler la police.

Sur le schéma soumis avec le rapport de police, il y a un huit renversé devant les rails. Au-dessus, sur les rails, il est noté : « rainures sur l'asphalte ». C'est l'endroit où le train est entré en collision avec la moto, dont les roues forment les boucles du huit, et l'a renversée. Et le symbole de l'infini se répète encore et encore, faisant une pirouette dans les airs avant de s'immobiliser. *Aéroporté.* La silhouette d'un corps, marqué « Victime n° 1 », est étendue parallèlement aux rails – à 17,9 mètres, dit le schéma, du point d'impact. Terry Lawson. Entre son corps et les rails, deux cercles soigneusement étiquetés représentent d'une part le réservoir d'essence et le siège de la moto, et d'autre part, beaucoup plus loin, le garde-boue. La moto a explosé sous le choc. Plus près des rails, la silhouette d'un petit corps, apparemment éjecté bien avant Terry. « Victime n° 2 ». Joey, son fils.

Le train n'a pas heurté Terry. C'est lui qui a heurté le train. Il est rentré dans le deuxième wagon, à une telle vitesse que, note le procès-verbal, le conducteur ne s'est même pas aperçu qu'il avait heurté quoi que ce soit, et il a continué sa route jusqu'à Chicago. Le rapport que j'ai trouvé dans les dossiers dit : « Accident. » La police n'a jamais ouvert d'enquête.

Parmi tous les mémoires que la défense a produits dans cette affaire, entre les mémoires contenant les requêtes étranges et inexécutables et le mémoire affirmant que bien que Jeremy ait été retrouvé mort et enveloppé dans des couvertures, ce n'était pas nécessairement un meurtre, j'en ai trouvé un dans les cartons, marqué : « Demande d'exhumation ». On avait prélevé sur Ricky un échantillon de poil, notait Clive. Mais tout ce que prouvait l'analyse de cet échantillon, c'était que le poil pubien prélevé sur la lèvre de Jeremy n'appartenait pas à Ricky. Par conséquent, ne serait-il pas logique de chercher qui est le propriétaire potentiel de ce poil? «Selon certaines informations, M. Lawson a abusé sexuellement de June Lawson, sa fille. »

La motion qui l'affirme ne précise pas à quelles informations il est fait allusion.

Terry satisfaisait à tous les critères qu'ils recherchaient dans un suspect. Si ce n'est suspect du meurtre, suspect de... quelque chose. Il avait accès à la chambre où le corps de Jeremy a été retrouvé. Il était en contact quotidien avec Jeremy. Depuis que Ricky s'était installé avec lui, Pearl et les enfants, les deux hommes étaient devenus bons amis, et ils partaient chasser ensemble dans les bois pendant des heures. Ricky, argumentait la motion, était un garçon très influençable, et très solitaire. Une amitié solide devait avoir été incroyablement importante pour lui.

Et – insistait la motion – Ricky *voulait* mourir. Ricky, qui était suicidaire depuis des années, savait que si l'on découvrait qu'il avait agressé sexuellement Jeremy Guillory, il aurait davantage de chances d'être exécuté. Il a écrit plusieurs mots à Lucky, de sa prison. «Je crois toujours que nous devrions insister pour demander la peine de mort. » Il a écrit des mots au journal. «Jeremy a été sacrifié pour des raisons que vous ne comprendrez jamais. » Et si Jeremy avait bien été agressé sexuellement – mais pas par Ricky, ou pas seulement par lui? Le sperme sur son tee-shirt appartenait à Ricky. Le poil pubien sur sa lèvre, non. Et si Ricky couvrait son ami, le père au-dessus de tout soupçon?

Trois mois plus tard, Terry a précipité sa moto contre le deuxième wagon d'un train Amtrak, entraînant son fils dans la mort. «Quiconque connaît le passage à niveau sur Packing House Road admettra que n'importe qui verrait un train arriver à plus d'un kilomètre de distance», écrivait Clive.

Aussi, au lieu de se précipiter pour condamner Ricky avant de comprendre toute l'histoire, ne serait-il pas logique d'exhumer le corps ? Terry était mort. Il n'avait pas le droit constitutionnel de s'opposer à la perquisition et confiscation. Les droits d'un individu expirent à sa mort. Clive a pris bien soin, lors de l'audience, d'observer que la présence d'un poil pubien sur la lèvre de Jeremy ne signifiait pas automatiquement l'existence d'une agression sexuelle. Le poil aurait pu arriver là d'une autre façon, avec les couvertures qui l'enveloppaient. Mais ces couvertures provenaient du lit de Ricky et les couettes à l'effigie de personnages de bandes dessinées, de celui des enfants, sans doute. Or le poil pubien n'était pas celui de Ricky. Alors – ne serait-ce pas logique ?

La motion a été déposée le 3 décembre 1993. Jeremy était mort depuis un an et dix mois. Terry et Joey depuis un an et demi. L'idée a été considérée comme macabre. On a même parlé brièvement de déposer une plainte disciplinaire contre Clive auprès de l'association du barreau de l'État. La motion a été rejetée. Pearl est restée mutique lorsqu'elle a été appelée à la barre des témoins, et personne ne lui a jamais demandé ce qui s'était passé après qu'on avait retrouvé le corps de Jeremy dans sa maison, ou bien ce qu'étaient devenus son mari et son fils. Tout ce pan de l'histoire a été effacé du procès.

Mais le problème du corps demeure. Le problème du cadavre de Jeremy dans le placard, au premier étage de la maison Lawson, pendant trois jours. Le problème de Pearl et Terry, qui vivaient à proximité de ce corps. Qui réveillaient leurs enfants le matin. Qui les couchaient le soir. Lorsque j'ai trouvé le procès-verbal de l'accident dans les dossiers, j'ai appelé une de mes amies, qui dirige un laboratoire de dissection de cadavres à la fac de médecine de Boston, et je lui ai demandé combien de temps il fallait pour qu'un corps commence à sentir. Était-il vraiment pensable que personne n'ait remarqué qu'il y avait un cadavre dans la maison pendant trois jours ?

« Quel temps faisait-il ? a-t-elle demandé.

– Un temps de Louisiane en hiver. La maison n'était sans doute pas très bien chauffée. La famille n'avait pas beaucoup d'argent et toutes les couvertures étaient sorties. »

Elle a réfléchi quelques instants.

« C'est limite, a-t-elle dit.

– Limite ? » Le mot est sorti de ma gorge comme un sanglot. Comment pouvais-je lui dire à quel point j'avais besoin de comprendre ce qui s'était passé dans cette maison ? « C'est vraiment super important, faut que je sache.

– C'est limite. »

30

Q uand j'avais dix-huit ans, j'ai demandé des comptes à mon grand-père. C'était en juin 1996 et j'étais sur le point de passer le bac. Le mois d'août se profilait, inondant mon horizon d'une promesse de fuite. À Chicago, une chambre m'attendait à la cité U. Une chambre dans laquelle je n'avais pas dormi une seule fois, dans laquelle je n'avais jamais reçu la visite d'un cauchemar. Un campus tout entier – une ville tout entière – plein de bâtiments, plein de pièces dans lesquelles pas un seul jour du passé ne s'était déroulé.

Mais je commençais à comprendre la ténacité du silence. À comprendre que si je ne disais rien, personne de ma famille ne le ferait, et que mon grand-père n'aurait jamais à répondre de ses actes. Je voulais qu'il en réponde. Je voulais qu'il m'entende lui dire les mots les décrivant. Que ces mots deviennent aussi tenaces que les souvenirs que je porte dans mon corps.

Ce matin-là, le magnolia blanc devant son immeuble était en fleur. À l'intérieur, les couloirs étaient de ce beige silencieux, fonctionnel des espaces qui n'appartiennent à personne. Lorsque je me suis approchée de sa porte, mes narines ont commencé à brûler à cause de l'odeur d'ammoniac de l'urine de vieillard. Son corps le trahissait ; cette pensée m'a donné de la force. Je me demande aujourd'hui comment il se fait que je n'aie pas hésité, comment j'ai pu me débrouiller pour continuer à avancer. Mais dans mon souvenir, mon pas est rapide et assuré. À travers la porte, j'entends le curé qui dit la messe à la télévision, l'étirement des voyelles latines. Mon grand-père regardait cette même émission tous les dimanches matin lorsqu'il venait nous garder quand j'étais petite. Tous les samedis soir, ses mains. Tous les dimanches matin, la voix d'un curé.

Il est venu lentement à la porte. Il était habillé d'un pantalon de costume et d'une chemise soigneusement rentrée dedans. Mon grand-père n'avait jamais été comme ma grand-mère, qui était tout le temps en robe d'intérieur. Il était toujours prêt à affronter le monde. Je n'étais jamais allée le voir seule auparavant, mais il n'a pas eu l'air surpris. Il n'a pas poussé d'exclamations joyeuses, il ne m'a pas fait la bise, il ne m'a pas demandé la raison de ma venue, comme font les grands-pères normaux avec leurs petites-filles, j'imagine. Il est resté silencieux, à attendre que je parle.

Je suis passée devant lui et je suis entrée. C'est l'odeur de la pièce qui m'a d'abord frappée. Puis les photos. Absolument chaque surface était recouverte de babioles de la maison de mes grands-parents : leur portrait de mariage dans un cadre argenté ; des sets de moulins à sel et à poivre ; de minuscules tasses à thé et des dés à coudre plus minuscules encore. Un buste en argile orange de mon grand-père qu'il avait lui-même modelé et que j'aimais bien toucher quand j'étais enfant, avec les boucles semblables aux miennes. Il y avait des photos encadrées de ma mère et de ses frères petits, puis de nous, petits. De l'autre côté des étagères, je grandissais. La voix du curé s'élevait de la télévision.

Je me suis tournée vers mon grand-père.

« Tu m'as touchée quand j'étais petite », j'ai dit. Des mots tellement simples, et ils n'avaient jamais été prononcés. « Sexuellement. Je m'en souviens. »

Je lui ai dit ce dont je me souvenais. Que lorsque j'avais trois ans, je me tenais, en robe, dans la salle à manger qui sentait le moisi, dans leur maison à Astoria, la maison dans laquelle ma mère a grandi. Mon grand-père et moi étions seuls. Je regardais un tableau accroché sur le mur d'en face. Le tableau représentait le visage d'une jeune paysanne italienne recouvert d'un fichu, la tête tournée sur le côté, une double queue de cerises coincée sur l'oreille de sorte que les billes des fruits rouges luisaient comme des boucles d'oreilles. Soudain, la main de mon grand-père s'est plaquée sur ma bouche, étouffant mon cri de surprise, et son autre main rugueuse a remonté sous ma robe. Il a glissé brutalement ses doigts sous mes collants et ma culotte.

Je lui ai parlé de la lampe poupée sur la commode de mon enfance. De la robe en gaze jaune de la poupée, qui donnait au visage de mon grand-père des reflets jaunes dans la lumière. De ses fausses dents qu'il enlevait avant de faire un grand sourire. « Je suis un sorcier », disait-il, et il me terrorisait, me forçant à me taire. Je fixais des yeux la lumière jaune tandis qu'il soulevait ma chemise de nuit et baissait ma culotte. Il défaisait sa braguette. Il poussait son membre contre moi.

Je n'ai pas pu lui dire alors ce que je ne savais pas encore. Que des années après ce jour-là – dix-huit ans après sa mort – viendrait un après-midi où, assise dans le cabinet de ma gynécologue, je l'entendrais me dire : « Vous avez des cicatrices à l'intérieur du vagin. » On me l'avait déjà dit, mais j'avais toujours éludé la question.

Pas cette fois. « Qu'est-ce qui peut avoir causé ça ? »

Elle n'a pas répondu. Elle m'a regardée.

« J'ai subi des abus sexuels quand j'étais petite », j'ai dit. J'essayais de parler d'une voix égale. « Par mon grand-père. Ça pourrait venir de là ? »

Elle a acquiescé d'un hochement de tête.

J'avais déjà le visage trempé de larmes. Pendant l'examen, elle avait fait une biopsie. Lorsque le scalpel avait gratté l'intérieur de moi, j'avais éprouvé une brûlure vive et je m'étais mise à trembler. Je n'éprouvais pas d'émotions – ni peur, ni tristesse, ni même conscience de la douleur – juste le tremblement et une impression profonde d'absence, comme si le tremblement arrivait à quelqu'un d'autre. Puis le tremblement est remonté de l'intérieur de moi et sorti sous forme de sanglots hoquetants, rauques.

J'ai sangloté un long moment. La gynéco s'est éloignée un peu de moi sur son petit tabouret, a tiré la mince couverture de papier sur mes jambes, et m'a tendu un mouchoir.

« Ça va ? » a-t-elle demandé.

Entre deux sanglots, j'ai fait oui de la tête. J'ai essayé de parler, mais impossible de sortir un mot.

Ce que j'aurais voulu dire, c'était la chose suivante : je reconnaissais cette sensation. Mon corps reconnaissait la sensation de douleur à l'intérieur de moi. Mes souvenirs se terminaient toujours avec mon grand-père qui se frottait contre moi, puis le néant, les ténèbres. J'avais toujours pensé que là où s'arrêtaient les souvenirs, le passé concret s'arrêtait également.

Mais : les cicatrices. Les cicatrices sont-elles des preuves de ce qui se passait après la douleur, après les ténèbres ? Ce qui se passait après la limite de ma mémoire ? Quel fait, quelle preuve renferme mon corps ? Je ne sais pas. Je ne le saurai jamais.

Dans l'appartement de mon grand-père, je n'ai rien réclamé. J'ai exposé calmement mes souvenirs. Je voulais encore devenir avocate plus tard. C'était ma première affaire.

Mon grand-père m'a écoutée. Il ne s'est pas détourné, il ne m'a pas contredite, il ne m'a pas chassée. Il a écouté, le visage impassible. Derrière lui, le ronronnement de la voix du curé.

Quand j'ai eu terminé, son tour est venu.

« Qu'est-ce que tu veux ? » Les mots avaient pris de la force en lui pendant qu'il attendait. Peut-être pendant toutes ces années. À présent, il me les crachait. « Je sais très bien ce que j'ai fait. Mais qu'est-ce que tu veux ? »

Il se peut qu'une partie de moi ait toujours dix-huit ans, que quelque part je sois debout dans cette pièce avec lui. Son haleine humide, pourrie de vieillard, l'odeur âcre d'urine, le visage que j'aimais et le visage que je redoutais. Cette question.

Et la façon dont il s'est approprié cette réponse.

« Tu veux que je me suicide ? a-t-il dit. Je le ferai, si tu me le demandes. Je me tuerai. » Il se moquait de moi maintenant. Il avait repéré la terreur sur mon visage. « C'est ça que tu veux ? Je suis un vieillard. Je vais mourir bientôt. Mais je le ferai si tu veux. Je me tuerai. »

Puis il a ajouté :

« D'ailleurs, ce qui t'est arrivé n'est pas si grave que ça. Quand j'étais petit, ça m'est arrivé aussi. »

31

Le temps commence à me manquer, en Louisiane, tandis que je passe mes heures entre les archives caverneuses et les paysages plats parcourus autrefois par Ricky, entre Iowa et Lake Charles. Je passe devant le lycée, devant le Friendly Home Center[1], où Ricky a travaillé brièvement dans son adolescence, devant les berges de la Calcasieu River, où il rêvait d'une vie qui lui appartiendrait. Partout où je regarde, je vois des traces des gens dont les noms reviennent dans les dossiers. Alcide, avec sa casquette roulée dans son poing, sur un chemin de terre à Hecker, ses filles sur ses pas. Bessie en train d'ajuster la béquille qui lui mordait l'aisselle, puis se penchait pour faire les lits des enfants avant qu'ils rentrent de l'école. Et à présent Bessie et Alcide sous une dalle de béton, dans le sol. La chaleur étrangle les champs, elle a poussé tout le monde à s'enfermer. Ce territoire ressemble à une ville fantôme, un lieu qu'une histoire a emporté tel un ouragan.

Mais je n'ai toujours pas trouvé la maison où Jeremy est mort. Un problème simple, mais à se rendre presque folle : les adresses dans le dossier ne coïncident pas. Les rapports de police indiquent la boîte 204, Route 1. C'est l'adresse qu'a donnée Ricky

---

1. Nom d'une quincaillerie locale.

à l'opératrice, mais personne ne l'appelait comme ça ; on disait Watson Road. « Mais elle n'a pas vraiment de nom », a précisé Ricky, et la police a eu un mal de chien à la localiser. Parfois il est écrit que le propriétaire s'appelle Watson, parfois qu'il s'appelle Ardoin, mais le dénommé Ardoin, cité dans le journal, n'en fait mention nulle part. Le journal ne parle jamais de la Route 1 ; il dit parfois que la maison se trouvait sur Ardoin Road. C'est une erreur, pas de doute : Ardoin Road est une voie beaucoup plus importante. Parfois le journal dit Ardoin Lane. Mais Ardoin Lane tourne du mauvais côté. J'ai demandé au bureau de poste, à la mairie, à la caserne des pompiers, à la société généalogique et au commissariat. Personne ne sait.

C'est rageant qu'il n'y ait tout simplement pas un plan indiquant les anciens numéros des routes – et il y en a peut-être un quelque part, mais si c'est le cas, le service de presse de la paroisse n'a pas pu m'aider, le bureau du cadastre m'a juré qu'il n'y en avait jamais eu et je n'ai pas réussi à le localiser – mais au fil du temps, je commence à trouver qu'il y a une certaine cohérence, au fond, dans le fait que je n'arrive pas à trouver cette maison. C'est la même impression que lorsque l'on s'efforce de retrouver un souvenir qui nous sort de l'esprit aussitôt que l'on commence à l'entrapercevoir. Bien sûr, il est dangereux de voir des métaphores dans la vie réelle ; bien sûr, ça empeste le désir de mettre du sens là où il n'y a que des faits aveugles, mais ne pourrait-on pas en dire autant de toute cette entreprise ? Tous les éléments de cette affaire m'échappent à la minute où je crois commencer à les saisir. Dans les dossiers, il est parfois écrit que Ricky est blond, et pourtant je me suis assise en face de lui – nous n'en sommes pas encore là – et peux vous assurer que ses cheveux sont brun foncé. Lorilei a un jour écrit une lettre pleine d'exaspération au quotidien *American Press* pour se plaindre que le procureur disait constamment que Jeremy avait les cheveux blonds et les yeux bleus, alors qu'il avait les yeux marron. Alcide voulait que Bessie avorte lorsque les médecins avaient déclaré que le bébé serait très diminué, mais Bessie, malade de chagrin, avait refusé. Ou bien c'était Bessie qui voulait avorter, mais Alcide, cruel, l'en avait empêchée. Lyle était un substitut de père aimant, celui auquel Ricky était vraiment attaché, ou bien il avait un jour battu Ricky si fort que Judy avait dû le menacer d'un fusil pour l'arrêter. Ma sœur Nicola décide de se considérer comme quelqu'un qui n'a jamais subi d'abus sexuels, alors que je me rappelle l'ombre de mon grand-père lorsqu'il se penchait sur son lit, le froissement des draps sous ses mains. J'ai une cicatrice à l'intérieur de moi mais je ne me rappelle pas ce qui l'a causée. Ricky a abusé sexuellement de Jeremy avant de le tuer ; Ricky n'a pas abusé sexuellement de Jeremy, mais l'a tué ; Ricky a tué Jeremy, puis l'a agressé sexuellement ensuite ; Ricky a tué Jeremy pour s'empêcher de le toucher.

Trois procès, et même ça, on n'a pas réussi à le déterminer avec certitude : le fait reste insaisissable. Rien d'étonnant à ce qu'une maison se déplace, s'éloigne, disparaisse.

Après que Lorilei lui a rendu visite en prison, Ricky cesse de dire qu'il veut mourir. Il ne semble pas rêver d'une libération – je dispose de quantité de notes de sa main, mais après la Géorgie, il n'évoque jamais l'idée d'une libération – et paraît accepter la vie en prison. Son statut a changé. Il était dans le couloir de la mort. Tout le monde connaît Angola, sait qu'il a passé une période difficile dans cet établissement légendaire. Désormais, il a son opinion sur le fonctionnement de la prison de la paroisse.

Le responsable du centre pénitentiaire est le colonel Bruce LaFargue. En juillet 2002, LaFargue passe devant la cellule de Ricky lorsque celui-ci le hèle pour lui demander s'ils peuvent s'entretenir en privé. LaFargue le conduit dans une pièce isolée. Là, Ricky se plaint : il a le sentiment qu'avec ce nouveau procès, ses avocats se servent de lui comme cobaye. Ils veulent utiliser son affaire pour établir de nouvelles jurisprudences, dit-il. Mais il ne veut pas être libéré. Il dit qu'il a abusé sexuellement de Jeremy et que s'il devait ressortir, il aurait peur de recommencer avec d'autres enfants. C'est ce que la Géorgie lui a apporté : une lucidité sur sa propre nature, lucidité qu'il peut utiliser comme monnaie d'échange. Il explique qu'en Géorgie, il avait accès à des séances de thérapie pour sa pédophilie, et ça l'a fait réfléchir au moyen d'aider d'autres pédophiles, au moyen de les empêcher de passer à l'acte. C'est ça qui lui tient à cœur, maintenant, mais personne ne veut l'écouter. Il est persuadé que s'il pouvait simplement partager son savoir sur la question, il aurait quelque chose de positif à donner.

« Hmmm, hmmm », fait LaFargue. Rien ne se passe.

En octobre, Ricky dit à un geôlier qu'il veut de nouveau s'entretenir avec LaFargue. L'homme l'amène au bureau du directeur. Là, Ricky dit à LaFargue qu'après son expérience à Angola, il a des idées pour améliorer la gestion de la prison. Il veut du papier toilette de meilleure qualité. Il veut davantage de pauses cigarette. Et dernière chose, ajoute-t-il, il pense toujours qu'il pourrait aider les gens à comprendre les pédophiles.

« Parlez de cette idée à votre avocat », répond LaFargue.

Ricky écrit à ses parents. « Je veux vous faire part de ce qui m'a rendu si heureux, ou non, si fier. Tu te souviens, Maman, dans une de mes lettres, je t'avais dit que quelque chose de bon sortirait de tout ça ? » Si l'on veut croire que son écriture plus penchée que de coutume témoigne d'une sorte d'émotion, d'une sorte de sincérité, on peut faire remonter cette prise de conscience à son séjour en prison en Géorgie. Si on le croit. Si on pense qu'il comprend et qu'il veut vraiment apporter de l'aide.

Clive et Ricky décident d'organiser ce que Clive appelle un « séminaire » pour des représentants des autorités dans la prison : Ricky leur expliquera la mentalité d'un pédophile. Ricky semble convaincu que l'idée vient de lui, mais c'est bien Clive qui l'a mise en application. Il a ses propres raisons. Lors du dernier procès, il n'a fallu que trois heures au jury pour condamner Ricky à mort. Clive doit trouver une autre manière de présenter cette histoire. Les procureurs ne seront pas invités au séminaire – Clive ne les informe même pas de sa tenue. LaFargue a accepté, dira Clive par la suite, que rien de ce que dira Ricky ne soit retenu contre lui et que son intervention ne soit pas enregistrée. LaFargue dira que non, ce sur quoi ils s'étaient mis d'accord, c'était le fait que Ricky n'était pas censé aborder spécifiquement le meurtre. Un accord que Ricky a très vite rompu. Que rien de ce que dirait Ricky ne serait retenu contre lui ? LaFargue affirme qu'il n'a jamais donné son accord là-dessus.

Et il est difficile de savoir si Clive tient vraiment tant que ça à garder le secret. Il dira à toutes les personnes qu'il invite qu'elles ne doivent pas prendre de notes, qu'aucune des informations évoquées ne doit quitter la pièce. Mais deux des invités sont journalistes. Le plus probable, c'est qu'il veut avoir la mainmise sur la présentation de l'événement, et s'assurer que c'est la version de Ricky qui fait parler d'elle dans la presse. Les procureurs seront fous de rage lorsqu'ils auront vent de l'affaire. Ils convoqueront

tous les participants à un interrogatoire et déclareront que toute
la chose était à la fois illégale et immorale. Mais ils ne pour-
ront pas l'effacer. Comme une phrase qu'un avocat prononce
au tribunal en la sachant irrecevable, sachant pertinemment
que le juge ordonnera de la faire disparaître des procès-verbaux
d'audience, mais sachant, également, que ce qu'ont entendu les
jurés s'est logé dans leur esprit, et qu'il est plus difficile de purger
leur mémoire; Clive aura ce dont il a besoin : un test.

Le 17 décembre 2002, à environ 3 heures de l'après-midi,
Ricky est conduit dans les couloirs carrelés stériles du centre
de détention de Calcasieu, les poignets menottés, vêtu d'un uniforme orange, les cheveux une fois de plus lissés avec un peu
d'eau. Il y a fort à parier qu'il est surexcité. Il y a fort à parier
qu'il n'a pas pu tenir en place de la journée, ou manger ni son
déjeuner, ni même un des sachets de nouilles chinoises qu'il
achète à la cantine de la prison. Il s'est rasé de près, toutefois,
avec un rasoir qu'il y a acheté également, et il s'est éraflé la peau
dans son agitation. À présent, son corps sec se soulève à chaque
pas, l'énergie nerveuse et saccadée que l'on voit sur les vidéos de
ses aveux s'emploie là à le propulser en avant dans les couloirs,
en avant vers ce qu'il va faire, vers l'occasion qu'il a attendue
avec une telle force qu'elle le fait trembler. Celle de raconter
son histoire. Les gardiens le conduisent dans une petite pièce
où Clive l'attend, et ils répètent une nouvelle fois, tous les deux.
Est-ce là que Clive lui rappelle que selon l'accord qu'ils ont passé,
il ne doit pas parler du meurtre? Ou est-ce là qu'il lui dit : *Ça ne
fait rien, parles-en.*

Devant la salle d'audience, des officiers de l'escouade des
délinquants sexuels, des inspecteurs du bureau du shérif et
d'autres policiers, environ vingt-cinq personnes au total. Le

couloir est en effervescence ; le bruit des talkies-walkies, les bavardages, l'odeur de jus de chaussette émanant de gobelets de carton détrempés, l'énergie muselée des armes dans les holsters. D'un geste, l'un des assistants de LaFargue fait signe à tout le monde d'entrer. La chaire du juge est vide, un drapeau américain pend tristement à côté d'elle. Une fois tout le monde assis, Clive conduit Ricky à la petite table, devant, à laquelle l'accusé est en général installé avec ses avocats. Cette fois, les chaises sont placées de l'autre côté, de façon que Ricky et Clive puissent faire face à leur auditoire. Clive se présente, puis fait un tour de table, demandant à chacun de décliner son nom et sa fonction. Puis il dit :

« Je vous présente Ricky Langley. Ricky est la raison de notre présence ici aujourd'hui. Il va vous raconter son histoire. »

Lorsque Lorilei a entendu l'histoire de Ricky de sa bouche, en prison, quelque chose dans ses mots l'a fait changer d'avis, lui a fait comprendre qu'il n'était pas seulement le monstre qui avait ôté la vie de son fils, mais un homme, et ce quelque chose l'a décidée à se battre pour lui. Quelque part, dans ce récit, il y a la personne que connaissait Bessie. Les membres de l'auditoire sont assis face à Ricky, tel qu'il est, en chair et en os. Petit et rabougri sur sa chaise, flottant dans son uniforme orange. Il s'apprête à leur dire qui il est. Il s'apprête à leur dire qu'il a été pris au piège. Clive fait un pari.

Le moins qu'on puisse dire, c'est qu'il se retourne contre lui. Et comment !

Ricky se met à parler à toute vitesse. D'abord, de Bessie et Alcide. Puis – il ne peut pas s'en empêcher, les mots se bousculent dans sa bouche – de l'accident de voiture, d'Oscar, de son père en train de bercer la tête d'Oscar au bord de la route en chantonnant; de la clarté avec laquelle il se souvient de ce moment, du son magnifique, grêle, de la voix de son père. Il leur parle de la photo d'Oscar qu'il gardait toujours dans sa poche quand il était petit, il leur raconte qu'il lui parlait, à cette photo, quand il mangeait son déjeuner, accroupi sous la frondaison des virgiliers à bois jaune, Oscar coincé soigneusement entre les racines sinueuses.

Un officier remue sur sa chaise. Un autre croise les bras. Ce n'est pas là une introduction à la mentalité d'un pédophile. Ce sont les souvenirs d'un seul homme, ou bien son imagination.

Clive intercepte le regard de Ricky et lui fait un petit signe pour le remettre sur les rails. Il lui faut parler de ce dont ils ont discuté. Ricky respire un grand coup. Il doit éprouver un curieux mélange de fierté et de honte en cet instant, avec tous ces yeux sur lui, tandis qu'il est censé dire tout haut une chose que même lui sait devoir cacher.

« Je touche des enfants depuis que j'ai neuf ans. C'est plus facile que vous pourriez le croire. » Le silence s'installe. Tout le monde est captivé, c'est sa récompense. « Je demande simplement à un enfant de s'asseoir sur mes genoux. Les enfants s'assoient tout le temps sur les genoux des gens, et c'est toujours des enfants dont je connais la famille. Puis je les touche. J'ai même... » Avec tous ces yeux sur lui, lui que personne n'a jamais écouté si sérieusement, il ne peut s'empêcher de fanfaronner un peu.

« ... Je l'ai même déjà fait avec leurs parents dans la même pièce. »

C'est là que tout le monde commence à être pris de nausée, racontera par la suite un membre de l'auditoire.

« Il y a trois types de pédophiles, poursuit Ricky. Le premier touche les enfants pour leur faire du mal. Ce sont des gens tordus.

Peut-être même maléfiques. Puis il y a le deuxième type. Ils le font pour la sensation de maîtrise. »

Une jeune femme se lève brusquement. Les yeux baissés, elle quitte la salle à la hâte.

Ricky continue.

« Vous savez ce que c'est », dit-il ; et ce doit être agréable de leur parler de cette façon, comme s'ils étaient dans le même camp que lui et qu'il les aidait à comprendre des individus qui n'ont rien de commun avec lui. « Ils n'ont pas la maîtrise de leur vie, alors ils éprouvent le besoin d'avoir la maîtrise sur les enfants. » Il fait une pause. Peut-être se rappelle-t-il la thérapeute en Géorgie, les questions prudentes qu'elle lui posait : se sentait-il frustré, dans la vie ? Seul ? Déprimé ? La thérapeute pensait que son amour des enfants était un substitut à autre chose. Elle ne comprenait pas. « Puis il y a les types comme moi. » Il peut enfin s'expliquer. « J'aimais Jeremy. Je l'aimais comme un garçon et une fille peuvent s'aimer. Jeremy était mon grand amour.

– Si tu l'aimais, crie une voix, pourquoi tu l'as tué ? »

La question semble désarçonner Ricky. Il garde le silence quelques instants. Puis il bafouille, d'une traite :

« Je ne voulais pas le tuer. Je croyais que c'était Oscar. »

Quels que soient les espoirs que Clive avait nourris quant à l'issue de cette journée, ils sont tombés à l'eau. Plus Ricky s'épanche, plus l'auditoire est écœuré.

Clive se lève et pose la main sur le bras de Ricky pour le faire taire.

« Nous sommes peut-être allés plus loin que nous en avions l'intention. Ricky a connu plus d'épreuves que la majorité d'entre nous. Malgré l'événement malheureux qui s'est produit, Ricky a fait beaucoup d'efforts. Je suis convaincu – et ce sera peut-être pénible pour Ricky de m'entendre dire ça, mais nous en avons parlé, et il sait que c'est mon sentiment –, je suis convaincu que Ricky est atteint de maladie mentale. »

La carrière de Clive est fondée sur sa capacité à déchiffrer les individus. C'est le cas de tous les avocats d'assises. C'était vrai de mon père, et quand il a connu des revers, c'est que sa douleur et sa dépression obscurcissaient cette capacité. Et c'est encore plus vrai des avocats de la défense dans des affaires où la peine de mort est en jeu, car il leur faut voir suffisamment clair dans les visages des jurés pour sauver la vie de leur client. Clive jouit d'un succès presque inégalé à cet égard, il est l'un des avocats les plus célèbres du Sud dans ce type d'affaires, avec un taux de réussite sans précédent. L'homme qui ne perdra que six affaires en vingt ans.

Mais il ne doit pas voir le rictus de dégoût d'un officier au dernier rang. Il ne doit pas voir le visage d'une femme se refermer comme un portail d'acier. Clive, en cet instant, ne semble pas voir ce qui se passe. À quel point l'assistance s'est retournée contre lui.

Ce qu'il voit, c'est le passé.

« Mon père était atteint de maladie mentale, poursuit-il. Personne ne le comprenait ; tout le monde le méprisait. Même ma propre famille ne le comprenait pas. Nous avons à présent une chance de comprendre Ricky. Il s'est montré très courageux. Il s'emploie à affronter les démons de sa personnalité. Pour cela… » Il baisse les yeux sur Ricky, peut-être lui presse-t-il l'épaule en signe d'encouragement avant de se tourner de nouveau vers la salle, la salle dans laquelle les membres de l'auditoire se rappelleront tous, l'un après l'autre, cette dernière phrase, qu'ils répéteront telle quelle aux procureurs : « … Ricky Langley est mon héros.

– Il y a une affaire en Arizona en ce moment », crie un officier du fond de la salle, d'une voix dure comme une balle de revolver. Il se lève. « Vous en avez peut-être entendu parler. Un père a découvert qu'un homme avait abusé sexuellement de son fils. Il est parti à la recherche de l'homme en question et il lui a tiré dessus encore et encore, et à chaque coup de fusil, il lui a dit qu'il voulait lui faire comprendre ce que c'était que la douleur. Si quelqu'un vous faisait ça – il montre Ricky du doigt –, ça vous empêcherait de vous en prendre à des enfants ? »

Clive a l'air horrifié, puis confus. Ricky garde les yeux rivés au sol.

« Je n'ai jamais voulu tuer mon père. Ce n'est pas comme ça qu'on traite ce genre d'affaires. »

L'officier ignore Clive.

« Est-ce que ça vous en empêcherait ? »

En cet instant, l'officier se rappelle le soir où il a descendu le flanc de la ravine, piétinant les feuilles humides, sa casquette à la main, plantant ses bottes dans le sol avec soin pour ne pas basculer, retenant son souffle en promenant le faisceau de sa lampe torche sur le tapis de feuilles. Il se rappelle son espoir de voir le visage d'un enfant, son espoir terrible, même s'il savait que, s'il trouvait le petit garçon, il y avait de grandes chances qu'il soit mort. Puis l'étrange mélange de soulagement et de désespoir qui l'avait pris au cœur ce soir-là en constatant que les feuilles ne recelaient rien. Il a dit à ses supérieurs qu'il ne voulait pas assister à cette réunion. Il se rappelle le jour où il a vu le visage du meurtrier pour la première fois, aux informations du soir, à la télé ; c'est alors qu'il a compris que le garçon était mort. Il a dit à son supérieur qu'il ne voulait jamais revoir ce visage.

Venez quand même, lui a dit son supérieur. Il lui a même dit qu'il pourrait quitter la salle quand il le souhaiterait.

Mais il ne peut pas quitter la salle. Il se rassoit, hors d'haleine, tout rouge. Il est vissé à sa chaise par l'écrou du souvenir. La nécessité de témoigner lui fait prendre racine. On accorde de l'attention à la mauvaise personne, ici. Il ferme les yeux pour écarter le visage du tueur et essaie de ramener à son esprit une image du petit garçon. La photo d'école qu'on lui a confiée à l'époque. Les cheveux blonds. Il fait don de cette image, en esprit, comme d'un cierge.

Maintenant qu'il ne me reste que deux jours à passer en Louisiane, je sais ce que j'ai consciencieusement évité. Parmi les dizaines de milliers de pages que j'ai parcourues, les procès-verbaux d'audience, les rapports de sérologie, les analyses de fluides corporels et les documents jalonnant la vie de Ricky, ses dossiers psychiatriques de Lake Charles, puis de son séjour en prison en Géorgie, les seules photos de Jeremy que j'ai vues sont celles sur lesquelles il est en vie.

Mais ce n'est pas comme cela que s'est achevée son histoire. Tout le long de mes recherches, j'ai été animée par la conviction qu'il y a au cœur de la collision entre Ricky et moi un nœud qui m'aidera à donner un sens à ce qui ne sera jamais résolu. La façon dont mon corps est une preuve. La façon dont je porte ce que m'a fait mon grand-père dans mon corps. Je le porte dans ma vie, jour après jour. Tous les documents que j'ai consultés m'ont permis d'imaginer Ricky, d'imaginer sa famille, de commencer à éprouver une certaine empathie à son égard. Je ne peux pas ne pas savoir – je ne peux pas ne pas affronter – ce qu'il a fait. Je ne peux pas autoriser même une infime partie de moi à croire que Jeremy est demeuré le petit garçon de sa photo d'école. Inchangé et vivant.

Je retourne à la réception des archives du tribunal, par un après-midi gris. La femme à l'accueil est aimable, mais brusque.

« Eh bien, je peux vous montrer les procès-verbaux des audiences, commence-t-elle.

– Je les ai déjà vus.

– Mais les photos font partie des pièces à conviction. Vous ne pouvez pas avoir accès aux pièces à conviction, pas sans une ordonnance du tribunal. Elles sont sous scellés. »

Je la regarde avec effarement.

« Quand ont-elle été mises sous scellés ?

– Je n'en sais rien, madame, mais ce n'est pas à la disposition du public, c'est tout. Qu'est-ce que vous cherchez à voir, au juste ?

– Seulement les photos. »

Je pense à ce qui doit s'y trouver d'autre. Tout ce à quoi je n'ai pas réfléchi jusque-là : les sachets en plastique contenant les éléments prélevés sur la scène du crime, les couvertures. Le tee-shirt blanc Fruit of the Loom de Jeremy, avec les trous pratiqués pour prélever des échantillons de sperme. Son fusil à balles BB, avec son canon marron allongé. Qu'ai-je ce besoin indispensable de voir pour comprendre ?

J'attends. J'essaie de lire les pensées qui défilent sur son visage. Son nom figure dans les dossiers. Sa signature est sur tous les documents tamponnés, encore et encore. Tout ce que j'essaie de voir, elle l'a déjà vu.

« Bon, d'accord, dit-elle enfin. Vous pouvez voir les photocopies des photos. Notez celles que vous voulez, et nous vous les enverrons. »

Elle va chercher cinq ou six piles de papiers retenues par des pinces, qui font chacune plus d'une dizaine de centimètres d'épaisseur. Je soulève la couverture de la pile du dessus et vois une reproduction en noir et blanc d'une photo aérienne. Les bois ressemblent à des taches, marbrées d'un noir épais et dense. Quelques petites maisons, alignées.

La maison du fond est blanche et plus grande que les autres. La maison Lawson. C'est comme si l'on vous montrait une photo du fantôme qui vous poursuit depuis une éternité. En la visualisant, nichée contre l'épais réseau noir des bois, je comprends immédiatement ce qu'il y avait de si bizarre au fait que Ricky ne se soit pas débarrassé du corps. Les bois étaient juste à côté, à quelques mètres de la porte de derrière, assez denses pour obscurcir la page de leur enchevêtrement obscur.

Je rassemble une pile de trombones et de Post-it et je marque les pages. Lorsque j'atteins les images du fils de Lorilei, je les parcours si rapidement que je n'en garde que des éclairs. Le reflet du flash dans ses cheveux blonds. La brillance humide de sa lèvre inférieure.

Ce soir-là, dans ma chambre de motel, je me verse du vin bon marché dans un gobelet en plastique, allume la télé, et je zappe. Le vin rouge trop sucré me brouille l'esprit, mais pas suffisamment. La chambre est bizarrement fichue, avec un petit salon que je ne peux pas voir du lit. À deux reprises, je me lève pour aller y jeter un coup d'œil. Je veux m'assurer que je suis seule. Je sais que je suis seule. Mais je n'en ai pas l'impression. Je regarde dans les placards et j'essaie de ne pas penser au corps de Jeremy. Je regarde dans la baignoire. Pendant des années, chaque fois que j'entrais dans une salle de bains avec baignoire, je me suis sentie obligée d'ouvrir grand le rideau pour vérifier qu'elle ne contenait pas de cadavre. Après la mort de mon grand-père, c'est devenu, précisément, son corps. Lui mort, je me sentais stupide chaque fois, mais je ne pouvais pas m'en empêcher. Un jour, je venais de le faire, dans la salle de bains d'une maison où séjournait ma famille, quand en ressortant, j'ai trouvé ma mère plantée là. Penaude, je lui ai parlé de cette manie.

Elle m'a regardée, en état de choc. On aurait dit qu'elle avait vu un fantôme.

« Quand tu étais petite, a-t-elle dit lentement, tu as trouvé ton frère Andy inconscient et cyanosé au fond d'une baignoire vide. »

L'esprit se souvient. L'esprit mélange tout. Tout se répète.

Le lendemain après-midi, je prends l'avion pour rentrer à Boston. Les nuages par les hublots forment une gaze qui ne se déchire pas. Ils ne sont pas beaux, mais collants, indécents. Je commande encore du vin et je l'engloutis d'un trait. Le blanc de la bulle de salive humide sur la lèvre de Jeremy dans la lumière du flash. Le blanc pelucheux des côtes de la chaussette en coton qui l'étouffe, la chaussette qui dépasse de sa bouche obturée. Je me détourne du hublot et je ferme les yeux de toutes mes forces. Je fais de mon mieux pour ne pas imaginer ce que j'ai invité à me suivre jusque chez moi.

Le processus par lequel le jury est sélectionné – le *voir-dire*, dérivé du latin signifiant « dire la vérité » – est particulier dans le cas d'une affaire où la peine de mort est en jeu. Les jurés doivent être « qualifiés pour la peine de mort », c'est-à-dire qu'ils doivent déclarer qu'ils seraient capables, en théorie, de voter pour la peine de mort. Clive a demandé, avec succès, que le *voir-dire* se déroule à La Nouvelle-Orléans. Là, les gens en sauront moins long sur l'affaire. Les jurés sélectionnés seront ensuite conduits à Lake Charles en car. Chaque jour, des panels de jurés potentiels se passent un micro pour répondre aux questions des avocats et du juge Gray. Le câble du micro devient une blague récurrente. Clive dit qu'il va s'étrangler avec. Gray demande aux jurés de ne pas s'étrangler. La plaisanterie est bizarre par sa récurrence – son insistance – d'autant que Jeremy a été étranglé, il a une énorme entaille au cou, laissée par le fil de pêche. Gray a vu les photos. Clive aussi. Est-ce que ces images les hantent déjà ?

Dès le début, la sélection s'avère problématique. Le taux d'homicides de La Nouvelle-Orléans est huit fois supérieur à la moyenne nationale. Le premier jour du *voir-dire*, Gray annonce qu'il s'assurera qu'ils terminent à l'heure tous les soirs, parce qu'il ne veut lâcher personne dans les rues après le coucher du soleil. Au bout de neuf jours, la procureure, Cynthia Killingsworth, observe que c'est le premier matin sans meurtre depuis qu'ils sont à La Nouvelle-Orléans. Gray la corrige : il y en a eu un. Il y en a eu un tous les jours. Le neveu d'un juré a été impliqué dans deux meurtres. L'ami d'un autre se trouve dans le couloir de la mort. Le demi-frère d'une femme purge trois peines de perpétuité consécutives, pour meurtre. Elle ne pourrait infliger la peine de mort à quiconque, dit-elle, car il maintient son innocence, et si jamais c'était vrai, elle ne voudrait pas le voir mourir. Un homme ne croyait pas en la peine de mort, autrefois, mais son meilleur ami depuis trente ans a été retrouvé assassiné en pleine rue il y a deux mois, et maintenant il ne sait plus trop. Il ne sait plus trop, vraiment. Le frère d'un autre a été assassiné. L'amie de la fille d'une femme. « Ils n'ont jamais trouvé le coupable », dit-elle. Le fils d'un homme a été tué à l'âge de sept ans. « Quand je me suis installé sur ces bancs, quarante ans de souvenirs me sont revenus en pleine poire, dit-il. Je n'ai rien contre le fait de remplir mon devoir civique, mais dans ce cas précis, c'est vraiment très dur pour moi. »

À cause de la notion de « qualification à la peine de mort », ce n'est sans doute pas si difficile d'échapper à sa participation au jury, dans ces affaires. Il suffit de dire qu'on ne serait pas capable d'infliger cette peine à quiconque, quel que soit le crime. Au bout d'une semaine de *voir-dire*, environ trois quarts des jurés potentiels affirment qu'ils ne croient pas en la peine de mort. Le pourcentage paraît suspect. C'est vrai, La Nouvelle-Orléans est une ville progressiste, mais nous sommes tout de même en Louisiane, un État qui fait partie de ce qu'on appelle la *fry belt* – surnommée ainsi à cause de son recours rapide à la chaise électrique – et encore aujourd'hui l'un des États où la peine de mort est le plus souvent appliquée.

Alors lorsqu'une dame à qui on vient de poser la question de savoir si elle se sent capable d'infliger la peine de mort à quelqu'un répond : «Oh, non, je ne pourrais jamais faire ça», un avocat finit par insister : «Voulez-vous dire que si le procès a lieu, si les avocats présentent leurs preuves et que vous êtes convaincue de la culpabilité de l'accusé, vous ne pourriez pas envisager la peine de mort?»

La femme se trouble. Il va y avoir un procès? «Je croyais que nous devions voter sur la sentence de l'accusé aujourd'hui.» Elle est renvoyée.

Bientôt, cela fait deux semaines que dure le *voir-dire*, et près de deux cents personnes ont été interrogées. Clive a la voix qui fiche le camp, et s'en excuse auprès du jury. Killingsworth n'arrête pas de parler des meurtres de La Nouvelle-Orléans. Gray est écœuré de tout le processus. «Quand ce sera terminé, dit-il à une jurée, agacé, je vais entrer dans la salle, et si vous êtes dans le jury, je vais vous dire : Madame, levez-vous. M. Langley doit-il vivre ou mourir? Et vous allez devoir répondre, la vie ou la mort. Je ne vais pas vous lâcher – je ne vais pas vous laisser écrire un petit mot sur un morceau de papier pour dire : je vote pour la peine de mort. Je vais vous demander de vous lever, et de me le dire tout haut, de me regarder droit dans les yeux, de regarder cet homme droit dans les yeux, de regarder le représentant du ministère public droit dans les yeux et de me dire s'il doit vivre ou mourir. Vous pouvez faire ça ? »

Elle est secouée.

« Je ne sais pas.

– OK.

– Je ne sais pas.

– C'est difficile.

– Hmm-hmmm.

– Personne n'a dit que ce n'était pas difficile. La question que je vous pose, c'est : êtes-vous en mesure de prendre une telle décision ?

– Je ne sais pas. Je ne sais pas. »

Le juge Gray et les avocats doivent trouver seize personnes – douze jurés et quatre remplaçants – pour siéger dans cette affaire. Tous ces gens s'exposent à devoir prendre une décision inimaginable. Il n'existe pas d'autre situation dans laquelle nous demandions à un civil de décider de la vie ou de la mort d'un individu. Ce qui s'en rapproche le plus, c'est l'armée, peut-être : un soldat appelé sous les drapeaux, qui n'avait pas l'intention de se retrouver dans la position d'avoir quelqu'un dans le viseur de son fusil et de décider s'il doit tirer.

En fac de droit, on enseigne le concept de jury à l'aide de la métaphore d'une boîte noire. À l'intérieur de la boîte, on introduit les témoignages, les pièces à conviction et la loi. De la boîte sort un verdict.

Sauf qu'une boîte noire n'a pas de sentiments.

« Être exposée aux choses auxquelles j'ai été exposée », commence une jurée potentielle – elle a déjà fait partie d'un jury dans un procès où la peine de mort était en jeu et à présent, pas de chance, elle est de nouveau convoquée –, « ça a été très traumatisant. Je dirais que je ne m'en suis pas remise. » Il y a un nom pour la façon dont les décisions prises en temps de guerre hantent les gens : le TSPT[1]. Les gens qui ont siégé dans des jurys pour des affaires où la peine de mort était en jeu parlent de dépression, de problèmes d'alcool, de souvenirs récurrents. Pas tous, mais certains. Les hommes et les femmes choisis pour ce jury vivront séquestrés dans un hôtel, tous ensemble, coupés de leur famille, isolés chaque soir avec les images qu'ils ont vues dans la journée. Les images prendront racine en eux. Chaque jour, ils verront Ricky dans la salle d'audience. Chaque jour les rapprochera dangereusement du moment où ils devront choisir s'il va vivre, ou mourir. À l'avenir, seront-ils hantés par le visage de Jeremy, par le fait de savoir qu'avec un non-lieu ils auront décrété qu'il ne lui serait pas fait justice ? Ou seront-ils hantés par l'image de l'homme qu'ils ont condamné à mort ?

Le 2 mai 2003, les hommes et les femmes qui vont devoir faire face à ces témoignages sont enfin sélectionnés. Neuf femmes, trois hommes. Sept Noirs, cinq Blancs. Ils comptent parmi les membres de leur famille des schizophrènes, des bipolaires. (« À croire que c'est une épidémie », dit une jurée, choquée de s'apercevoir que les secrets de sa famille ne l'isolent pas tant que ça en fin de compte.) Deux sont infirmières. Un professeur blanc et corpulent du nom de Steven Kujawa est nommé

---

1. Trouble de stress post-traumatique.

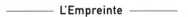

président. « J'enseigne à des quatrièmes, a-t-il répliqué lorsque Killingsworth lui a demandé s'il serait capable de dire ce qu'il pense durant les délibérations du jury. Je ne suis pas du genre à me laisser effaroucher. » Gray renvoie les jurés chez eux pour dire au revoir à leur famille. Après quoi ils seront emmenés à Lake Charles en car. Le procès va commencer.

« L e meurtre n'est pas simple, mais les éléments le sont. »
À 10 heures environ, le lundi 6 mai 2003 – onze ans
après que Ricky Langley a tué Jeremy Guillory, neuf ans
après qu'il a été condamné à mort pour ce meurtre, et deux ans
après qu'un nouveau procès a été ordonné – la procureure, Cynthia
Killingsworth, se tient face au jury et leur fait le récit du meurtre.

Sur cette affaire, Killingsworth est avocate en second du
ministère public. Avec ses cheveux courts sagement ébouriffés
et l'épuisement sur son visage, elle ressemble un peu à une
version plus âgée et plus aisée de Lorilei Guillory. Le premier
avocat est l'assistant du procureur de district, Wayne Frey, un
homme affligé d'une calvitie prématurée et doté d'un menton
qui rappelle la rondeur de ses lunettes, et dont les photos sur
l'annuaire du barreau de l'État trahissent un goût discutable en
matière de cravates. La troisième avocate, Sharon Wilson, est la
seule avocate noire dans cette salle. Killingsworth et Frey sont
les spécialistes des affaires de peine de mort dans cette paroisse,
et si quelqu'un remarque à quel point leurs noms sont parfaits
pour ce travail – Frey se prononce si facilement « fry[1] » dans cet

---

1. *Fry* : frire. Killingsworth ou *killing's worth* : la valeur de la mise à mort/
du meurtre.

État qui employait autrefois la chaise électrique –, il n'y a pas de référence à cette concordance toute dickensienne dans les dossiers. La stratégie de l'accusation, c'est la fureur : Killingsworth est mère de famille, et elle va s'attarder sur les détails des actes commis par Ricky. Elle dira que la chaussette qu'il a introduite dans la bouche de Jeremy était sale. Frey est un militant, un fanatique de l'ordre.

Du côté de la défense, Clive, grand, nerveux et habité comme toujours, est premier avocat, et Phyllis Mann, dont le franc-parler s'accorde bien avec ses cheveux bruns coiffés sans chichis et la simplicité de ses tailleurs, est avocate en second. Contre les tirs de barrage de l'accusation, la stratégie de la défense est la sincérité : faire mine de parler toujours du fond du cœur. Clive et Mann sont tous deux doués pour cela.

Ricky a été officiellement inculpé d'assassinat. La législation de l'État de Louisiane exige que deux éléments soient prouvés : premièrement, l'intention criminelle, à savoir que Ricky avait l'intention de tuer Jeremy. Et deuxièmement, pour que le meurtre soit qualifié d'assassinat, une circonstance aggravante. Le fait que la victime était âgée de moins de douze ans constitue en soi une circonstance aggravante. Jeremy avait six ans. C'est un fait établi. Le procès se concentrera donc sur le premier élément, l'intention criminelle.

Ricky plaide deux choses : d'abord, non coupable, et ensuite, non coupable pour cause de maladie ou de retard mentaux. Soit la requalification que lui et Clive avaient promis à Lorilei de ne pas tenter. Gray, avant toute chose, a averti le jury qu'à cause de la défense fondée sur les troubles mentaux de Ricky, il y a en fait *deux* preuves en jeu dans cette affaire. Oui, l'accusation doit prouver que Ricky est coupable au-delà du doute raisonnable.

Mais la défense a maintenant une preuve à apporter, elle aussi. Si elle veut faire jouer l'irresponsabilité pour cause de troubles mentaux, elle doit prouver que le discernement de Ricky était aboli au moment du meurtre.

Tout cet encadrement, tout ce protocole. Au moment où les jurés prennent place dans le box, ils disposent déjà d'indices sur ce qu'a fait cet homme, l'accusé, assis entre ses avocats. Des indices lâchés au compte-gouttes par Gray et les avocats au cours des deux dernières semaines.

Mais aujourd'hui, leur annonce Killingsworth, « c'est la fin des spéculations ». Elle est la première dans ce lieu à raconter le meurtre. La première à exposer dans ce tribunal un récit qui l'a déjà été tant de fois. « Jeremy vivait dans un coin très reculé de la paroisse de Calcasieu, dit-elle. Il n'y a pas beaucoup de maisons autour de celle où vivait Jeremy, mais il y en a quelques-unes. » Dans l'une d'entre elles habitaient ses camarades de jeu, Joey et June. L'après-midi du 7 février 1992, Jeremy a frappé à la porte de la maison blanche des Lawson, mais June et Joey étaient sortis. Ricky a invité Jeremy à l'intérieur. « Et vous apprendrez au cours de ce procès que l'erreur fatale qu'a commise Jeremy ce jour-là a été d'entrer dans la maison où l'accusé, Ricky Langley, se trouvait. » Jeremy est monté à l'étage. Il s'est assis par terre et s'est mis à jouer.

Là, poursuit Killingsworth, Ricky s'est approché de lui, a introduit son pénis dans la bouche de Jeremy, et a éjaculé.

C'est une entrée en matière osée. Imaginez la salle d'audience en cette matinée. Les jurés ont passé la nuit dans un motel, à plusieurs heures de chez eux. Ils disposaient tous d'une chambre individuelle – une folie pour la paroisse, mais Gray a tenu à faire le nécessaire, il le leur avait promis pendant le *voir-dire* – et ils ont dormi loin de leurs conjoints et êtres chers, sachant qu'au matin allait commencer un procès pour meurtre. Lorsque leurs réveils ont sonné, beaucoup trop tôt, ils ont avalé le café insipide du motel, sont montés dans la navette, et ils ont échangé quelques menus propos, maladroitement, avec des inconnus en compagnie desquels, ont-ils commencé à réaliser, ils allaient prendre la décision la plus grave de leur vie. Ils ont remarqué qui, parmi eux, était autoritaire. Ils ont remarqué qui était timide. Ils ont commencé à sentir entre qui et qui allaient se former des alliances. Une fois dans la salle d'audience, ils ont remarqué l'homme assis à la table des accusés, avec ses oreilles en feuilles de chou et ses lunettes épaisses, sa chemise bleu pâle et sa cravate d'un rouge strident. C'était là l'homme dont ils allaient décider le sort.

Et voilà qu'on leur dit qu'il a éjaculé dans la bouche d'un enfant. Killingsworth a commencé son récit par l'élément qui sera le plus difficile à prouver pour l'accusation.

Mais que ce point reste à prouver, ce n'est sans doute pas ce que pensent les jurés. On vient de leur raconter une histoire. Ils se disent : *Pauvre enfant.* Ricky a été qualifié de pédophile à plusieurs reprises pendant la sélection. Ils se disent : *Alors c'est ça qui s'est passé.* Ils se représentent le meurtre comme un crime sexuel. *Pauvre, pauvre enfant.* Au mur, l'aiguille noire de la pendule blanche tourne lentement. Killingsworth marque une pause pour s'assurer de son effet.

Puis elle achève son récit. Ricky a tué Jeremy. D'abord ses mains, puis un fil de pêche autour du cou de Jeremy, et finalement une chaussette sale dans sa gorge. Il a porté le corps de l'enfant dans le placard et l'a calé contre le mur, a fixé un sac-poubelle blanc autour de la tête et des épaules de l'enfant et a entassé des couvertures sur lui. Lorilei à la porte, les recherches interminables, en vain; les aveux de Ricky, bredouillés à la hâte; l'arrestation; le corps de Jeremy. « Je suis sûre que la défense va vous raconter que quelqu'un de sain d'esprit, quelqu'un qui est capable de faire la différence entre le bien et le mal, ne ferait jamais une chose pareille à un enfant. Mais écoutez bien. Écoutez attentivement tout ce qu'a fait cet individu. Et écoutez comment il a dit aux policiers qu'il avait ôté la vie de cet enfant le 7 février 1992. Et à la fin de ce procès, nous reviendrons vous demander de faire preuve de sens commun et de déclarer l'accusé coupable du crime dont il est inculpé. » Elle se rassoit, laissant ses mots en suspens. Une question de sens commun. Oui. C'est l'impression que ça doit faire en cet instant.

Phyllis Mann, l'avocate de la défense, se lève et se met à faire les cent pas. Puis elle s'arrête devant le box des jurés. « Ce que vous avez entendu de la bouche de la procureure ce matin ne constitue qu'une petite partie de l'histoire. Clive et moi, cela fait maintenant un certain temps que nous représentons Ricky. Et aujourd'hui, avec le début de ce procès, nous vous confions cet homme. » Elle promène des yeux pénétrants sur la rangée des jurés. Certains doivent croiser son regard. Certains doivent l'éviter. « Alors si j'ai l'air un peu nerveuse, c'est parce que je le suis. Une tragédie affreuse, inimaginable s'est produite le 7 février 1992, lorsque Jeremy Guillory est mort. Depuis le début, nous n'avons absolument jamais laissé entendre que Ricky n'était pas la cause de la mort de Jeremy. Mais ce que nous allons vous montrer pendant ce procès, c'est que Ricky Langley n'avait pas l'intention, ne pouvait pas avoir l'intention de tuer Jeremy Guillory. » La vie de Ricky est entre leurs mains désormais, leur rappelle-t-elle. Elle leur demande de l'épargner.

Sur les écrans de télévision de toute la ville, KPLC-TV, la chaîne locale d'information, passe régulièrement des comptes rendus du procès. Les avocats parlant aux caméras. Lorilei et son fils Cole blottis l'un contre l'autre. Lorilei l'air affligé, et Cole l'air un peu hébété par les éclairages agressifs. Puis une séquence qui se répète en boucle : Ricky Langley, vingt-six ans, maigrelet, ses cheveux bruns aussi hirsutes que s'il avait les doigts dans une prise de courant, assis au commissariat, dans un uniforme orange, raconte le meurtre à Lucky et Dixon. « Puis j'ai pris un fil et... » D'un geste saccadé, il porte ses mains à son cou. Il serre les doigts. Il tire le fil imaginaire autour de son cou et éloigne ses mains pour serrer. Comme il a serré le fil de pêche autour du cou de Jeremy. « Je me suis assuré qu'il pouvait pas respirer. »

Deux secondes de film, à peine. Lorsque le présentateur reprend l'antenne, une petite photo de la scène reste dans le coin supérieur droit de l'écran. Ricky, les mains sur sa gorge. En train de tuer Jeremy.

« Voici Jeremy Guillory », continue Mann. Ils ont agrandi le dernier portrait d'écolier de Jeremy et l'ont fixé sur un carton. Il porte une chemise à carreaux, les cheveux soigneusement partagés par une raie. Il sourit, dévoilant une dent manquante. « Vous voyez bien, tous ? Pendant que nous parlons de la maladie mentale de Ricky, je veux que vous sachiez que nous faisons cela de façon à pouvoir expliquer pourquoi Jeremy Guillory est mort. C'était un garçon de six ans, innocent. Il n'a pas commis d'erreur. En 1992, sa mère, Lorilei, attendait un autre fils qu'elle allait appeler Cole, et elle et Jeremy habitaient à Iowa, en Louisiane. Iowa se trouve à environ seize kilomètres d'ici. Et juste après Iowa, il y a une autre petite ville qui s'appelle Hecker, en Louisiane également. Et c'est là que Ricky a grandi avec sa mère, Bessie, son père, Alcide, ses grandes sœurs, Darlene, Judy et Francis, et son petit frère, Jamie. Mais ce qui s'est produit dans cette affaire a été mis en branle plusieurs années avant la naissance de Ricky. »

Maintenant Mann fait à son tour le récit du meurtre. Elle ne commence pas par le jour où Jeremy prend son fusil à balles BB et sort de chez lui en courant. Elle commence avant la naissance de Ricky, dont elle raconte l'histoire : l'accident, Bessie dans le plâtre, tous les médicaments, Ricky. « Tout cela pour dire que Ricky était destiné à être psychotique, et la seule question, c'était quelle forme cette psychose allait prendre. »

(« Destiné ». Ces premiers aveux sur bande, lorsque Lucky interrogeait Ricky :

Q : Alors, vous avez eu des problèmes avec les enfants par le passé.

R : Oui.

Q : Vous voulez m'en dire plus ?

R : C'est juste que... je ne peux pas expliquer. Je suppose que c'est mon destin, OK, c'est vrai.)

C'est là que Mann parle du moment de son enfance où Ricky a commencé à voir Oscar. Oscar est la forme revêtue par la psychose. Dans l'histoire que raconte Mann, Ricky parle de l'accident de voiture comme s'il avait été présent. Il parle de l'enterrement d'Oscar et de Vicky : comme les enfants étaient jolis, étendus dans leurs cercueils, les ruches blanches sur la robe de Vicky, et les longs cils d'Oscar effleurant ses joues.

(Mann a-t-elle oublié qu'Oscar a été décapité, décapité même dans le rêve de Ricky? Ce n'est pas comme ça qu'elle présente l'histoire en cet instant.)

Dans l'histoire telle qu'elle la raconte, Bessie et Alcide ont un jour emmené Ricky chez un thérapeute quand il était petit, mais ils ne voulaient pas que leur fils reçoive un diagnostic qui risquait de le suivre toute sa vie. Ils voulaient que leur fils soit normal. Alors ils se sont efforcés de faire comme s'il l'était.

C'est *Ricky* qui a réalisé que quelque chose n'allait pas. Ricky a essayé de demander de l'aide, mais on la lui a refusée. Il a essayé de se tuer, mais il s'est raté, ou bien, secrètement, il voulait juste appeler à l'aide en attirant l'attention, pas vraiment mourir. Lorsque Ricky a tué Jeremy, dit Mann, il se trouvait aux prises avec un long épisode psychotique déclenché par le stress, le stress de vivre de nouveau dans sa famille, la famille qui était si difficile pour lui, la famille auprès de laquelle résidait le passé. Il a étranglé Jeremy en pensant qu'il se débarrassait d'Oscar. En pensant qu'il se débarrassait du passé. Ce n'est qu'une fois l'enfant mort qu'il a baissé les yeux et compris qui il avait tué.

Deux récits. Deux interprétations différentes.

C'est de cette manière que le choix a été posé pour le jury : Ricky est-il un individu foncièrement mauvais, un monstre qui a brutalement assassiné un enfant innocent? Ou bien Ricky s'est-il battu toute sa vie contre ses démons, contre sa nature profonde, une bataille qui l'a rendu psychotique et a abouti à la mort tragique d'un enfant?

L'accusation appelle ses témoins, parmi lesquels l'opérateur du 911 qui a pris les appels de Ricky : Calton Pitre, à qui Ricky a dessiné un plan du quartier pendant les recherches ; et le photographe qui a pris les photos aériennes de la scène.

« Témoin suivant, pour l'accusation, dit Gray.

– Lorilei Guillory. »

L es jurés doivent se tendre sur leurs sièges. Parmi eux, cinq mères de famille. L'accusation espère qu'elles se reconnaîtront en Lorilei. La défense espère qu'elles se reconnaîtront en Bessie et seront horrifiées par ce qu'elle a dû endurer pendant sa grossesse. Au plafond, les néons crépitent. Les cœurs des jurés s'emballent.

La mère a les cheveux châtain clair, comme les cheveux clairs de son fils sur la photo. Elle a l'air d'une mère comme les autres, quelqu'un qu'on ne remarquerait pas si son nom n'avait pas été appelé. Elle est plus vieille qu'ils ne l'avaient imaginé, peut-être. En écoutant les officiers qui ont participé aux recherches, ils ont oublié que le meurtre a eu lieu il y a plus de dix ans. Les rides autour de ses yeux lui confèrent une nouvelle gravité. Dix ans qu'elle vit sans son fils. Les enfants des femmes du jury sont tous en vie, ont-elles dit aux avocats durant la sélection.

Lorilei prend place à la barre des témoins. Les jurés la dévisagent.

Sous leurs regards insistants, elle doit baisser les yeux sur ses mains, elle doit contracter ses épaules. Onze ans ont passé. Elle ne vit plus dans l'État. Elle les avait oubliés, ces regards.

« Madame Guillory », commence Killingsworth. Peut-être sa voix se colore-t-elle d'une touche de sympathie qui ne s'y trouvait pas avant. Elle parle avec circonspection, d'un ton un peu triste. Lorilei doit avoir oublié cela également. Tous ces gens qui vous ménagent, telle une poupée de sucre. Bien sûr, l'accusation charge Killingsworth de l'interrogatoire principal. Une mère qui parle à une mère. « Voulez-vous me dire le nom de vos enfants ?

– Mon premier enfant s'appelle Jeremy James Guillory. J'ai un deuxième fils, Cole Innis Landry. » Elle remue sur son siège. « J'ai un troisième enfant que j'ai donné pour adoption à la naissance, il s'appelle Rowan Lovell, à ma connaissance.

– Jeremy Guillory, le petit garçon assassiné dans cette affaire, c'est votre fils, n'est-ce pas ?

– Oui.

– Quand avez-vous vu votre fils pour la dernière fois ?

– La dernière fois que j'ai vu mon fils, c'était ce vendredi après-midi-là, quand il est sorti jouer dehors.

– OK. Et qu'est-ce que… ?

– Vivant. » La voix de Lorilei part dans les aigus. « C'est la dernière fois que je l'ai vu vivant. »

Elle raconte qu'elle est allée chez les Lawson et qu'elle a emprunté le téléphone. Elle raconte qu'elle s'est tenue à la lisière des bois et qu'elle a appelé Jeremy en criant à pleins poumons, elle décrit le silence, le silence terrible qui lui a répondu. Puis la police, les volontaires et les pompiers, les chiens, et les bateaux.

« Combien de temps les recherches ont-elles duré ?

– Trois jours. » Là encore, dans les procès-verbaux, survient le problème de l'énormité de ce que Lorilei doit transmettre. Elle essaie de nouveau. « Pour moi, ça a été trois jours et trois nuits. Vendredi, vendredi soir. Samedi, samedi soir. Dimanche, dimanche soir. » On ne lui a sans doute pas demandé d'aller

plus loin dans cette histoire. Mais elle ne peut pas s'en empêcher. C'est ainsi qu'elle se termine. « Et puis le lundi, lundi à
je ne sais plus quelle heure, ils m'ont dit qu'ils avaient trouvé
mon fils. Et j'ai demandé : Il est où ? Et ils m'ont annoncé qu'il
était mort. »

Cole est la raison pour laquelle Lorilei n'a jamais besoin de
se demander depuis combien de temps Jeremy est mort. L'âge
de Cole, plus six mois : voilà depuis combien de temps son
frère a disparu. L'âge de Cole, plus six ans et demi : c'est l'âge
qu'aurait Jeremy.

Dix-sept ans, en ce jour, alors que Lorilei est assise sur le banc
dur du hall. Deux jours se sont écoulés depuis son témoignage.
Le lendemain, l'accusation a appelé Pearl Lawson, qui a raconté
sa rencontre avec Ricky. Rien sur son fils ou son mari, aucune
question pour lui faire préciser si elle savait que Ricky était un
pédophile. Puis Lanelle Trahan, la supérieure de Pearl au Fuel
Stop, qui a raconté comment Ricky lui avait barré le passage
dans l'escalier, rouge comme une betterave. Le lendemain matin,
l'accusation a commencé avec l'agent du FBI Don Dixon, à présent chef de la police de la paroisse. (« J'ai eu un PV, chef, a dit
Gray. Je suis pas très content. ») Au milieu du témoignage de
Dixon, Ricky a eu la tête qui tourne, et Gray a suspendu les
audiences pour la journée. Il ne voulait pas risquer l'annulation,
a-t-il expliqué. Le lendemain matin, Dixon a fini de témoigner
au sujet des recherches et des aveux de Ricky, puis Lucky a com-
menté les photos de Jeremy pour le jury. Lorsqu'il est arrivé au
gros plan du corps de Jeremy dans le placard, enroulé dans des
couvertures, ses chaussures et son fusil à balles BB rangés à ses
pieds, Lucky pleurait.

À présent, c'est le quatrième jour, et ils viennent de revenir de la pause déjeuner après une très longue matinée. D'abord les avocats se sont disputés, et même s'ils se disputaient à mi-voix devant la chaire du juge, dos tournés à l'auditoire, sous leurs costumes telle la carapace d'un scarabée, Lorilei sait que l'objet de leur désaccord, en partie du moins, c'est elle. Sa présence ici. Le fait qu'elle est allée s'entretenir avec Ricky. Ce qu'elle veut dire de ses sentiments.

Lors du premier procès, en 1994, lorsque son deuil était frais et plein de colère, l'accusation ne demandait qu'à l'avoir dans la salle d'audience. Mais maintenant qu'elle a rencontré Ricky, ils la traitent de mère indigne. Une mère digne de ce nom, disent-ils, ne soutiendrait jamais l'assassin de son fils. Et ils ont des éléments à charge contre elle, elle le sait. Toutes ces années d'alcool et de drogues, à essayer de trouver sa voie avant que l'arrivée de Jeremy ne lui donne un but dans la vie. Puis encore de l'alcool et de la drogue après que Jeremy lui a été pris.

Cependant, elle a de nouveau un but. Être une bonne mère pour Cole, oui, mais aussi, en un sens, ce procès. Ce que ce procès est devenu. Les procureurs ont financé son voyage depuis la Caroline du Sud pour les audiences – ils étaient forcés – mais à présent, ils disent que puisqu'ils n'ont pas l'intention de la faire témoigner dans la partie concernant la peine s'il y en a une – pas si elle renonce à dire qu'elle veut la mort de Ricky –, ils refusent de financer son séjour et celui de Cole. Comme si elle allait rentrer chez elle avant la fin du procès. Et Cole a commencé l'école.

Et puis il y a les pièces à conviction qui les divisent. Le juge a sous les yeux une lettre que Ricky a écrite à Lucky en 1992 de sa cellule au pénitencier, où il propose de lui montrer sur un atlas tous les endroits où il a voyagé et de lui parler de tous les enfants qu'il affirme avoir agressés en chemin. Ces histoires arrivent aux oreilles de Lorilei telles les soies et les graines d'un pissenlit dans le vent. Seul le nœud dur l'atteint. Même s'il règne dans la salle d'audience une température neutre, celle de l'air immobile, cette immobilité donne une impression de chaleur excessive où elle se sent étouffée, et peut-être sent-elle monter une migraine. Elle appuie sa tête contre le dossier du banc et ferme les yeux un instant. Combien d'enfants y a-t-il eu ? Ont-ils fini comme Jeremy ?

Jeremy. Peut-être se laisse-t-elle aller à l'imaginer. Jeremy à dix-sept ans, tel qu'il serait maintenant. Il trouverait quelqu'un à qui emprunter un véhicule tout-terrain, ou un jardin où en faucher un quand tout le monde a le dos tourné, et il partirait en balade dans l'herbe folle des marais pendant les longs après-midi désœuvrés des week-ends – peut-être qu'il roulerait trop vite et ferait des vols planés – elle aurait eu beau l'avertir un million de fois que c'était dangereux, dans cette histoire-là, il ne saurait pas ce que signifie la mort – jusqu'à ce que lui et ses potes soient couverts de boue, riant aux éclats, vivants. Ce fusil à balles BB qu'il aimait serait devenu un pistolet à air comprimé, ses promenades dans les bois seraient plus longues. Il aurait un faible pour une fille du lycée, maintenant, et quand elle lui poserait des questions sur cette fille, il rougirait jusqu'aux oreilles. Elle connaît si bien son sourire que son cœur se serre douloureusement. Jeremy sous le sapin de Noël à six ans, vêtu d'un pull rouge, les guirlandes se reflétant dans ses cheveux blonds, avec un sourire si large qu'il faisait ressortir ses joues. C'était deux mois avant sa mort. Ne pensez pas à la façon dont ils ont passé cette photo au journal du soir ; ne pensez pas à la façon dont ils passent cette photo au journal du soir dans toute la ville en ce moment. Pensez à son sourire. Elle le transpose. Le fait grandir. Soustrait la rondeur de la mâchoire, fait apparaître un début de moustache au-dessus de sa lèvre. Dix-sept ans.

Les vidéos de ce matin sont le mauvais rêve, l'irréel. Ricky précède Lucky dans l'escalier étroit, sombre de la maison. Les jouets sur le sol de la chambre, la poupée déglinguée de June, dernière chose avec laquelle Jeremy ait jamais joué. Elle l'a déjà regardée, cette vidéo, mais lorsqu'ils l'ont passée ce matin, elle ne l'avait pas vue depuis des années. A-t-elle eu le souffle coupé lorsque Lucky touchait la porte du placard ? À l'intérieur du placard se trouvait son enfant chéri. Les cheveux blonds duveteux qu'elle avait embrassés, ébouriffés, lisses et frais. Les cils qui effleuraient à peine ses joues, comme quand il dormait. Les affreuses marques bleu-noir sur son cou et la constellation de points rouges tout autour, telles des taches de rousseur faites de sang.

Ce matin, après cette vidéo et une autre, ils en ont passé une dernière. Une troisième, qui avait été exclue du procès de 1994. Sur cette vidéo, enregistrée deux mois après le meurtre, Ricky avait changé sa version des faits. Il racontait qu'il avait agressé Jeremy sexuellement. Avant la mort de Jeremy.

Et elle a dû regarder ça. Son bébé.

« Faites sortir le jury. Madame Guillory ?

– Oui, monsieur le président ? »

Toute la salle la regarde, même le témoin. Elle reprend rapidement ses esprits. Le témoin est un expert. Il était en train d'expliquer qu'on a fait des analyses pour trouver des traces de sperme sur Jeremy.

« Madame Guillory, venez me voir une minute. »

À côté d'elle sur le banc, Cole, dix ans. Elle lui presse la main, puis se lève et se rend à l'avant de la salle.

«Bonjour, monsieur le juge.

– C'est votre enfant?

– Oui, monsieur.

– Un enfant n'a rien à faire ici. C'est un procès pour meurtre. C'est déjà assez affreux – je ne pense pas que cet enfant a besoin de se trouver dans cette salle et d'entendre ça.» Gray hausse le ton. «Avec… avec tout ce qui est arrivé à son frère et tout. Ça ne me plaît pas du tout.

– La question ne se…

– Vous trouvez que c'est la place d'un enfant?»

La salle d'audience est parfaitement silencieuse. Tout le monde la regarde. Cole la regarde.

«Monsieur le juge, réplique lentement Lorilei, mon fils a vécu tout ce que j'ai vécu. Si je vois que ça le perturbe, je le ferai sortir.»

Gray secoue la tête.

«Bon, comme vous voudrez. C'est votre enfant.

– Il se pose encore des questions qui sont restées sans réponse. Comme moi.»

Puis – tout à coup – Lorilei semble sombrer. Ses épaules s'affaissent. Sa voix ressemble à un ballon dégonflé.

«Je ne suis pas vraiment certaine que ce soit la bonne – vous savez – mais je n'avais vraiment pas d'autre solution pour le faire garder.»

Richard ne lui a pas adressé la parole depuis qu'il a appris qu'elle a l'intention de témoigner en faveur de Ricky.

Gray retire ses lunettes.

«Voyez avec Clive et les autres, demandez s'ils ne peuvent pas vous trouver quelque chose pour vous aider. J'ai du mal à le supporter moi-même, ce procès.» Il se frotte le front. «Je sais parfaitement qu'un enfant aura du mal aussi.»

Une enquêtrice de la défense prend Cole par la main et l'emmène dehors. Je m'imagine Ricky enfant, parlant à Oscar par la fenêtre de sa chambre. Je me revois enfant, devant le miroir de la salle de bains, essayant d'imaginer la sœur que je n'ai jamais connue. Je pense à Bessie avec sa malle et à ma mère avec son meuble classeur.

Lorilei reste.

Il n'y a pas pour ma sœur de tombe connue, pas de fin à son histoire. Lorsque mon père m'a dit ce qu'on avait fait du corps de Jacqueline, je me suis presque sentie bête. Bête de m'être cognée la tête contre le passé avec mes parents. Pour toutes les disputes où je leur avais demandé pourquoi je ne les avais jamais vus se mettre en colère à cause des attouchements. *Eh bien, s'ils étaient capables de faire ça avec un bébé*, je me suis dit alors.

Mais ils avaient deux bébés à la maison, et il fallait qu'ils s'en occupent. Nous étions tous deux minuscules, tous deux prématurés. Le troisième jour de ma vie, j'ai eu un affaissement pulmonaire et mon cœur s'est arrêté avant que les médecins ne me raniment. À sa naissance, l'appareil digestif de mon frère n'était pas pleinement développé, et même si, en grandissant, il a acquis une belle santé, dans les années précédant l'opération, il est tombé trois fois dans le coma et il allait régulièrement à l'hôpital. Pour nous deux, il fallait stériliser des biberons et changer des couches, il fallait nous faire faire notre rot, nous faire des câlins, nous habiller et nous bercer pour nous endormir la nuit. Nous avions besoin d'eux, l'un comme l'autre. Il leur fallait s'occuper de leur famille.

En un sens, les choix que mes parents ont dû faire par la suite – les choix qui m'ont attirée vers l'histoire de Ricky – étaient les mêmes. Enterrer les colères et la dépression de mon père, enterrer les agissements de mon grand-père, enterrer, même, la colère qu'avaient provoquée chez moi ses agissements, mon insistance pour dire que c'était mal, et pour que nous en parlions – enterrer ces menaces a dû paraître presque plus facile, à côté. Ils ont continué à avancer. Ils ont jeté l'album souvenir qu'ils avaient commencé pour Jacqueline ; ils ont jeté ou donné tous les jouets portant son nom que leur avaient fabriqués leurs amis ; ils m'ont habillée, sans doute, avec certains des vêtements de petite fille en surplus, et ont donné le reste. Ils ont arrêté de remplir les albums souvenirs de mon frère et moi, ceux dans lesquels il demeurait des traces de son existence à elle, et les ont remisés dans le meuble classeur blanc. « Les jumeaux », disaient-ils de nous deux, et ils nous ont appris à nous appeler comme ça aussi. Ils ont fondé une famille heureuse, et ils ont bien pris soin de le faire savoir aux voisins. Il y avait des étés sur l'île et des Noëls sous le sapin, et nous étions tous les six autour de la table de la salle à manger lorsque mes parents levaient leur verre pour porter un toast à leur bonne étoile. J'en suis venue à croire que chaque famille est définie par un acte fondateur, une croyance fondatrice. Depuis mon enfance, j'ai compris que celle de mes parents était la suivante : ne jamais regarder en arrière.

Mais un an après que j'ai interrogé ma mère sur le corps de Jacqueline, j'étais attablée avec elle dans une pizzeria d'une petite ville désolée de l'est de la Pennsylvanie où je m'étais installée temporairement pour un boulot de prof. Toutes les usines de la localité avaient fermé depuis longtemps ; la ville ne s'en était jamais remise, et à présent, la moitié des devantures étaient vides. Ça me faisait plaisir de la voir – elle m'avait manqué – et je voyais qu'elle était contente de me voir, elle

aussi. Cependant, nous nous parlions avec une certaine prudence : les liens entre nous avaient toujours été puissants, viscé-
raux, mais toujours, également, en danger de casser net. Jusqu'à
ce que les mots quittent ma bouche, je ne savais pas que j'allais
les prononcer : « Je travaille sur un projet », j'ai dit. Je n'arrivais
pas encore tout à fait à dire un *livre*. « Je vais devoir parler de
Jacqueline dedans. »

Je m'attendais à ce que ma mère se mette en colère. J'avais
l'impression que je faisais le choix d'arracher un pansement, que
peut-être si je rouvrais la blessure assez tôt, elle aurait le temps
de cicatriser et de guérir. Je l'aimais, mais j'avais besoin de le
faire. Je l'aimais *et* j'avais besoin de le faire. Je la mettais au défi,
je me mettais au défi, et je me débarrassais de quelque chose,
espérant que le temps viendrait ensuite de s'en remettre. Je me
suis armée intérieurement.

Mais elle n'était pas en colère. Ses yeux se sont brusquement
remplis de larmes. Elle s'est mise à parler. « Au... », elle a dit – mais
les larmes ont débordé et ses joues sont devenues toutes rouges.
Elle a eu un hoquet et elle a agité sa main devant sa bouche.

Puis elle a rabaissé sa main. Elle a dégluti. Elle a pris la serviette en papier sur la table, l'a froissée, et s'est tamponné les
yeux. Elle a pris une gorgée d'eau. Finalement, elle a été prête.
« Au moins comme ça il y aura une trace de son existence. »

Pour la défense de Ricky, ce sur quoi témoins et avocats se
chamaillent, c'est la manière de comprendre cette histoire.
Quelle version sera inscrite dans le dossier pour devenir un
fait. L'expert en analyses d'ADN qui était à la barre lorsque le
juge Gray a interrompu l'audience pour faire sortir Cole était
le dernier témoin de l'accusation. La défense commence sa

présentation en appelant un autre spécialiste des analyses ADN, qui témoigne que le poil pubien retrouvé sur la lèvre de Jeremy n'appartenait pas à Ricky. Une prof qui a eu Ricky comme élève en sixième témoigne, puis un ami qui était avec lui lors de cette nuit sous les étoiles où il a tenté d'aller se dénoncer. Sa sœur Darlene refuse de dire que Ricky a été traumatisé par son enfance. Il était aimé, dit-elle. Ils l'étaient tous.

Le lendemain, un psychologue convoqué par la défense décrit tout ce qu'Alcide disait à Ricky lorsqu'il était en colère. Que Ricky ne valait rien. Qu'il était une tapette. Le fait que Ricky agresse sexuellement des enfants, dit le psychologue, pourrait être un signe qu'il a lui-même subi des abus sexuels. C'est le cas de la plupart des pédophiles.

Ce n'est pas vrai. On le répète souvent, mais ce n'est pas vrai. La plupart des pédophiles, de même que la plupart des gens, n'ont pas subi d'abus sexuels dans leur enfance. Et rien n'indique que les individus qui en ont subi deviennent des pédophiles. Ce qui est vrai, c'est que le pourcentage de pédophiles ayant subi des abus sexuels est plus important que le même pourcentage parmi la population générale – mais même dans ce cas, la différence n'est pas énorme. J'ai une envie puissante de contredire cette allégation – mais je sais pourquoi. Parce que j'ai subi des abus sexuels. Suis-je vraiment condamnée à me sentir maudite, à me sentir démolie à ce point ? Les mots de mon grand-père me reviennent : « Quand j'étais petit, ça m'est arrivé. »

« Je ne sais pas comment vous vous sentez, vous autres, l'interrompt Gray. Doc, vous qui êtes un expert. Pendant le procès, ça va, mais à la minute où j'en sors, j'ai l'impression d'avoir un gorille de deux cent cinquante kilos sur la poitrine. Je vais prendre un verre, et il s'en va peu à peu. À chaque gin tonic, cinquante kilos s'évaporent, complètement. Ma femme se contente de fermer la porte et de me dire : "Très bien, chéri, à demain matin." »

Un psychologue de la défense affirme que Ricky était en état de démence, d'un point de vue juridique, au moment du meurtre – psychotique, même ; lors du contre-interrogatoire, le procureur observe qu'il est le seul expert à le penser. Un médecin décrit la grossesse de Bessie, s'attardant sur l'alcool, les médicaments et toutes les radios qu'elle a faites. Mais il n'y a aucune preuve que Ricky a pâti de tout cela, insiste la procureure. Ce ne sont que des facteurs de risque – et il n'existe aucun dossier médical sur Ricky juste après sa naissance, rien qui indique s'il était normal ou pas. Puis la plus âgée des sœurs de Ricky, Francis, vient à la barre. Mais elle refuse de revenir sur ce qu'elle a dit. Ricky était aimé.

« Monsieur le juge, dit Clive. La défense appelle Lorilei Guillory. »

Les membres du jury doivent être extrêmement troublés. Ils ont déjà entendu son témoignage. Ils ont vu les photos de ce que Ricky a fait à son fils. L'un d'entre eux a fondu en larmes en regardant ces images. Lorilei a témoigné pour le ministère public. Jusque-là, la défense a semblé se focaliser sur le passé de l'accusé. Pourquoi la convoquer maintenant ?

Clive lui demande si elle a quelque chose à ajouter.

Oui.

« Même si j'entends le cri de mon enfant au moment de sa mort, j'entends également l'appel au secours de Ricky Langley. »

Lorilei a expliqué qu'elle avait commencé à éprouver de l'empathie pour Ricky parce qu'elle s'est reconnue en Bessie. Elle ne pouvait pas arracher son fils à une autre femme.

Mais c'est quand elle a entendu la version de *Ricky* que ce changement s'est opéré en elle. Toutes ces querelles pour savoir s'il était aimé. Toutes ces querelles au sujet de tous les problèmes qu'il a eus. Elle est quelqu'un qui a dû se battre pendant toute sa vie, qui n'a dû compter toute sa vie que sur elle-même, qui a dû s'en sortir toute seule. Cela doit demander une force inimaginable de faire ce qu'elle a fait. Cela doit demander une énergie inconcevable.

C'est là le moment qui m'a posé tant de difficultés quand j'en ai entendu parler pour la première fois. Le moment où Clive et les autres ont raconté qu'elle l'avait pardonné alors qu'elle disait que non, ce n'était pas le cas. Le moment qui ressemblait à une trahison de son enfant, même si je l'admire pour cela. Même si cela faisait d'elle une héroïne. Mais à présent je regarde ce qu'elle a fait, je regarde ce qu'elle a dit, je regarde ce qu'elle savait, et une idée me vient.

Se reconnaissait-elle en Ricky, également ?

36

L e lendemain du jour où je suis allée demander des
comptes à mon grand-père, j'étais toute seule chez mes
parents, dans la cuisine. La lumière du matin d'été inon-
dait la pièce par la fenêtre au-dessus de l'évier. Je regardais la
vieille balançoire pneu, avec sa corde maintenant élimée, qui
commençait à pourrir.

Le téléphone a sonné.

Il n'y a pas eu un mot lorsque j'ai décroché, seulement sa respiration laborieuse. Il l'avait déjà fait, appeler la maison et se
contenter de respirer lorsqu'il entendait ma voix. « Allô ? j'ai dit.
Allô ? » Je m'apprêtais à raccrocher.

Mais cette fois il a parlé. « Je suis un vieil homme, a-t-il dit. Je
serai mort bientôt. J'ai besoin de ton pardon pour aller au paradis.
Est-ce que tu me pardonnes ? »

Je me souviens de la sonnerie du téléphone. Je me souviens
de la lumière par la fenêtre et du combiné en plastique noir,
lisse, dans ma main. Je me souviens du son de sa voix, hésitante,
rauque, et vieillie, et je me souviens que j'ai eu la chair de poule
à l'entendre, que mon cœur s'est emballé. Je me souviens de
sa question.

Je n'ai aucun souvenir de ce que je lui ai répondu.

Ce que j'aimais autrefois dans le droit, c'est qu'il ne laisse pas les questions sans réponses. Il trouve des réponses. Dans la vie, nous appellerions ce qui est arrivé à Helen Palsgraf pendant qu'elle attendait le train pour emmener ses enfants à la plage un concours de circonstances. Il serait clair qu'une chose en a entraîné une autre : le jeune homme en retard, le porteur qui essaie de l'aider en le poussant, le paquet qui tombe, l'explosion, l'échelle, et finalement Mme Palsgraf attaquant en justice la compagnie de chemin de fer. Tous ces événements, nous le comprendrions, sont liés – il n'y a ni cause unique, ni point de départ. Chaque fois que nous racontons l'histoire, nous pourrions la raconter différemment, choisissant de souligner le retard du jeune homme si nous voulions dire quelque chose sur la négligence, ou l'explosion conduisant à la chute de la balance si nous voulions dire : *on ne peut jamais savoir ce qui va arriver.* Pas de signification unique.

Mais le droit ne peut pas en rester là. La justice doit déterminer ce que signifie l'histoire. C'est à ça que sert un procès. L'affaire Palsgraf, en réalité, a été réglée simplement. Le tribunal a statué que la compagnie de chemin de fer n'était pas responsable car le porteur ne pouvait pas savoir que le paquet contenait des feux d'artifice. Si on se rappelle l'affaire aujourd'hui, cependant, et la raison pour laquelle je m'y intéresse, c'est pour l'argument contradictoire, qui affirmait que la compagnie de chemin de fer aurait dû être tenue pour responsable, car le geste du porteur était la cause directe de la blessure de Mme Palsgraf. La question dans *Palsgraf,* disait le juge dissident, n'est pas en fait la connaissance ou non de la présence des feux d'artifice. La question, c'est de savoir où vous voulez faire commencer la chaîne de causalité. Une fois que vous avez décidé ça, vous avez décidé la signification de toute l'histoire.

Palsgraf est une affaire de droit civil. Le concept de cause directe n'existe pas en tant que tel en droit criminel. Le droit criminel ne s'intéresse pas à l'origine de l'histoire. Mais la façon dont vous jugez tient à la façon dont vous racontez l'histoire. Commencez l'histoire de Ricky par le meurtre – et elle signifie une chose. Commencez-la par l'accident de voiture – et elle en signifie une autre. Commencez par ce que mon grand-père nous a fait, à moi et à ma sœur. Ou bien commencez quand il était petit, et que quelqu'un lui a fait la même chose.

Personne ne peut me dire la façon juste de penser à mon grand-père. Mais pour Ricky, au moins, j'espérais que le jury prendrait la décision pour moi.

Il y aura quatre plaidoiries en conclusion des audiences. Comme la charge de la preuve incombe au ministère public, il commence et termine. Wilson parlera pour l'accusation, et sera réfutée par Mann. Puis Clive. Ensuite viendra Killingsworth.

« Vous pouvez commencer », annonce le juge Gray à Wilson.

Sur quoi, note le greffier, Gray se lève et sort de la salle.

« Plaise à la cour », commence Wilson. La salle éclate d'un rire gêné. La « cour » – le juge – est partie.

Elle remercie les jurés pour leur attention pendant tout le procès. Il n'y a qu'une seule question sur laquelle ils doivent vraiment délibérer, dit-elle. Quand Ricky Langley a tué Jeremy Guillory, faisait-il la différence entre le bien et le mal ? L'ensemble des éléments, dit-elle, suggère que oui. Il n'a commencé à prendre un traitement antipsychotique que lorsqu'un expert de la défense lui en a prescrit un pour le début du procès. « Il n'a jamais été hospitalisé pour épisode psychotique. Ses amis de l'époque des faits n'ont jamais remarqué de comportements bizarres. Ils n'ont rien remarqué du tout. Ils ont juste remarqué quelqu'un qui leur paraissait normal. » L'idée que Ricky avait des crises psychotiques et qu'il était psychotique au moment où il a tué Jeremy est une fiction concoctée pour ce procès, dit-elle. « Je vous affirme qu'il y a des gens qui commettent des abominations, et qui savent pendant qu'ils les commettent que ce sont des abominations, mais qui, sur le moment, choisissent néanmoins de les commettre. Ricky est l'un d'entre eux. Ces gens ne sont absolument pas fous. Ils sont mauvais. »

Pendant que Wilson parlait – le greffier ne précise pas exactement à quel moment –, Gray est revenu à sa chaire. À présent, Mann lui fait savoir qu'elle est prête à se lancer dans la première plaidoirie.

« Très bien, dit Gray. Je resterai pour "Plaise à la cour."

– Plaise à la cour », commence Mann.

Une fois de plus, Gray sort.

« Il est incontesté, depuis le tout début et jusqu'à ce jour, que Ricky Langley a causé la mort de Jeremy Guillory. » Mais ce dont Mann veut parler, dit-elle au jury, c'est du fardeau de la preuve. Elle leur rappelle que pendant le processus de sélection, elle et Clive leur ont demandé ce que signifiait pour eux l'expression « au-delà du doute raisonnable » – et ils ont répondu : « très haut, 99 %, même ». Le ministère public doit atteindre ce degré de certitude pour qualifier le meurtre d'assassinat. Ils doivent prouver l'intention criminelle à 99 % de certitude. Or, dit-elle, ils ne le peuvent pas.

C'est parce qu'ils ne le peuvent pas, et pour cette seule raison, qu'ils prétendent que Ricky a abusé sexuellement de Jeremy. En l'absence de preuve d'intention criminelle, ils essaient d'influencer le jury en jouant sur l'émotion. Mais attention, dit-elle aux jurés : Ricky est pédophile, oui, mais il n'y a pas de preuve qu'il ait réellement commis une agression sexuelle sur Jeremy. Ricky a raconté à Lucky et à d'autres l'histoire du meurtre onze fois, et sur ces onze fois, il n'y a qu'*une* fois où il a dit qu'il avait touché Jeremy de cette façon. (Elle veut dire onze fois dont le jury a eu vent. Il n'a jamais entendu parler des fanfaronnades de Ricky à Jackson, ou de la façon dont il avait décrit ses agissements en Géorgie. L'histoire a été racontée bien plus de onze fois. Elle a été racontée d'une infinité de façons.) La seule autre indication qu'il y avait eu abus sexuel est la présence de sperme à l'arrière du tee-shirt de Jeremy, du sperme qui appartenait à Ricky – mais le ministère public peut-il prouver que ce sperme ne vient pas des draps de celui-ci ?

On en revient donc à l'intention criminelle. Pour cela, le ministère public doit prouver que Ricky « désirait activement » la mort de Jeremy. « Comment détermine-t-on si un individu a une intention de cet ordre ? On ne peut pas prendre une photographie de son cerveau au moment des faits. » Tout ce que l'on peut faire, dit-elle, c'est examiner les preuves indirectes. Ricky affirme qu'il ne sait pas pourquoi il a tué Jeremy. Il ne s'est pas débarrassé du corps, comme il l'aurait certainement fait s'il avait compris la portée de ses actes. Il n'a jamais été capable de fournir le moindre motif à son geste. « Il est difficile d'avoir une intention criminelle s'il n'y a pas de motif. Quand on lui demande : "Pourquoi avez-vous fait ça ?", il répond : "Je ne sais pas." S'il avait activement désiré la mort de Jeremy, il l'aurait su. Et bon sang, il l'aurait dit, aussi.

« La seule théorie du ministère public est qu'il a tué Jeremy pour cacher les abus sexuels qu'il avait commis sur lui. Il n'y a pas eu d'abus sexuels, donc il ne l'a pas tué pour les cacher. Cet homme n'est pas capable d'intention criminelle. Et s'ils trouvent néanmoins une intention criminelle à l'instant de la mort de Jeremy, c'est seulement parce que Ricky n'était pas en mesure de discerner le bien du mal à ce moment-là. »

Gray revient juste assez longtemps pour demander une suspension d'audience de dix minutes. Puis vient le tour de Clive.

Il commence – et le juge Gray sort de nouveau.

La lecture des retranscriptions est incroyablement frustrante. Personne ne relève l'étrangeté de l'attitude de Gray. Aucun avocat ne s'avance pour faire une objection. Je suppose qu'ils n'en avaient pas la possibilité – il n'y avait personne à qui présenter d'objection, après tout. Gray était parti. Mais lorsqu'il se trouve dans la salle d'audience, personne ne va le trouver à sa chaire pour demander un aparté et lui réclamer une explication, lui rappeler qu'il préside un procès dont l'enjeu est la peine capitale, exiger qu'il reste.

Et pourquoi Gray est-il parti ? Est-ce simplement qu'il ne veut pas entendre de nouveau cette histoire ? Il a répété, à maintes et maintes reprises, cela figure au dossier, dans les jours qui ont précédé, qu'il ne veut pas que le jugement soit annulé. Qu'il va faire les choses bien, de façon que ce procès soit définitif. C'est pourquoi il a exigé la sélection de quatre jurés remplaçants, au lieu de deux comme il est de coutume, et c'est pourquoi les remplaçants ont assisté à toutes les journées d'audience et ont déjà prêté serment. Il a suspendu les audiences le jour où le nouveau traitement antipsychotique prescrit par l'expert de la défense a rendu Ricky malade. Il a attendu l'arrêté d'une cour supérieure pour des aspects mineurs de l'affaire. Il a mis en œuvre un luxe de précautions, n'importe qui le dirait.

Sauf pour ce qui est de ses réflexions personnelles. Sauf pour ce qui est de ses plaisanteries. Sauf pour ce qui est des fois où, d'après ce qui transparaît dans les procès-verbaux, il s'est laissé déborder par ses émotions. Je le regarde et je pense à toutes les années où je me suis tenue à l'écart de la maison victorienne. À toutes les fois où j'ai oublié le nom de Ricky, même quand je venais juste de le lire. À l'effort énorme qu'a déployé mon corps pour me tenir à distance de cette histoire. Gray ne siégera plus jamais dans une affaire où la peine de mort est en jeu.

Mais pourquoi aucun des avocats ne proteste-t-il contre son absence ?

Sur ce dernier point, au moins, j'ai une hypothèse : les avocats ne savent pas encore comment va se terminer le procès. Mieux vaut ne pas en perturber le déroulement s'il peut encore tourner en leur faveur. L'absence du juge pourrait servir d'échappatoire à ce stade, et les deux parties pourraient s'en servir pour faire appel si le verdict ne leur convient pas.

« Ça fait dix-huit ans que je fais ça, dit Clive. J'ai fait ça toute ma vie, tenter de convaincre des jurys dans des affaires où la peine capitale est en jeu. Et le jour où ça ne me rendra plus affreusement nerveux, ce sera le jour où j'arrêterai. Une telle responsabilité me terrifie vraiment. Je suis sûr que certains d'entre vous n'ont pas très bien dormi, et moi, c'est tout juste si j'ai fermé l'œil de la nuit. Et j'espère que vous me pardonnerez. Je sais que je ne vais pas réussir à dire tout ce que j'ai à dire sans perdre mon sang-froid. »

Il les a choisis comme jurés à cause de leur expérience personnelle, leur dit-il. Beaucoup d'entre eux ont des membres de leur famille ou des êtres chers atteints de maladie mentale. D'autres sont infirmières, ou profs. Lorsqu'ils ou elles regardent

Ricky, il veut qu'ils pensent à leurs proches et aux difficultés qu'ils ont rencontrées.

Comme Clive pense à son père. Son père souffre de maladie mentale, explique-t-il au jury. « Il a fichu sa vie en l'air, il a fait des choses affreuses, des choses vraiment épouvantables. » Et pourtant, poursuit Clive, « il serait très difficile de prouver que mon père avait l'intention active de me faire du mal lorsqu'il faisait ce qu'il faisait, parce que ce n'était pas le cas. Alors on ne pourrait pas le prouver, dans aucune circonstance, et rappelez-vous bien ça, parce que sans intention criminelle » – prouvée au-delà du doute raisonnable – « vous ne pouvez pas déclarer Ricky coupable d'assassinat. »

« Voici le pauvre enfant, Jeremy », dit Clive. Il montre aux jurés la photo qu'ils ont déjà vue, celle de Jeremy à l'école. « Et voici Oscar Lee Langley. » Il leur montre le portrait qui se trouve sur la tombe d'Oscar.

Arrêtez-vous ici. C'est la stratégie que Clive a tentée lors du séminaire : parler de son père. Maintenant laissez Clive brandir longuement les photos, comme il le fait pour le jury. Le jury n'entendra jamais parler du séminaire – pas après la réaction horrifiée que les paroles de Ricky ont provoquée chez tous les membres de l'assistance. Clive a fait exclure cet élément du dossier. Mais néanmoins, Clive reconnaît son père en Ricky. Il ne peut pas ne pas raconter l'histoire de cette façon. Alors laissez-le tenter d'amener les jurés à faire, dans leur esprit, ce qu'il a fait avec son père, et superposer le passé au présent. Comme il dit que Ricky l'a fait dans son esprit. Comme je sais que je l'ai fait lorsque j'ai vu mon grand-père en regardant Ricky. Sur les photos, les deux petits garçons – Oscar en 1964 et Jeremy en 1991 – arborent un grand sourire, ils ont les dents du bonheur. Ils portent chacun une chemisette à carreaux. Leurs cheveux brillent par endroits, soigneusement peignés par Bessie et Lorilei le matin, il y a si longtemps. « La ressemblance frappante entre ces deux photos est-elle une coïncidence ou une preuve de la maladie mentale de Ricky ? »

Si Lorilei Guillory peut voir que Ricky mérite la clémence, dit Clive, comment le jury pourrait-il s'arroger le droit ne pas le voir également ? « Au nom de qui se déroule ce procès ? Ce n'est pas au nom de l'État de Louisiane, ce n'est pas en mon nom, c'est au nom de la Vérité. La vérité, la vérité pour le petit Jeremy Guillory. Si Lorilei peut la voir, nous pouvons la voir également. Et la vérité, ce n'est pas que Ricky est purement et simplement un méchant homme, c'est que c'est un malade mental, comme mon père. Bien plus atteint que mon père. »

C'est, finalement, le tour de Killingsworth. Une dernière fois, Gray quitte la salle.

« Dans cette affaire, nous ne sommes pas là pour juger le père de M. Smith. Nous ne sommes pas là pour juger la maladie mentale. Et lorsque quelqu'un se permet d'essayer de convaincre seize individus, seize citoyens de ce pays de l'existence d'une maladie mentale inventée de toutes pièces pour les berner, je me sens insultée. Vous savez, c'est à la portée de tout le monde, de pleurnicher sur le sort du pauvre Ricky Langley, ce pauvre chou. Mais dites-moi, qu'en est-il du pauvre petit Jeremy Guillory ? C'est sur lui que nous devons vraiment nous concentrer, sur Jeremy Guillory, ce petit garçon à qui la vie a été arrachée le 7 février 1992 par cet homme.

« La pédophilie est une maladie. Je ne vais pas essayer de vous mentir, ou prétendre que je ne pense pas que la pédophilie est une terrible, terrible maladie. Mais la pédophilie n'ôte pas à celui qui en est atteint sa capacité de prendre une décision et de choisir entre le bien et le mal. Et c'est ça, la question, ici. » Ricky a commencé à faire son choix, dit-elle, quand il a vu Jeremy pour la première fois. Quand il s'est rendu compte qu'il le désirait. « Il savait que ces choix étaient répréhensibles. Parce que s'il ne savait pas que ces choix étaient répréhensibles, pourquoi diable aurait-il souffert d'un conflit intérieur ? » Il a abusé sexuellement de Jeremy. D'accord, elle veut bien reconnaître qu'elle ne peut pas prouver à quel moment exactement ça s'est produit, mais ça *s'est* produit, dit-elle. Le sperme à l'arrière du tee-shirt de Jeremy – même s'il venait du drap, il fallait que la tache soit encore mouillée. « Faites usage de votre bon sens. Qu'est-ce que ça signifie, d'après vous ? »

Ricky se met à trembler sur sa chaise, à marmonner à voix basse.

« Ça signifie exactement ce que vous pensez que ça signifie. Il a fallu qu'il éjacule en présence de cet enfant. »

Wilson, Clive et une enquêtrice se précipitent à ses côtés et essaient de le calmer.

« Si ce n'est pas un abus sexuel, je ne sais pas ce que c'est. »

« Qu'est-ce qu'il a ? » Gray est revenu dans la salle juste au moment où Ricky, qui tremble maintenant violemment, se mettait à crier.

« Malheureusement, ce qui se passe, c'est que Ricky n'est pas en mesure d'affronter ça », dit Clive.

De tout ce qu'a entendu Ricky au cours de ce procès, c'est le sperme qui finit par le faire craquer. La preuve de ce qu'il est.

37

Après la fin de l'exposé de Killingsworth, le procès se termine.

Contrairement à ce qui s'est passé dans le premier, les jurés n'entendent jamais parler des précédentes condamnations de Ricky. Ils n'entendent jamais parler du journal dans lequel il racontait en détail qu'il emmenait des enfants dans les bois. Ces récits étaient-ils des rêves, ou des souvenirs ? Ils n'entendent jamais parler des cours qu'il a pris en prison en Géorgie ; de ses efforts pour comprendre la religion et la concilier avec sa vie ; personne ne leur dit que deux travailleurs sociaux du programme de réhabilitation des criminels sexuels ont interrompu la femme qui est venue les interroger pour dire, d'une voix hésitante et pleine de nervosité : « Passez notre bonjour à Ricky. Il nous a touchés profondément, ce garçon. » Le jury n'apprend jamais que c'est *Ricky* lui-même qui s'est inscrit à ce programme, qu'il a fait la demande à maintes reprises avant d'être déclaré éligible. Ils n'entendent jamais que pendant ces années-là, il a supplié qu'on ne le libère jamais.

Ils n'entendent jamais dire qu'une fois qu'il a été libéré, et qu'il a tué Jeremy, il s'est vanté auprès de Jackson dans la cellule de détention provisoire qu'ils partageaient. Ils ne l'entendent jamais dire qu'il a pris plaisir à tuer Jeremy. Comme ils n'entendent jamais parler du séminaire organisé par Clive, ils n'entendent pas non plus parler de la théorie de Ricky sur les trois types de pédophiles. Ils ne l'entendent jamais dire que Jeremy était son grand amour. Une foule d'éléments est bannie et disparaît quasiment sans laisser de traces, reléguée dans des cartons poussiéreux conservés dans des salles d'archives, loin des regards. Pour constituer les trente mille pages du récit caché de cette affaire, sa narration fantôme.

Et tant de choses restent non résolues. Une fois que les avocats ont trouvé Pearl Lawson et l'ont fait revenir pour le procès, ils ne lui demandent jamais ce qu'il est advenu de son mari et de son fils. Personne ne lui demande pourquoi, étant donné qu'un enfant a été retrouvé mort dans sa maison, et que cet enfant était le meilleur ami de son fils, elle reste quasi muette à la barre. La question de savoir à qui appartenait le poil pubien retrouvé sur la lèvre de Jeremy reste sans réponse. Ce qui s'est passé dans cette maison, on ne le saura jamais.

Le juge Gray fait sortir le jury pour les délibérations. Au bout de trois heures et demie, ils reviennent. Lorilei n'est pas là. « Le jury déclare l'accusé Ricky Langley coupable d'homicide volontaire sans préméditation. »

La peine de mort est réservée à l'assassinat. Ricky est condamné à perpétuité.

Mais Clive fait appel. Pas l'accusation essayant une nouvelle fois d'obtenir la peine de mort, mais Clive. Il veut que Ricky soit déclaré irresponsable de ses actes pour cause de maladie mentale, donc non coupable. Prétextant les absences de Gray, il obtient un nouveau procès. Le ministère public demande effectivement la peine de mort, mais une cour supérieure juge que puisqu'avec ce verdict Ricky a déjà échappé à la condamnation pour assassinat et à la peine de mort, ils ne peuvent l'inculper que d'homicide volontaire sans préméditation. Le procès se déroule sous l'égide d'un juge, sans jury. Lorilei ne témoigne pas. Une fois de plus, Ricky est déclaré coupable d'homicide volontaire, et condamné à la perpétuité. Il n'est pas déclaré fou.

Mais ce n'est rien de tout cela qui m'a poussée à me rendre à Iowa. Rien de tout cela qui m'a poussée à chercher tous les documents sur la vie de Ricky, ou à essayer de comprendre ce que j'avais lu de ma propre vie dans la sienne. Non, c'est ce que le président du jury de 2003, le prof qui enseignait à des quatrièmes, a dit par la suite. Après le verdict.

Depuis le jour où, en 2003, j'ai regardé pour la première fois les aveux de Ricky et senti, sur le moment, que je désirais sa mort, j'ai toujours cru que c'était les mots de Lorilei qui avaient incité le jury à épargner la vie de Ricky. C'est ce qu'ont raconté les médias : l'histoire de Ricky est l'histoire de la puissance du pardon d'une mère.

Dans les dossiers, j'ai découvert que la vérité est plus complexe : elle ne le pardonne pas, mais elle ne veut pas sa mort.

Mais c'est même encore plus compliqué que ça. Parce que lorsqu'il parle de la décision d'épargner la vie de Ricky, le président du jury n'évoque Lorilei à aucun moment. Non, il dit : « J'ai su dès que je l'ai vu que je n'allais pas les laisser tuer ce garçon. »

« Ce garçon » – Ricky. « Dès que je l'ai vu » – la sélection des jurés, à laquelle Ricky était présent. Autrement dit, *avant* le procès. Avant les pièces à conviction, avant les témoins, avant les faits, et avant les versions biaisées présentées par les avocats, également. Avant d'entendre Lorilei prononcer le moindre mot.

Le beau-frère du président du jury était schizophrène. Il est mort bien avant le procès, mais il a vécu avec le président du jury et sa femme pendant des années. Ils se sont occupés de lui, et l'homme a vu les terribles difficultés de son beau-frère. Il a vu la douleur que causaient chez sa femme ces difficultés. Il a regardé Ricky. Il a vu son beau-frère.

Quelques semaines après avoir vu les photos de Jeremy, je retourne en Louisiane, car le bureau des archives a retrouvé des cartons manquants. Chaque jour, je consulte de nouveaux documents, cherchant des réponses. Chaque soir, je roule. Je me raconte que je roule pour voir le paysage : la route qui s'étire au soleil, plate et délavée, les arbres qui jaillissent dans un foisonnement émeraude. Mais en vérité, je sais que je cherche la maison.

Trois heures avant le vol qui doit me ramener dans le Massachusetts, à deux heures de route de l'aéroport, je fais un dernier aller-retour sur Ardoin Road, à Iowa, à l'affût. La maison n'est pas là. Je le sais. J'ai pris cette route hier, et le jour d'avant. Elle n'est pas là, et pourtant elle ne peut être nulle part ailleurs. Je dois partir. Mais partir, cela revient à accepter que je ne trouverai jamais la maison. Que cette histoire demeurera inachevée à l'intérieur de moi.

Je me gare sur le côté de la route, descends et me mets à prendre des photos des arbres. Parce que je ne sais pas que faire d'autre. Parce que comme ça, au moins, j'aurai une trace de ce lieu. Il fait inhabituellement clair pour la saison, pas de nuages lourds de pluie, juste le grand ciel bleu et l'herbe verte de la plaine, sur des kilomètres. La route est déserte. Les champs aussi. Il n'y a pas une voiture en vue, pas un être humain. Pas un oiseau dans le ciel. Devant moi, les champs verdoyants ; derrière moi, un épais mur d'arbres accolés à un ravin, avalant la ligne d'horizon. Je porte l'appareil à mes yeux et cadre mon image : la longue route qui s'étale sur toute la longueur du viseur, les champs qui s'étalent derrière elle tel un souvenir. Peut-être depuis le départ n'étais-je pas destinée à trouver la maison.

Et là, j'éclate de rire. Je ne peux pas faire autrement. Parce que dans le coin inférieur droit du cadre, à un endroit devant lequel je suis passée au moins deux fois auparavant, se trouve le début d'une route sans panneau. Elle est exactement où elle était censée être, placée exactement comme sur la photo aérienne. Elle se trouve à côté d'Ardoin Lane, ce qui signifie que je me tenais à quelques mètres d'elle lors de mon dernier voyage, et que je ne l'ai jamais vue. Quelque chose dans mon corps m'a empêchée de la remarquer jusqu'à cet instant.

À droite de la route, une maison basse en brique avec un moulin à vent en alu mauve planté dans le jardin. À gauche, une maison blanche en préfabriqué sur pilotis en bois brut, avec un pick-up garé à côté. Des bûches et des matériaux de construction encombrent l'arrière du pick-up, mais la cabine est vide et il n'y a de lumière dans aucune des deux maisons. Plus loin sur la gauche, juste avant que la route ne se termine dans un bosquet, il y a encore une maison.

Mais c'est tout, rien d'autre. Pas d'autres maisons, seulement l'herbe et cette masse d'arbres. L'autre terrain est vide.

Je me gare près du pick-up. L'herbe haute me chatouille les chevilles. Je traverse les jardins en toute impunité, jusqu'au terrain vide, où se tient une petite cabane. Abritait-elle autrefois la machine à laver à l'extérieur de la maison Lawson, dans laquelle Ricky a lavé ses draps tard dans la soirée où il a tué Jeremy ?

Derrière, le monde s'écroule. La ravine. Celle dans laquelle aimait jouer Jeremy, où il levait son fusil, allongé sur le ventre dans la terre meuble, la ravine dont la police a dragué le fond lorsqu'il a disparu. Elle est plus profonde que je ne l'avais imaginé, un véritable à-pic de trois mètres environ qui s'enfonce dans les broussailles épaisses et la boue noire. Un endroit où la mort d'un enfant ne serait pas une surprise, et où il serait logique d'envoyer les équipes de recherches avec leurs torches et leurs chiens, les hélicoptères vrombissants et les véhicules tout-terrain, tandis que tout ce temps son corps repose à cinq mètres derrière vous dans une maison blanche, enveloppé dans des couvertures Titi et Dick Tracy.

Cinq mètres. Je tourne et je marche jusqu'à l'emplacement. Ce n'est plus qu'un carré de verdure, désormais. L'air y est limpide, immobile et embaumé par l'herbe douceâtre.

Tout ce temps, toutes ces recherches. J'ai enfin trouvé le lieu du crime.

Et il a disparu.

38

E n rentrant à Boston, je monte l'escalier qui mène à mon appartement, j'ouvre la porte, et je m'accroupis pour caresser mon chat lorsqu'il accourt pour m'accueillir. Je pousse du pied le courrier que l'amie qui est venue s'occuper de l'animal a laissé par terre, suspends mes clefs au crochet, et j'entre.

Et je les vois. Trois dossiers blancs, de chacun dix centimètres d'épaisseur, empilés sur mon lit. Les photos.

Je les retire. Avant de faire quoi que ce soit, je les retire. Chacun pèse le poids d'un enfant.

Le lendemain matin, munie d'un café, je m'installe à mon bureau et je les ouvre. À l'intérieur, les pages que j'ai marquées. D'abord, les photos aériennes de la maison. Les bois devant lesquels je me tenais hier encore, le chemin étroit que je reconnais désormais. Puis Bessie, la seule photo d'elle dans son plâtre qui existe. Un visage pâle au-dessus d'une nappe de blanc : draps d'hôpital blancs, chemise de nuit blanche rabattue sur le plâtre blanc. Elle a l'air apeuré, ou peut-être juste fatigué. Autour d'elle, ses filles se sont entassées sur le lit, en habits du dimanche. Seule la plus jeune – Judy – a l'air à l'aise. Ses grandes sœurs, Darlene et Francis, ont les épaules raides et se tiennent un peu à l'écart de leur mère, comme si elles essayaient de tenir cette nouvelle réalité à distance.

Mais Judy ? Elle est sur le lit de sa maman, c'est tout juste si elle a d'autres souvenirs d'elle. Sa maman a toujours été alitée de la sorte. Sa maman a toujours été immobile. Il n'est pas si difficile de passer les bras autour du plâtre pour lui faire un câlin. La dernière photo ne montre plus que le plâtre, sur un fond noir et plat, sa carcasse blanche vide de la forme d'un fantôme ou d'un revenant.

Puis vient Jeremy.

Il dort. C'est ce qu'on croirait sur la première photo. Je ne peux pas l'écrire de cette façon, dire qu'il dort, et je ne peux pas en rester là. Le flash de l'appareil d'époque éclaire ses cheveux blonds. Ses yeux sont fermés, ses cils épais. Il a un petit nez retroussé, comme une poupée.

Sur la photo suivante, l'appareil cadre plus bas. De sa bouche émerge une chaussette blanche à rayures, dont le dessous est sale. Sur cette photo Jeremy n'a pas l'air mort, là encore il pourrait seulement être en train de dormir. Sa peau est toujours rebondie, ses lèvres toujours délicatement recourbées, des lèvres d'enfant.

C'est la chaussette qui semble molle, sans vie. La chaussette qui signifie que Jeremy est mort.

La corde autour de son cou a été retirée pour la photo suivante. Une règle, une affreuse règle d'écolier en bois, pressée dans le creux du cou de Jeremy, pour mesurer l'ecchymose. Autour de l'ecchymose une constellation de taches noires. Ce mot, ce mot qui désormais me hante : pétéchies.

Je m'efforce de réguler ma respiration. Je remue mon stylo sans m'arrêter. J'essaie de décrire les photos une par une. Par la fenêtre ouverte, j'entends de la musique qui s'élève d'un autoradio. Une femme rit dans la rue en bas. Lorsque je finis avec une photo, je passe à la suivante. Je m'efforce de ne rien ressentir. Je note, c'est tout.

C'est le fusil qui me fait craquer. Le fusil à balles BB de Jeremy.
La photo représente la porte du placard ouverte. À l'intérieur, un
monceau de couvertures – je sais qu'il s'agit en fait d'une photo
du corps de Jeremy, pas d'une photo de couvertures –, alors je me
concentre sur une petite forme sombre sur la photocopie floue.
La forme est celle d'une barre verticale. Je n'arrive pas à distinguer de quoi il s'agit.

Et là. Le canon du fusil, dépassant du coin où Ricky l'a rangé.
Mon cri étranglé me fait sursauter. Mes propres sanglots.

Ce qui m'a tant séduite dans le droit il y a si longtemps, c'était
qu'en composant une histoire, en élaborant à partir des événements un récit structuré, il trouve un commencement, et donc
une cause. Mais ce que je ne comprenais pas à l'époque, c'est que
le droit ne trouve pas davantage le commencement qu'il ne trouve
la vérité. Il crée une histoire. Cette histoire a un commencement.
Cette histoire simplifie les choses, et cette simplification, nous
l'appelons vérité.

Helen Palsgraf emmenait ses enfants à la plage lorsque sa
vie a changé pour toujours, devenant une parabole du point où
commencent les histoires. Mais il y a autre chose dans cette
affaire, une chose que je n'ai découverte que des années après
avoir abandonné le droit : personne ne sait si elle a été blessée,
en fait. Elle a affirmé avoir subi des dommages psychologiques ;
il ne semble pas qu'il y en ait la moindre preuve. Les juges ont dit
qu'ils partiraient de l'hypothèse qu'elle avait été blessée, afin de
se consacrer à la question légale, plus intéressante.

Mais ce point est traité comme un simple astérisque. À en
juger par les reconstitutions de l'affaire qui sont organisées
dans les facs de droit, dans lesquelles la balance écrase Helen

en tombant, ou les animations en ligne destinées à aider les étudiants dans leurs révisions, on ne s'en douterait jamais. Quelle que soit la nature des événements passés, le récit s'est chargé de les réécrire sans vergogne. Le récit est devenu la vérité. Ce que vous voyez dans le meurtre de Jeremy par Ricky, j'en suis convaincue désormais, dépend autant de qui vous êtes et de la vie que vous avez vécue que de l'acte lui-même. Mais la narration judiciaire efface cette étape. Elle efface son origine.

Pendant des années, j'ai pensé que ce que l'on pouvait retenir du verdict d'homicide volontaire sans préméditation rendu par le jury, c'était que les jurés ne voulaient pas être forcés de se coltiner la question de savoir si Ricky devait vivre ou mourir. Une condamnation pour assassinat les aurait contraints à procéder à la phase de détermination de la peine, au cours de laquelle il leur aurait fallu aborder directement la question de ce qu'il allait advenir de lui. L'homicide volontaire leur permettait d'échapper à ce dilemme. Ricky serait automatiquement condamné à perpétuité.

C'était la seule explication qui me paraissait plausible. Sans cela, le verdict n'avait pas de sens. Jeremy avait moins de douze ans. Ricky l'avait tué, personne ne le contestait, donc si le jury estimait qu'il y avait intention criminelle, le meurtre aurait dû être qualifié d'assassinat. On leur avait bien expliqué que selon la législation de l'État de Louisiane, si Ricky comprenait les «conséquences logiques» de ses actions, il avait une intention criminelle. Pour ne *pas* comprendre qu'étrangler un enfant allait le tuer, que serrer un fil de pêche autour de son cou allait le tuer, pour enfoncer une chaussette dans la gorge d'un enfant et lui pincer le nez afin de l'empêcher de respirer – eh bien, je me disais, la seule façon dont quelqu'un pourrait ne pas comprendre que la mort en est une conséquence logique, ce serait d'être irresponsable juridiquement, aliéné. Or le jury avait rejeté cette éventualité.

Sur le plan juridique, le verdict était une contradiction.

Alors je me disais que, confronté à la question de savoir si Ricky devait vivre ou mourir, le jury avait refusé de trancher. Mais j'ai réalisé que j'essaie de préserver une place pour l'ambiguïté constitutive de tout ce qui s'est produit. Lorilei n'a pas pardonné Ricky, mais elle ne voulait tout de même pas sa mort. Mon grand-père a fait tout ce qu'il a fait, et il était toujours mon grand-père. Le droit – avec l'entêtement de chaque partie à imposer une unique version des faits – n'a jamais su que faire de cet entre-deux complexe. Mais la vie en est pleine.

Je vois le verdict rendu par le jury différemment désormais. Si, d'un point de vue légal, il est incohérent, ce qui me frappe à présent est sa beauté humaine, son élégance. Il dit ce qui ne peut pas être vrai selon la loi, mais ne peut être vrai que dans la vie : à savoir que Ricky est à la fois responsable, et pas responsable. Dans la loi telle qu'elle a été présentée aux jurés, il n'y avait pas de place pour cet entre-deux. Ils l'ont créé, comme s'ils ouvraient un espace dans la loi, inventant une catégorie qui n'existe pas.

Ricky.

39

Je fais le voyage jusqu'à la maison de mes parents un après-midi de début août, pendant qu'ils sont à Nantucket. Il n'y a que leurs deux chiens, deux bâtards de grande taille qu'ils ont adoptés lorsque j'étais à la fac. Ma compagne, Janna, est venue avec moi et, lorsque nous arrivons devant la porte, les chiens s'approchent lentement. Ce sont de grosses bêtes, leur tête m'arrive presque à la taille, et leurs longs poils se décolorent. Autrefois, ils avaient le poitrail bardé de muscles, mais à présent, l'un est aveugle et sourd et l'autre si plein de lipomes que sa peau roule et se détend comme un gros sac de pommes. Ils sont le portrait de l'âge et du temps, et quand je les prends dans mes bras, je retrouve la façon dont ils se tortillaient, chiots. Ils me lèchent le visage et les bras dans leur amour simple, bienvenu. Rayonnante, je lève les yeux sur Janna. «Je te présente les garçons», dis-je. Ce qu'il y a de compliqué dans ma relation avec la maison de mes parents, c'est justement que cette relation n'a jamais été sans contradictions. Il y a toujours eu de la souffrance. Il y a toujours eu de l'amour.

Pendant que Janna s'installe pour lire dans la cuisine, je me mets rapidement à l'œuvre. Le meuble classeur en aluminium blanc que ma mère gardait quand nous étions enfants, celui qui me fait penser à la malle de Bessie, ou auquel la malle de Bessie me fait penser, est toujours dans la pièce tout en longueur où nous jouions autrefois. Je n'ai pas vu le visage de mon grand-père depuis sa mort – je ne possède pas de photos de lui – et les photos doivent se trouver là.

Au lieu de ça, je trouve des photos de ma famille. Quand ma mère était enceinte, elle avait la raie au milieu et les cheveux attachés en deux tresses basses, une coiffure complètement différente de la permanente ultra-laquée que je lui ai connu toute ma vie. Elle porte un tee-shirt vert, les cheveux séparés et tirés en arrière et elle a des taches de rousseur sur le nez. Ma mère jeune est aussi loin de moi que l'est Bessie, aussi inconcevable, et j'ai tout autant besoin de faire jouer mon imagination pour me la représenter. Je ne peux la voir nous donner naissance qu'en fonction de la façon dont on m'a raconté l'histoire. Les médecins, craignant qu'elle ne puisse supporter l'anesthésie, l'ont maintenue éveillée pendant la césarienne et lui ont donné de l'alcool de grain en intraveineuse à la place. Le bas de son corps est drapé dans un tissu bleu, elle ne voit pas ce qui se passe, mais, ivre, elle chante pendant que les médecins font sortir d'abord mon frère, puis Jacqueline, puis moi. Elle nous met au monde en chantant. Sa voix est déliée, elle chante à pleins poumons. Nous sommes des inconnus ; nous sommes tellement minuscules ; nous commençons à peine. Elle n'a à craindre le jugement de personne. Il n'y a encore personne pour la mémoire de qui elle doive arranger l'histoire. La scène n'est pas plus ni moins réelle pour moi que ce que Ricky croit se rappeler d'Alcide berçant la tête d'Oscar, chantant pour le petit garçon sur le bord de la route.

Je retrouve le dossier que j'ai vu enfant, celui dans lequel il est écrit que Jacqueline avait les yeux bleus. Puis – une feuille de papier jaune vif, pliée en deux – mon faire-part de naissance manquant. « Oyez, oyez, le gang est au complet. » Nos trois noms listés, « par ordre d'apparition, entre 8 h 03 et 8 h 06 ». Comme mes parents devaient être fatigués, et comme ils devaient être tristes, seuls à la maison avec Andy et moi, à réchauffer nos biberons dans des casseroles en aluminium sur la gazinière, ou à s'efforcer de ne pas paniquer chaque fois que l'hôpital appelait pour donner des nouvelles de Jacqueline. Je trouve une photo de mon père, bronzé et souriant sur une plage – et je pense à lui, le téléphone d'urgence entre les mains à l'aéroport. Alcide assis dans le relais routier avec son café, puis se levant et sortant, laissant froissées derrière lui les brochures de petites annonces pour des terrains. Il s'écoulera encore une longue période avant qu'il retrouve sa femme. S'il retrouve un jour sa femme.

Sur une autre photo, nous sommes tous assis autour de la table du dîner à Nantucket, les joues brûlées par le soleil, les cheveux mouillés. Mon grand-père n'est pas avec nous – je suis trop grande sur la photo pour que ce soit l'été où mes grands-parents sont venus – mais, en regardant ces inconnus que sont mes parents, je ne peux que les imaginer allongés sur leur lit lors d'une autre nuit à Nantucket, celle où ils venaient d'apprendre ce qu'avait fait mon grand-père. Ils viennent de nous coucher à la fin d'une journée interminable et terrifiante, et ils nous ont bordés tendrement. C'est l'été, mais l'air océanique de la côte Est est frais, et maintenant ils se cherchent sous les couvertures. Ils tendent l'oreille, à l'affût de mon grand-père, qui est allé se coucher avec ma grand-mère au bout du couloir. Ils tendent l'oreille pour s'assurer qu'il ne se relève pas dans la nuit. Mais le silence persiste, et ils se détendent. Le corps de mon père est chaud et ma mère se blottit contre sa poitrine, bercée par le rythme de sa respiration et de ses battements de cœur. Ils ont tenu bon pendant des années. Ils tiendront bon encore pendant des années. Tout a changé, mais... rien n'a changé.

À l'extérieur de leur chambre, le secret se tapit pour attendre patiemment la fin de la nuit, tel un fantôme.

Je trouve des lettres d'amour de mes parents, et des lettres de dispute, qui viennent me rappeler que nous sommes tous des énigmes les uns pour les autres. Un jour, j'étais seule en voiture avec ma mère qui conduisait, lorsque nous nous sommes mises à parler de cette maison. Elle aurait voulu déménager, a-t-elle dit, mais leur budget était serré depuis les années où mon père avait été en crise, au fond du trou. La maison s'était délabrée ; désormais, seuls les promoteurs immobiliers s'y intéressaient encore un peu. « Pour la raser, naturellement. »

Un moment, un nœud, un hoquet temporel s'est écoulé avant que je reprenne la parole. Un moment dont j'ai eu à peine conscience, au cours duquel j'ai pris la décision de ne pas garder le silence. Je n'ai jamais été très douée pour garder le silence afin de ne pas lui faire de peine.

« Ma psy dit que », j'ai commencé, mais je me suis aperçue que j'étais à court de mots. Le simple fait de prononcer ce mot, *psy*, est un risque dans ma famille. « Ma psy dit que si la maison est démolie, je devrais avoir le droit de piloter le bulldozer. »

Elle a coupé le moteur. Je ne sais plus où nous nous rendions, mais nous étions arrivées, cependant nous n'avons ni l'une ni l'autre esquissé le moindre geste. Dans la voiture, l'atmosphère s'est soudain faite étouffante, visqueuse de silence. Lorsque ma mère a parlé, ses mots sont sortis avec lenteur : « C'est moi qui le piloterai, le bulldozer. »

Il n'existe pas d'histoire simple. Il n'existe pas d'histoire achevée.

Après deux heures de fouilles, le moment est presque venu pour Janna et moi de nous en aller. Nous avons un train à prendre. Mais je n'arrive pas à trouver une photo de mon grand-père. Il y a des centaines de photos dans le meuble, mais pas une de lui. Je ne cesse de vouloir penser que lorsqu'ils m'ont dit que ça ne les hantait pas, c'était vrai. Je ne cesse de vouloir prendre le passé, et ma colère, au pied de la lettre.

Pourtant quelqu'un a déjà fait le tri dans ce meuble. Il y a des photos de tous les cousins, de toutes les tantes et oncles, et de mes deux grands-mères. Des photos de parents éloignés, morts avant ma naissance, et même des photos sur lesquelles je reconnais les frères et sœurs de mon grand-père, prises lors de ses cinquante ans de mariage avec ma grand-mère. Quelqu'un a retiré les clichés sur lesquels il figure. Pas pour éviter de le laisser en évidence – ce meuble dissimule son contenu. Mais pour le gommer même d'ici, de l'envers de l'histoire. Et je ne crois pas, je m'en aperçois en passant en revue toutes les photos, qu'ils aient procédé à cette purge juste après avoir découvert les abus sexuels. La personne qui s'en est chargée, quelle qu'elle soit, l'a fait plus tard. Lorsqu'elle a compris l'ampleur de la blessure.

Janna apparaît dans l'embrasure de la porte. Nous allons manquer le train si nous ne nous dépêchons pas.

« Encore cinq minutes », dis-je.

Soudain, je réalise. L'album photo du mariage de mes parents. Ils le gardent dans le salon, sur l'étagère située en face du canapé qui remplace celui sur lequel je passais mes journées quand j'étais malade dans mon enfance. Toutes les parties de dames que j'y ai faites avec mes grands-parents en hiver, quand il faisait trop froid pour s'installer sous le porche. Tous les dimanches, tous les Noëls que nous passions là. Je m'asseyais en tailleur avec le damier sur le sol, et mon grand-père, assis sur le canapé, se penchait en avant pour voir où atterrissaient mes pions. Il riait des blagues que je racontais en en faisant un peu trop, et me demandait comment ça se passait à l'école. Au-dessus de nous, pendant tout ce temps, l'escalier attendait.

C'est pour l'album photo que je suis entrée dans la pièce. Mais à côté de lui, un objet inattendu. Un autre album photo, large et mince, qui était blanc autrefois. Je passe les mains sur sa couverture en vinyle. Un demi-arc-en-ciel monte du bas de l'image. C'était un album pour enfants. Je le feuillette, m'attendant à ce qu'il soit vide. La plupart des albums photos qui se trouvent sur les étagères de mes parents sont vides.

Mais soudain, ma famille apparaît. Nous sommes derrière la maison, sur la pelouse luxuriante, d'un vert aussi vibrant que dans mes souvenirs d'enfance, le vert que mon père veillait à préserver avec sa tondeuse-tracteur. J'entends presque les violoncelles et les violons de Vivaldi s'échapper des enceintes que mon père avait suspendues en hauteur. La photo est légendée FÊTE DES PÈRES. Mon frère, mes sœurs et moi nous tenons côte à côte, mes sœurs et moi en robe, mon frère en veste et pantalon de costume bleu marine. À côté de nous, sur un banc, la mère de mon père et la mère de ma mère. Mes parents sont debout derrière nous, et là – là. Mon grand-père.

Sa veste de sport est grise, comme son pantalon. Il a les épaules voûtées, les lèvres très légèrement entrouvertes. Il regarde droit dans l'objectif. Il est plus jeune que dans mes souvenirs, mais que représente l'âge pour un enfant ? Ce qui me surprend le plus, c'est de voir à quel point il me semble étranger. Si je le croisais dans la rue, avec ses boucles grises fournies et ses pantalons taille haute, je me dirais seulement : Tiens, un vieil Italien.

C'est ce que je me raconte, au départ. Mais tandis que j'étudie la photo, je sens les tremblements monter dans mon corps. Le picotement de ses cheveux courts. La caverne humide de sa bouche. La nausée pénétrante, et le chagrin, et le choc, et la peur. Non. Je ne le saurais peut-être pas, je ne reconnaîtrais peut-être pas consciemment l'homme que je croiserais dans la rue, je ne saurais peut-être pas pourquoi j'aurais un mouvement de recul. Mais mon corps le saurait. Mon corps se souvient.

La fille sur la photo, debout à sa gauche, a huit ans. Elle a des boucles brunes qu'elle a décrêpées doucement à la brosse et coiffées en arrière à l'aide d'un bandeau. Elle aime les aventures de Nancy Drew, et je sais, en la regardant, qu'en cet instant, même si elle affiche un demi-sourire, elle est ailleurs, perdue dans ses pensées. Elle hume l'odeur de l'herbe; elle entend les violons; elle sent le poids de sa famille à côté d'elle. Elle sent tout ce qu'elle ne peut pas encore comprendre. Et elle s'est échappée dans sa tête, rêvant un monde qui va vivre à l'intérieur d'elle, avec des personnages qui lui semblent aussi réels que le sien propre.

Un souvenir se présente : je suis assise en tailleur sur la moquette de la salle à manger, mon grand-père est sur le canapé au-dessus de moi. J'esquisse un ovale sur un carnet de dessin – la forme d'un visage. «C'est bien, c'est bien», dit-il. Il se penche pour me prendre le crayon. Il me montre comment découper les zones du visage en quadrants. Il marque l'emplacement des yeux, du nez, de la bouche.

«Il faut que j'aille sur la tombe de mon grand-père.» J'ai trouvé Janna dans la cuisine, assise à la table en Formica blanche, et je réalise que je suis en train de lui annoncer que nous allons rater le train. Mais je suis allée sur la tombe de Jeremy. Je suis allée sur la tombe de Bessie, d'Alcide et d'Oscar. «Il faut que nous allions sur sa tombe.»

40

J e dis au revoir aux garçons, m'agenouillant à côté d'eux pour enfouir mon visage dans leur pelage. Puis nous traversons Tenafly, prenons la pente et dépassons l'immeuble d'habitation, puis le passage à niveau. Le cimetière est à dix minutes de voiture, niché dans une rue bordée de hauts chênes et d'ormes.

Janna attend près de la voiture pendant que je me dirige vers les arbres. «Marzano», dis-je au gardien installé dans un petit bureau à côté de l'entrée, et il m'indique une concentration de tombes, en haut d'un talus. En montant, je dépasse des pierres tombales grises, d'autres d'un noir luisant. Sur l'une d'entre elles, un soleil gravé au-dessus de l'eau; un crépuscule ou une aube, impossible de le savoir. Au-dessus de ma tête, les frondaisons sont grosses de feuilles. L'automne arrive.

Je vois d'abord l'arrière de la tombe. Du granit rose.

Je la contourne.

Ma grand-mère est une jeune femme. Sur sa photo de mariage, elle a le visage rond, sans ride, un voile de dentelle espagnole blanche sur les cheveux, un énorme bouquet de fleurs qui déborde dans ses bras. À côté d'elle, un jeune homme. Mon grand-père a les cheveux bruns. Il porte un costume noir repassé de frais, le col empesé de sa chemise blanche forme deux pointes soulignées par un nœud papillon noir. Il se tient droit, sans canne.

Je me rappelle très bien cette photo. Quand j'étais enfant, elle était posée sur la coiffeuse de ma grand-mère, chez eux, et j'aimais bien la regarder. Comme les personnes qu'elle représente me paraissaient inimaginables, à cette époque. Mais à présent, je ne vois plus la photo de la même manière. À présent, quand je les regarde, ce que je vois, c'est leur jeunesse. Je vois de l'amour, et je vois de la peur, et tout ce que les années leur prendront. Ils ont tant de choses devant eux. Ils n'ont aucune idée de ce qui les attend.

Ils ont été jeunes, ils ont été vieux, et maintenant ils sont morts.

Ce sentiment me frappe, indéniable. Il me frappe comme une surprise. *Maintenant ils sont morts.* Ils sont morts. Je suis vivante.

Ce que je ressens, debout sur la pelouse de leur tombe, ce n'est pas une libération, pas tout à fait. C'est du chagrin, mais pas un mauvais chagrin. J'entends les voitures passer sur la route un peu plus bas. Janna se tient là-bas, sans doute regarde-t-elle les feuilles des ormes agitées par le vent. Elle attendra aussi longtemps que j'en ai besoin, je le sais sans même poser la question, et lorsque j'aurai fini, nous repartirons.

Mais ce n'est pas cet acte qui va m'emmener loin d'ici, pas le fait de partir proprement dit. Et ce n'est pas elle non plus, quoi que l'avenir nous réserve. Je l'ai appris désormais.

Non, c'est tout ceci. Le fait de raconter cette histoire.

Ma grand-mère est enterrée à côté d'un secret. Mon grand-père est mort avec son identité indestructible. Je ne peux pas dire que je les pardonne. Seulement que le pardon est un mot trop simple. Ils ont contribué à ma venue au monde. Ils ont commis des méfaits terribles.

« Je dois y aller, maintenant. » Ma voix a un son étrange, tremblant dans le silence. J'ai toujours trouvé les morts dans les histoires qu'ils laissent derrière eux. Pas dans la vérité glaciale de leur tombe. Mais je n'ai jamais pu dire au revoir à mes grands-parents lorsqu'ils étaient en vie, car tous les adieux que j'ai pu faire n'étaient en fait que des mots qui se substituaient à tout ce que je ne pouvais dire.

« Je vais y aller, pour finir de raconter cette histoire. »

Voilà. Maintenant ils savent. Je raconte cette histoire.

Je veux que ces mots soient les derniers que je leur adresse. Que là où était le silence, soit la parole. Que là où étaient les secrets, j'ouvre la voie à la complexité de la vérité.

Sauf que je ne peux pas bouger. Debout dans la pelouse, j'écoute le silence, les petits animaux qui se faufilent entre les brins d'herbe sous mes pieds, un monde à une échelle que je ne connais pas et ne peux imaginer, et au-dessus de moi, dans les branches des arbres, le monde des oiseaux, le vent et le ciel qui ne touchent jamais terre. Les feuilles de la fin de l'été commencent juste à changer de couleur. L'herbe autour de moi est une étendue de vies, la terre sous moi renferme les morts, et chacun d'entre eux est signalé par un nom qui veut dire tout et rien. Le substitut de l'histoire.

« Je dois y aller maintenant », dis-je de nouveau, et je remarque que ma voix s'est faite plus aiguë. Je me le dis autant à moi-même qu'à eux. Je tente de me forcer à m'en aller, mais tandis que je prononce ces mots, je sens dans mon ventre le germe d'une idée. Le germe d'une émotion, l'ébauche de ce que j'ai vraiment besoin de dire. Ce que la complexité de la vérité exige, aussi. La raison pour laquelle je suis là.

L'idée me surprend. Je la garde en moi, méfiante, et l'examine. Est-ce possible ? Dois-je vraiment le dire ?

Oui.

« Je vous aime. »

J'ai rencontré Ricky par une belle journée de ciel bleu, la matinée la plus claire qu'on puisse espérer en Louisiane. La saison des ouragans avait commencé, mais si les ennuis arrivaient, ce n'était pas encore visible. J'avais vingt-cinq ans. Je n'avais vu la vidéo de ses aveux que quelques mois plus tôt. On pourrait dire que le jour où j'ai rencontré Ricky a été le vrai commencement de cette histoire, sa cause directe. Ou si l'histoire a commencé bien plus tôt – pendant mon enfance dans la maison grise – on pourrait dire que cette rencontre en a marqué la fin, en quelque sorte.

Lorsque je suis partie de La Nouvelle-Orléans, le ciel était encore noir, mais sur la route la lumière est apparue au-dessus des arbres nus du Lac Pontchartrain, avec ses traînées brunes là où la boue s'était mêlée à l'eau et d'un bleu canard transparent là où la boue s'était posée au fond. Les tombes blanches du Metairie Cemetery, en rangées régulières de maisons pour les morts, ont laissé la place à des palétuviers enchevêtrés. Des champs s'étiraient, langoureux, dans le soleil du matin. Je conduisais comme si j'étais prise dans une ombre que j'étais seule à voir. Je ne parvenais pas à me rappeler le nom de l'homme que j'allais voir, seulement ce qu'il avait fait. Et le visage du garçonnet blond qu'il avait tué, souriant sur sa dernière photo d'école.

Il n'y a qu'une route qui mène aux portes d'Angola, le pénitencier d'État de Louisiane, la seule route qui permette également d'en sortir. À cinquante kilomètres de la prison, la route bifurque à angle droit depuis la nationale. C'est une voie étroite, à peine signalisée, un itinéraire que l'on ne prend que si l'on connaît sa destination. La commune de St. Francisville, avec ses fast-foods et ses supérettes, cède la place à des mobile homes installés dans la boue. Un institut de beauté, dans une cabane, avec une pancarte peinte à la main. Une école maternelle. Cinq églises.

La route se terminait aux portes de la prison. Juste derrière, à quelques mètres s'élevait le bâtiment octogonal blanc, l'ancien couloir de la mort, avant que celui-ci ne soit déplacé plus avant dans les terres du pénitencier. Je suis sortie de ma voiture, dans la chaleur, et j'ai regardé la lumière cogner ses hauts murs. Des libellules m'encerclaient, et le soleil faisait ressortir violemment les magnifiques jaunes et bleus de leurs corps. Les terres de la prison, un assemblage d'anciennes plantations, représentent une surface plus étendue que l'île de Manhattan. À Angola, il y a des champs verdoyants et des ruisseaux qui gargouillent le long des berges. Il y a des bois épais et des fourrés d'arbustes; des cochons sauvages, des serpents à sonnette, et des ours. Baptisé en hommage à la patrie des esclaves qui travaillaient autrefois dans ses champs, le pénitencier a connu une telle violence, pendant des dizaines d'années, que le gouvernement fédéral a repris sa direction à l'État. Avec sa taille, sa terrible beauté, et sa terrible histoire, des rumeurs circulent parmi les prisonniers : le pénitencier serait entouré de douves pleines d'alligators affamés prêts à dévorer le premier qui chercherait à s'échapper. Cela ne fait rien si tous les détenus qui arrivent ici y sont entrés par les portes devant lesquelles je me tiens, s'ils ont ensuite été conduits à travers champs. Cela ne change rien qu'ils aient pu constater de leurs propres yeux l'absence de douve. Le mythe a occulté le souvenir.

Au poste de sécurité, un gardien m'a fouillée sommairement, et je suis montée dans un des vieux cars scolaires employés par la prison, un véhicule blanc, avec ANGOLA PÉNITENCIER D'ÉTAT peint au pochoir sur le flanc. Nous avons traversé des champs d'herbes hautes qui ondulaient dans le vent et nous sommes arrêtés devant un bâtiment couleur pêche. Puis un autre gardien m'a conduite le long d'un couloir grillagé, jusqu'à une porte. De l'autre côté de la porte, une salle aux murs gris, avec de petites tables rondes et des chaises en plastique. Le long d'un des murs, une série de cloisons en Plexiglas devant lesquelles des chaises avaient été placées. « Asseyez-vous », a dit le gardien, m'indiquant un siège.

Ce qui s'est produit ensuite est un souvenir plus précis que tout ce que l'on peut imaginer. À travers le Plexiglas, je vois de loin un homme passer une porte, se tourner vers le gardien et lui tendre les mains pour que celui-ci lui retire ses menottes. L'homme porte la même chemise de batiste et le même jean que tous les prisonniers – bleu Angola. Il est plus vieux que sur la vidéo. Ses lunettes sont toujours aussi épaisses. Il a les oreilles extrêmement décollées, stigmate de l'alcoolisme de Bessie il y a si longtemps.

Il a trente-sept ans ce jour-là. Mais tandis qu'il s'avance vers moi dans le couloir, dans ma mémoire, je ne le vois pas comme un homme de trente-sept ans. Il est le bébé arraché d'une incision dans le ventre de sa mère, tiré de la lune découpée dans le plâtre. Il est le garçon brun couvert de taches de rousseur, avec des dents de lapin, qui s'accroupit sur les racines d'un virgilier à bois jaune pour parler à une photo en noir et blanc qu'il tient dans sa main sale. Il a dix-huit ans, il est assis dans le pick-up de son ami, sous les étoiles brillantes comme une explosion, il tète le goulot sucré d'une bouteille de liqueur de menthe et tente de rassembler son courage pour passer la porte du centre médico-psychologique et dire tout haut le mot qui désigne ce qu'il sait être. Il a vingt-six ans, et son bras se resserre autour du cou de Jeremy. Jeremy bat si fort des jambes que ses bottes tombent. Puis le corps du petit garçon devient complètement flasque et, alors que l'enfant meurt, l'homme devient un assassin, qu'il sera désormais pour toujours et à jamais. Il a quarante-neuf ans et il écrit la dernière page que j'ai dans le dossier, un mot si récent qu'il n'a pas été rangé dans un carton comme les autres, mais m'a été tendu tel quel par le secrétaire. Il s'agit d'une lettre à un juge. « Vous savez, je fais des recherches généalogiques, et j'y prends un grand plaisir ! » Il a passé des années à rassembler des archives sur ses ancêtres, écrit-il, mais il reste des lacunes dans l'histoire. Le juge pourrait-il l'aider à aller plus loin ?

Je connais ce besoin. S'il remonte suffisamment loin, peut-être comprendra-t-il.

Dans ce souvenir, je porte mon tailleur trop lourd. Dans le parloir, j'ai vingt-cinq ans, mais j'ai aussi trois ans, et la main grasse de mon grand-père se glisse sur ma bouche. Huit ans, les mains collées par la peinture de la balançoire, et je ris. Ça sent la térébenthine et l'herbe coupée. J'ai douze ans, je ferme les paupières et me mets sur la pointe des pieds pour faire tournoyer ma robe – et quand j'ouvre les yeux, mon grand-père me regarde, me fixe sans vergogne. Seize ans, avec un pot de peinture noire, et j'essaie de m'écrire une nouvelle vie sur les murs de ma chambre. Trente-sept ans, je me tiens pour la première fois sur le parking du Fuel Stop, autrefois recouvert de coquillages écrasés, et je suis déterminée à me rendre sur les traces du passé, à y aller, de façon à pouvoir m'en défaire et trouver le moyen de rentrer chez moi.

En attendant, tandis que l'homme avance vers moi, je me passe rapidement la langue sur la lèvre inférieure. Une vieille habitude. Je le fais, je sens mes lèvres humides – puis j'ai un frisson de dégoût, comme chaque fois. Parce que je connais ce geste que je fais inconsciemment. C'est celui que faisait mon grand-père lorsqu'il se concentrait sur un dessin. Je l'ai vu bien souvent lorsqu'il m'a appris à dessiner. Je porte ce souvenir quelque part dans mon corps, en un lieu que je ne peux contrôler, auquel je ne peux même pas accéder pour en supprimer toute trace. Je veux tout de même en supprimer toute trace. Je veux tout de même en être libérée. Mais je me sais assujettie à des liens que je ne verrai jamais, ne comprendrai jamais. Nous portons en nous ce qui nous fait.

Ricky s'assoit face à moi. Le problème de cette journée, le problème de cette rencontre, le problème qui initie ce récit en moi et la seule façon dont il peut l'amener à son terme, c'est la chose suivante : l'homme qui est assis en face de moi est un homme. Il ne sera jamais entièrement telle chose, ou telle autre. Seule une histoire peut l'être. Jamais un être humain.

Alors j'essaie quelque chose de neuf. Pas de tourner le dos au passé, pas de le fuir, mais de lui tendre la main. Je dis au passé : Viens avec moi, donc, tandis que je poursuis ma vie.

Je dis : « Bonjour, Ricky. »

SOURCES CONSULTÉES

PROCÈS-VERBAL D'AUDIENCE, 2003

Darlene Langley : Ils ont dit à maman et papa qu'à cause de tous les médicaments qu'elle prenait et, vous savez, ses opérations, il allait sans doute être...

Procureur : Objection, monsieur le juge, à moins qu'elle n'en ait personnellement connaissance.

Juge : Oh, je ne sais pas.

Avocat de la défense : Monsieur le juge, il ne s'agit pas de la vérité de l'affirmation en question, c'est une question de contexte – il s'agit d'une croyance familiale dans laquelle ils ont tous été élevés depuis leur enfance, que tout le monde a répétée et entendue. Que ce soit vrai ou non, ils partaient tous de ce principe.

Juge : Objection rejetée.

Pour les parties consacrées à ma famille, je me suis appuyée sur ma mémoire, et j'ai parfois vérifié les dates auprès de certains parents ou discuté des événements racontés avec eux. Pour les parties consacrées à la vie de Ricky Langley, j'ai utilisé principalement procès-verbaux d'audience et articles de presse, comme je l'indique ci-dessous. Cela dit, les détails indispensables pour rendre les scènes vivantes – les habits portés par tel ou tel, le lieu où il se tient à tel ou tel moment, etc. –, je les ai parfois imaginés à partir de ces documents. Par moments, il m'a fallu imaginer les pensées ou les émotions des individus en question et, dans ces cas-là, chaque fois que c'était possible, j'ai puisé mon inspiration dans d'autres propos qu'ils avaient tenus ou d'autres actes avérés par les sources.

Chapitre 1

Cette description du meurtre provient d'une combinaison du témoignage de Lorilei Guillory au cours du procès de 2003 (son témoignage de 1994 est légèrement différent) et de la retranscription des aveux de Ricky Langley le 10 février 1992, c'est-à-dire les aveux dont j'ai vu une vidéo en 2003. Deux vidéos avaient été réalisées ce jour-là ; il s'agissait de la seconde, même si certains détails de mon récit sont empruntés à la retranscription de la première. Le moment auquel il a possiblement agressé sexuellement Jeremy Guillory – soit avant la mort de l'enfant, soit après, soit pas du tout – est présenté différemment dans les aveux successifs et j'ai choisi ici la version la plus simple, tout en signalant cependant la contradiction. J'ai choisi d'indiquer qu'il avait avoué à trois reprises parce que ce sont là les retranscriptions de vidéos les plus significatives dont je dispose, mais, comme je le signale ailleurs dans ce livre, il a raconté l'histoire du meurtre de nombreuses fois, et dans de nombreuses versions.

Chapitre 3

J'ai fondé ma description de la recherche de son fils par Lorilei Guillory sur son témoignage au cours du procès de 2003, mais j'ai essayé d'imaginer ses sentiments en m'inspirant de son témoignage de 1994 et de la pièce de théâtre *Lorilei*, de Thomas Wright, qui a été jouée au Royaume-Uni et dans le monde entier, et diffusée par la BBC. Elle a été écrite en collaboration avec Nick Harrington, qui s'est chargé des recherches, et s'est appuyée en partie sur les mots de Lorilei elle-même. On peut trouver davantage d'informations sur la pièce dans l'article « From hatred to forgiveness » (« De la haine au pardon »), de Clive Stafford Smith, publié le 11 décembre 2015 par TheNation.com. Pour ce qui est de son environnement, j'ai utilisé des photographies parues dans *American Press*. Les retranscriptions des appels au numéro d'urgence de la police ont été détruites au fil des ans, mais j'ai utilisé le témoignage du conservateur des archives de ces appels, Gary Hayes, pendant le procès de 2003 pour reconstituer leur contenu. La description de Ricky Langley apportant un verre à Lorilei sous le porche est empruntée à la pièce *Lorilei*. À cette information brute tirée de la pièce, j'ai superposé mon impression de ce moment tel que je l'imagine. Cela dit, le verre n'est mentionné dans aucune autre description des recherches de Jeremy, et il doit donc être considéré comme un fait contestable. Ma description du passé de Lorilei provient de *Lorilei*, d'*American Press*, et de mes recherches dans les dossiers judiciaires. La sortie scolaire de Jeremy au muséum d'histoire naturelle a été évoquée par Lorilei Guillory dans son témoignage lors du procès de 1994.

Chapitre 5

La description des recherches s'appuie sur le témoignage du shérif adjoint Calton Pitre au cours du procès de 2003, sur des articles parus dans *American Press* à l'époque du meurtre, et sur les retranscriptions de KPLC-TV et de KYKZ-96 qui se trouvent dans les dossiers judiciaires. La distribution gratuite de café par le Fuel Stop a été évoquée par Lanelle Trahan au cours du procès de 2003. Que la femme que j'ai appelée Pearl Lawson savait que Ricky Langley était un pédophile et lui a dit de s'en aller le soir des recherches, je l'ai tiré de la retranscription des seconds aveux de Ricky le 10 février 1992, mais j'ai imaginé les détails de la conversation. Le fait que les parents de Ricky lui ont demandé s'il était impliqué dans la disparition de Jeremy Guillory figure également dans cette retranscription, mais là encore, j'ai imaginé les détails.

Chapitre 7

Ce chapitre s'appuie sur le témoignage de Lanelle Trahan lors des procès de 1994 et 2003. La description de l'accident de moto provient du procès-verbal de l'accident, qui a été versé au dossier du tribunal.

Chapitre 9

Don Dixon a décrit sa partie de chasse à l'oie avec Lucky DeLouche dans son témoignage au procès de 2003. Le coup de téléphone de la contrôleuse judiciaire à Lucky est une combinaison de nombreux coups de téléphone et entretiens entre la contrôleuse judiciaire Elizabeth Clark, Dixon, Lucky, et d'autres éléments des forces de l'ordre. Les récits concernant ces coups de téléphone et rencontres varient. Dans son témoignage de 2003, Dixon affirme que Lucky et lui ont d'abord interrogé Lorilei, avant d'avoir parlé avec la contrôleuse judiciaire. Clark a livré une description beaucoup plus longue et plus complexe des événements lors du procès de 1994. Le récit présenté ici se rapproche davantage de celui proposé par la pièce *Lorilei*. Toutes les versions s'accordent à suggérer que c'est la contrôleuse judiciaire, en recoupant les données, qui les a mis sur la piste de Ricky Langley, même s'il n'était pas officiellement sous sa responsabilité. Le récit de l'arrestation est inspiré du témoignage de Dixon et Lucky au procès de 2003, en revanche, j'ai omis la présence d'un troisième officier de police sur les lieux, Neil Edwards. J'ai imaginé les pensées de Ricky dans la voiture de police, en revanche le fait qu'il avait recouvert les fenêtres de sa chambre de papier aluminium se trouve dans le dossier. Le récit de la découverte du corps de Jeremy s'appuie sur une retranscription d'une vidéo datant du 10 février 1992. Là encore, j'ai omis plusieurs officiers de police qui se trouvaient sur les lieux. Le policier qui tenait la caméra n'était pas un débutant, mais cette information se trouve dans le procès-verbal de 1994, pas dans celui de 2003. J'ai retenu ce que j'avais imaginé initialement, en le signalant dans le texte.

Chapitre 10

La scène de violence conjugale représentée ici est un amalgame de faits simplifié et imaginé. Le 29 mars, *American Press* a fait paraître un article rapportant que le père du petit garçon que j'ai appelé Cole avait été arrêté pour avoir tenté d'écraser une femme et son bébé avec sa voiture. Étant donné l'adresse et la date de l'incident, je suis convaincue qu'il s'agissait de Lorilei. Le procureur a par la suite abandonné l'accusation de tentative de meurtre, car la femme avait refusé de coopérer avec la police, expliquant qu'elle n'avait pas d'autres sources de revenus pour elle et son bébé.

Chapitre 11

La description de l'accident – et la remarque selon laquelle les avocats ont changé l'heure à laquelle il s'était produit – se fonde sur les déclarations liminaires des procès de 1994 et 2003, ainsi que sur des articles de journaux de 1964. Des contradictions mineures existent, et quand je n'ai pas souligné le conflit entre les versions, j'ai fait mon choix parmi elles. L'annonce de la naissance d'Oscar Langley, avant qu'il ait un nom, est passée dans *American Press*. Pour ma description du Charity Hospital, je me suis appuyée sur les déclarations liminaires des procès de 1994 et 2003, et sur le livre *New Orleans' Charity Hospital: A Story of Physicians, Politics, and Poverty*, de John Salvaggio, docteur en médecine. J'ai également fait un ample usage des témoignages des sœurs de Ricky Langley au cours des trois procès. Par souci de clarté et de fluidité narrative, j'ai compressé les séjours de Bessie à l'hôpital. Après Noël, elle a passé plusieurs périodes chez elle, et Ricky est né à l'hôpital de Lake Charles.

Chapitre 13

La scène où Ricky Langley aide son père à construire la maison est imaginaire. J'ai reconstruit le rêve où Ricky est guidé par un fantôme sur la scène de l'accident à partir d'une déclaration, en 2003, de Heather Regan, une journaliste du *Southwest Daily News* qui a assisté au séminaire de 2002 décrit dans le chapitre 31. Dans son souvenir, Ricky a raconté qu'un fantôme l'a conduit sur les lieux de l'accident ; d'autres participants avaient compris que Ricky disait qu'Oscar Langley était lui-même ce fantôme. J'ai choisi la version de Regan par souci de clarté. L'image de Ricky voyant son père bercer la tête d'Oscar en lui chantant une chanson sur les lieux de l'accident provient d'autres passages du dossier dans lesquels Ricky a parlé à des psychiatres de ses visions de l'accident. Ricky a répété à maintes reprises à des psychologues, des psychiatres et des policiers qu'il s'était mis à agresser sexuellement des enfants à l'âge de neuf ou dix ans, et dans les dépositions recueillies après le séminaire de 2002, les participants se rappellent l'avoir entendu le dire. Les autres descriptions de son enfance s'inspirent des témoignages de ses sœurs lors des procès de 1994 et 2003, des déclarations liminaires des deux procès, du témoignage de sa prof de sixième, Josette Melancon, lors du procès de 2003, et d'autres éléments du dossier. Le récit du soir où il a tenté de se faire soigner au centre médico-psychologique de Lake Charles à dix-huit ans, mais s'est vu refouler, s'inspire du témoignage de Patrick Vincent lors du procès de 2003. J'ai simplifié la scène en faisant entrer Ricky seul. Dans le texte, j'ai employé les mots « garçons » et « adolescents », mais je me réfère au point de vue de l'employé du centre regardant la voiture par la fenêtre, tel que je l'imagine. Vincent avait plus de trente ans.

Chapitre 15

Ce chapitre s'appuie sur le dossier médical de Ricky Langley au centre médico-psychologique de Lake Charles et sur plusieurs témoignages lors du procès de 1994, en particulier celui du Dr Paul Ware. L'allégation selon laquelle Judy avait un jour été forcée de pointer un fusil sur l'homme que j'ai appelé Lyle vient du témoignage du Dr Ware mais n'a pas, à ma connaissance, été corroborée par les parties en cause. Les propos et les émotions de Ricky rapportés ici proviennent des notes prises par les infirmières et psychologues, même si j'ai imaginé la scène avec l'assistante sociale anonyme. La « liste des visiteurs autorisés » provient du pénitencier d'État d'Angola. Cette liste se trouve dans le dossier, mais sans date, même si elle semble avoir été établie avant 1997.

Chapitre 17

La partie de ce chapitre qui se déroule dans l'Indiana s'appuie sur le témoignage de Ruth McClary lors du procès de 1994, même si, là encore, j'ai imaginé une bonne partie des détails. La section qui se passe en Géorgie s'appuie sur le dossier pénitentiaire de Ricky Langley et sur les témoignages de Rick Hawkins, du Dr Clark Heindel, de Jackie Simmons et du Dr Ware lors du procès de 1994. Le livre sur l'histoire de la famille Langley mentionné en fin de chapitre s'intitule : *The Langley Family of Southwest Louisiana: A Genealogical Study of Some Descendants of John Langley (II) and Marie Willan*, de John Austin Young.

Chapitre 18

La description du crime commis par Ricky Langley en Géorgie s'appuie sur le témoignage de la victime pendant le procès de 1994. La description qu'en fait Ricky s'appuie sur des documents extraits de son dossier pénitentiaire en Géorgie.

Chapitre 19

Ce chapitre s'appuie sur le témoignage d'Ellen Smith lors du procès de 1994. J'ai imaginé le statut socio-économique de sa famille, la situation de son couple, et les détails de la fête. Les informations sur les allées et venues de Ricky Langley, et qui il a vu en Géorgie proviennent des dossiers, ainsi que celles qui se trouvent dans l'entretien pour sa liberté conditionnelle, que j'ai imaginé. Le fait que les parents de Ricky pensaient qu'il avait agressé sexuellement un membre de la famille vient du témoignage du Dr Ware lors du procès de 1994.

Chapitre 21

Les échanges entre Ricky Langley et la femme que j'ai appelée Pearl Lawson sont tirés de déclarations faites par Ricky dans les vidéos de ses aveux et par Pearl au cours des procès de 1994 et 2003. Ces récits sont cependant sommaires et contradictoires, j'ai donc imaginé les détails de leurs discussions au motel et devant la télévision, et j'ai souligné certaines contradictions entre leurs récits dans le texte. À en croire les propos recueillis après le séminaire de 2002, Ricky a également dit aux personnes présentes qu'il avait fait du baby-sitting après être rentré à Iowa – il voulait sans doute parler des enfants Lawson, puisqu'il n'a gardé aucun autre enfant, et ne l'a pas non plus prétendu – et qu'il avait au préalable appris aux parents qu'il avait agressé sexuellement des enfants dans le passé. Les différentes versions que Ricky donne du meurtre se trouvent dans le dossier du procès de 2003. L'incident qui l'oppose au détenu que j'ai appelé Jackson s'appuie sur une déclaration de Larry Schroeder le 10 février 1994, déclaration qui se trouve dans le dossier du tribunal, ainsi que sur son témoignage au procès de 1994. Plusieurs personnes ayant assisté au séminaire organisé par la défense en 2002, décrit au chapitre 31, se rappellent que Ricky a affirmé ce jour-là que, lorsqu'il avait étranglé Jeremy Guillory, il croyait être en train de tuer le fantôme d'Oscar Langley, et la même assertion se retrouve dans les notes du Dr Dennis Zimmerman, expert-psychiatre appelé par la défense, notes qui ont été versées au dossier du tribunal. La partie de ce chapitre consacrée au couloir de la mort s'appuie sur le dossier de Ricky à Angola et le témoignage de John Thompson lors du procès de 2009. L'échange entre les deux hommes dans ce chapitre est une combinaison obtenue par juxtaposition des incidents mentionnés dans le dossier de Ricky et des descriptions par Thompson de ses interactions avec Ricky au cours de leur incarcération. Les citations de Clive Stafford Smith se trouvent dans le dossier du tribunal, ainsi que la décision de la chambre d'appel. Là, comme dans tout le livre, j'ai tiré certaines de mes réflexions au sujet des sentiments de Clive vis-à-vis de son père d'articles qu'il a écrits et de conférences qu'il a données, par exemple *My Father, Mental Illness, and the Death Penalty* (Mon père, la maladie mentale et la peine de mort), une conférence TEDxExeter datant de 2015. La description de la maison de Clive s'appuie sur mes souvenirs de 2003. Pour les autres détails de ce chapitre, je me suis également servie de *Nine Lives: Mystery, Magic, Death, and Life in New Orleans*, de Dan Baum.

Chapitre 22

J'ai déduit que l'homme qui m'avait ouvert la porte était John Thompson de mes souvenirs et de déclarations qu'il a faites lors du procès de 2009 au sujet de son travail au Louisiana Capital Assistance Center, qui s'appelait à l'époque Louisiana Crisis Assistance Center (LCAC). La vidéo citée est la seconde vidéo d'aveux de Ricky Langley réalisée le 10 février 1992, et la description s'appuie sur sa retranscription.

Chapitre 24

La scène de l'enterrement et celle de la marche s'appuient sur des articles parus dans *American Press* et des retranscriptions de KPLC-TV et KYKZ-96 qui se trouvent dans le dossier. Le moment où Ricky appelle un gardien est une combinaison créée à partir de multiples dépositions dans le dossier précisant qu'il essayait souvent de parler avec Lucky DeLouche et les autres policiers lorsqu'il se trouvait au centre de détention de Calcasieu. Ma description de Richard Guillory s'appuie sur des photographies parues dans *American Press* ou trouvées sur Internet. L'éditorial cité est paru dans *American Press*. Ma description de Lorilei Guillory après le meurtre de Jeremy s'inspire de *Lorilei* et des mots de Clive Stafford Smith dans un procès-verbal d'audience. Ses pensées au moment où elle apprend la condamnation à mort de Ricky viennent de *Lorilei*.

Chapitre 25

Le procès-verbal des audiences préliminaires se trouve dans le dossier du tribunal. J'ai imaginé l'état d'esprit de Lorilei Guillory se préparant à cette date en m'inspirant de *Lorilei*. Les documents précisant que le juge Alcide Gray s'est récusé par la suite de tout autre procès dont l'enjeu était la peine de mort et les requêtes déposées par Clive Stafford Smith pour casser le verdict de 2003 sont dans le dossier du tribunal. Le contrat « Renonciation & accord » mentionné ici a été signé par

Lorilei, Clive et Ricky Langley le 7 juin 2002. Le 8 mai 2003 – bien après que Lorilei a rencontré Ricky et décidé de témoigner en sa faveur – les trois mêmes ont signé un autre contrat « Renonciation & accord », qui stipulait clairement que Ricky et Clive allaient tenter d'obtenir un non-lieu pour cause de maladie mentale (NGRI, *not guilty by reason of insanity*). Même si je ne peux pas affirmer formellement que Lorilei et Ricky se sont rencontrés au lycée, c'était un petit établissement qu'ils ont fréquenté à la même époque, il s'agit donc d'une supposition raisonnable.

Chapitre 27

Cette description de la rencontre entre Lorilei Guillory et Ricky Langley s'appuie en partie sur *Lorilei*. Je me suis également inspirée d'une lettre rédigée par Lorilei et parue dans *American Press* le 25 mai 2003. Elle y évoque ses réflexions et ses sentiments, mais pas la rencontre proprement dite. En dernier lieu, j'ai imaginé certains détails indispensables pour rendre la scène vivante. Les allusions à l'absence de Bessie Langley au procès de 1994 se trouvent dans les procès-verbaux d'audience. En écrivant ce chapitre, j'ai également utilisé le dossier pénitentiaire de Ricky à la prison de Géorgie, une demande d'atténuation de la peine par la défense, et les procès-verbaux d'audience du procès de 1994.

Chapitre 28

J'ai employé la brochure *Hebert Cemetery 2007*, d'Eula Buller, pour préparer ce chapitre.

Chapitre 29

La chanson *The Rose* a été écrite par Amanda McBroom. La description de l'accident de moto qui a tué le père et le fils que j'ai appelés Terry et Joey Lawson s'appuie sur le rapport de police, qui se trouve dans le dossier du tribunal, ainsi que sur une nécrologie parue dans *American Press*. La motion et le mémoire cités figurent également au dossier. L'information selon laquelle la motion a été rejetée et la famille a parlé de déposer une plainte auprès du conseil de discipline de l'association du barreau de l'État de Louisiane à ce sujet provient d'un article paru dans *American Press*.

Chapitre 31

La lettre de Lorilei Guillory ici évoquée est parue dans *American Press*. Les descriptions et déclarations contradictoires sont issues des procès-verbaux d'audience des procès de 1994 et 2003. La lettre de Ricky Langley à ses parents est une combinaison de plusieurs lettres. La citation exacte date de 1992 et a été lue par Clive Stafford Smith au cours du témoignage de Lucky DeLouche lors du procès de 2001 ; Ricky y faisait allusion à sa volonté d'aider les autres à comprendre la mentalité des pédophiles. Les descriptions du séminaire, des propos qu'y ont tenus Ricky et Clive, et des pensées, des sentiments et des propos des membres de l'assistance s'appuient sur les déclarations livrées par ceux-ci aux procureurs par la suite. Dans certains cas, cependant, j'ai condensé les récits de deux personnes en un seul de façon à faciliter la lecture. De plus, j'ai imaginé la salle et les gestes des participants. Les déclarations figurent dans le dossier du procès de 2003, mais n'ont pas été admises au procès. La rencontre entre le colonel Bruce LaFargue et Ricky avant le séminaire s'appuie sur la déclaration faite sous serment par LaFargue le 2 janvier 2003. Un fax daté du 12 décembre 2002, adressé par Clive à LaFargue, assure que rien de ce que dira Ricky ne sera utilisé contre lui; dans sa déclaration sous serment, LaFargue affirme qu'il n'a jamais rien promis de tel et qu'il a seulement répondu à la demande de Clive en lui disant qu'il était convenu que Ricky ne parlerait pas du meurtre. En écrivant ce chapitre, j'ai également employé les témoignages du procès de 1994.

Chapitre 32

La section consacrée au *voir-dire* s'appuie sur les procès-verbaux versés au dossier du tribunal. Les remarques du juge Alcide Gray et de Cynthia Killingsworth sur la quotidienneté des meurtres sont intervenues à quelques jours d'intervalle, mais j'ai comprimé le temps par souci de fluidité narrative. Mon estimation du nombre de jurés interrogés est approximative. Pour préparer ce chapitre, j'ai utilisé *On Killing: The Psychological Cost of Learning to Kill in War and Society* (Tuer : le coût psychologique de l'apprentissage de l'acte de tuer dans la guerre et dans la société) de Dave Grossman, et *Jurors' Stories of Death: How America's Death Penalty Invests in Inequality* (Les jurés et la mort : comment la peine de mort en Amérique prospère sur les inégalités) de Benjamin Fleury-Steiner.

Chapitre 33

La scène du tribunal s'inspire des procès-verbaux d'audience du procès de 2003, mais j'ai imaginé les déplacements des avocats dans l'espace et les pensées des jurés. Les vidéos de KPLC-TV de 2003 ne sont plus disponibles, mais lorsque l'affaire a été jugée une nouvelle fois en 2009, la chaîne a rediffusé dans son récapitulatif de l'affaire des extraits passés en 2003, et c'est sur ceux-ci que je me suis appuyée. Il convient de noter que les photographies aériennes des bois n'ont pas été prises au moment du meurtre – lors de ce procès, le photographe a précisé que l'hélicoptère n'était pas disponible à ce moment-là – mais au printemps 1993.

Chapitre 34

Les dialogues et les descriptions du procès dans ce chapitre proviennent des procès-verbaux d'audience de 2003. Les descriptions des vidéos s'appuient sur leurs retranscriptions. J'ai imaginé les pensées et les émotions des jurés et de Lorilei Guillory. La photo de Jeremy Guillory à Noël vient des séquences diffusées par KPLC, mentionnées au chapitre précédent. L'information selon laquelle les procureurs ont qualifié Lorilei de mère indigne apparaît dans plusieurs déclarations ou articles de Clive Stafford Smith, par exemple dans une tribune parue le 10 octobre 2008 sur le site Internet d'*Al Jazeera*, intitulée « Death penalty "utterly barbaric" » (La peine de mort « fondamentalement barbare »).

Chapitre 35

La partie de ce chapitre portant sur le procès s'appuie sur les procès-verbaux d'audience de 2003. Mes réflexions sur la question de savoir si la plupart des pédophiles ont eux-mêmes subi des abus sexuels s'appuient sur « Does sexual abuse in childhood cause pedophilia: An exploratory study » (Les abus sexuels dans

l'enfance causent-ils la pédophilie : une étude préliminaire)
de K. Freund *et al.*, in *Archives of Sexual Behavior* (journal
officiel de l'Académie internationale de recherche sur la sexua-
lité) (décembre 1990) et «Cycle of child sexual abuse: Links
between being a victim and becoming a perpetrator» (Le cycle
de la pédophilie : le passage du statut de victime au statut de
criminel), M. Glasser *et al.*, in *The British Journal of Psychiatry*
(décembre 2001). Les deux articles sont consultables en ligne.
En demandant si Lorilei Guillory se reconnaissait en Ricky
Langley, je n'ai absolument pas l'intention de suggérer qu'elle
se reconnaissait dans l'acte de celui-ci. Je me demandais plutôt
s'il était envisageable qu'elle se reconnaisse, en partie, dans les
difficultés qu'il avait rencontrées au cours de sa vie. Avec en tête
ce lien possible, je me suis servie de la pièce *Lorilei*.

Chapitre 36
  La partie de ce chapitre portant sur le procès s'appuie sur les
procès-verbaux d'audience de 2003.

Chapitre 37
  La citation de la travailleuse sociale est tirée de la demande
d'atténuation de la peine par la défense qui se trouve dans le
dossier du tribunal ; les autres descriptions des éléments dont
le jury n'a pas été informé sont tirées de sources citées plus
haut, dans les chapitres où sont racontés les événements en
question. On trouve davantage d'informations sur le «journal
des rêves» et le débat sur la question de savoir s'il s'agit de récits
de rêves ou d'aveux dans les procès-verbaux d'audience de 1994.

L'information selon laquelle Lorilei Guillory n'a pas assisté à l'annonce du verdict du jury lors du procès de 2003 se trouve dans un article d'*American Press*. Celle selon laquelle Clive Stafford Smith a fait appel du verdict de 2003, les motifs invoqués et ce qui s'en est suivi figurent dans le dossier. En 2003, j'ai entendu le président du jury, Steven Kujawa, dire ce qui est cité ici lors d'une réception au bureau du LCAC. À la réception assistaient les stagiaires du LCAC qui ne travaillaient pas sur l'affaire Ricky Langley, ainsi que de simples citoyens n'ayant pas de rapport avec l'affaire. J'ai fondé ma description de la situation familiale de Kujawa sur des propos qu'il a tenus ce jour-là et des déclarations retranscrites dans les procès-verbaux du *voir-dire* de 2003.

Chapitre 38

Les photographies décrites ici se trouvent dans le dossier du tribunal.

Chapitre 40

Une partie de ma description d'Angola s'appuie sur *God of the Rodeo* (Le dieu du rodéo), un ouvrage documentaire de Daniel Bergner sur le rodéo du pénitencier d'Angola. La lettre de Ricky Langley à un juge mentionnée dans ce chapitre se trouve dans le dossier du tribunal.

REMERCIEMENTS

Il arrive qu'on soit frappé par un éclair bienveillant. J'ai eu la chance que cela m'arrive deux fois au cours de l'écriture de ce livre, lorsque de généreuses bourses du National Endowment for the Arts et de la Rona Jaffe Foundation m'ont été accordées juste au moment où j'en avais le plus besoin. Le soutien financier a rendu possibles les recherches indispensables à la rédaction de cet ouvrage ; le vote de confiance a été inestimable. Il en va de même du temps et de l'espace offerts par la MacDowell Colony, la Corporation à Yaddo, la Millay Colony for the Arts, le Blue Mountain Center, le Virginia Center for the Creative Arts, le Vermont Studio Center, le Kimmel Harding Nelson Center, les Studios de Key West, le Djerassi Resident Artists Program, et la famille d'Alice Hayes, qui a financé une bourse à la Ragdale Foundation.

Certaines parties de ce livre sont parues sous une forme antérieure dans *Oxford American*, la *Bellingham Review*, *Fourth Genre*, *Bookslut*, et l'anthologie *True Crime*. Je suis reconnaissante à leurs rédactrices et rédacteur en chef, Brenda Miller, Marcia Aldrich, Jessa Crispin et Lee Gutkind, d'avoir vu la promesse contenue dans mes manuscrits. J'ai une dette toute particulière envers Wes Enzinna, qui travaillait alors à *Oxford American* et m'a appelée un soir à 22 heures pour me parler d'un verbe. Il avait raison, et cet appel m'a énormément appris.

Mon agent, Robert Guinsler, a été le meilleur champion que je pouvais espérer pour ce livre depuis la toute première fois que je lui en ai parlé. Il a fait preuve d'une foi indéfectible, et a effectué son travail d'agent avec l'habileté d'un vrai magicien. À celui qui me l'a présenté, l'extraordinaire Calvin Hennick : gratitude éternelle. Merci également à Szilvia Molzar.

À mon éditeur, Colin Dickerman : merci d'avoir eu une vision si précise et si complexe pour ce livre, une vision qui lui a permis d'être ce qu'il est. Merci, également, à l'équipe de Flatiron Books : James Melia, Amelia Possanza, Marlena Bittner, Molly Fonseca, Nancy Trypuc, et Keith Hayes, ainsi que Robert Ickes et Michael K. Cantwell. Je me sens privilégiée d'être en de si bonnes mains, et en de si bonnes mains en Angleterre, grâce à Georgina Morley et son équipe à Pan Macmillan.

Avant que ce livre soit un livre, Douglas Whynott a cru qu'il pouvait en être un, et commencé à m'enseigner comment le transformer en cet ouvrage. Pour son accompagnement, et pour celui de Richard Hoffman, Megan Marshall, Pamela Painter et leurs collègues au MFA à Emerson, toute ma reconnaissance. Toute ma reconnaissance également pour les conseils et encouragements de Jonathan Harr, Sydelle Kramer, David Shields, Jane Brox, Joshua Wolf Shenk, Rachel Sussman et Deanne Urmy.

À la Bread Loaf Writer's Conference, j'ai une dette envers Michael Collier, Noreen Cargill, Jennifer Grotz, et Jason Lamb. C'est là que j'ai rencontré Ross White et Matthew Olzmann, qui dirigent le Grind, dans lequel de nombreuses pages de ce livre ont été écrites. À la Wesleyan Writers Conference, toute ma reconnaissance à Anne Greene et aux familles de Jon Davidoff et Joan Jakobson.

Boston possède l'une des meilleures communautés d'écrivains du pays, et c'est en grande partie grâce à ses associations. Je suis profondément reconnaissante à Eve Bridburg et Christopher Castellani de m'accueillir, depuis maintenant tant d'années, au sein de Grub Street, et je suis reconnaissante pour le travail d'Alison Murphy, Jonathan Escoffery, Sonya Larson, Dariel Suarez, Lauren Rheaume, Sarah Colwill-Brown et tous les autres qui permettent à Grub de continuer ses activités. Je remercie le conseil d'administration et les membres de la Writers' Room, à Boston, où une grande partie de ce livre a été écrite, et en particulier Debka Colson. Merci, également, à mes collègues à la Harvard's Kennedy School of Government, et en particulier à Jeffrey Seglin, un formidable mentor, ancien professeur, et ami cher. À mes étudiants, passés et présents, au Grub Street's Memoir Incubator, à d'autres cours à Grub Street, au Cedar Crest College et à Harvard : merci de m'avoir fait suffisamment confiance pour partager avec moi vos histoires, et m'avoir enseigné tant de choses par votre courage. C'est un immense honneur de travailler avec vous.

Au milieu de la rédaction de ce livre, j'ai reçu un mail m'invitant à rejoindre un atelier d'écriture. Je ne pouvais pas savoir que c'était le meilleur atelier d'écriture de tous les temps. Aux Chunky Monkeys – Chip Cheek, Jennifer De Leon, Calvin Hennick, Sonya Larson, Celeste Ng, Whitney Scharer, Adam Stumacher, Grace Talusan, Becky Tuch –, toute ma gratitude et tout mon amour. Au fond, c'est pour vous que j'habite encore dans une ville aux hivers si rudes.

Le Reporters Committee For Freedom of the Press a été une ressource inestimable. En Louisiane, Loretta Mince, Jeanette Donnelly et Alysson Mills m'ont donné des conseils et une aide juridiques capitaux. Je suis reconnaissante pour l'aide du personnel de la bibliothèque généalogique du sud-ouest de la

Louisiane, du greffe de la paroisse de East Baton Rouge et de la bibliothèque municipale d'Iowa, ainsi que pour l'aide des Buller au Consolata Cemetery, et de Mari Wilson à KPLC-TV. Mention spéciale à Sha Carter, Bethany Smith, et le reste du personnel du greffe de la paroisse de Calcasieu, division des dossiers criminels, pour l'infinité de photocopies, les montagnes de trombones, et pour m'avoir trouvé un fauteuil confortable.

Ce livre, par sa nature, a souvent été très difficile à écrire. Pour les câlins et le bourbon, pour les encouragements et les retours indispensables, merci à Alysia Abbott, Howard Axelrod, Ned Baxter, Steven Beeber, Michael Blanding, Nicholas Boggs, Sari Boren, Lori Brister, Alexander Chee, Julia Cooke, Rebecca Morgan Frank, Ted Genoways, Michelle Hoover, Elin Harrington-Schreiber, Patricia Harrington-Schreiber, Hannah Larrabee, Ron MacLean, Richard McCann, Nicole Miller, Mary Jane Nealon, Shuchi Saraswat, Mike Scalise, Linda Schlossberg, Kat Setzer, Justin St. Germain, Rachel Starnes, R. J. Taylor, Laura Van den Berg, Robin Wasserman, Sarah Wildman, Alexi Zentner, et Ann Zumwalt. Je ne peux pas faire mes remerciements pour ce livre sans remercier mon chien décédé, Lada, qui a tant adouci la première période de son écriture. Merci, également, aux employés du Diesel Café à Somerville et du 1369 Coffeehouse sur Mass Ave. à Cambridge pour l'indispensable café, et à Zoe Keating pour sa musique, si souvent la bande-son de mon écriture.

Cela n'a pas pu être facile pour ma famille de m'encourager pendant que j'écrivais ce livre, mais ils l'ont fait, et pour cela, et pour tant d'autres choses, je leur suis profondément reconnaissante. Toutes les familles sont complexes, mais cela a été une vraie bénédiction de savoir que la nôtre est cimentée par l'amour.

Janna et moi, nous sommes sorties ensemble pour la première fois le soir où j'ai eu confirmation que ce livre allait bien être publié par la suite. Quelques mois plus tard, elle en est devenue un personnage. À elle : merci de m'avoir rendu la matière de ce livre plus facile à vivre, et plus facile à écrire. Merci pour ton amour, et pour avoir créé avec moi un foyer dans lequel mes souvenirs du passé peuvent subsister sans danger auprès de mes espoirs pour l'avenir.

Imprimé en France
par Normandie Roto Impression s.a.s. à Lonrai
N° d'impression : 1805096